Haug

Lehrbuch der Psycho-Physiognomik

Antlitzdiagnostik für die Praxis

Von Wilma Castrian

Mit einem Geleitwort von Dr. György Irmey

Mit 195 Abbildungen und 18 Tabellen

Karl F. Haug Verlag · Heidelberg

Die Deutsche Bibliothek – CIP-Einheitsaufnahme

Castrian, Wilma:
Lehrbuch der Psycho-Physiognomik: Antlitzdiagnostik für die Praxis / von Wilma Castrian.
Mit einem Geleitw. von György Irmey. – Heidelberg : Haug, 2001
  (Erfahrungsheilkunde, Naturheilverfahren)
  ISBN 3-8304-7071-1

Anschrift der Autorin:
Wilma Castrian
Amboßring 18
31226 Schmedenstadt

© 2001 Karl F. Haug Verlag in MVH Medizinverlage Heidelberg GmbH & Co. KG, Heidelberg

Das Werk ist urheberrechtlich geschützt. Nachdruck, Übersetzung, Entnahme von Abbildungen, Wiedergabe auf photomechanischem oder ähnlichem Wege, Speicherung in DV-Systemen oder auf elektronischen Datenträgern sowie die Bereitstellung der Inhalte im Internet oder anderen Kommunikationsdiensten ist ohne vorherige schriftliche Genehmigung des Verlages auch bei nur auszugsweiser Verwertung strafbar.
Die Ratschläge und Empfehlungen dieses Buches wurden von Autor und Verlag nach bestem Wissen und Gewissen erarbeitet und sorgfältig geprüft. Dennoch kann eine Garantie nicht übernommen werden. Eine Haftung des Autors, des Verlages oder seiner Beauftragten für Personen-, Sach- oder Vermögensschäden ist ausgeschlossen.
Sofern in diesem Buch eingetragene Warenzeichen, Handelsnamen und Gebrauchsnamen verwendet werden, auch wenn diese nicht als solche gekennzeichnet sind, gelten die entsprechenden Schutzbestimmungen.

ISBN 3-8304-7071-1

Diverse Zeichnungen: Else Castrian
Umschlaggestaltung: Thieme Verlagsgruppe, 70469 Stuttgart
Satz: Satzpunkt Bayreuth GmbH, 95444 Bayreuth
Druck und Verarbeitung: Kösel GmbH & Co. KG, 87435 Kempten

Umschlagbild: Leonardo da Vinci „Cinque teste grottesche".
Mit freundlicher Genehmigung der SCALA Group, Florenz.

Geleitwort

Dank der technologischen Entwicklungen im vergangenen Jahrhundert hat die Medizin dem Menschen bei vielen Krankheitsbildern Erleichterung und auch Heilung bringen können. Der genetische Bauplan der etwa 100.000 menschlichen Gene ist entschlüsselt, und mit den modernen bildgebenden Verfahren in der Medizin können Vorgänge im Körper bis auf Millimetergröße (oder noch geringer) abgebildet werden. Die Zusammenschau und das ganzheitliche Erfassen des Menschen gingen dabei jedoch fast verloren.

Als wesentlicher Bestandteil einer ganzheitlichen Medizin sind die Naturheilverfahren ein Gegenpol zu der gegenwärtigen konventionellen Medizin, da sie diagnostisch wie auch therapeutisch den Menschen in seiner körperlich-seelisch-geistigen Einheit zu erfassen suchen.

Kommunikation und Heilen gehören seit alters her eng zusammen. Der Arzt, der seinem Patienten begegnet, hat es nie nur mit körperlichen Symptomen zu tun, sondern immer auch mit einer verletzten Seele. Die objektiven Befunde, die ihm durch Apparate aufgezeigt werden, sind immer dem Individuum entsprechend zu interpretieren.

Die Psycho-Physiognomik ist ein Weg, sich über das *schauende und fühlende Wahrnehmen* auf sein Gegenüber einzulassen. Damit ist sie ein Gegenpol zu dem verrückten Aktionismus der modernen Zeit, in der mehr Achtsamkeit gegenüber sich selbst und mehr Achtung im Umgang mit anderen Menschen notwendig geworden sind. Trotz Wohlstand und scheinbar perfekter Technik werden die Menschen unter immer stärkeren Druck gesetzt, so dass sie sich in Folge von sich selbst wie auch voneinander entfernen.

Wie Frau Castrian in ihrem Buch treffend ausführt, ist *Naturwissenschaft der Versuch, bei der Erklärung der Welt ohne Wunder auszukommen.* Weil sich die gegenwärtige Medizin auf die Naturwissenschaft fixiert, tritt sie auf der Stelle. Die Medizin muss sich mehr dem Leben und seinen Wundern öffnen – nur so ist eine Weiterentwicklung möglich. Eine sinnvolle Möglichkeit, sich diesem Wunder zu öffnen und es besser zu verstehen, ist die Psycho-Physiognomik.

Interessant ist, dass die von Carl Huter gegen Ende des 19. Jahrhunderts begründete Lehre der Psycho-Physiognomik z.B. ihre Entsprechungen im Ayurveda findet. Die Ayurveda-Medizin ist durch eine kontinuierliche Entwicklung über mehr als zwei Jahrtausende im indischen Kulturkreis gekennzeichnet. Die von Carl Huter beschriebenen Grundnaturelle des *Empfindungs-, Bewegungs- und Ernährungs-Naturells* entsprechen den unterschiedlichen Grundqualitäten der sog. drei Doshas Vata, Pitta und Kapha.

Wir alle „physigniomieren", wenn wir einem unbekannten Menschen begegnen, indem wir Mutmaßungen über seinen Charakter anstellen und unsere Gefühlseindrücke mit der inneren Erfahrungswelt verknüpfen. In der Psycho-Physiognomik geht es darum, diese mehr unbewussten Eindrücke bewusst zu ordnen und zu interpretieren.

Jede äußere Erscheinung des Menschen birgt eine Information in sich. Diese Informationen erlauben durch die Übung in sensibler Betrachtung und *bereitwilliger Wahrnehmung* Rückschlüsse von den äußeren Zusammenhängen auf die inneren.

Das vorliegende Buch ist aber kein Nachschlagewerk im Sinne eines Physiognomie-Lexikons, in dem lediglich einzelne Merkmale erklärt oder interpretiert werden. Ein wirkliches Verständnis für die Thematik gibt nur die Zusammenschau aller Merkmale bzw. eine Beschäftigung mit allen Kapiteln dieses Buches. Alle Merkmale sind wichtig und wollen nicht nur mathematisch betrachtet werden. Die Formen sind nie alleine maßgebend – nur das sensible Wahrnehmen der energetischen Ausstrahlung des Menschen, der verschiedenen Farbqualitäten der Haut bis hin zur Mimik und Gestik der betrachteten Person kann uns ein *augenblickliches* Gesamtbild vermitteln.

Wilma Castrian ist eine wunderbare Lehrerin, und ich bin sehr glücklich, dass sie ihre Erkenntnisse von der „Universität des Lebens" mit diesem Buch einem großen Leserkreis zugänglich macht. Die Lehre der Psycho-Physiognomik ist bei ihr durchsetzt von vielen Einsichten und Denkanstößen der Philosophie und Erkenntnisforschung. Da die Formen, wie sie sich darstellen, mit der Entwicklung unserer gegenwärtigen Existenz unmittelbar verknüpft sind, beleuchtet die Autorin in umfassender Weise auch Grundfragen unseres Seins. Dabei sind ihre wohldurchdachten Sätze von einfühlsamer Weisheit geprägt.

Im Sinne der Autorin möchte ich die Leserinnen und Leser darauf aufmerksam machen, dass eine gute Interpretation nie ein Werturteil sein sollte, sondern lediglich einen Spiegel vorhält, wobei gute Spiegel nicht verzerren! „*Es ist, wie es ist*", ist ein Satz, der in den Seminaren von Wilma Castrian nicht selten fällt. Allen, die in die Psycho-Physiognomik einsteigen wollen, sei daher ans Herz gelegt, nicht ihr Weltbild bei der Betrachtung anderen aufzudrängen, sondern durch ein wohlwollendes Einlassen auf einen anderen Menschen die Aufmerksamkeit bei sich und dem Gegenüber gleichermaßen zu erhöhen.

Viel Freude und Erkenntnis beim Lesen dieses Buches wünscht Ihnen

Im Frühjahr 2001   *György Irmey*

Vorwort

Das vorliegende Buch ist der Begleittext meines Lebens für die und mit der Psycho-Physiognomik.

Alle Menschen haben prägungsintensive Erfahrungen. Meistens werden diese erst später im Leben bewusst.

Dies war meine Prägung: Bereits vom 16. Lebensjahr an faszinierte mich das Thema. Die Anregung, mich konkret damit auseinander zusetzen, verdanke ich einem Kursus im Jahre 1948 bei meinem Lehrer Otto Heydorn (1898–1965).

Auf der Universität des Lebens studiere ich seitdem die Menschen, ich fand und finde dabei ständig eine Bestätigung der Psycho-Physiognomik.

Aufgefordert von einer Gruppe, die aus Ärzten, Therapeuten und weiteren Interessenten bestand, begann ich 1978 zu unterrichten und erlebe seitdem hautnah, wie hilfreich und schnell die Psycho-Physiognomik den Zugang zum Patienten, zum Mitmenschen mit seinen Problemen ermöglichte. Intuitive Wahrnehmungsschulung und das Wissen aus der Psycho-Physiognomik sind der Schlüssel dazu.

Die Psycho-Physiognomik
- ist eine aufmerksame Registratur, sensible Beobachtung und Interpretation der Erscheinung eines Menschen,
- will die vielschichtig informierenden Signale in Gemeinschaft mit allen anderen psychologischen Methoden und Bemühungen transparenter machen,
- will eine differenzierte Menschenkenntnis formulieren,
- kann damit ein tieferes Verständnis der inneren, seelischen Befindlichkeiten eröffnen,
- kann Toleranz erreichen und durch fortlaufende Differenzierung Integration und Konzentration der geistigen Energie.

Theologen, Psychologen, Pädagogen, Philosophen und Heilkundige wollen seit altersher die Frage ergründen, was die Seele des Menschen ist. Je nachdem, wie sich die Seele in ihre Sichtweise einordnen ließ, beschrieben sie andere Anteile von ihr.

Da der Mensch zum Schicksalsgestalter seines Lebens und der Erde geworden ist, ist es nun an der Zeit, dass wir seine wirklichen Bedürfnisse in einer Synopsis erkunden, dabei alle Formen der Psychologie einsetzen und nicht auf die Möglichkeit verzichten, seine Erscheinungsform als Information zu begreifen.

Somit ist die Psycho-Physiognomik ein Beitrag im Bemühen, die Dissoziation durch ein tieferes Verständnis zur Integration zu führen.

Möge dieses Buch dabei helfen, eine Menschenkenntnis zu lernen, die das Wunder des Menschseins mehr erfasst – trotz seiner unendlichen Entwicklungsaufträge durch Probleme, Leid, Not und Verbrechen. Schon J. C. Lavater wollte eine Menschenkenntnis aus Menschenliebe fördern.

Den vielen wunderbaren Menschen, die mir geholfen haben, vor allen meinen Kindern, danke ich aus vollem Herzen.

Im Frühjahr 2001 *Wilma Castrian*

Inhalt

Geleitwort V
Vorwort VII

Teil 1 Eine Einführung in die Psycho-Physiognomik nach dem System von Carl Huter

1 Zur Geschichte der Psycho-Physiognomik 3

2 Carl Huter, der Begründer der Psycho-Physiognomik 6

3 Der Umgang mit der Psycho-Physiognomik 7
3.1 Definition 7
3.2 Etymologie 7
3.3 Die Basis der Psycho-Physiognomik 8
3.4 Ziele der Psycho-Physiognomik ... 9
3.5 Wege der Psycho-Physiognomik .. 10
3.6 Persönliche Voraussetzungen 10
3.7 Mögliche Gefahren 10
3.8 Psycho-Physiognomik und Psychosomatik 11

4 Die Entstehung der Naturelle 12
4.1 Der Körperbau – die Grundtypen . 12
4.2 Typen als Zellinformationen 12
4.3 Keimblattentwicklung 14
4.4 Die biologischen Voraussetzungen der Naturelle ... 15

5 Die primären Naturelle 16
5.1 Die seelisch-geistige Veranlagung der drei primären Naturelle 16
5.1.1 Ernährungs-Naturell 18
5.1.2 Bewegungs-Naturell 18
5.1.3 Empfindungs-Naturell 19
5.1.4 Merkmalsprotokolle der drei primären Naturelle 19
5.1.5 Merkmalsprotokoll der primären Naturelle und ihrer seelischen Bedürfnisse 26

6 Modifizierungen der drei primären Naturelle 27
6.1 Die drei sekundären Naturelle 27
6.1.1 Merkmalsprotokolle der drei sekundären Naturelle 27
6.1.2 Die sekundären Naturelle und ihre seelischen Bedürfnisse 27
6.2 Weitere Modifikationen 27

7 Harmonie-Lehre oder: Typen ziehen sich an – Typen stoßen sich ab 33
7.1 Farben 33

8 Polare Naturelle – Harmonie und Disharmonie 35
8.1 Merkmalsprotokoll der beiden polaren Typen 36
8.2 Harmonie-Berechnung 36
8.2.1 Seelisches Bedürfnis und Resonanz . 40
8.2.2 Beispiele harmonischer Konstellationen 40

9 Typen und Temperamente 42
9.1 Die klassischen Temperamente ... 42
9.1.1 Die vier Temperamente 44
9.2 Zur Typenlehre Ernst Kretschmers . 46
9.3 Die Typenlehre C.G. Jungs 46
9.3.1 Der introvertierte Mensch (Innerlichkeits-Mensch) 46
9.3.2 Der extravertierte Mensch (Äußerlichkeits-Mensch) 47

Teil 2 Die psycho-physiognomische Betrachtung

10	**Die Schulung der Wahrnehmung**	51	11.3.3	Zu Od ... 65
10.1	Die Schule des Sehens	51	11.3.4	Übersichten über die möglichen Auswirkungen, Schwächungen oder Verstärkungen der Energien ... 66
10.2	Die Schule des Einfühlens	52	11.4	Zur Materie ... 68
11	**Kraft-Richtungs-Ordnung (KRO)**	53	11.5	Die idealtypischen Energien der Naturelle ... 68
11.1	Die Psycho-Physiognomik und die homöopathische Anamnese	53	11.5.1	Altersveränderungen ... 68
11.2	Definitionen und Charakteristiken der 10 energetischen Qualitäten	56	11.6	Welche Energie macht welche Form? ... 70
11.2.1	Positive und negative Helioda	56		
11.2.2	Konzentrationsenergie	58	**12**	**Achsen und Pole** ... 73
11.2.3	Attraktionsenergie	58	12.1	Einheitsachse ... 73
11.2.4	Magnetismus	59	12.2	Elektrische Achse ... 73
11.2.5	Elektrizität	60	12.3	Hauptachsen am Kopf ... 73
11.2.6	Od (Weichmedioma)	60	12.3.1	Festigkeitsachse ... 76
11.2.7	Gebundene und fliehende Wärme	61	12.3.2	Tätigkeitsachse ... 76
11.3	Vertiefende Informationen zu den Energiequalitäten	61	12.3.3	Liebesachse ... 77
11.3.1	Zur Konzentrationsenergie	61	12.3.4	Konzentrationsachse ... 78
11.3.2	Zum Magnetismus	63	12.3.5	Willensachse ... 78

Teil 3 Der Ablauf einer psycho-physiognomischen Betrachtung

13	**Systemorientierte Betrachtung** ... 83		**14**	**Meine Methode, die Psycho-Physiognomik systematisch anzuwenden** ... 90
13.1	Übersicht zur systemorientierten Betrachtung ... 87			

Teil 4 Die patho-physiognomische Betrachtung

15	**Patho-Physiognomik** ... 97		15.2	Patho- und psycho-physiognomische Betrachtung der Haut ... 101
15.1	Die Haut ... 97		15.2.1	Die Psychosomatik der Haut ... 102
15.1.1	Die Haut – Organ und Hülle ... 97		15.2.2	Die Ausdrucksareale der Haut ... 103
15.1.2	Der Aufbau der Haut ... 97		15.2.3	Die einzelnen Ausdrucksareale ... 105
15.1.3	Die Aufgaben der Haut ... 98		15.3	Die Gesichtsknochen ... 110
15.1.4	Haut und Sinne ... 99		15.3.1	Der Knochenbau der Naturelle – „Wo lebe ich gegen mich selbst?" ... 111
15.1.5	Haut und Ausstrahlung ... 100			

Teil 5 Die einzelnen Formelemente

16	**Die Ohren** ... 116		16.2	Das Ohr als Empfangsorgan ... 118
16.1	Ohrfunktion und -anatomie ... 116			

16.2.1	Das seelische Bedürfnis und die Ohrformen	119	18.10	Unterkiefer, Jochbogen, Jochbein 162

16.2.1 Das seelische Bedürfnis und die Ohrformen 119
16.2.2 Die Ohrformen 121
16.3 Ansatz des Ohres 123
16.4 Der Ohrrand – Helix 129
16.4.1 Patho-Physiognomie des Ohres .. 129
16.5 Kopfareale unter der Ohrmuschel und um das Ohr herum 131

17 Nase 132
17.1 Die Anatomie der Nase 132
17.2 Die Nase als Riechorgan 133
17.3 Die Nase und der Selbstverwirklichungswille 133
17.3.1 Nase und die Richtung der Selbstverwirklichung 135
17.4 Die Dreiteilung der Nase und die Psycho-Dynamik und Psycho-Somatik 136
17.5 Organkorrespondenzen – Patho-Physiognomik 136
17.5.1 Untere Nase 136
17.5.2 Mittlere Nase 138
17.5.3 Obere Nase 139
17.6 Nasenformen und Mentalität 140
17.6.1 Die Nasenformen der primären Naturelle 140
17.6.2 Nasenformen 140

18 Mund und Kinn 145
18.1 Der Mund 145
18.2 Mund und Gefühle 146
18.2.1 Übersetzungs- und Bewertungsmuster 148
18.3 Artikulation von Gefühlen 148
18.4 Mundmimik und Gemütsausdruck .150
18.5 Mundformen als Gefühlsausdruck 151
18.5.1 Güte 151
18.5.2 Ehrgeiz 154
18.5.3 Lachen 154
18.5.4 Weinen 154
18.5.5 Sinnlichkeit 154
18.5.6 Sexualtrieb 155
18.6 Der Mund – naturelltypisch 157
18.7 Mimik und Geschmacksqualitäten 158
18.8 Ausdruckszonen am und um den Mund 159
18.9 Das Kinn 160
18.10 Unterkiefer, Jochbogen, Jochbein 162

19 Augen 164
19.1 Wie funktioniert das Auge? 164
19.1.1 Aufbau 164
19.1.2 Sehvorgang 165
19.1.3 Zum Sehen geboren – zum Schauen bestellt 165
19.2 Das Auge als „Spiegel der Seele" 166
19.3 Die zwölf Blickrichtungen 169
19.3.1 1.–4. Blickrichtung 170
19.3.2 5.–8. Blickrichtung 172
19.3.3 8.–12. Blickrichtung 173
19.3.4 Weitere „Augenblicke" 173
19.3.5 Ausdruckszonen des Auges 174
19.4 Sehen und Denken 175
19.5 Die Areale um die Augen 175
19.5.1 Augenbrauen, Temperament und Leidenschaft 175
19.6 Die augen-blickliche Kommunikation 175

20 Stirn und Denkvermögen 178
20.1 Das Denkvermögen 178
20.1.1 Das Denken 179
20.1.2 Reizverarbeitungsmuster 180
20.2 Stirn 183
20.2.1 Stirn und Mimik 184
20.3 Die drei Stirnzonen 184
20.3.1 Untere Stirnzone 184
20.3.2 Mittleres Stirndrittel 185
20.3.3 Oberes Stirndrittel 185
20.4 Die sieben Stirnregionen 186
20.4.1 1. Stirnregion: Auffassungs- und Beobachtungsgabe 189
20.4.2 2. Stirnregion: Vorstellungsgabe 189
20.4.3 3. Stirnregion: Praktisches Denken 189
20.4.4 4. Stirnregion: Spekulatives und philosophisches Denken 190
20.4.5 5. Stirnregion: Qualitatives Denken, Weisheit ... 191
20.4.6 6. Stirnregion: Ethisches Denken, Ehrfurcht vor dem Leben, dem Sein, der höchsten Gesetzmäßigkeit .. 191
20.4.7 7. Stirnregion: Religiöses Denken und Fühlen ... 191

20.5	Die Sinne des Menschen 192	21.3.7	Zone 7: Motorische Antriebskraft von Oberschenkel und Becken ... 210
20.5.1	Der Formensinn 193		
20.5.2	Der Raumsinn 194	21.3.8	Zone 8: Motorische Antriebskraft der Knie (Antrieb zum Auftreten, zielgesetzte Bewegung) 210
20.5.3	Der Gewichtssinn 195		
20.5.4	Der Farbensinn 195		
20.5.5	Der Ordnungssinn 195	21.3.9	Zone 9: Motorische Antriebskraft der Füße (Antrieb zum Auftreten) .210
20.5.6	Der Zahlensinn 195		
20.5.7	Der Mathematiksinn 196	21.3.10	Zone 10: Motorische Antriebskraft der Zehen (Antrieb zum Auftreten) 210
20.5.8	Phantasie-Sinne 197		
20.5.9	Die Form der Unterstirn 197		
20.6	Stirnformen und die Naturelle ... 200	21.4	Asymmetrien des Hinterkopfes .. 210
20.7	Sammlung der geistigen Energie und Nasenwurzel 200	**22**	**Seitenhaupt** 212
		22.1	Dreiteilung des Seitenhauptes ... 212
20.7.1	Nasenwurzel 200	22.2	Ökonomische Beziehung zu den Stirnregionen 212
20.7.2	Die subjektive Erfahrung mit Sensibilität und Bewusstsein 200		
		22.3	Die Schläfe 214
21	**Hinterhaupt** 202	22.4	Die sieben Ausdruckszonen des Seitenhaupts 214
21.1	Der Antrieb zur Entwicklung 202		
21.2	Einteilung des Hinterhauptes 203	**23**	**Oberkopf** 216
21.2.1	Die Dreiteilung des Hinterhauptes 203	23.1	Der Oberkopf und die Transzendenz 216
21.3	Die zehn Zonen des Hinterhauptes 208		
		23.2	Oberhauptformen 220
21.3.1	Zone 1: Fingerspitzengefühl, Tasten zur Ich-Erfahrung 209	**24**	**Das Haupthaar** 223
21.3.2	Zone 2: Gebundenheitsgefühle .. 209	**25**	**Der Hals** 224
21.3.3	Zone 3: Kindesliebe, Freundschaft und Heimatliebe 209		
		26	**Gestik als Körpersprache** 225
21.3.4	Zone 4: Nestbautrieb 210	26.1	Hände 225
21.3.5	Zone 5: Sesshaftigkeit 210	26.2	Die Schrift 225
21.3.6	Zone 6: Anspannung für die eigene Dynamik 210		

Anhang

27	**Fallbeispiele** 228	**29**	**Biographie Carl Huters** 237
27.1	Beispiel 1 228		
27.2	Beispiel 2 230	**Literaturempfehlungen** 239
28	**Arbeitsblätter** 233	**Stichwortverzeichnis** 240

Teil 1

Eine Einführung in die Psycho-Physiognomik nach dem System von Carl Huter

1 Zur Geschichte der Psycho-Physiognomik

Die Geschichte der Physiognomik bis zur Psycho-Physiognomik hat lange Wurzeln. Die herausragenden Publikationen seien hier erwähnt:

Eines der ältesten Bücher (ca. 300 v.Chr.) über menschliche Wesenskunde ist das „Puggala Pannatti" aus dem sehr umfangreichen buddhistischen Schrifttum. 1910 ins Deutsche übersetzt, enthält es u.a. eine Charakterisierung, Klassifizierung von Menschentypen in Hinsicht auf ihre Gott-(Brahma-)Nähe bzw. -Ferne.

Aus der griechischen Früh- und Hochkultur sind zahlreiche physiognomische Betrachtungen überliefert. Von **Pythagoras von Samos** (495–400 v. Chr.) z.B. ist bekannt, dass er seine Schüler bewusst nach physiognomischen Kriterien auswählte.

Eine tiefe Kenntnis von der menschlichen Natur und ihrem Zusammenhang mit dem äußeren Abbild des Menschen hatten **Sokrates** (470–399 v.Chr.) und **Platon** (427–347 v.Chr.). Die Ausdrucksformen, die durch Besonnenheit, Klugheit, Edelmut, Dummheit oder Bosheit entstehen, waren ihnen geläufig, und sie vertraten u.a. den Standpunkt, dass „in einem gesunden Körper eine gesunde Seele" leben müsse.

Hippokrates von Kos (460–375 v.Chr.) gilt als der Begründer der Patho-Physiognomik (⇨ S. 97ff.). Mit seiner Genialität drang er in die Zusammenhänge von Säftemischungen und Verhaltensweisen ein und erwähnte die Erscheinungsveränderungen. Die physiognomische Beschreibung des Gesichtes eines Sterbenden wird noch heute mit der „Facies hippokratika" benannt.

In seinem Buch „Physiognomica" fasste **Aristoteles** (384–322 v.Chr.) all das zusammen, was ihm vom Thema bekannt war. Im übrigen stammt die erste systematische Physiognomik über den Ausdruck im Vergleich zwischen Tieren und Menschen von ihm, und er wusste um die Wechselbeziehung von Körper und Seele als Grundvoraussetzung für den Ausdruck.

Fast 500 Jahre danach übernahm der römische Arzt **Galenus** (129–201 n.Chr.) die spezielle Physiognomik des Aristoteles und sicherte ihre Anwendung nach einfachen Regeln. Sein Forschungsschwerpunkt waren die Temperamente.

Allerdings belastete er das Thema so stark mit Aberglauben, dass es danach lange Zeit gar kein Gegenstand der Forschung mehr war.

In der Renaissance stellte sich die Frage nach der Stellung des Menschen neu.

Auch Theophrast von Hohenheim, genannt **Paracelsus** (1453–1541), übernahm die Lehren des Aristoteles, beschäftigte sich aber nur am Rande mit der Physiognomik. Die Konstitutionstypen von Galenus lehnt er genauso ab wie die Temperamente und Kardinalsäfte.

Seine „Signaturen-Lehre" wurzelt in wundersamen Glaubensvorstellungen des „Mysterium magnum" und nicht in klarer Beobachtung und Naturwissenschaft. Er ließ sich vom „Licht der Natur" genial unterrichten.

1533 erschien ein Werk „Physiognomiae et chiromaniae compendium" des **Bartholomäus Cocles**, welches die Hand mit dem Gesicht vergleicht.

Der italienische Physiker **Johann Batista della Porta** (1535–1615) wurde richtungsweisend. Sein Werk „De humana physiognomia" geht vom Menschen in seiner Gesamtheit aus. Nichts, was den Ausdruck des Menschen und der Tiere angeht, entging seiner Betrachtung, und er suchte hinter allem eine gewisse psychosomatisch begründete Bedeutung zu erkennen. Gleich, ob Kopf und

Haupthaar, Teile des Gesichts oder Glieder und Nägel der Finger und Zehen – alles schien ihm als Verbindung und Entsprechung zum Tierreich.

Jacob Böhme (1575–1624), der schlesische Mystiker, fasste in seinem berühmten Werk „De signature rerum" physiognomisch zusammen:
„Und ist kein Ding in der Natur, das geschaffen oder geboren ist, es offenbart denn seine innere Gestalt auch äußerlich, denn das Innerliche arbeitet stets zur Offenbarung, als wir solches an der Kraft und Gestaltnis dieser Welt erkennen."

Weitere Persönlichkeiten, die zur Entwicklung der Physiognomik auf ihren verschiedenen Ebenen beigetragen haben, sind:
- Michael Savonarola (1384–1468), Arzt in Padua
- Geronimo Cardano (1501–1576), Arzt, Erfinder der Cardan-Welle
- Juan Huarte (1539–1592), Arzt und Vorläufer Galls
- Rudolf Coclenius (1547–1629), Arzt und Philosoph, Magdeburg
- Scipio Claramontius (1561–1625), Mystiker
- Honore Fabrit (1606–1688), Jesuitenpater und Mathematiker
- Johann Praetorius (1630–1680), Arzt und Philosoph

Alexander Gottlieb Baumgarten lenkte 1714–1762 seine Aufmerksamkeit auf die Krankenphysiognomik, die dann von seinem Schüler, Fr. Meler, zur Lehre von den Gemütsbewegungen ausgestaltet wurde.

So wie zur Zeit der Renaissance und Reformation die Frage nach dem Menschen und seiner Verantwortlichkeit für seine Seele erinnert wurde und die damaligen Künstler – Raphael Santi, Michelangelo Buonarotti, Leonardo da Vinci – in ihren Meisterwerken mit ausgiebigen Studien ihre Antworten darauf zum Ausdruck brachten, so wurde mit Baumgarten, Sulzer und Herder die Physiognomik neu belebt. Ihre Gedanken gingen dahin, wie die Symbolik der menschlichen Gestalt mit Funktionen und Charaktereigenschaften zu verbinden sei.

Leibniz schuf in jenen Tagen seine Monaden-Lehre, die einen einheitlichen Bauplan des gesamten Körpers annimmt.

Auch **Kant, Schopenhauer, Hardenberg** und **Schelling** und viele Zeitgenossen der deutschen Aufklärung und Klassik, besonders **Goethe**, förderten die Entwicklung der Physiognomik.

J. C. Lavater (1741–1801), ein evangelischer Geistlicher, ist mit seinen „Physiognomischen Fragmenten" wohl deren größter Anreger.

Zwar ist sein Versuch, ein System zu finden, nicht geglückt, aber seine Liebe zu den Menschen war eine wesentliche Triebfeder seiner Bemühungen.

Die Zweifel und Abwehr, die er auslöste, waren vor allem an seine Art sich darzustellen gebunden und nicht ursächlich in der Physiognomik begründet. Kritisiert wurde er z.B. von J. Chr. Lichtenberg.

Der Anatom **Pieter Camper** (1722–1789) regte über seine Studien an, typische, physiognomische Merkmale der Menschenrasse und Völker zu erforschen.

Johann Jakob Engels (1741–1801) versuchte zu erklären, worin die Beziehung zwischen Mimik und Affekten besteht.

Der französische Arzt **Halle** und der schottische Chirurg **Ch. Bell**, Schöpfer der Neurophysiologie, fanden schließlich den wissenschaftlichen Weg, die Typenlehre auf anatomisch-morphologischer Ebene zu begründen.

Als **Josef Gall** (1758–1828) seine Forschungen begann, betrat er als Gehirn-Anatom mit der Phrenologie ein neues Feld. Er erkannte, dass das tierische und menschliche Gehirn nach exakt denselben anatomischen und physikalisch-chemischen Prinzipien aufgebaut ist. Auch seine Erkenntnis, dass das Zentralorgan sich aus einer Vielfalt verschiedener funktioneller Zentren zusammensetzt, war richtig.

Die Schüler Galls setzten seine Forschungen und Dokumentationen fort und fanden neue Entsprechungen.

Auch **C. G. Carus** (1789–1869), Arzt in Dresden und ein Zeitgenosse Goethes und Huters, leistete mit seiner Symbolik der menschlichen Gestalt einen wesentlichen Beitrag zur Lern- und Lehrbarkeit der Physiognomik.

Theodor Piderit (1850–1912), Arzt in Detmold, studierte besonders die Mimik.

Carl Huter (1861–1912) schließlich fasste in seinem System der Psycho-Physiognomik zusammen, was vor ihm erkannt und erforscht worden ist. Er verband eine sehr sensible Beobachtungsgabe mit naturwissenschaftlicher Information und erbrachte den Nachweis dafür, dass die Körperform und die über den Körper hinauswirkenden Kraftpotentiale im Zusammenhang mit dem seelischen und geistigen Ausdruck stehen.

Die „Kraft-Richtungs-Ordnung" Carl Huters (⇨ S. 53ff.) ist der Schlüssel zur praktischen Menschenkenntnis, die er in seinem System der Psycho-Physiognomik lehr- und lernfähig gemacht und mit einer entsprechenden Ethik befrachtet hat.

Nach Carl Huter sind von allen Seiten unzählige Anregungen zur näheren Erforschung des Menschen über physiognomische Systeme entstanden.

Diese alle zu nennen würde allerdings den Rahmen dieser historischen Einführung in die Psycho-Physiognomik sprengen.

2 Carl Huter, der Begründer der Psycho-Physiognomik

Carl Huter kannte die lange Tradition der Physiognomik und versuchte, daraus ein lehr- und lernfähiges System zu bilden. Dafür prüfte er seine Vorgänger sorgfältig, kritisierte sie, benannte und entfernte ihre Fehler, verknüpfte, korrigierte ihr Wissen und ergänzte es in genialer Weise.

Einige Zitate von Carl Huter mögen als Einleitung für das folgende Kapitel dienen:

„In dem Keime wohnt die Kraft,
Saugt außen ein den Lebenssaft,
Verdaut und wächst, durchdringt und schweißt,
Bis in den Formen lebt der Geist."[1]

„Alle Geisteserkenntnis geht durch die innere Gefühls- und äußere Formenerkenntnis. Die Formenerkenntnis gibt uns durch das Gesetz der Kraftrichtungsordnung Aufschluss über alle Dinge und ihr inneres, geistiges Wesen."[2]

„Alles, was lebt, emaniert beim Stoffwechsel,
spannt sich bei der Kraftentfaltung,
strahlt in der Liebe,
duftet in der Sympathie,
hebt sich im Glück,
riecht übel in der Antipathie,
widert sich gegen das Unglück.
Es gehen mit allen seelischen Vorgängen mehr oder weniger chemische, mechanische und physiologische Abläufe einher."[3]

„Liebe und Freude bringen die Muskeln in plastische Spannung, erweitern die Gewebe, erhöhen die Strahlkraft und beschleunigen den Stoffwechsel. Kummer und Verdruss lassen die Gesichtszüge welken, das Haar ausfallen oder spröde und trocken werden, die Gewebe der Muskeln, des ganzen Körpers sich ungünstig verändern."[4]

„Die Erziehung erhöht und schwächt die Anlagen, ohne sie zu schaffen oder zerstören zu können."[5]

Abb. 1: Carl Huter – „Der Philosoph".

[1] Huter, Hauptwerk, S. 336
[2] Huter, Aphorismen, S. 21
[3] Huter, Aphorismen, S. 24
[4] Huter, Aphorismen, S. 45
[5] Huter, Hauptwerk, S. 511

3 Der Umgang mit der Psycho-Physiognomik

3.1 Definition

Die Psycho-Physiognomik ist ein von Carl Huter (1861–1912) entwickeltes System, welches die Biologie und Psychologie mit Körperformen und Ausstrahlung verbindet.

Sie will die Sprache des menschlichen Gesichts als Ausdruck der Seele verständlich machen und bietet so eine wirkliche Lebenshilfe und Diagnosemöglichkeit. Mit Hilfe dieses Systems ist es uns möglich, aus den genetisch geprägten und stets weiterentwickelten Formen und Ausdrucksarealen eines Menschen seine Persönlichkeit in ihrer Ganzheit zu erfassen.

3.2 Etymologie

Betrachten wir zum besseren Verständnis den Begriff „Psycho-Physiognomik", so finden wir drei Wortbestandteile:

Psyche = Seele

Ein Wort, das aus der Psychologie (Seelenlehre, Seelenkunde) bekannt ist.

Die Wissenschaft vom Wesen der Veränderungen und der Tätigkeiten der Seele: als Trägerin geistigen Lebens, prägend lebendig wirksam im Körper.

Physis = Körper

Der messbare Körper, reale Natur, als Wirklichkeit und Erfahrbarkeit beschrieben. „Physiologie" ist die Lehre von den normalen, gesunden Lebensvorgängen.

Heidegger sucht den Wortursprung in:

phaeinein = das leuchtend Offene, aus der Schwingung hervor ans Licht bringen. Damit meint er die platonische Idee vom Körper als „ursprünglich Offenbarkeit des Seienden" und nicht *phyein* (= wachsen lassen, Natur, Körper).

Gnomik

Gnoma = Kennzeichen, Kenntnis, Meinung
Gnomae = Kenner, Beurteiler, Betrachter
Gnome = Erkenntnisvermögen, Verstand, Vernunft
außerdem:
– Überlegung, Geist, Sinn, Gesinnung
– Erkenntnis, Einsicht, Meinung, Ansicht, Überzeugung, Sentenz, Sinnspruch, Aphorismus
– Rat, Antrag, Vorschlag
Gnomon = Kenner, Beurteiler, Schiedsrichter, Aufseher über die Ölbäume
Zeiger an der Sonnenuhr

In der Philosophie verstehen wir diese Wortkomponenten als das Zusammenspiel von Körper und Seele. Der Wahrnehmende dieses Geschehens ist der Kenner, Beurteilende, der mit seinem Erkenntnisvermögen erklärt und lehrt.

Die **Physiognomik** schließlich ist die Lehre von der äußeren Erscheinung und Einordnung des Menschen und jeder lebendigen Gestalt.

Die **Psycho-Physiognomik** ist die Lehre von der Beurteilung der äußeren Gestalt eines Menschen, der Projektion der Psyche durch die lebendige Gestalt, die besonders aus den Gesichtsausdrucksformen und der Mimik abzulesen ist.

Sie ist die Kenntnis der Seelen-Ausdrucks-Leistung, die sich im Wechselspiel von Reizaufnahme, Reizverarbeitung und

Reizerkenntnis ereignet. Eine Ausdrucksleistung, die sich nachempfinden, ablesen, erkennen und einordnen lässt.

Die **Psycho-Physiognomik** ermittelt über die Ausdruckszonen der Haut Verbindungen zu den Organen, die sich entsprechend über Veränderungen der Zonen orten lassen.

Die **Patho-Physiognomik** (⇨ S. 97ff.) wiederum interpretiert veränderte Zeichen als Hinweis auf mögliche organische Störungen oder Erkrankungen. Sie diagnostiziert an den Hautausdruckszonen den Zustand der Organe, ob sie gesund oder unstimmig sind. Dabei geben Verfärbungen, Spannungen, Modellierungen und Strukturen Hinweise.

Verfärbungen und Schwellungen, die über das Proportionsmaß des Gesichtsareals hinausgehen sind – im Vergleich zu den übrigen Zonen – pathogen.

Dabei ist es interessant, die psycho-somatischen Zusammenhänge zu entdecken und mit der „Organsprache" in Kombination zu sehen.

3.3 Die Basis der Psycho-Physiognomik

Das Gesicht (Augen, Mund, Ohren, Stirn, Kinn und Kiefer, Nase, Jochbeine und Kopf) und die Mimik zeigen deutlich, welchen Einflüssen ein Mensch unterliegt, welchen Einfluss er aufnehmen will oder seinerseits Einfluss nehmen möchte.

Die grundlegende Überlegung Huters war, das alle Energien, kosmische wie irdische, den Menschen formen, indem sie die Haut durchdringen, vom Körper absorbiert werden und in jede Zelle gelangen. Die Energien hinterlassen dort eine Prägung, werden erneut im Bewusstwerdungsprozess reflektiert, treffen ein zweites Mal auf die Haut (diesmal von innen) und werden so ein zweites Mal formbildend wirksam (⇨ Abb. 2).

Wie bei einem Samenkorn wird durch diese formenden Energien oder Formelemente ein genetisches Programm aktiviert, das über verschiedene Energien, die die Vitalität ausmachen, eine bestimmte Gestalt wachsen lässt. Diese sichtbaren Projektionen sind durch die Psycho-Physiognomik interpretierbar.

Formelemente beim Getreide sind z.B. äußere Faktoren wie Wetter, Wind und Boden; beim Menschen sind es Elternhaus, Heimat, Schule, enge Freundschaften und Beziehungen oder auch Klimazonen.

Das Gesicht entfaltet sich aber auch nach den Prägungen, die in der genetischen Information, der Familie, der Umwelt, der Konstitution und dem Charakter aufgehoben sind.

So wie Wut oder Freude als seelisch-geistige Momentaufnahme in der Mimik zu erkennen sind, so können wir auch langfristige Spuren sehen, die sich z.B. durch Anstrengung in den unterschiedlichen Anlagen zeigen können.

Alle Erfahrungen, Erlebnisse, Krankheiten, Berufe, Sprachen, Wohnorte, der gesamte Kulturkreis hinterlassen Spuren, die uns helfen, aus der chaotischen Flut der Erlebnisbilder unsere eigene Struktur zu erkennen und unser Bewusstsein zu differenzieren. Unbewusst gelingt das meistens.

Als Mitmenschen wollen wir uns aber bewusst werden, bewusst Auswahl treffen oder uns die Gründe der unbewussten Auswahl bewusst machen.

Wir wollen lernen, das zu erkennen, was wir sehen und – unter Berücksichtigung der Dominanten – das Individuum in seiner Ganzheit verstehen; die Mimik als Ausdrucksbewegung des Gesichtes ebenso wie die Prägung durch Familie, Umwelt und der genetischen Information.

Wenn wir uns mit Menschen beschäftigen wollen, wenn wir sie verstehen wollen, wenn sich alles innere Erleben im Menschen auch im Äußeren äußert, ist es naheliegend, ein System zu suchen, welches diese Äußerungen „entschlüsseln" kann. Die Psycho-Physiognomik bietet dies.

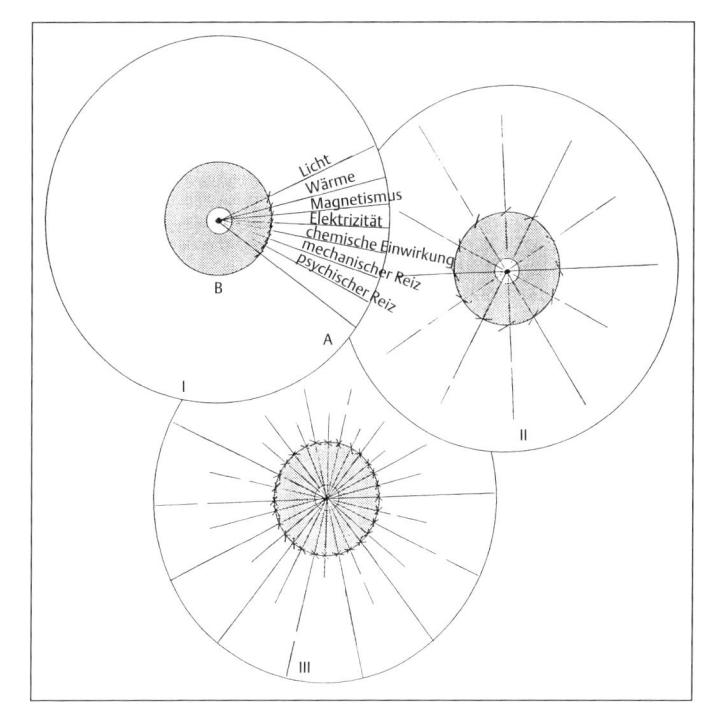

Abb. 2: Grundgesetz des physiognomischen Geschehens.

I Etwas, das einen Reiz bekommt (B), verändert sich und
II verarbeitet die Reize im Innenraum. Der Prozess der Verarbeitung geht weiter, bleibt nicht im Innenraum, sondern entäußert sich nach außen.
III Durch die Äußerung nach Außen bzw. in die Peripherie zeigt sich, was Innen passiert ist.

Das Universum (A) und das Individuum (B) beeinflussen sich gegenseitig.

3.4 Ziele der Psycho-Physiognomik

Wir versuchen, mit Hilfe der Psycho-Physiognomik zu verstehen, was uns die verschiedenen Ausdrucksformen, durch die sich alles Lebendige gestaltet, sagen wollen und welche seelischen Bedürfnisse sich dahinter verbergen.

Die Psycho-Physiognomik hilft uns z.B., Kommunikationsprobleme zu vermeiden.

- Wenn uns jemand eine Information verbal übermittelt, müssen wir häufig im nachhinein feststellen, dass wir ihn missverstanden haben.
- Das Tun eines Menschen ist eine sichtbare Reaktion auf einen inneren Entschluss, und wir interpretieren ihn, ohne zu wissen, ob unsere Annahme seiner Motivation entspricht.
- Wenn ein Mensch etwas denkt oder fühlt, haben wir als Außenstehender wenig Informationen darüber, wie sich sein innerer Dialog vollzieht.
- Wir nehmen unzählige unterschiedliche Signale entgegen, reagieren auf sie, senden selbst Signale aus und wissen nichts um die Wirkung auf unser Gegenüber.

Neben diesen Verständigungshilfen für bewusste wie unbewusste Äußerungen bietet die Psycho-Physiognomik aber auch Hilfen zur Selbsterkenntnis, zur Partner- und Berufswahl, zur allgemeinen Menschenkenntnis usw. und ist damit hilfreich in der Beratung sowie ein effizientes Diagnosemittel für die Therapie. Sie hilft, Fragen zu beantworten wie z.B.

- Warum ist mir ein Mensch sympathisch oder unsympathisch?
- Wie kann ich meine Schwächen/Stärken akzeptieren? Wo liegen meine Blockaden? Wo meine Begabungen und Talente?
- Welche Eigenschaften bringt mein Gegenüber mit sich?
  – technische Fähigkeiten

- Durchsetzungsfähigkeiten
- Abgrenzungsfähigkeiten
- Entfaltung der eigenen Triebe
- wirtschaftliche Fähigkeiten
- Wahrnehmungsfähigkeit
- Selbstständigkeit
- Selbstbehauptung
- Genussfähigkeit
- Absicherungsbedürfnis
- Beobachtungsfähigkeit
- Kritikfähigkeit usw.

Mit den Antworten auf diese Fragen werden wir klarer und toleranter in der Erkenntnis unseres eigenen Wesens und das unserer Mitmenschen.

F. Dostojewski, dem das Psychologische ein tiefes menschliches und künstlerisches Anliegen war, sagte dazu:
„Ich halte es nicht für das größte Glück, einen Menschen enträtselt zu haben. Ein größeres Glück ist es noch, bei dem, den wir lieben, immer neue Tiefen zu entdecken, die uns immer mehr die Unergründlichkeit seiner Natur in ihrer ewigen Tiefe offenbart."

3.5 Wege der Psycho-Physiognomik

Die Psycho-Physiognomik konzentriert sich zunächst auf die Einzelheiten einer ganzen Gestalt, analysiert sie auf ihren Ausdrucksgehalt hin und verbindet sie dann durch die konzentrierte Betrachtung mit dem seelisch-geistigen Impuls, um somit zu einer ganzheitlichen Betrachtungsweise zu finden.

Grundsätzlich gibt es verschiedene Ansätze der Psycho-Physiognomik. Die Aufmerksamkeit richtet sich dabei auf *ein* Ausdrucksareal, z.B. Hände, Augen, Stirn oder Ohren. Letztlich fließen die Beobachtungsergebnisse immer zusammen.
Dabei können die einzelnen Körperformen und Aussagen zwar verschieden bewertet werden, das Ergebnis sollte jedoch immer dasselbe sein.

> Auf jeden Fall ist es wesentlich, dass der Analysierende sich selbst aus der Betrachtung herausnimmt und nur von dem ausgeht, was er sieht.

3.6 Persönliche Voraussetzungen

Die Psycho-Physiognomik fordert Eigenleistung und Engagement. Das „Berieseln" oder möglicherweise ungeprüfte „Schlucken", wie es oberflächlich aufgenommene Reize zulassen, wir denken dabei z.B. an Fernsehen, erlaubt die Psycho-Physiognomik nicht.

Sie verlangt ein intensives Vertiefen, sensibles Betrachten und bewusstes Wahrnehmen der Erscheinung.

3.7 Mögliche Gefahren

Gerade weil die Psycho-Physiognomik ein in sich schlüssiges System darstellt, birgt sie die Gefahr in sich, dass sie als „Universalschlüssel" verwendet wird, und man sich oder sein Gegenüber aufgrund einiger Körperformen automatisch in eine bestimmte „Schublade" einordnet.

Genau das soll mit der Psycho-Physiognomik nicht erreicht werden.

> Die Psycho-Physiognomik wirkt der Vereinfachung entgegen, denn
> - jeder Mensch ist etwas Unteilbares, Einzigartiges,
> - der Mensch ist mehr als die Summe seiner Ausdruckszonen.

Vor allem am Anfang besteht die Gefahr, von einigen deutlichen Merkmalen auszugehen und andere Merkmale, die diesen eventuell widersprechen oder noch nicht gelernt wurden, unberücksichtigt zu lassen. Das Ergebnis ist dann ein Vorurteil über diesen Menschen. Spätestens hier besteht die Notwendigkeit zur Korrektur.

Die Ausdrucksdaten der Merkmalsprotokolle (⇨ S. 19ff.) lassen sich verhältnismäßig leicht einprägen. Leider oder vielleicht zum Glück ergibt nur die **Vernetzung** in ihren vielseitigen Kombinationsmöglichkeiten eine ganzheitliche Aussage, die uns bei Einlassung darauf den Menschen näher bringt.

> Ein essentielles Bedürfnis der Menschen ist es, „erkannt zu werden", damit sind aber auch gleichzeitig Ängste verbunden, wie das Gegenüber mit diesen Erkenntnissen umgehen wird. Die große Verantwortung mit dieser tiefen Unsicherheit fordert eine ebenso große Behutsamkeit.

Viele suchen nach einem System, einem Buch, welches ihnen die Lösung für alle Ängste, Schutzmechanismen, Hemmungen, Süchte, Verletzungen, unbewussten Antriebe und Innenspannungen bringt.
 Es gibt kein solches Buch!
 Dieses Buch schreibt das Leben mit allen Reizen, Angeboten und Möglichkeiten zur Persönlichkeitsbildung in das Wesen des Menschen – der als Sozialpädagoge, als Lehrer, Arzt, Therapeut, Psychologe, Chef, Angestellter, Mitmensch in allen Orientierungsstufen die Fragen nach dem Menschen behutsam und tastend zu vertiefen sucht.

3.8 Psycho-Physiognomik und Psychosomatik

„Im Einklang sein mit sich und seinem Ideal ist Gesundheit." (Samuel Hahnemann)

Der Mensch ist eine Einheit aus Körper, Geist und Seele.
 Jede Krankheit ist ein Signal, ein Ausdruck für eine Unstimmigkeit auf einer dieser Ebenen. Derjenige, der es versteht, diese Signale richtig zu deuten, hat die Möglichkeit, den Menschen in seiner Ganzheit zu erfassen.
 Ein Weg, sich für solche Signale zu sensibilisieren, ist, genau und umfassend zu prüfen, was die Ausdruckszonen und das Merkmalsprotokoll in Kombination ergeben.

Das Eine ist der Ausdruck des Anderen, und die Psycho-Physiognomik hilft uns, die Zeichen eines Nicht-im-Einklang-mit-sich-selbst-Seins zu erkennen und zu deuten.

4 Die Entstehung der Naturelle

Nach Carl Huter[6] gibt es grundsätzlich drei Menschentypen, die er die drei „primären Naturelle" nannte:
- Ernährungs-Naturell
- Bewegungs-Naturell
- Empfindungs-Naturell

Die Anlage für die Ausprägung eines Naturells wird bereits in der embryonalen Entwicklung, in der Keimblattentwicklung, festgelegt. Die Ausprägung der Naturelle wird jedoch auch durch sekundäre Prägung, z.B. durch Umwelteinflüsse (⇨ Formelemente, S. 8), beeinflusst.

Jedes Naturell hat ein „typisches" Aussehen und ein primäres seelisches Bedürfnis, das zur Verwirklichung strebt. Die einzelnen Charakteristika sind in Merkmalsprotokollen zusammengefasst (⇨ S. 19ff.).

In allen Menschen sind die Grundinformationen der drei primären Naturelle angelegt; die Vielfalt der Erscheinungsbilder, der Körpermaße und individuellen Vitalität entsteht aus der jeweiligen Mischung dieser Grundinformationen. Geht der Entwicklungsimpuls in zwei Keimblätter zugleich, entstehen die „sekundären Naturelle", auch „Dual-Typen" genannt (⇨ S. 27ff.). Das zuerst genannte Naturell ist dabei das vorrangige.
- Ernährungs-Empfindungs-Naturell
- Bewegungs-Empfindungs-Naturell
- Bewegungs-Ernährungs-Naturell

Durch das Wissen um die Naturelle, lässt sich u.a. „berechnen", welche privaten oder beruflichen Konstellationen im menschlichen Miteinander von Sympathie oder Antipathie bestimmt sein werden (Harmonie-Lehre, S. 33ff.).

Neben den Grundtypen und ihren Modifikationen gibt es noch zwei weitere Typenbenennungen, die über allen Naturellen stehen: die „polaren Naturelle" (⇨ S. 35ff.). Polar deswegen, weil sie die Pole Harmonie und Disharmonie bezeichnen. Je nach Lebensgrundform kann ein Naturell sich in einen harmonischen Typ (= integratives Naturell) oder einen disharmonischen Typ (= desintegratives Naturell) entwickeln.

4.1 Der Körperbau – die Grundtypen

So unendlich viele verschiedene Körperformen es auch zu geben scheint, sie wurden z.B. schon von Dürer (1500) auf drei Grundtypen reduziert (⇨ Abb. 3). Ein Ergebnis, zu dem später auch Carl Huter (1898) und William Sheldon (1948) kamen und in genauen Beschreibungen publizierten.

4.2 Typen als Zellinformationen

Die Tonerden der Urerde können die Schmiede oder Retorte des Lebens gewesen sein, denn sie sind Katalysatoren beim Zusam-

---
[6] Siehe „Naturelllehre" von Carl Huter.

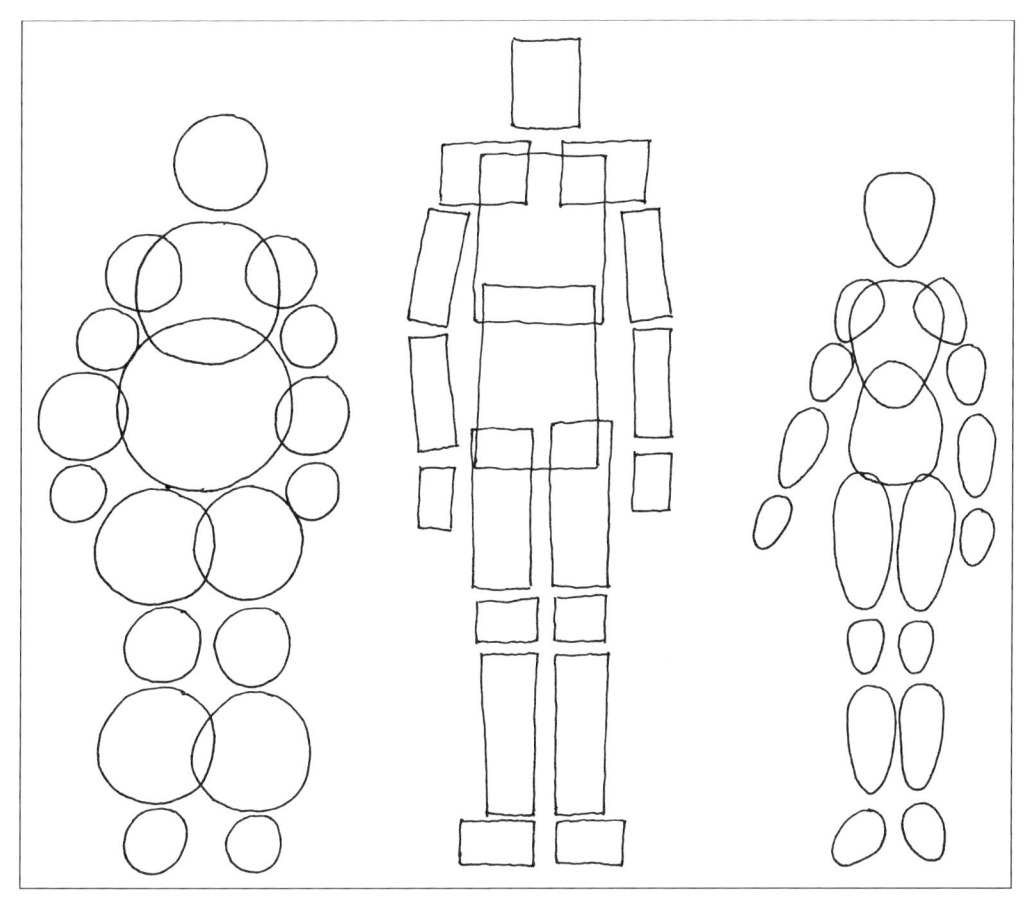

Abb. 3: Die drei grundlegenden Formenprinzipien: 1. Rund, 2. eckig, lang, 3. fein.

menschluss von Aminosäuren zu proteinähnlichen Kettenmolekülen.

Jede Zelle ist ein Verbund unterschiedlicher Komponenten, den Zellorganellen. Jede davon hat eine bestimmte Aufgabe im Sinne der gesamten Zelle. So haben z.B. die Mitochondrien die Aufgabe, Energie zu gewinnen oder die Ribosomen als „Molekül-Fabriken" die Aufgabe, aus Aminosäuren Eiweißbausteine zu produzieren. Den Bauplan dazu liefert das Erbmaterial, die DNS.

Sexualität scheint die Evolution vor rund zwei Milliarden Jahren „erfunden" zu haben, denn die natürliche Auslese begünstigt geschlechtlich vermehrte Wesen. Die Lust, ganze Absätze, Seiten und Bücher der DNS auszutauschen und neue Spielarten der Spezies hervorzubringen, scheint die Mikroben gleichsam beseelt zu haben, denn diese winzigen Lebensformen haben sich bis hin zum Menschen aufgebaut und differenziert.

Die Zellen haben also in unendlich langer Tradition sämtliche Entwicklungsinformationen gespeichert und offenbaren in ihrer Genese diese Inhalte bis zum individuellen Erscheinungsbild.

Die genetische Information der drei Grundtypen ist in den Zellen gespeichert, und der jeweilige „Typ" entsteht als Kombination dieser genetischen Information, dem **Genotyp**, mit der individuellen Entwicklung oder Erscheinung, dem **Phänotyp**.

Der Genotyp repräsentiert das biologische Programm, ist uns (gen-)biologisch einsichtig und erklärt sich aus der bevorzugten Entwicklung des einen und/oder des anderen Organsystems. Die energetische Entsprechung, die die Lebensrichtung und Lebensgestaltung vorrangig begleitet, bildet dann den Phänotyp aus.

4.3 Keimblattentwicklung

Carl Huter fand bei seinen Biologie- und Medizinstudien schlussfolgernd heraus, dass die Entwicklung der Organsysteme konstitutionsbestimmend ist. Er nannte die drei Grundtypen Naturelle. Auch diese sind als Information im biologischen Hintergrund verankert und werden schon im Stadium der embryonalen Entwicklung, in dem die drei Keimblätter entstehen, ausgebildet.

Die befruchtete Eizelle (⇨ Abb. 4) lässt sich in drei Plasmabezirke differenzieren:
1. animale Zone
2. vegetative Zone
3. dazwischenliegender grauer Halbmond

Etwa 8–10 Tage nach der Befruchtung differenziert sich der Embryoblast in zwei verschiedene Keimschichten (⇨ Abb. 5).

Die sich nun immer weiter teilenden Zellen, teilen sich unterschiedlich schnell, so dass die Zellen der animalen Zone die Zellen der anderen Zonen in das Innere der Zellkugel drängen.

Die verschiedenen Zellschichten werden nun Keimblätter genannt und gemäß ihrer Lage differenziert.

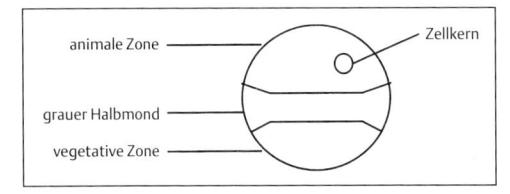

Abb. 4: Eine befruchtete Eizelle.

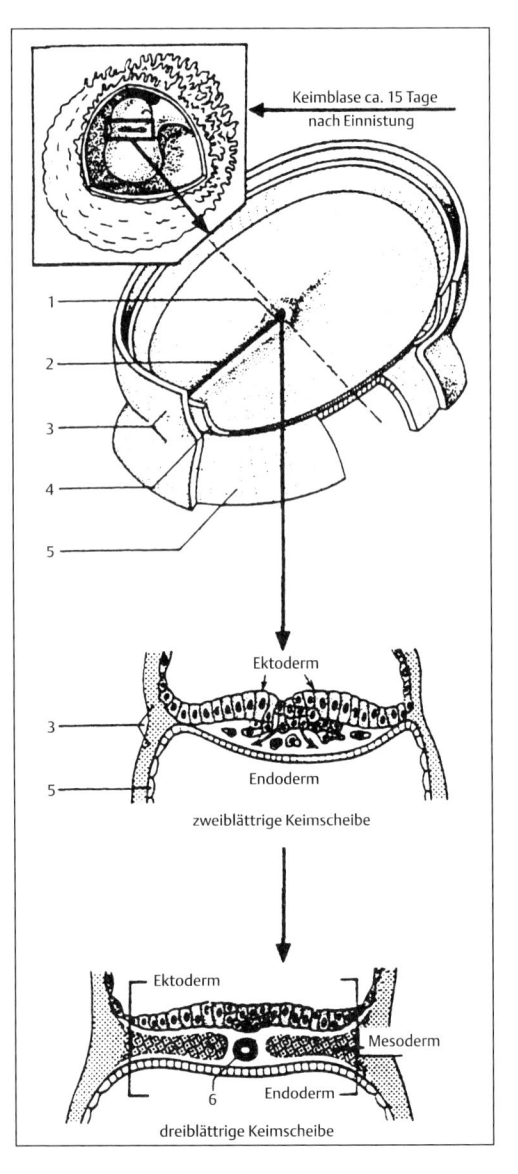

Abb. 5: Entwicklung der dreiblättrigen Keimscheibe[7].

1 Primitivgrube
2 Primitivrinne
3 Extra-embryonales Mesenchym
4 Amnion
5 Dottersack
6 Kopffortsatz

---

[7] Quelle: Schumacher, G.-H.: Anatomie für Zahnmediziner. Hüthig, Heidelberg 1997.

Die Reihenfolge der Keimblattentwicklung ist beobachtet. Aus jedem von ihnen entwickelt sich ein anderes Organsystem:

Zuerst entsteht das innere Keimblatt, das **Endoderm**. Aus ihm entsteht das Organsystem der Ernährung mit seinen Schwerpunkten Magen-Darm-System und den Entgiftungsorganen. Das legt die Schlussfolgerung nahe, dass die Natur das individuelle Leben mit Energie zum Leben, Wachsen und Leisten sichern will.

Als zweites entsteht das äußere Keimblatt, das **Ektoderm**, das die Information zur Entwicklung des Wahrnehmungssystems trägt, dessen Schwerpunkte die Haut, die Sensoren und Sinnesorgane, die Reizleitungsbahnen sowie das Hirn sind. Die Natur hat mit dem Auftrag zur Reizverarbeitung, zur Kommunikation, dieses Organsystem ausgestattet.

An dritter Stelle entsteht das **Mesoderm**, das mittlere Keimblatt, mit der Information für das Bewegungs-System, in dem wir die Schwerpunkte mit dem Stützgerüst, den Muskeln, Sehnen und Bändern erkennen. Dynamische Freiheit ist damit ermöglicht.

Hier verbindet sich der Wille der Natur mit dem zielgesetzten Willen, das Leben zu schaffen, zu erhalten, zu schützen und zu vermehren.

Die beschriebenen Keimblätter und ihre Organsysteme entwickeln sich selbstverständlich nicht isoliert von einander, sondern sind auf das Feinste miteinander verbunden.

Embryonal bestimmt, vollzieht sich die individuelle Entwicklung mit einem so weitgefächerten, genetischen Informationshintergrund, dass wir ihn nicht nach dem gegenwärtigen Forschungsstand ermessen können, obwohl die Wissenschaft die Entwicklungszeit des Menschen über die Hominiden bis zum Homo sapiens auf fünf Millionen Jahre hochrechnet.

Das Geschlechtssystem hat zwar die allererste Signatur in der Entfaltung der Organsysteme, die Typen bilden sich jedoch geschlechtsunabhängig aus.

4.4 Die biologischen Voraussetzungen der Naturelle

Bei der Entwicklung der Keimblätter und ihrer Organsysteme wirkt eine Impulskraft, deren Ursprung geheimnisvoll ist. Sie bevorzugt *eines* der drei Keimblätter und bildet durch diese Präferenz eine typische Gestalt. Die so erzeugte Körperform zeigt zugleich das primär zur Verwirklichung strebende Bedürfnis des Menschen.

Von der philosophischen Seite her können wir hier Arthur Schopenhauer anführen, der in jeder Erscheinungsform einen Willen zur Verwirklichung definierte.

Er erklärte, dass das Universum mit dem Willen, Atmung zu ermöglichen, die Lungen entwickelte, mit dem Willen, Sehvermögen zu schaffen, Augen hervorbrachte und dieses in unendlicher Variationsbreite des sogenannten universellen Willens zur Individuation und Verkörperung.

Die Typen erscheinen so signifikant, weil der *vorrangig impulsierte Entwicklungsablauf* den Typ bestimmt und seine *Selbstverwirklichungstendenz* einschließlich der vorrangigen *Bedürfnisse* sichtbar macht.

Diese Gestalt – der Typ oder das Naturell – spiegelt also unsere Grundveranlagung, unser Grundumsetzungsmuster wider und repräsentiert unsere psycho-physiologische Einheit und Ganzheit. Das beinhaltet nicht nur die Ausprägung der vom dominanten Keimblatt entwickelten Organsysteme, sondern auch die damit verbundene seelisch-geistige Ausrichtung. Sie machen Verhaltensweisen deutlich und erklärbar.

5 Die primären Naturelle

Carl Huter benannte seine Naturelle nach dem Organsystem, aus dem sie sich entwickelt haben:

1. Geht der Hauptentwicklungsimpuls in das innere Keimblatt, so bildet sich das Ernährungssystem, vorrangig vor den anderen Systemen aus, und es entsteht das Ernährungs-Naturell (Merkmalsprotokoll ⇨ Tabelle 4, S. 24).
2. Geht der Hauptentwicklungsimpuls in das mittlere Keimblatt, entwickelt sich das Bewegungs-Naturell (Merkmalsprotokoll ⇨ Tabelle 3, S. 22).
3. Aus der Information des äußeren Keimblatts entwickelt sich das Empfindungs-Naturell (Merkmalsprotokoll ⇨ Tabelle 2, S. 20).

Tabelle 1: Kurze Übersicht über die drei primären Naturelle.

	Ernährungs-Naturell	Bewegungs-Naturell	Empfindungs-Naturell
Keimblatt	Endoderm	Mesoderm	Ektoderm
Organsystem	Verdauungsorgane, Magendarmepithel, Lungengewebe	Knochen, Knorpel, Muskulatur, Bänder, Sehnen, Gefäße, Herz, Nieren	Nervensystem, Haut, Sinnesorgane
„Typisches" Aussehen	Runde, massige Gestalt mit kurzen, stämmigen Extremitäten, alles gut abgepolstert. Der Kopf ist rund, apfelförmig mit vollem Mund, betonter, breiter Unterstirn, Nase ist im unteren Teil betont. Die Haut ist weich und verhältnismäßig grob mit reichlichen Fettpolstern. Wangenpartie ist füllig mit möglichem Doppelkinn.	Große, kräftige Gestalt mit langen Extremitäten und starken Muskelpaketen. Der Kopf hat Kastenform mit betonter Unterstirn, kräftigem Kiefer und großer Nase. Die Haut ist straff und fest.	Kleine, feine, zarte Gestalt, mit proportional großem Kopf und kleinen, feinen Gliedmaßen. Der Kopf hat die Form eines auf den Kopf gestellten Eis mit hoher Stirn, großen Augen und kleinem, feinem Kinn.
Ausstrahlung	Ruhe	Tat, Spannung	Denken, Vibration

5.1 Die seelisch-geistige Veranlagung der drei primären Naturelle

Das Naturell repräsentiert die psycho-physiologische Einheit und Ganzheit eines Menschen.

> Wer im Einklang mit sich leben möchte, fühlt sich erst dazu in der Lage, wenn er seinen, durch Prägung der Umwelt und Vererbung gegebenen, körperlichen und geistigen Anlagen die notwendigen Bedürfnisse erfüllt.
>
> Ein sensibilisiertes Reizverarbeitungssystem fordert Informationen, sonst verkümmert es, ein kräftiger, muskulöser Körper sucht die Bewegung, sonst werden die Muskeln schwach und verlieren an Spannkraft und Leistungsfähigkeit. Der runde Körper des Ernährungs-Naturells braucht Ruhe.

5.1 Die seelisch-geistige Veranlagung der drei primären Naturelle

Harmonisches Naturell

Ernährung-
Empfindung

Empfindungs-
Naturell

Ernährungs-
Naturell

Bewegung-
Empfindung

Ernährung-
Bewegung

Bewegungs-
Naturell

Disharmonisches Naturell

Abb. 6:   Übersicht über die Naturelle und ihre Farben.

> Das Ergebnis nicht entsprochener Anlagen ist seelische Unausgeglichenheit, innere Spannung und Unzufriedenheit, die Basis für Krankheit.

5.1.1 Ernährungs-Naturell

Im seelischen Bedürfnis eines Ernährungs-Naturells liegen die Ökonomie und die realen Lebensbeziehungen. Für seine seelische Ausgewogenheit braucht es Ruhe, Behaglichkeit sowie die körperlichen Genüsse.

Es liebt eine beschauliche, praktische Lebensweise, die sachlich ausgerichtet ist (pflanzt im Garten z.B. eher Nutz- als Zierpflanzen), legt gerne Vorräte an und bevorzugt große, runde, massige Formen sowie die Farbe „Blau".

Die zur Ruhe strebenden (formbildenden) Energien geben ihm die ihm eigene Geduld, Annahmefähigkeit, „Verdauungsfähigkeit" und abblockende Schutzverhaltensweisen. Die Vibrationsfähigkeit ist im Hintergrund, die Dynamik auch.

Dies ist wiederum auch nötig, um die Prozesse der Nahrungsumsetzung optimal zu leisten. Stress stört die Verdauung.

Das schwache Bewegungsbedürfnis lässt ein Ernährungs-Naturell bei der Berufswahl sich eher für sitzende Tätigkeiten entscheiden, wie z.B. Büro- und Verwaltungstätigkeit, Handel und Nahrungsherstellung, oder vielleicht in beruflicher Selbstständigkeit mit Angestellten als Kleinunternehmer.

Seine Willensspannkraft und Tatkraft ist nicht stark ausgeprägt, auch sein Wagemut und seine Risikobereitschaft halten sich in Grenzen. Überhaupt ist das Ernährungs-Naturell schwer zu beeinflussen und hält lieber an alten Traditionen fest, will erhalten und bewahren und ist eher indifferent gegenüber Neuem. Daher hat es auch keine großen Ambitionen zu expandieren.

Die Abneigung gegen körperliche Kraftanstrengung schließt auch das Reisen ein, bedingt damit einen eher kleinen räumlichen Aktionsradius und macht es sesshaft.

Sein zweckmäßiges Denken und sein realer Lebensbezug lassen es das Naheliegende wahrnehmen. Gesprächsthemen sind daher auch gerne praktische Themen, z.B. Wirtschaft und Ökonomie, Realität in Familie und Gesellschaft.

Sein Sammeltrieb bezieht sich v.a. auf das Materielle, wobei es alles auch den anderen gönnt und sich speziell um leibliches Wohl sorgt.

Seine Devise „Leben und leben lassen" birgt Toleranz und schwachen Veränderungswillen in sich, nach dem Motto „Es ist, wie es ist".

Auch geistige Kraftanstrengungen und starkes Grübeln sind nicht seine Schwerpunkte.

Vorherrschende Energien sind Konzentrationsenergie, Od und Medioma (⇨ S. 53ff.).

5.1.2 Bewegungs-Naturell

Das Bewegungs-Naturell hat wenig Vibrationsenergie, wenig Ruhe, aber viel Dynamik im Anspruch seiner Persönlichkeit.

Das seelische Bedürfnis des Bewegungs-Naturells bildet eine starke Willens- und Tatkraft mit starken Antrieben zur motorischen Aktivität aus.

Bei ihm ist, wie beim Ernährungs-Naturell, die realistische Denkweise im Vordergrund, nur ist nicht die Ökonomie seine Triebfeder, sondern die Effektivität in der Leistung.

Es hat die Kraft und Energie, Pläne voranzutreiben und Ideen zum Durchbruch zu bringen, macht statt theoretische, praktisch-dynamische Lösungsversuche und setzt mit Wagemut seine festgesetzten Ziele in die Tat um, ohne vor Strapazen und körperlichen Grenzen zurückzuscheuen.

Es hat einfache und strenge Grundsätze und tendiert zu einer harten, strengen und gesetzlichen Lebens- und Gottesvorstellung.

Für das Bewegungs-Naturell sind „Law and Order", nicht Gefühl und Glauben, Grundsätze, die es mit intensiver Angriffs-, Überwindungs- und Widerstandskraft auch auf andere überträgt, wobei es zugleich eine ausgeprägte Freiheitsliebe aufweist.

Die Abneigung gegen enge Räume und sein Bewegungswille verschaffen ihm einen weiten Aktionsradius.

So steht auch bei der Berufswahl die Dynamik im Vordergrund und nicht das Ökonomische (Besitz wird für Neigungen gerne aufgegeben).

Verkehr, Bau- und Forstwesen, Landwirtschaft, Straßenbau, Polizei, Armee und Grenzschutz wären z.B. Berufe, die nicht nur dem Bewegungsdrang, sondern auch der Zielverbundenheit und Richtlinientreue des Bewegungs-Naturells entsprechen könnten.

Beobachtung und Naturverbundenheit sind im Vordergrund. Es bevorzugt lange, große Formen, seine Farbe ist „Rot".

Ruhe, Genuss, Zartgefühl und Feinheit werden von diesem Naturell nicht erstrebt; es lebt nach dem Motto „was uns nicht umbringt, macht uns härter".

Die vorherrschende Energie ist der Magnetismus, der es bestimmt, selbstsicher und suggestiv wirken lässt (⇨ S. 59).

5.1.3 Empfindungs-Naturell

Mit seiner ausgeprägten Wahrnehmungsfähigkeit, ist das Empfindungs-Naturell ein Vertreter des psychischen und innerweltlichen Prozesses. Es folgt der Wahrnehmung sowie der Beobachtung, den geistigen Abläufen, mit denen es in Resonanz geht und mit seinem reizempfindlichen Nervensystem mitfühlt.

Diese Resonanzfähigkeit ist zum Wohl oder Übel tätig. Das Empfindungs-Naturell kann sich ihr nicht entziehen und wird somit je nach Informationsflut mehr oder weniger schnell überfordert.

Weder Tat- und Überzeugungskraft, Lebenspraktisches oder Ökonomisches sind für das Naturell maßgebend, sondern die Auseinandersetzung mit dem Menschen und den kosmischen Fragen, ist ihm ein seelisches Bedürfnis.

Die „realen" Naturelle behaupten sich im realen Kampf ums Dasein. Das Empfindungs-Naturell tendiert in diesem Kampf zur Apathie und Tatenlosigkeit. Da ihm die Durchsetzungskraft fehlt, ergibt es sich, ohne aber seine Ideale aufgeben zu können.

Dadurch entsteht die größte Tragik. Durch die starken inneren Konflikte (Feinfühligkeit, Sensibilität im Konsens mit Gewissen und Vibrationsfähigkeit) findet es keine Abgrenzungsmöglichkeit.

Das Empfindungs-Naturell entwickelt Ideen für Zukunft und Fortschritt (theoretisch), die die anderen Naturelle in Durchführbarkeit umsetzen (praktisch). Als Gefühls- und Ideenmensch begeistert es sich schnell für Neues. In seinen Unterhaltungen sind psychologische und ethische Themen vorherrschend.

Sein feiner lebhafter Impuls und seine Vibrationsfähigkeit geben ihm ein besonderes Einfühlungsvermögen. Die Übereinstimmung mit dem Inneren ist ihm ein Bedürfnis. Es braucht Bedenkzeit.

Beruflich hat es das Empfindungs-Naturell überall dort leicht, wo es nicht auf Durchsetzungskraft und Ökonomie ankommt. Seine Dynamik spielt sich in geistigen Prozessen ab, was allerdings keine Aussage über Qualität und Intelligenz gibt.

Berufe mit sozialem Hintergrund, sowie Aufgabenbereiche, die Ideenreichtum, Innovation oder theoretische Problemlösung erfordern, liegen dem Empfindungs-Naturell mehr als den anderen Naturellen.

5.1.4 Merkmalsprotokolle der drei primären Naturelle

Die Merkmalsprotokolle beschreiben den jeweiligen „Ideal-Typ" bei dominanter Ausprägung eines Keimblattes und damit des entsprechenden Organsystems.

Es dient dem physiognomischen Beobachter als Orientierungshilfe bei der Ermittlung der individuellen Form und Eigenart des Wesens in den seelischen Bedürfnissen (⇨ S. 26).

Tabelle 2: Merkmalsprotokoll des Empfindungs-Naturells.

	Empfindungs-Naturell (Ektoderm) (gelb)
Knochenbau	zart
Muskulatur	fein
Extremitäten	feingliedrig
Hände	zart und klein
Haut	gelblich, blass
Gesicht	birnenförmiges Kleingesicht über dem Augendurchmesser mehr Masse als darunter
Kopfform	Ei, auf die Spitze gestellt
Haare	dünn, fein, seidig, gewellt
Stirn	Oberstirn breit, Unterstirn schwach
Seitenkopf	schmal
Ohren	zart, fein modelliert
Augen	groß, glänzend, nach innen blickend
Nase	schmal, fein, zarter Rücken
Mund	klein, zart, Oberlippe dominiert
Hals	dünn, mittellang, zart
Kinn	klein, fein, zurückliegend
Unterkiefer	zart
Hinterhaupt	klein, fein gerundet
Organe	Nerven, Haut, Sinnesorgane
seelisches Bedürfnis	Denkleben, Vibration
Habitus	klein bis mittelgroß
Schultern	schmal, abfallend
Becken	schmal, zart

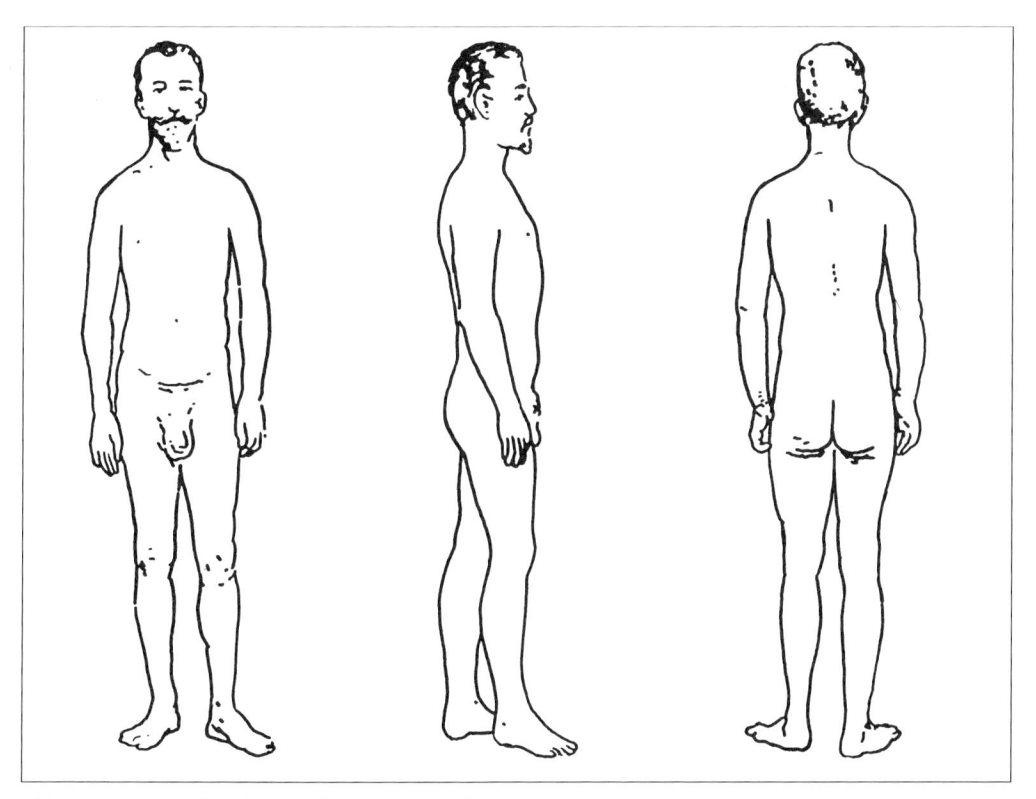

5.1 Die seelisch-geistige Veranlagung der drei primären Naturelle

Abb. 7 a–c: Körperbau des Empfindungs-Naturells.

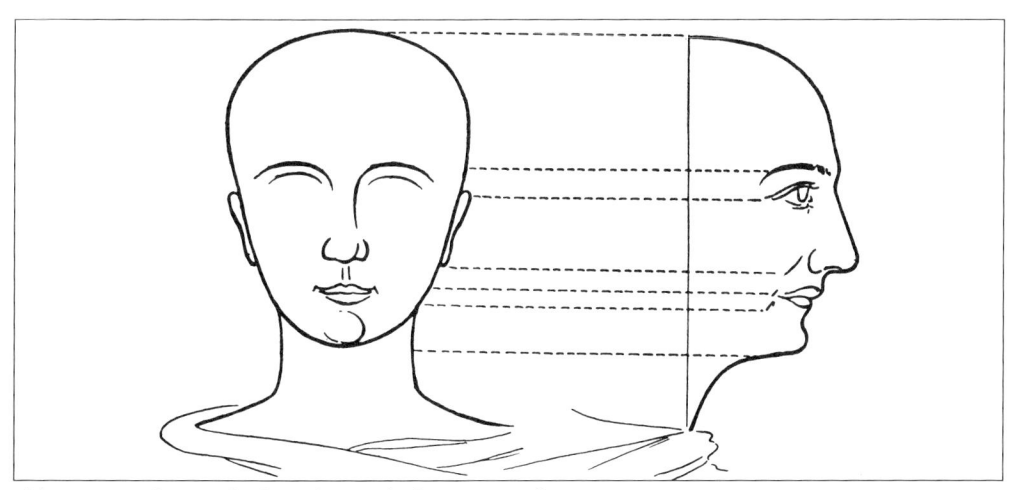

Abb. 8:   Typische Gesichtsform des Empfindungs-Naturells.

Tabelle 3: Merkmalsprotokoll des Bewegungs-Naturells.

	Bewegungs-Naturell (Mesoderm) (rot)
Knochenbau	fest und stark
Muskulatur	fest
Extremitäten	lang
Hände	groß, lang, knochig
Haut	gespannt, rot
Gesicht	kastenförmiges Langgesicht, unter dem Augendurchmesser mehr Masse als darüber
Kopfform	Kastenform, länglich
Haare	kräftig, struppig
Stirn	Oberstirn schwach Unterstirn stark
Seitenkopf	schmal
Ohren	knorpelig, hart, lang
Augen	klein, fixierend, gespannt, fest, in die Weite blickend
Nase	groß, lang, Nasenhöcker
Mund	schmal fest Unterlippe dominiert
Hals	lang, sehnig, stark, muskulös
Kinn	markant, vorspringend, kräftig
Unterkiefer	markant, breit, eckig, lang
Hinterhaupt	hoch, fest, dominant
Organe	Muskeln, Knorpel, Knochen, Sehnen, Bänder, Blut, Herz
seelisches Bedürfnis	Tat, Bewegung, Willensausübung, Dynamik
Habitus	groß und knochig
Schultern	breit, kräftig
Becken	schmal, kräftig

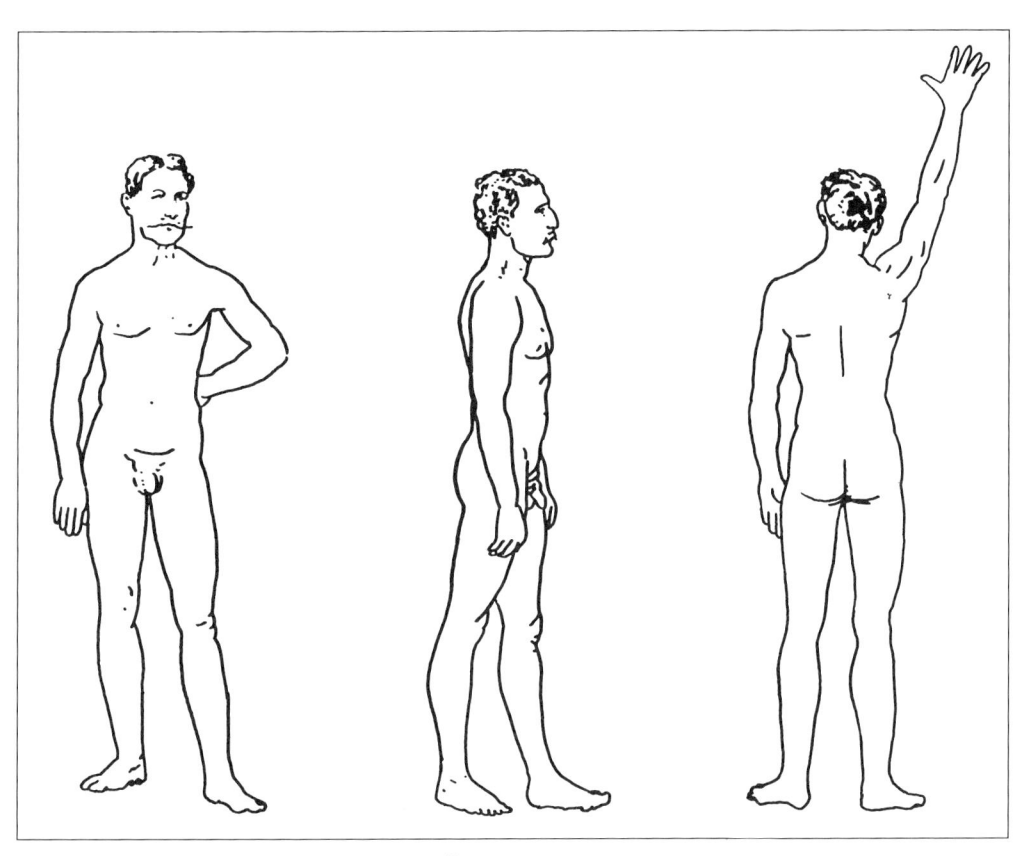

Abb. 9a–c: Körperbau des Bewegungs-Naturells.

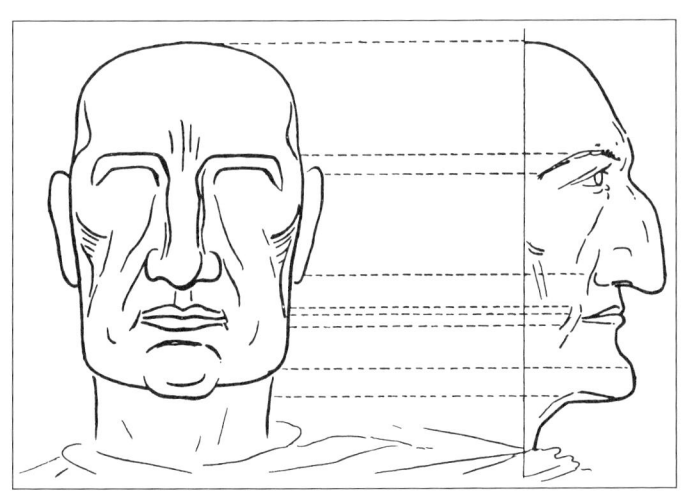

Abb. 10: Typische Gesichtsform des Bewegungs-Naturells.

Tabelle 4: Merkmalsprotokoll des Ernährungs-Naturells.

	Ernährungs-Naturell (Endoderm) (blau)
Knochenbau	kräftig, wenig gespannt
Muskulatur	schwach
Extremitäten	kurz
Hände	breit, fleischig, kräftig
Haut	weich, samtig, bläulich-weiß
Gesicht	apfelförmiges Rundgesicht, unter dem Augendurchmesser mehr Masse als darüber
Kopfform	breit, rund, Apfelform
Haare	mitteldick, schmiegsam, mittellang
Stirn	Oberstirn schmal, Unterstirn breit
Seitenkopf	breit, rund
Ohren	groß, fleischig, Läppchen dick
Augen	mittelgroß, weich, ruhig, in die Nähe blickend
Nase	kurz, füllig im unteren Teil
Mund	voll, Unterlippe dominiert
Hals	kurz, dick, weich
Kinn	weich, gerundet, Doppelkinn
Unterkiefer	groß, gerundet, fleischig
Hinterhaupt	rund, weich
Organe	Drüsen, Magen, Darm, Leber, Lunge
seelisches Bedürfnis	Stofflichkeit, Ruhe, Ökonomie, realer Lebensgenuss
Habitus	mittelgroß, korpulent
Schultern	fleischig, breit
Becken	breit, fleischig

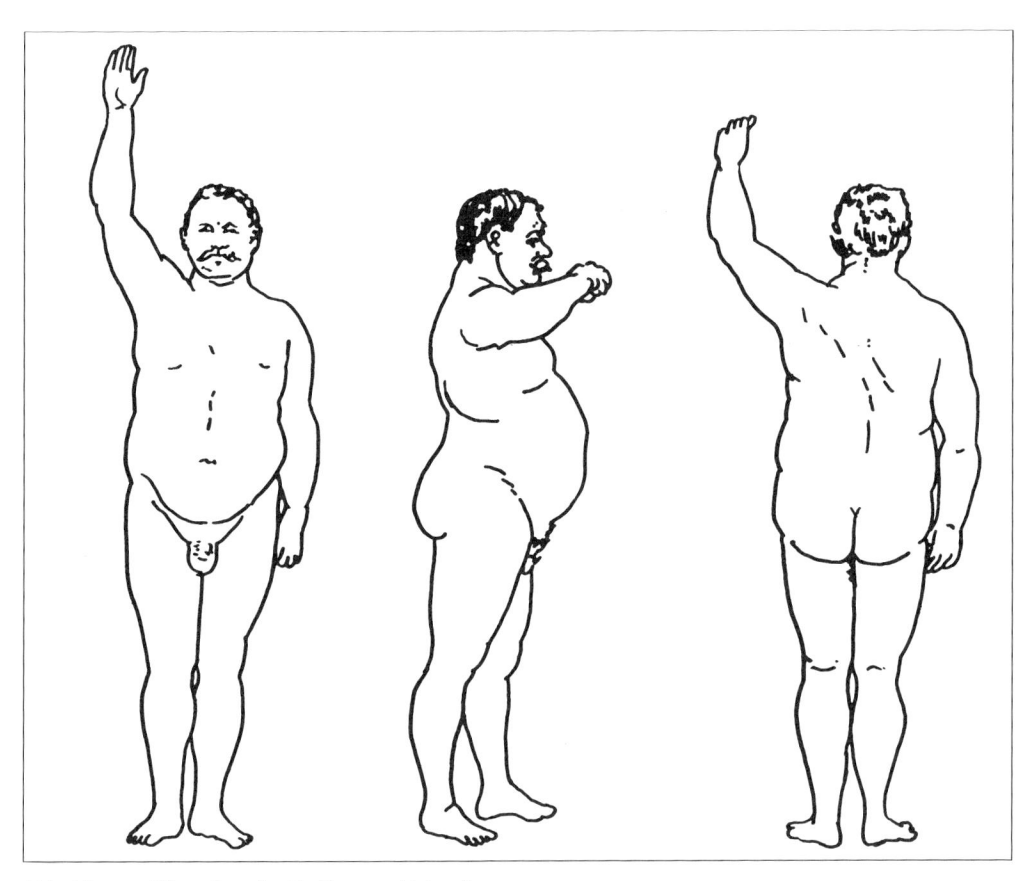

5.1 Die seelisch-geistige Veranlagung der drei primären Naturelle

Abb. 11a–c: Körperbau des Ernährungs-Naturells.

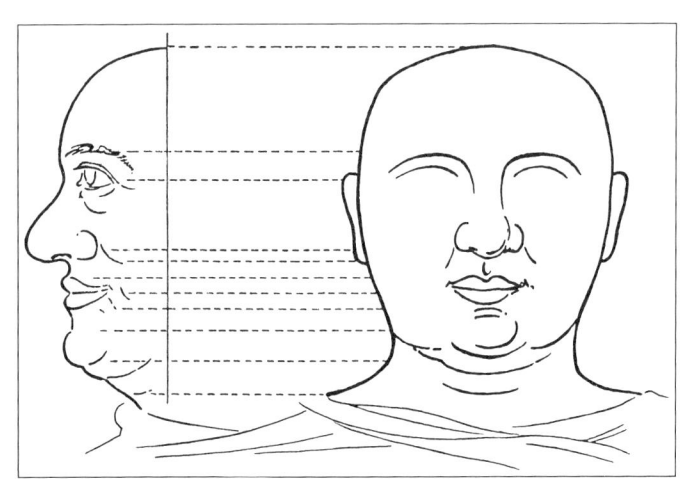

Abb. 12: Typische Gesichtsform des Ernährungs-Naturells.

5.1.5 Merkmalsprotokoll der primären Naturelle und ihrer seelischen Bedürfnisse

Tabelle 5: Merkmalsprotokoll der primären Naturelle und ihrer seelischen Bedürfnisse.

	Ernährung	Bewegung	Empfindung
Ausrichtung	Ökonomie, reale Lebensgenüsse	Dynamik, Willens- und Tatkraft	Informationsverarbeitung, Sensibilität
Wohlbefinden, bei	Ruhe, Behaglichkeit, körperliche Genüsse	Tätigkeit, körperliche Auslastung, Aktion und Abenteuer	geistige Genüsse, Träumen, Kreativität
Handlungsebene	sachlich, lebenspraktisch	sachlich, in die Tat umsetzend	theoretisch, gefühlsbetont
Hobby	sammelt gerne, ordnet materielle Dinge	Sport, viel in der Natur	Denksport, Musik hören, Schönheit
Beruf	sitzend, kleiner räumlicher Aktionsradius, wirtschaftlich, praktisch, ökonomisch Bank, Handel, Gewerbe	beweglich, mit großem räumlichen Aktionsradius, dynamisch praktisch orientiert Förster, Skilehrer, Entwicklungshelfer, Landvermesser	Theoretisch, intellektuell kreativ Werbefachmann, Computerprogrammierer, Design, Kunst und Entwürfe
Fördernde Ernährung	Kompakte, robuste Nahrung aber gekocht; z.B. Kohl, Kartoffeln, Kürbis, Möhren, fettes, weiches Fleisch	Feste robuste Nahrung, oft roh; z.B. rohes Getreide (Müsli), Nüsse, Kerne, Hülsenfrüchte, Kraftsuppen, Fleisch	Feine, duftende, aromatische Nahrung; z.B. Reis, Gemüse (roh und gekocht), sonnengereifte Früchte, Honig, leichtverdauliche Kost, wenig aber erlesen
Schwachpunkt der Gesundheit	Stoffwechselsystem	Knochensystem, Herz	Nerven

6 Modifizierungen der drei primären Naturelle

Die drei primären Naturelle haben ihr typisches Muster, das sie die Dinge entsprechend ihrer Bedürfnisse übersetzen lässt. Daraus ergibt sich eine individuelle Eigenart, zu empfinden und zu reagieren, zu agieren und zu gestalten.

In allen Menschen sind die Grundinformationen der drei primären Naturelle angelegt. Die Vielfalt der Erscheinungsbilder, der Körpermaße und individuellen Vitalität entstehen aus der jeweiligen Mischung dieser Grundinformationen.

Carl Huter hat diese Modifizierungen in vielen Varianten angesprochen. Sie sind keine weiteren eigenen Typen, sondern mit ihren individuellen Anteilen der primären Naturelle beschrieben.

6.1 Die drei sekundären Naturelle

Wenn die Impulskraft zwei Keimblätter bevorzugt, entstehen Mischverhältnisse der drei primären Naturelle, die Huter als „sekundäre" Naturelle oder auch Dual-Typen bezeichnet. Das zuerst genannte Naturell ist dabei das vorrangige.

6.1.1 Merkmalsprotokolle der drei sekundären Naturelle

Die Merkmalsprotokolle der drei sekundären Naturelle sind auf den folgenden Seiten zusammengefasst (⇨ S. 28–30).

6.1.2 Die sekundären Naturelle und ihre seelischen Bedürfnisse

- **Bewegungs-Empfindungs-Naturell**
  Das Bewegungs-Empfindungs-Naturell zeigt sein seelisches Bedürfnis in der Entfaltung der Dynamik und Sensibilität. Es sucht dynamisch wechselnde Reize, erarbeitet aus ihnen dynamisch Informationen, daraus Ideen und macht sich und andere mit den Ideen dynamisch.

- **Bewegungs-Ernährungs-Naturell**
  Das seelische Bedürfnis des Bewegungs-Ernährungs-Naturells geht in die Verwirklichung seiner ökonomischen und tatkräftigen Anlagen. Es sucht mit ökonomischem Gespür, tatkräftig materielle Voraussetzungen zu schaffen, um über Unternehmungsgründungen ökonomisch mächtig zu werden.

- **Empfindungs-Ernährungs-Naturell**
  Das seelische Bedürfnis des Empfindungs-Ernährungs-Naturells will seine ökonomische und sensible Anlage verwirklichen. Es sucht sich im feinstofflichen, zwischenmenschlichen Bereich mit Fürsorglichkeit und Verbindlichkeit, mit sensibler Berücksichtigung der Wünsche anderer, die Integration in einen geschützten Rahmen. (⇨ Tabelle 9, S. 31)

6.2 Weitere Modifikationen

Die weiteren Modifikationen sind nicht nur formentsprechend, sondern auch energetisch zu berücksichtigen.

Auch die **tertiären Naturelle** sind Modifikationen von Typen, die merkmalsprotokollarisch zu prüfen sind. Allerdings sind sie mit geringen geistigen Interessen und mangelhaftem Entwicklungsbegehren angelegt und lassen starke Ausstrahlung vermissen.

Benannt werden sie in diesem bestimmten geistigen Zustand z.B. als tertiäre Bewegungs-Empfindungs-Naturelle und so fort.

Daneben gibt es die **neutralen Naturelle**, die antriebs- und willenschwach, geistig indifferent angelegt sind und der Schulung und Führung bedürfen. Damit steigert sich ihre Energie, und sie kommen aus dem tertiären oder/und neutralen indifferenten Status heraus. Bei einer solchen Entwicklung verändert sich nicht der Typ, sondern die *Qualität der Ausstrahlung*.

28 Modifizierungen der drei primären Naturelle 6

Tabelle 6: Merkmalsprotokoll des Ernährungs-Empfindungs-Naturells.

	Ernährungs-Empfindungs-Naturell (grün)
Muskulatur	schwach, feine Fettpolster
Extremitäten	fein, kurz
Haut	weich, feinporig, gelblich-bläulich
Gesicht	apfelförmiges Kleingesicht
Kopfform	rund, schmaler als Ernährungs-Naturell
Stirn	fein, rund, mittelhoch, wenig gespannt, feine breite Unterstirn
Seitenkopf	fein, rund
Ohren	klein, weich, fein modelliert, fleischig
Augen	mittelgroß, „weich"
Nase	weich, fein, unterer Teil füllig betont, Nasenwurzel ausgeprägt
Mund	fein, weich, fleischig, Oberlippe odisch
Hals	weich, fleischig, kurz, fein
Kinn	fein, mittelgroß, gepolstert, kleines Doppelkinn
Seelisches Bedürfnis	häusliche Gemütlichkeit, nicht in der Öffentlichkeit stehen
Habitus	klein, rund, feingliedrig

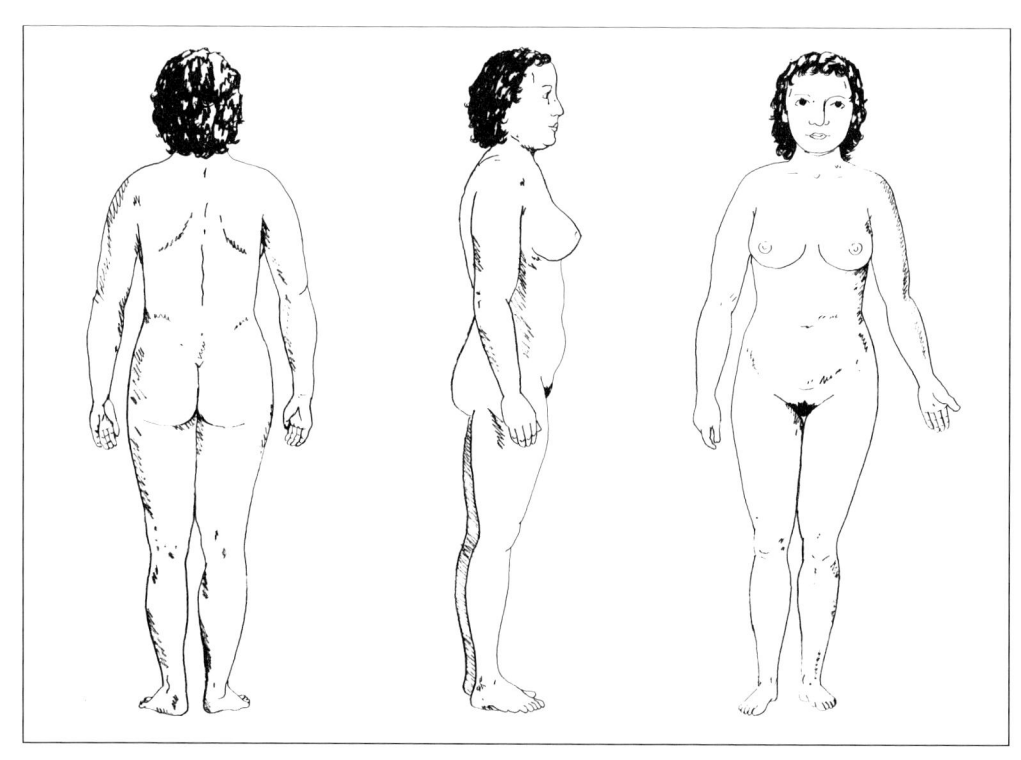

Abb. 13 a–c: Körperbau des Ernährungs-Empfindungs-Naturells.

Tabelle 7: Merkmalsprotokoll des Bewegungs-Empfindungs-Naturells.

	Bewegungs-Empfindungs-Naturell (orange)
Extremitäten	fein, lang
Haut	feinporig, gespannt, rötlich-gelblich
Gesicht	birnenförmiges Kastengesicht
Kopfform	kastenförmig, oben betont
Stirn	markant, hoch, oben breit, feine markante Unterstirn
Seitenkopf	fein, schmal
Ohren	fein modelliert, mittel bis groß, knorpelig
Augen	mittelgroß, „gespannt"
Nase	fein, Mitte u. Nasenwurzel betont, Spitze zart u. fein
Mund	schmal, fein, Unterlippe dominiert, Oberlippe fest
Hals	gespannt, dünn, mittellang bis lang
Kinn	fest, markant, feiner als beim Bewegungs-Naturell
Seelisches Bedürfnis	Dynamik in der Umsetzung seiner Ideen
Habitus	groß, schlank, kräftig, aber fein

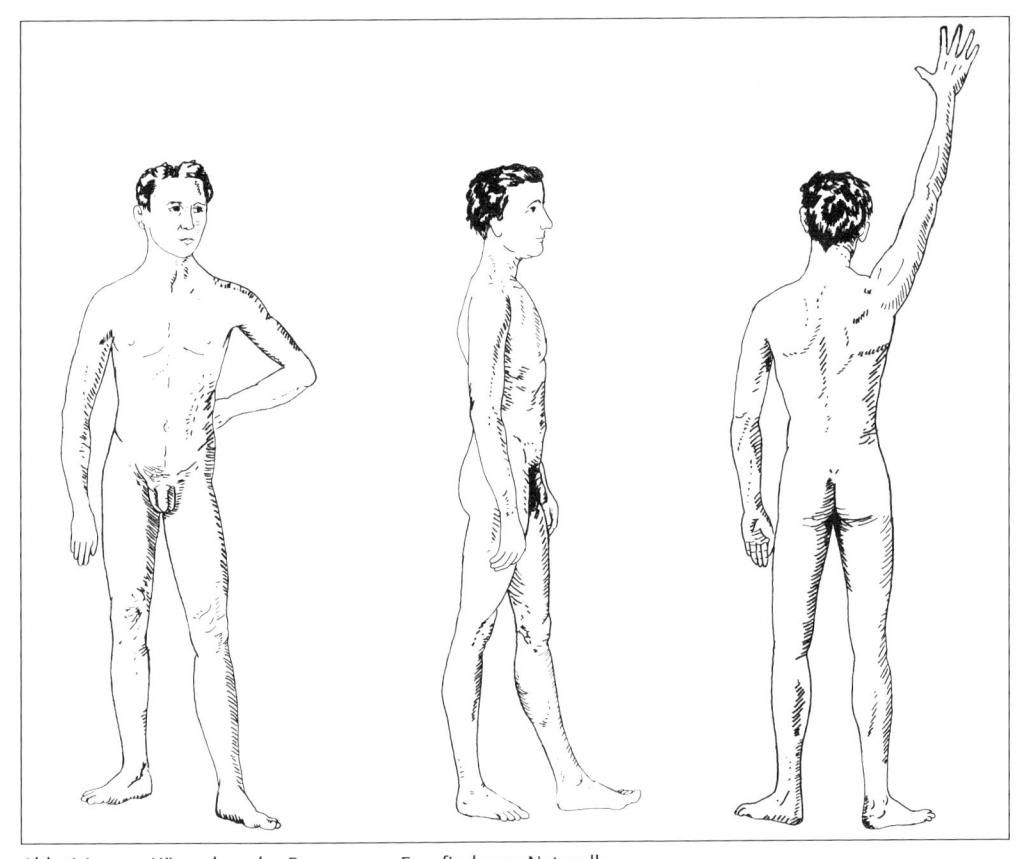

Abb. 14a–c: Körperbau des Bewegungs-Empfindungs-Naturells.

Tabelle 8: Merkmalsprotokoll des Bewegungs-Ernährungs-Naturells.

	Bewegungs-Ernährungs-Naturell (violett)
Muskulatur	fest gespannt, mit Polstern
Extremitäten	lang, kräftig
Haut	fest, gespannt, grobporig, rötlich-bläulich
Gesicht	kastenförmiges Breitgesicht
Kopfform	kastenförmig, unten betont
Stirn	breit, nicht hoch, gespannt, nicht fein, betonte Unterstirn
Seitenkopf	kräftig, rund
Ohren	groß, fleischig, einfach strukturiert, massig
Augen	klein bis mittelgroß, „gespannt"
Nase	gespannt, unterer Teil fest u. fleischig, Mitte herausgebogen
Mund	groß, fleischig, wenig differenziert, Unterlippe dominiert
Hals	fest, muskulös, kurz, fleischig
Kinn	groß, fest, massig, Doppelkinn
seelisches Bedürfnis	leitende Tätigkeit, dynamische Ökonomie
Habitus	groß, massig, robust

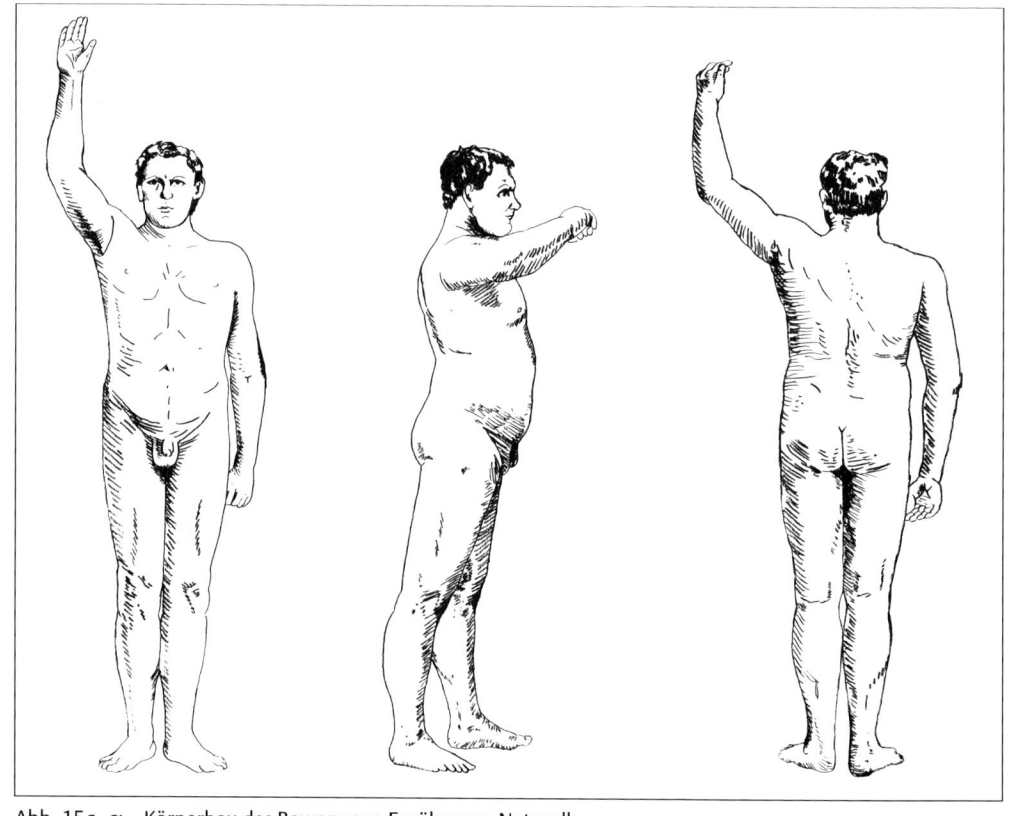

Abb. 15a–c: Körperbau des Bewegungs-Ernährungs-Naturells.

Tabelle 9: Die sekundären Naturelle und ihre seelischen Bedürfnisse.

	Ernährung-Empfindung	Bewegung-Empfindung	Ernährung-Bewegung
Keimblatt	Endoderm + Ektoderm	Mesoderm + Ektoderm	Endoderm + Mesoderm
Ausrichtung	kulturelle Entfaltung auch der leiblichen Genüsse, wenig Spannkraft, atmosphärisch abhängig	Sucht dynamisch Informationen, macht dynamisch mit denselben durch Ideenbildung	Kraft, Beharrlichkeit, Ökonomie lebenspraktischer Realitätsbezug
Wohlbefinden, bei	häusliche Gemütlichkeit, Vertrautheit mit wenigen Freunden	anspruchsvoller Sport, z. B. Tanzen, Tennis, Spiele	unter vielen Menschen, körperliche Genüsse, Geselligkeit
Handlungsebene	gefühlsbetont, ökonomisch	dynamisches Umsetzen seiner Phantasien	Verfolgen seiner Ziele mit Stärke, Willenskraft und Ausdauer, Ökonomie
Hobby	sammeln von Kulturgütern, Musik	Blumenzüchten, Hundesport, Qualitätserhöhung	Heimwerken, mit großzügigen Formen
Beruf	umsorgend, versorgend	kreative, körperliche Arbeit, theoretische und praktische Problemlösung	leitende Tätigkeit mit dynamischer Ökonomie
	z. B. Koch, Gastronomie	z. B. Ingenieure, Journalismus	z. B. Unternehmertyp

Menschen mit krimineller Veranlagung z.B. bilden keinen eigenen Typ, haben aber eine „besondere" Energie, die sie zu destruktiven Handlungen treibt.

Heilige werden auf Bildern meistens als Empfindungs-Naturelle dargestellt mit sehr lichtvoller Ausstrahlung und damit einhergehender Einsicht in die unsichtbaren Welten. Viele von ihnen haben sich als Visionäre erwiesen.

Bei der Typ-Feststellung nach dem Merkmalsprotokoll erkennen wir zugleich das Bedürfnis aus der Energie, die den Körperbau ergibt.

Das bleibt gültig, relativiert sich aber, wenn Merkmale zu berücksichtigen sind, die der Körperbau-Information entgegengesetzt sind.

Je nachdem: gleichlautende Merkmale bestätigen und verstärken, nicht entsprechende Merkmale differenzieren, dämpfen oder verhindern.

Beispiel

Die idealtypische Kopfform des Bewegungs-Naturells ist lang und kastenförmig, die des Ernährungs-Naturells rund und apfelförmig, die des Empfindungs-Naturells oval und eiförmig.

Wenn nun der Kopf eines Bewegungs-Naturells auf dem Hals eines Empfindungs-Naturells gewachsen ist, dann steuert der dynamische Wille des Bewegungs-Naturells den zarten Körper des Empfindungs-Naturells und erschöpft ihn.

Der Kopf des Ernährungs-Naturells auf dem Hals des Empfindungs-Naturells, würde die Kopfbedürfnisse in Richtung Ruhe und Ökonomie steuern und eher Harmonisierung des empfindlichen Naturells leben lassen.

Ist der Kopf des Bewegungs-Naturells auf dem Hals des Ernährungs-Naturells so ist die Kopfsteuerung zur Dynamik eine Leistungserhöhung, aber gleichzeitig eine komplette Ruhestörung für den Körper des runden Menschen.

Ist es umgekehrt, so dämpft der Kopfwille den Tatendrang des Bewegungs-Naturells, das orientiert die Dynamik in Richtung Ökonomie und harmonisiert den Menschen, wenn er dem zustimmen kann. Wenn nicht, führt dies zu Unterdrückungsgefühlen.

Ist der Kopf des Empfindungs-Naturells auf dem Hals des Bewegungs-Naturells oder Ernährungs-Naturells, so entscheidet er den Körperbau in die ideenverwirklichenden Bereiche ihrer dynamischen oder ökonomischen Verwirklichungswünsche.

7 Harmonie-Lehre oder: Typen ziehen sich an – Typen stoßen sich ab

Das gesellschaftliche Zusammenspiel der Menschen ist über Sympathie und Antipathie bestimmt.

Diese Tatsache entspricht feiner Gesetzmäßigkeit für die Möglichkeiten des Austauschs oder Blockade.

Partnerschaften in der Arbeit, Freundschaft und Liebe erheben die Fragen nach Ergänzung, aber auch gegensätzlicher Anregung. Es ergeben sich Reaktionsweisen, die sich aus den Typen und deren Energien erklären.

Da kein Lebewesen in der Dynamik des Seins, in seiner Energie stabil bleiben kann, ist der Gleichklang, die Ergänzung, die Balance nicht immer möglich. Die Dissonanz, die Opposition und Unausgewogenheit ist genauso die alltägliche Erfahrung wie das „Im-Einklang-mit-sich-und-seinem-Ideal-Sein". Sympathie und Antipathie, das In-Resonanz-Gehen mit seinem Gegenüber, ereignen sich also als Situation, Phase, Abschnitt, als Ausdruck seiner eigenen energetischen Qualität (KRO ⇨ S. 53ff.).

Wenn die Typen in ihrer Energie stimmen, dann ist die Berechnung der Harmonie zwischen ihnen rein auf dieser Basis möglich. Bei Unstimmigkeiten in der Ausstrahlung der Naturelle muss man den Energiefaktor in der Berechnung berücksichtigen, d.h. dann von Fall zu Fall entscheiden, individuell abstimmen.

Dies lässt sich leichter an der Farblehre und der zugeordneten Energie erklären und sich als Beobachtungsmuster analog verstehen.

7.1 Farben

Die „Urfarbe", die sich nicht als Farbe beschreiben lässt, ist reines Licht. Es hat die höchste Energiequalität.

Das Farbensystem ist optisch wahrnehmbar. Dem äußersten Wellenintervall für Farbwahrnehmungen entsprechen im akustischen Bereich Töne. Dabei wäre jeweils in einer C-Dur-Oktave zu prüfen, wie der Klang der Terz, der Quinte, der Septime sich farblich beschreibt und die Harmonie mit der Dissonanz klingt.

Dabei hat jede einzelne Farbe eine Schwingungsqualität, die sich beschreiben und auf die Naturelle als energetische Ausstrahlung übertragen lässt.

Wirkungen z.B. der Farbe Blau sind
- Ruhe, ruhen in sich selbst
- Harmonie mit sich selbst
- Bindung in sich selbst
- Frieden, Befriedung, Befriedigungsdrang
- Tradition, Sammlung
- Annahmefähigkeit, Geduld, Verdauungsfähigkeit
- Geborgenheit, Umsorgtsein
- Gelassenheit, Entspannung

So wie der Akkord harmonisch klingt, so wirken auch die Komplementärfarben harmonisch aufeinander.

Farben sind also Schwingungsqualitäten des Lichts, die harmonisierend oder dissonant wirken:
- Blau wirkt auf Orange komplementär
- Rot wirkt auf Grün komplementär
- Gelb wirkt auf Violett komplementär

Auf die Naturelle angewandt (⇨ Abb. 6, S. 17), ergänzen sich das

- Ernährungs-Naturell
  mit dem Bewegungs-Empfindungs-Naturell (Blau und Orange)
- Bewegungs-Naturell
  mit dem Empfindungs-Ernährungs-Naturell (Rot und Grün)
- Empfindungs-Naturell
  mit dem Bewegungs-Ernährungs-Naturell (Gelb und Violett)

Bei der Kombination der unterschiedlichen Typen, hebt sich die komplementäre Ergänzung nicht auf, aber die Neigungsachse zur Harmonie oder Disharmonie unter den Typen differenziert sich. Das heißt, mischt man z.B. die Farbe Gelb mit Blau, so gewinnt die Farbe eine Ausstrahlungsqualität, die je nach Mischungsverhältnis entsprechend wirkt. Genauso bei Abtönungen mit Schwarz und Weiß.

8 Polare Naturelle – Harmonie und Disharmonie

Der Begriff „polare Naturelle" wurde ebenfalls von Carl Huter geprägt. Polar, weil sie die Pole Harmonie und Disharmonie symbolisieren und mit den „Farben" Schwarz und Weiß gekennzeichnet sind.

Um eine Wertung zu unterlassen, sprechen wir heute eher von „integrativen" oder „dissonanten" bzw. „desintegrativen" Naturellen, wobei sich diese Bezeichnung auf jedes Naturell beziehen kann, je nach gegenwärtiger Entwicklung. Ein Empfindungs-Naturell mit Dissonanz lebt z.B. seine idealtypische Energie nicht. Bezeichnet man ein Naturell als „dissonant" soll dies verdeutlichen, dass die Disharmonie nicht so gravierend ist.

Ein harmonisches Naturell ordnet die Möglichkeiten so zu, dass gleichmäßige Entwicklung entsteht, ein disharmonisches tut dieses ebenfalls, nur sind die Entwicklungen oft mit dramatischen Veränderungen verknüpft.

Auch polare Naturelle sind in der biologischen Entwicklung verankert: Wenn die Gestalt proportionale Gleichmäßigkeit der Formen aufweist, ist der Umsetzungsimpuls gleichmäßig in alle drei Keimblätter gegangen, unabhängig von den Grundtypen bei der Keimblattentwicklung. Weist die Gestalt proportionale Ungleichmäßigkeiten auf, war der Umsetzungsimpuls ungleichmäßig mit Störfaktoren.

Die zugeordneten Farben Schwarz und Weiß gelten eigentlich nicht als Farben, sondern sind Kontraste, Polaritäten, die ein Spannungsfeld zwischen sich bilden, das alle Nuancen intensiv leben will.

Weiß ist die Farbe der Integration: Wird weißes Licht im Prisma gebrochen, offenbaren sich die Regenbogenfarben – sein „Inhalt". Das weiße Licht kann also in sich die anderen Farben vereinigen.

Schwarz ist die Farbe der Desintegration und charakterisiert sich im Aufsaugen und Festhalten, nicht im Mischen und Teilen.

Sämtliche Farben können durch sie aufgehellt oder verdunkelt werden und verändern damit ihre Ausstrahlungsqualität: wirken integrativ oder desintegrativ.

> Je nach Lebensgrundform kann ein Naturell in Harmonie oder Disharmonie leben. Wenn ein Typ sich anlagegemäß entwickeln und dann auch verhalten kann, ist er ausbalanciert, leistungsfähig, glücklich (Merkmalsprotokoll ⇨ Tabellen 2–9).
>
> Durch die polaren Naturelle unterscheiden wir den harmonischen Typ (= integratives Naturell) und den disharmonischen Typ (= desintegratives Naturell).
>
> Gerade hier ist es wichtig, nicht zu bewerten.

Harmonie = Gleichmäßigkeit, Ausgleich
Disharmonie = ungleichmäßige, innere Antriebe, Anreiz

Harmonie zeigt sich in der Stimmigkeit der Farben, Maße, Formen, Ordnungen. Das harmonische Naturell vereinigt alle drei Grundnaturelle im harmonischen Dreiklang. Keine Form ist dominant.

Das harmonische Naturell zeichnet sich durch seelische Harmonie aus. Alle drei Organsysteme sind bei ihm gleichmäßig entwickelt. Die Tat- und Willenskraft, die wirtschaftlichen und die Gefühls- und Verstandeskräfte sind in einem harmonischen Gleichmaß. Es ist universell veranlagt und zugleich mäßig. Nach außen hält es die goldene Mitte ein, wirkt in keiner Richtung extrem und bleibt in allen Lebensbelangen großzügig und vornehm.

Ein harmonisches Naturell ist stark im Realen (wie das Ernährungs-Naturell), zugleich stark im Ideellen (wie das Empfindungs-Naturell) – und versucht, beides in Harmonie zu bringen. Es wirkt ausgleichend und verantwortungsbewusst.

Disharmonie ist nicht „das Böse", sondern bedeutet vielmehr Unstimmigkeit oder Missklang, das Unangepasste oder Anstrengende im Menschen.

So ist das disharmonische Naturell durchaus attraktiv oder liebevoll, wir finden bei ihm aber missklingende Form-Kompositionen. Die das disharmonische Naturell beherrschenden Energien bilden Formen, die in Unstimmigkeit zueinander stehen.
Die drei Organsysteme sind in einem starken, ungleichen, nicht aufeinander abgestimmten Verhältnis. Daraus ergibt sich: Seine inneren Kräfte liegen im Streit mit sich selbst und der Umwelt. Durch die Spannung entsteht andererseits auch Kreativität.
In bestimmten Situationen, in denen diese Energien angestoßen werden und vorherrschen, sind diese Naturelle unter Umständen als sehr reizvoll, aber auch reizbar zu erleben.
Steht z.B. ein Empfindungs-Naturell mit dissonanten Schwingungen auf Konfrontation mit althergebrachten Formen, so zerstört es diese, um sie zu reformieren. Die Energien sind dabei zielgerichtet und mehr oder weniger produktiv.
In Fällen, in denen diese zerstörende, elektrische (KRO ⇨ S. 53ff.) Energie aber nicht zielgerichtet ist, d.h. für die jeweilige Person unbeherrschbar, ist auch das Ergebnis entsprechend. Unter Umständen kann ein solcher Mensch zu gewalttätigen Ausschreitungen neigen oder generell destruktive Verhaltensmuster an den Tag legen.
Ein disharmonisches Naturell lebt große innere Unruhe, Planlosigkeit, Sprunghaftigkeit, Undiszipliniertheit, Getriebensein, ohne ein Ziel vor Augen zu haben. Im Privatleben und im Beruflichen kann es sich destruktiv zeigen, die Rechte anderer missachten, mit starkem Machtstreben bis hin zur Härte und Brutalität. In diesem Fall können sie sich nicht beherrschen und wollen daher andere beherrschen.

Auch schiefe, asymmetrische Formen entsprechen den sie formenden Kräften. Dabei entstehen Spannungsverhältnisse, die ihre Entladung suchen.

Diese Entladung kann sich z.B. äußern als:
- Hoffnungslosigkeit
- Misstrauen
- Zorn, Ärger (Jähzorn)
- Lieblosigkeit
- Antriebslosigkeit
- Störung
- Gefühlskälte
- Zerstörung

8.1 Merkmalsprotokoll der beiden polaren Typen

Die Merkmalsprotokolle der beiden polaren Typen finden sich auf den Seiten 38/39.

8.2 Harmonie-Berechnung

Da Entwicklung unser Lebenssinn ist, liegt der Schwerpunkt der Harmonie-Berechnung auf der Hochrechnung der potentiellen Ergänzung oder gar Steigerung der in den kombinierten Naturellen angelegten Möglichkeiten. Denn dadurch findet Entwicklung differenzierter statt.
Die jeweilige Konstellation der Naturelle erlaubt eine Berechnung, wobei der Energiefaktor jedoch berücksichtigt werden muss.

Es gibt Menschen, die sich im Zusammenwirken mit anderen harmonisieren oder aber Spannungsfaktoren erhöhen können.
Je nach Auswahl und vorwiegender Energie in einem Team lassen sich z.B. die Harmonie-Möglichkeiten ermitteln und die Disharmonie wertfrei verstehen.

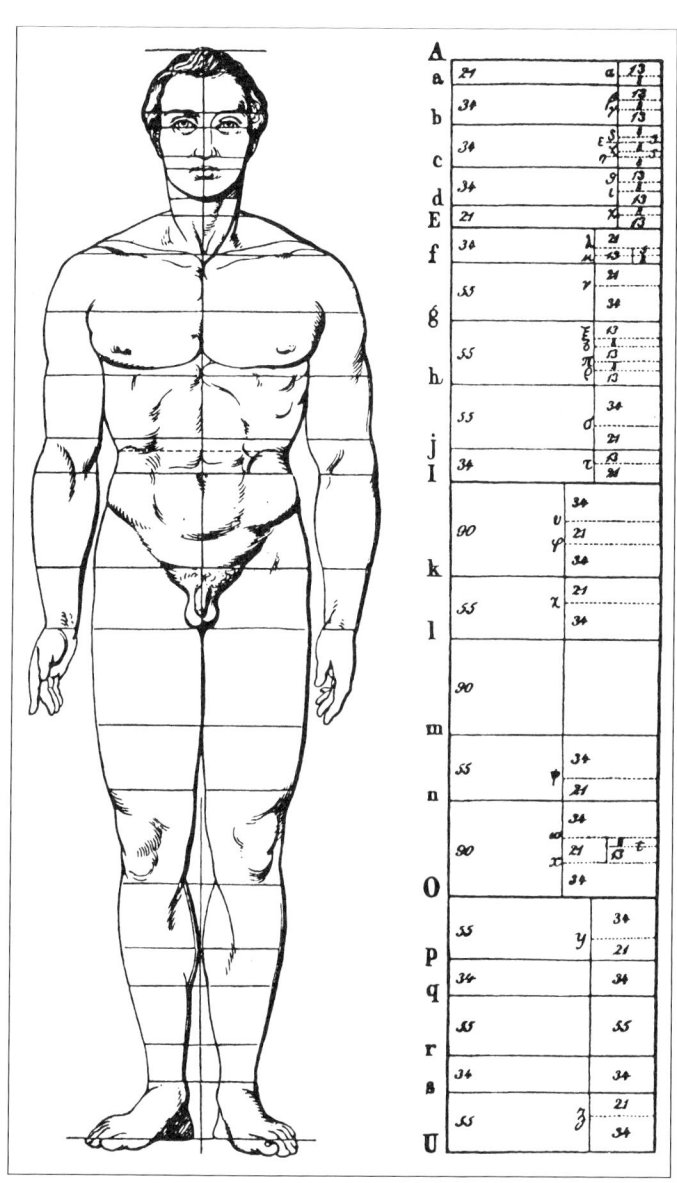

Abb. 16: Harmonie im Menschen.

Tabelle 10: Merkmalsprotokoll des harmonischen (integrativen) Typs.

	Harmonie (weiß) Grundkräfte ausgewogen
Habitus	mittelgroß bis groß
Knochenbau	kräftig, gleichmäßige Proportionen
Muskulatur	fein, kräftig
Extremitäten	zum Körper proportional
Haut	differenzierte Farbigkeit, fein, kernig
Stirn	nicht zu hoch, nicht zu breit, nicht zu markant, nicht zu gewölbt, gleichmäßig in den Regionen, Unterstirn fein betont
Seitenkopf	gleichmäßig
Ohren	nicht zu hart, zu knorpelig oder zu fleischig
Augen	mittelgroß bis groß, leuchtend
Nase	in allen Teilen gleichmäßig entwickelt
Mund	mehr fleischig als schmal, gleichmäßig proportioniert
Hals	kräftig, sehnig, fleischig, gut proportioniert
Kinn und Unterkiefer	wohlgeformt und gleichmäßig
Temperament	emotional nicht so rasch wechselnd, eher beruhigend

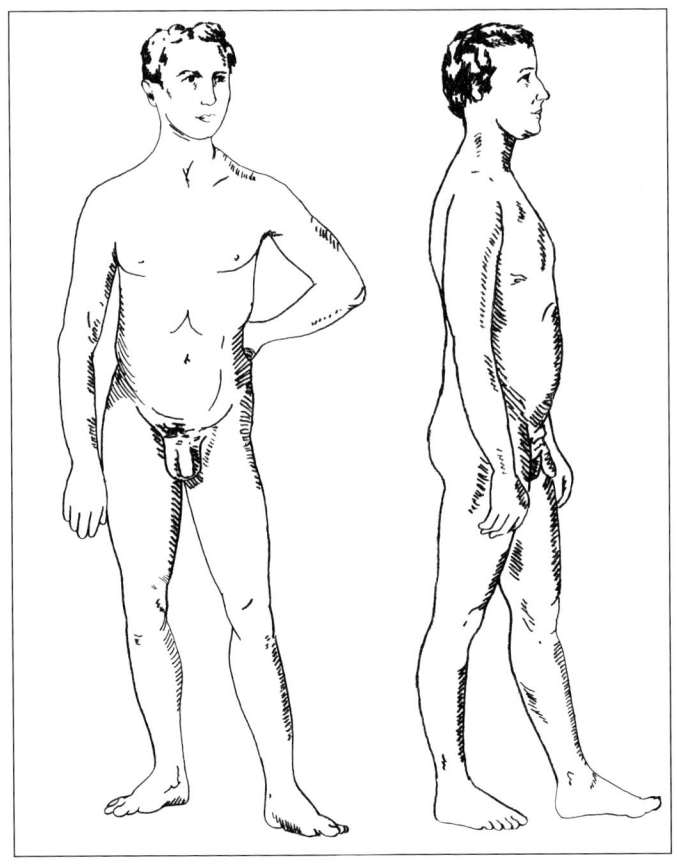

Abb. 17a–b: Körperbau des harmonischen Typs.

8.2 Harmonie-Berechnung

Tabelle 11: Merkmalsprotokoll des disharmonischen (desintegrativen, dissonanten) Typs.

	Disharmonie (schwarz) Grundkräfte unausgewogen
Habitus	von klein bis groß
Knochenbau	unterschiedlich, ungleichmäßige Proportionen
Muskulatur	unausgeglichen
Extremitäten	zum Körper unproportional angelegt
Haut	unausgeglichen, von fein bis grob, in den Farben extrem wechselnd, eher grau oder dunkel abgetönt, aber auch hell leuchtend
Stirn	kann extrem unausgeglichen sein, zu hoch, zu eckig, zu breit, zu flach, zu fliehend, Unterstirn unproportioniert
Seitenkopf	zu breit oder zu schmal
Ohren	abstehend, eckig, ungleichmäßig, zu hart gespannt, wie nicht zum Kopf passend
Augen	von klein bis groß, unruhig, rasch wechselnd
Nase	oft schief, in allen Teilen ungleichmäßig entwickelt
Mund	zu groß, zu klein, zu üppig, schief
Hals	passt ebenfalls nicht zu den übrigen Körperformen
Kinn und Unterkiefer	eckig, kantig, ungleichmäßig
Temperament	in Emotionen gespannt, unausgewogen, explosiv

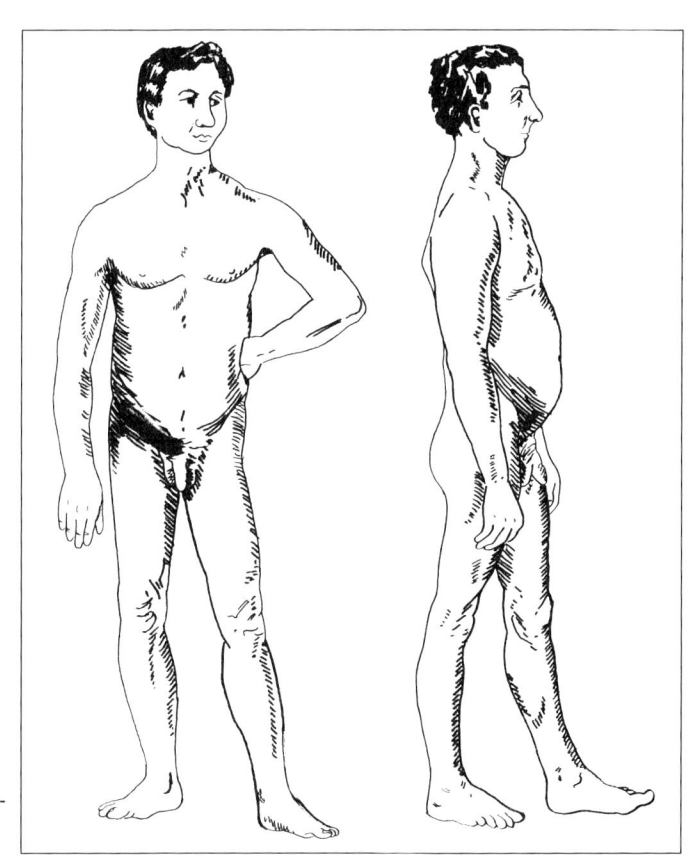

Abb. 18 a+b: Körperbau des disharmonischen Typs.

8.2.1 Seelisches Bedürfnis und Resonanz

Alle Impulse, die wir beim Menschen beschreiben können, sind mit seelischen Bedürfnissen gekoppelt.

Da wir die Seele zu erkunden haben, können wir folgende Ausdruckszonen, die konzentriert auf ihre Bedürfnisse schließen lassen, bevorzugt verknüpfen:
- Ohren (⇨ S. 115ff.)
- Haut (⇨ S. 101ff.)
- Oberkopf (⇨ S. 216ff.)
- Augen als Spiegel (⇨ S. 166ff.)
- Mund als Schließmuskel der Seele (⇨ S. 145ff.)

Die Erfahrung lehrt, dass der gute Wille des Menschen bereitwillig ist, sich aber durch ihn dennoch keine Resonanzen herstellen lassen.

Die Qualitäten der Kraftrichtungs-Ordnung; die Schwingungsfelder, die Wellenlängen, die Chemie müssen stimmen – oder so verändert werden, dass sie stimmt.

Feine Haut geht mit feiner Haut des Mitmenschen in Resonanz (d.h. nur Feingefühl versteht Feingefühl), so mit allen Gegebenheiten.

Der Oberkopf zeigt an, dass die Entwicklungsaufträge an alle Menschen gleich sind, aber mit unterschiedlichen Entwicklungsvoraussetzungen leben.

Zur Verstärkung suchen sie Resonanzen. Diese sollte man sorgfältig analysieren.

> Resonanzen stellen sich her, weil das ergänzende Angebot die Defizite aufheben kann, aber auch, wenn im Gleichklang sich Verstärkung der Neigungen und Fähigkeiten ergibt.

Das lässt sich schwerpunktmäßig beobachten: Bei einem körperlichen Kräftedefizit z.B. werden Resonanzen unter den Schwächen gemeinsam nach Verstärkung suchen und damit die Chancen erhöhen.

Ein Schwacher wird mit Starken Resonanzen suchen, um seine Entfaltung zu ermöglichen oder um im Geben neue, befreiende Erfahrungen zu machen.

Starke suchen Resonanz bei Starken, um gemeinsame Leistungen zu entscheiden, Wohlgefühl zu genießen oder weitere Eröffnungen zu machen.

8.2.2 Beispiele harmonischer Konstellationen

Wenn ich bei einem Vorhaben mit den Beteiligten im Gleichklang bin, läuft dies reibungslos. Ohne Gleichklang (Harmonie) jedoch entstehen Reibungssituationen, die als Spannung ihre Entladung suchen.

Ohne Schuld, einfach aufgrund der Energiekonstellation der Naturelle, haben z.B. die explosiven Anteile des Bewegungs-Empfindungs-Naturells und Bewegungs-Naturells keine Chance zur Harmonie miteinander, ebenso wenig wie die Bewegungs-Naturelle und dissonanten Naturelle sie haben.

Die dissonanten Naturelle prallen ab bei den Bewegungs-Ernährungs-Typen und machen den Ernährungs-Empfindungs-Naturellen heftige Leidenssituationen, werden unerträglich für sie, wie auch für die Empfindungs-Naturelle.

Das Ernährungs-Bewegungs-Naturell steht dem Ernährungs-Naturell gleichgültig gegenüber, kein Anregungsfaktor regt sich zwischen ihnen, auch mit dem harmonischen Naturell geht es ihm so.

Das Bewegungs-Ernährungs-Naturell wird vom Bewegungs-Empfindungs-Naturell abgestoßen, denn die geistige Agilität wird als störend empfunden.

Übersicht

Anziehung und Ergänzung im Sinne der Harmonielehre meint Austauschbereitschaft, Interesse füreinander, Harmonisierung der eigenen Energien, Anregung, nicht Aufregung, Bereitschaft, Sympathie wirken zu lassen, zur Verwirklichung helfen.

1. Ausgehend vom *Bewegungs-Empfindungs-*Naturell ist
   - starke Sympathie und Anregung zum disharmonischen Naturell,
   - Ergänzung und Beruhigung zum Ernährungs-Naturell und
   - sympathische Austauschbereitschaft mit dem harmonischen Naturell zu beobachten.

2. Ausgehend vom *Bewegungs*-Naturell, hat dieses eine
   - starke Sympathie und Leistungsverstärkung mit dem Bewegungs-Ernährungs-Naturell,
   - Ergänzung, Beruhigung und Sensibilisierung mit dem Ernährungs-Empfindungs-Naturell und
   - sympathische, beschützende Bereitschaft mit dem ideenbildenden Empfindungs-Naturell.

3. Ausgehend vom *desintegrativen* Typ, neigt sich dieser mit
   - starker Sympathie dem beruhigenden Ernährungs-Naturell zu,
   - hat ein spannungsintensives Entwicklungsangebot mit dem harmonischen Naturell und
   - sympathische Bereitschaft, mit dem Bewegungs-Empfindungs-Naturell zusammen zu sein, gegenseitige Anregung.

4. Ausgehend vom *Bewegungs-Ernährungs-*Naturell ist eine
   - starke Sympathie zum Ernährungs-Empfindungs-Naturell,
   - Ergänzung und Anregung durch das Empfindungs-Naturell zu beobachten und
   - Bereitwilligkeit zu finden, mit dem Bewegungs-Naturell Tatkraft einzusetzen.

5. Ausgehend vom *Ernährungs*-Naturell hat es die
   - stärkste Sympathie zum harmonischen Naturell.
   - Die Ergänzung und Anregung findet es beim Bewegungs-Empfindungs-Naturell und
   - eine interessierte Bereitschaft, das Angebot eines disharmonischen Naturells zu erfahren, aber auch zu beruhigen.

6. Ausgehend vom *Ernährungs-Empfindungs-*Naturell hat dieses die
   - stärkste Sympathie zum feinen Empfindungs-Naturell,
   - Ergänzung und Stärkung hat es vom Bewegungs-Naturell zu erwarten.
   - Dem Bewegungs-Ernährungs-Naturell gibt es bereitwillige Aufmerksamkeit, um in eigener Leistungsfähigkeit unterstützt zu werden.

7. Ausgehend vom *harmonischen* Naturell hat dieses die
   - stärkste Sympathie zum Bewegungs-Empfindungs-Naturell,
   - Spannungsverstärkung und Entwicklungsansporn durch das disharmonische Naturell und
   - Bereitwilligkeit für das ruhige Ernährungs-Naturell.

8. Ausgehend vom *Empfindungs*-Naturell hat dieses die
   - stärkste Sympathie zum schutz- und kraftgebenden Bewegungs-Naturell,
   - Ergänzung in der Ruhe und Sicherheit des Bewegungs-Ernährungs-Naturells und
   - große Bereitwilligkeit, mit dem Ernährungs-Empfindungs-Naturell zusammen zu sein.

9 Typen und Temperamente

Jeder Typ lebt ein Temperament, und jeder Typ kann – je nach (Lebens-)Situation – alle Temperamente zeigen. Das heißt, kein Temperament ist konstitutionell, auch wenn eines evtl. vorherrschend ist und die Entscheidungen und Lebensansichten vorrangig prägt.

Das Temperament ist an sich nicht formgebend, aber sichtbar, denn wir sehen den Menschen an, wie sie gestimmt sind.

Der Begriff „Temperament" kommt aus dem Lateinischen und bedeutet „mischen", d.h. in die richtige Ordnung bringen.

Das Temperament[8] kann mit dem Naturell nicht verglichen werden, sondern ist vielmehr eine *Eigenschaft* der Menschen, Verhaltens- und Bewegungsweisen.

Die Summe der gegebenen Energie, die eine Individualität im Wesensgrundton besitzt, wird im Naturell definiert.
Die Erlebnisreaktionen, die sich aus dieser Lebensenergie speisen, definiert das Temperament.

> Das Naturell ist der innere Grundton. Das Temperament ist eine spezifische Form der individuellen Verhaltensweisen aus Gefühl und Triebleben, der gereizte Zustand, das Tempo, in welchem sich ein Naturell bewegt und seelisch Anteil nimmt; der innere Reizzustand oder der auf äußere Reize reagierende Mensch, je nach Biorhythmus.

Daher ist das Temperament per Definition dynamisch – schreibt es sich hingegen fest, wird der Mensch (gemüts-)krank, denn bei einem konstanten Auftreten wird der Bio-Rhythmus gestört.

9.1 Die klassischen Temperamente

Schon im Altertum (Aristoteles) wurden die vier Temperamente definiert:
Erst der Römer Galen, der als Arzt im 2. Jahrhundert v. Chr. praktizierte, untersuchte die Körpersäfte, deren Beschaffenheit für ihn Rückschlüsse auf das Temperament eines Menschen erlaubten. Er unterschied:
- Gelbe Galle
- Schwarze Galle
- Blut und Schleim

Tabelle 12: Die klassischen Temperamente.

	Melancholie = Wasser	Phlegma = Erde	Cholerik = Feuer	Sanguinik = Luft
Vorherrschendes Gefühl	Schwermut, Depression	Apathie	Tobsucht	Größenwahn oder manische Logorrhoe
Vorherrschende Temperatur	lau	kühl	heiß	warm
Krankheitsneigung	Verdauungs- und Leberkrankheiten	Fettsucht	Herzkrankheiten, Abmagerung	Schwindsucht

---

8 Huter, Hauptwerk, S. 643

und setzte sie ebenfalls zu den Urstoffen der Welt in Beziehung: zu den 4 Elementen Feuer, Luft, Erde, Wasser.

Galen definierte die Gesundheit des Menschen als ein Gleichgewicht zwischen diesen Elementen, den warmen und kalten, trockenen und feuchten Kräften. Ferner beeinflusste für ihn die Temperamentslage das gesamte Liebes- und Arbeitsleben, kurz die Zwischenmenschlichkeit.

Wenn die Physiognomen vom Temperament sprechen, meinen sie mehr den *Ablauf eines Geschehens im Menschen* als den Menschen in seiner Erscheinung oder seinem Typ. Sie beobachten den Ablauf emotionaler Reaktionen, den Grad der Antriebsstärke und den Rhythmus biologischer Funktionen.

Alle Naturelle können jedes Temperament haben, das
- sanguinisch – luftig,
- cholerisch – feurig,
- phlegmatisch – erdig oder
- melancholisch – wässrig ist.

Die Elemente

- Luft
  als leichtbewegliches Element, entspricht dem leichtblütigen Sanguiniker
- Feuer
  als feurigheiß, entspricht dem heißblütigen, galligen Choleriker
- Wasser
  als ruhig, weichfließend, entspricht dem fettgalligen Melancholiker
- Erde
  als fest, langsam, entspricht dem schwerblütigen, schwarzgalligen Phlegmatiker

Abb. 19: Die vier klassischen Temperamente.

9.1.1 Die vier Temperamente

Cholerisch

Der Geschäftsmann
Cholerisch – Macher, Tattriebe – gespannter Außenmensch

- *Wie ist er?*

Positiv	Negativ
Impulsiv	Gereizt
Schwungvoll	Unzufrieden
Durchsetzungsstark	Empfindlich

- *Wie reagiert er?*

Positiv	Negativ
Schnell	Ungeduldig
Intensiv	Unberechenbar
Willensbetont	Rücksichtslos

Zu energischer Bewegung neigend

Phlegmatisch

Ruhtriebe – entspannter Außenmensch

- *Wie ist er?*

Positiv	Negativ
Zufrieden	Gleichgültig
Gleichmütig	Fatalistisch
(Seelen-)Ruhe	

- *Wie reagiert er?*

Positiv	Negativ
Ruhig	Langsam
Bedächtig	Spärlich
Gleichmäßig	Willensschwach
Geduldig	Entschlussschwach
	Einförmig

Sanguinisch

Heute hier – morgen dort
Voller Optimismus – entspannter Innenmensch

- *Wie ist er?*

Positiv	Negativ
Lebhaft	Leichtsinnig
Aktiv	Gedankenlos
Heiter	
Genießerisch	
Unbekümmert	
Zuversichtlich	

- *Wie reagiert er?*

Positiv	Negativ
Rasch	Unüberlegt
Stark	Oberflächlich
Mitteilsam	Unkonzentriert
Ausdrucksstark	Ungenau
Wortgewandt	Ungleichmäßig

Zu lebhafter Bewegung neigend

Melancholisch

Voller Pessimismus – gespannter Innenmensch

- *Wie ist er?*

Positiv	Negativ
Ernst	Schwermütig
Verantwortungsbewusst	Sorgenvoll
	Ängstlich
	Unsicher
	Verzagt
	Schuldbewusst
	Selbstquälerisch
	Misstrauisch
	Pessimistisch

- *Wie reagiert er?*

Positiv	Negativ
Nachhaltig	Langsam
Gleichmäßig	Spärlich
Ausdauernd	
Gründlich	
Sorgfältig	
Gewissenhaft	

Bewegungsimpuls fast völlig zurückgedrängt

Tabelle 13: Übersicht über die Temperamente.

Phlegmatiker	Choleriker	Sanguiniker	Melancholiker
Erde	Feuer	Luft	Wasser
Schleim	gelbe Galle	Blut	schwarze Galle
kalt/feucht	warm/trocken	warm/feucht	kalt/trocken
Apathie	Manie	Größenwahn	Trübsinn
Fettsucht	Tobsucht	Schwindsucht	Depression
kaltblütig	heißblütig	leichtblütig	schwerblütig
gleichmütig	aggressiv	leichtmütig	trübsinnig
ruhig	dynamisch	motorisch	labil
unerschütterlich	leidenschaftlich	heiter	ernst
passiv	aktiv	optimistisch	pessimistisch
anspruchslos	gereizt	sorglos	traurig
abwartend	herrschsüchtig	anpassungsfähig	verzagt
nachgiebig	rechthaberisch	gesellig	bekümmert
verharrend	unversöhnlich	unbekümmert	teilnahmefähig
gutmütig	wuchtig	gesprächig	gekränkt
pedantisch	nachtragend	lebhaft	duldsam
bedächtig	energisch	flüchtig	misstrauisch
langsam	explosiv	gedankenlos	gründlich
gleichmäßig	sprunghaft	beschwingt	ausdauernd
verträglich	empfindlich	elastisch	unsicher
geduldig	kraftvoll	leichtsinnig	verinnerlicht
schweigsam	unbeherrscht	zuversichtlich	zögernd
träge	jähzornig	optimistisch	tiefsinnig
langsam	hitzig	schnell entfacht	mutlos
ausgeglichen	draufgängerisch	flatterhaft	grüblerisch
schwunglos	parteilich	unüberlegt	gewissenhaft
zufrieden	durchsetzend	unbesonnen	geschwächt
gleichgültig	ungerecht	oberflächlich	isoliert

9.2 Zur Typenlehre Ernst Kretschmers

Im Laufe der Geschichte gab es natürlich viele verschiedene Typenlehren, wobei in diesem Rahmen noch zwei weitere besonders erwähnenswert sind: die Typenlehre von Kretschmer und die von C.G. Jung.

Dr. Ernst Kretschmer war Psychiater in Marburg und versuchte, über den Körperbau den Charakter und die Krankheitsneigung seiner Patienten zu erforschen. Er verband die von ihm gefundenen Temperamente mit der Disposition zu bestimmten psychischen Krankheiten und veröffentlichte seine Forschungsergebnisse in seinem Werk „Körperbau und Charakter", in dessen Vorwort er sich u.a. direkt auf Carl Huter bezieht.

Der Psycho-Physiognomik und seiner Typenlehre ist gemeinsam, dass beide das gleiche Ziel haben: von äußeren Zusammenhängen auf innere zu schließen. Allerdings gibt es auch konkrete Unterschiede: Carl Huter wollte seine Einsichten in das tägliche Leben integrieren und für jeden die Möglichkeiten darstellen, die sich mit der Einsicht in die Naturelle ergeben, z.B. um die allgemeine Menschenkenntnis zu vertiefen. Kretschmer hingegen sieht nur die klinische Dimension und betont ausdrücklich, dass sich seine Publikation nicht an den Laien wendet, sondern an den Arzt, zur Erleichterung der Diagnose.

Ernst Kretschmer unterschied vier Grundtypen:
- Astheniker-Leptosom,
- Athletiker,
- Pykniker und
- Dysplastiker.

Biologisch betrachtet kann es sich hingegen, wie gesehen, nur um drei Grundtypen handeln, den von ihm zugefügten vierten Typus des Dysplastikers kann man am ehesten mit dem dissonanten Naturell vergleichen, ein Typ, der schwierig ist und mehr Schwierigkeiten hat.

Zum Vergleich der zahlenmäßigen Varianten sei noch auf C.G. Carus verwiesen, der im 19. Jh. die Symbolik der menschlichen Gestalt in einer Typologie von 61 Grundtypen beschrieb.

Durch genaues Beobachten kann man zwar versuchen, Menschen in diese Typologie einzuordnen, aber man wird mit den Beobachtungsdaten keine Übereinstimmung erzielen, weil sie viel zu individuell sind.

9.3 Die Typenlehre C.G. Jungs

Jung hat die verschiedenen menschlichen Typen sehr differenziert behandelt.

Im Hinblick auf die Einordnung der Temperamente interessiert uns vor allem seine Einteilung in introvertierte und extravertierte Menschen.

Mit diesen zwei Charaktereigenschaften lassen sich Erlebnisebenen beschreiben, die bei einer verstärkten Neigung zu der einen oder anderen Seite Hinweise auf das Temperament geben und zu einer gewissen konstitutionellen Übersetzung führen.

9.3.1 Der introvertierte Mensch (Innerlichkeits-Mensch)

reguliert seine Beziehung zum Leben durch innere Tatsachen.

Er ist mit Phantasien, den eigenen Gedanken, den seelischen Vorgängen, der eigenen Person und der Welt beschäftigt.
- Er sucht und findet die Inhalte in sich selbst,
- erlebt seine nach innen gewandte, seelische Kraft in der Phantasie als psychische Lebenstätigkeit,
- richtet seinen Sinn auf den Grundgehalt, der unter der Oberfläche aller Dinge steckt[9].
- hat seine Entscheidungsebene im inneren Gesetz.

---

[9] Es kann sich jedoch ebenfalls die Grenze zwischen Wahrheit und Einbildung verwischen (C.G. Jung).

9.3.2 Der extravertierte Mensch (Äußerlichkeits-Mensch)

hat dem gegenüber, ein überwiegendes Interesse am objektiven Erleben der äußeren Welt und der umgebenden Wirklichkeit (C.G. Jung).
- Er projiziert sich als menschliches Objekt.

Fehlverhalten wäre es zwar, wenn ein introvertierter Typ sich aufgrund äußerer Beeinflussung extravertiert verhielte, aber ein und derselbe Mensch kann je nach Situation intro- oder extravertiert sein. Mahatma Gandhi war z.B. introvertiert als Asket und extravertiert als Volksführer.

Bei extremer Entwicklung in beide Richtungen lässt sich häufig beobachten, dass die Menschen ihre Vorstellung von der Wirklichkeit höher bewerten als die Realität selbst. In den Extremen lebend stehen sie oft verfälscht und illusioniert zur Umwelt und ihren Mitmenschen.
Meistens wird das von der Wirklichkeit wieder korrigiert, z.B. durch entsprechende Reaktionen der Gesellschaft.

Menschen, die ihre Innerlichkeits-Kultur pflegen, haben eine feine, offene, helle strahlende Haut. Negative und positive Helioda (⇨ S. 56) sind vorherrschend, wobei das Naturell untergeordnet ist.

Der Augenausdruck entspricht der Hautbeschreibung.
Instinkt und Trieberfüllung stehen im Hintergrund, der Mensch ist im wesentlichen über den Intellekt geführt.

Ein Innerlichkeits-Mensch ist im Verwirklichen der äußeren sichtbaren und in Verbindung stehenden Faktoren überfordert. Ihm fehlen die realen Bezüge in den Zusammenhängen.
Umgekehrt fehlen dem Äußerlichkeits-Menschen die Informationen für eine seelische, tiefverankerte Betrachtungsweise. Er ist der äußeren Moralvorstellung zugeneigt.
Was u.a. dazu führt, dass, wenn der eine den anderen beurteilen sollte, es in der Regel zu einer Verurteilung kommt.

Wenn ein extravertierter und ein introvertierter Mensch sich unterhalten, sprechen sie zwar in derselben (Landes-)Sprache, aber verbinden mit ein und demselben Begriff völlig verschiedene Inhalte. Sie reden aneinander vorbei.
Hier finden z.B. Sympathie und Antipathie ihren Ursprung. Typen, die durch Prägung und Veranlagung vertraut sind, werden als „Freund" oder im Gegensatz dazu als „Feind" erkannt, als ein stimmiger oder unstimmiger Zeitgenosse beurteilt.

Teil 2
Die psycho-physiognomische Betrachtung

10 Die Schulung der Wahrnehmung

10.1 Die Schule des Sehens

Für die physiognomische Beurteilung ist es Voraussetzung, um die harmonischen Proportionen des Kopfes der Gestalt zu wissen. Für die Übersetzung der Wahrnehmungen muss das Beobachtungsvermögen – das räumliche Wägen und Einordnen, der Licht- und Farbsinn – sensibilisiert werden. Der Psycho-Physiognomiker ist also aufgefordert, das „Künstlerische Sehen" zu üben.

Folgendes Muster hat sich bewährt, um das eigene Proportionsgefühl zu prüfen und zu schulen. Machen Sie sich mit den Proportionsverhältnissen vertraut und übertragen Sie sie bei der Betrachtung auf Ihre Mitmenschen.

- Mittelachse (⇨ Abb. 20 a)
  um den Unterschied des Rechts- und Linksgesichtes zu registrieren.
- Querachse (⇨ Abb. 20 b)
  durch die Augen liniert, um die Maßverteilung zu bemerken.
- Dreiteilung des Gesichtes (⇨ Abb. 20 c):
  Stirn – Nase – Untergesicht
  – Nasenwurzelbreite
  – Augenhöhlenbreite
  – Schläfenbreite
  Registrierung der einzelnen Gesichtsabschnitte in der Dreiteilung:
  Länge von
  – Pallium
  – Mund
  – Kinn
- Längenverhältnis von Oberkopf
  (⇨ Abb. 20 d)
  Schädelbasis – unteres Kinn
  (sensibler Pol ⇨ S. 76)
  Unterlippengrenze – Nacken

Auch das Ohr stellt mit den Einteilungen, die dem seelischen Bedürfnis nachspüren, ebenfalls Anforderungen an die Sensibilisierung des Proportionsgefühls (⇨ S. 119).

Idealtypisch für die Lage des Ohres, für die ausgewogene Form, ist der Schnittpunkt der Mitte der Schädelbasis-Achse und der Oberkopf-Schädelbasis-Achse (⇨ Abb. 21 a).

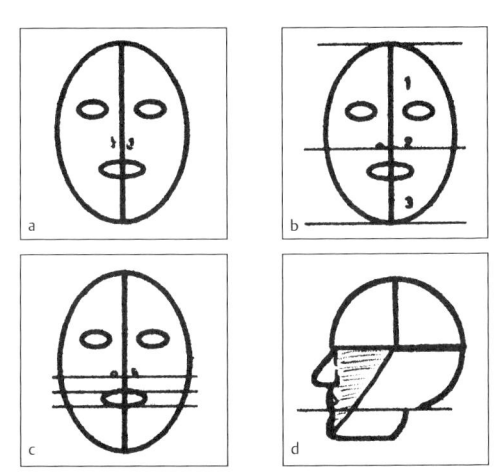

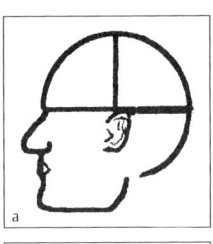

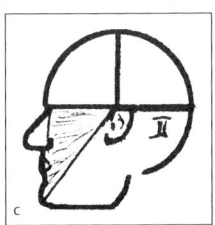

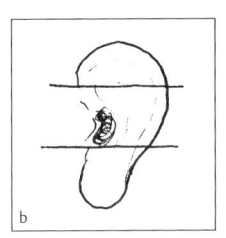

Abb. 20 a–d: Kopf- und Gesichtsformen.

Abb. 21 a–c: Lage des Ohres.

Das gerade angesetzte Ohr gibt über die Schädel-Achsen-Bestimmung eine physiognomische Entsprechung des seelischen Bedürfnisses des Menschen nach materieller Verankerung und seelischer Richtung zur Transzendenz.

Das proportional stimmige Ohr (⇨ Abb. 21 b, S. 51) entspricht dem Längenverhältnis des Nasensegments des Gesichtes.

Wir haben mit dem Ohr weitere Proportionsentsprechungen zu suchen und sehen mit seinem Ansatz in Schräglagen und Höhen, in der Mitte-Feststellung die Proportion von Vorder- und Hinterkopf (⇨ Abb. 21 c, S. 51).

10.2 Die Schule des Einfühlens

Bereits diese einfachen Strichzeichnungen lassen erkennen, dass die einzelnen Erscheinungsformen verschiedene Inhalte offenbaren.

Dies verstärkt sich, wenn man einen Menschen zum ersten Mal betrachtet. Bei einer sensiblen Wahrnehmung, bei der man sich selbst zurücknimmt oder gleichsam „vergisst", kann man aus der eigenen Empfindsamkeit die empfindsamen Reaktionen des Gegenübers registrieren.

Wenn dann die Pforten der Wahrnehmung nicht sofort mit Worten abgeblockt werden und zu früh zur Intellektualisierung geschlossen werden, eröffnet die rechte Gehirnhälfte mit ihrer seit Urzeiten geleisteten Registratur die innere Bilderschau und Ganzheitsbetrachtung.

Dieser Erfahrungsbereich wird als „meditativer" beschrieben. Er kann sich bei einer Kontaktaufnahme einstellen, besonders dann, wenn das Interesse sich ausschließlich auf den Menschen richtet, den wir vor uns haben.

Der Kopf ist dann frei von allen Nebengedanken, und es kann sogar scheinen, als ströme in diese Leere ein uns weit überragender Geist, um unser Bewusstsein auf einen Bereich auszudehnen, der dem herkömmlichen, rationalen Denken unzugänglich ist.

Die physiognomische Ausdrucksentsprechung für diesen Prozess, beschreiben wir so:

Die Augen entwickeln den negativ-heliodischen Blick (⇨ S. 56).

Für die Wahrnehmung die sich nun über Einfühlungsvermögen und genaues Sehen differenziert, setzen wir dann unsere Beobachtungssinne und unser Proportionsgefühl ein[10].

Auch wenn ein geschultes Proportionsgefühl die Formverhältnisse registriert, muss jede Feststellung interpretiert werden. Die Natur mit ihrer unendlichen genetischen Vielfalt richtet sich nicht nach dem Merkmalsprotokoll der Physiognomen, weshalb diese keine Dogmen, sondern Orientierungshilfen darstellen.

---

[10] Die entsprechenden Areale, die wir dazu aktivieren, spiegeln sich an der Unterstirn wider: vom Formensinn bis zum Mathematiksinn (Unterstirnareale, S. 192ff.).

11 Kraft-Richtungs-Ordnung (KRO)

Die Kraft-Richtungs-Ordnung (KRO) ist ein von Carl Huter geprägter Begriff, der gleichsam den Schlüssel für die physiognomische Analyse liefert.

Neben den formalen „Gesichts"-Punkten bezeichnet die KRO etwas, das normalerweise schwer in Worte zu fassen ist: die Ausstrahlung. Wie aber kann man Energie in Worte fassen? Dafür prägte Carl Huter eine eigene Begrifflichkeit (⇨ S. 56ff.).

Energien wirken formbildend. Je nachdem, welche Energie bei einem Menschen vorrangig vorhanden ist, entwickeln sich seine Grundformen.

Am Kopf kann man Haupt-Energie-Achsen ausmachen, die jeweils eine bestimmte Kraftrichtung vorrangig ausdrücken (⇨ S. 73ff.).

Auch wenn dieses Kapitel das vielleicht am schwersten konkret zu „fassende" ist, bildet es ein Kernstück der physiognomischen Analyse. Die KRO sollte daher immer wieder berücksichtigt – und ständig studiert werden!

Neben der genauen Betrachtung, dem Proportionsgefühl und der Wahrnehmung der unterschiedlichen Formen, kommt noch die Wahrnehmung der Ausstrahlung unseres Gegenübers zu der physiognomischen Betrachtung hinzu.

Jeder Mensch reagiert auf die Ausstrahlung, die sein Gegenüber hat. Diese Ausstrahlung wird über die Beeindruckbarkeit der Haut mit ihren Rezeptoren wahrgenommen, die in uns ein Gefühl für die Stimmung, die energetische Situation entstehen lässt, zustimmt oder ablehnt.

Die Energie ist die eigentliche Information der Natur. Sie gibt Form und liefert den Hinweis darauf, welche Art von Energie hinter dieser Form steht. Bei der psycho-physiognomischen Betrachtung geht man stets so vor:

Man betrachtet zuerst die einzelne Form, dann die Modellierung der Form, sodann die Spannung der Haut, ihre Strahlung und schließlich ihre Färbung.

Jedes Naturell hat eine Energie, die idealtypisch in ihm vorherrscht. Und die Feststellung, wie ein Mensch schwingt, entscheidet bereits über Sympathie oder Antipathie. Dafür hat jeder ein unbewusstes Gespür und sucht für sich den Ausgleich seiner Energien, die Harmonie auch in der Begegnung mit dem Mitmenschen.

11.1 Die Psycho-Physiognomik und die homöopathische Anamnese

Natürlich ist die Physiognomik eine hervorragende Ergänzung für alle Diagnoseformen. Sie scheint jedoch eine gewisse Affinität zur Homöopathie und zur Therapie mit Schüßler-Salzen zu besitzen, denn diese haben ohnehin eine geschulte Wahrnehmung, die durch die genaue Beobachtung der Physiognomik noch differenziert wird.

Bei der oft schwierigen Auswahl des richtigen Mittels in der Homöopathie kann das Wissen um die Psycho-Physiognomik helfen: Über die Wahrnehmung und genaue Beobachtung lässt sich, auf der Basis der Hintergrundinformation der Ausdrucksform, der Fragenkatalog für die Anamnese oft sinnvoll erweitern:

Fallbeispiel

Eine 65-jährige Frau, „kugelrund", Ernährungs-Empfindungs-Naturell.

Alle Merkmale stimmen naturellentsprechend, nur die Nase nicht.

Idealtypisch wäre eine kleine, im unteren Teil betonte, runde Nase, die in der Mitte, in der Nasenknochenzone leicht konkav eingebuchtet ist und an der Nasenwurzel ausgeprägt („Übersetzt": Dynamik zurückgenommen, geistige Interessen gepflegt und instinktsichere Bauchgefühle).

Diese Nase aber war in feiner, herausgebogener Profilierung, dünne Nasenspitze, betonte Nasenwurzelzone. Eine Nase, die die unruhige Dynamik des Bewegungs-Empfindungs-Naturells anzeigt, und einen Selbstverwirklichungswillen vermuten lässt, der im Gegensatz zu den übrigen Verwirklichungsantrieben des Ernährungs-Empfindungs-Naturells steht.

Das provoziert Fragen:

„Machen Sie sich selbst immer wieder ein unruhiges Leben?"

„Nein, wir – mein Mann und ich – leben sehr ruhig."

„Sie stören dieses ruhige Leben nicht durch ständige Pläne, was man alles machen kann? Sie streben nicht aus dem Haus und werden unruhig in Ihrem Nest?"

„Nein. Wir haben ein gemütliches Haus mit Garten und leben still und behaglich."

Da läuft also ein Wunschfilm ab, denn die Anlage der Patientin gibt die Information, dass sie als Naturell das stille, behagliche Familienleben erstrebt, sich aber aus den dynamischen Impulsen, die physiognomisch an der Nase erkennbar sind, ständig in Bewegung und Veränderung hält.

„Sie fühlen sich also ganz in Ihrer Mitte?"

„O ja, durchaus."

„Sie haben keine Verdauungsstörungen?"

„Doch, die habe ich. Ich habe Darmkrebs."

„Suchen Sie deswegen den homöopathischen Arzt auf?"

„Nein, deswegen nicht, auch nicht wegen der Atembeschwerden und Kopfschmerzen. Ich erhoffe mir Heilung für meine rastlos-unruhigen Beine."

Die Dynamik ist also zum psychischen Problem geworden.

„Seit wann haben Sie diese unruhigen Beine? Wann trat dieser Zustand auf?"

„Von meinem 5. Lebensjahr an. Wir waren im Flüchtlingstreck auf dem Pferdewagen. Feuer und Granaten um uns herum. Ich wollte unter der Pferdedecke heraus und weglaufen. Jede Nacht stören die zuckenden Beine meinen Schlaf."

Zum Glück fand der aufmerksame Arzt das passende homöopathische Mittel.

Form und Ausstrahlungsenergie gaben eine andere Information als die Aussage, die die Patientin über ihre Lebensart äußerte.

Weitere Theorien zu den Grundenergien des Lebens

Carl Huter versucht mit der Theorie der Kraft-Richtungs-Ordnung, die Frage nach der Ausstrahlung zu beantworten. Die von ihm benannten Kräfte repräsentieren die Ordnung, nach denen sich die Ausgestaltung der Formen richtet.

Huters geniale Einsicht in die vitalen Energien und ihre Ordnungsbestrebungen, die den Zustand der Gesundheit und der Krankheit begründen, fasst in sich das Qualitäts- und Quantitätsprinzip und viele Aspekte unterschiedlicher Weltanschauungen zusammen.

Denn um die Art der Energie zu beschreiben und mitteilungsfähig zu machen, haben sich schon alle Mythologien bemüht. Seit Beginn geschichtlicher Zeiten wusste man bereits darum, dass das Leben von vitalen Energien gestaltet wird, und die Entwicklungsgeschichte setzt definitionsgemäß beim „Urzustand" des Lebens an[11].

Die Materialisten oder Dualisten unterscheiden Materie und Kraft als die beiden grundlegenden Energien. Im 19. Jhdt. wurde die geistige Energie noch nicht als Urenergie anerkannt, da die Anschauung der Welt sich ausschließlich aus der Offenbarungs-Religion herleitete. Der Umbruch erfolgte, als man ein Doppelverständnis für den Geist erlangte

---

[11] Z.B. der Darwinismus.

und ihn in den numinalen und intellektuellen GEIST unterschied.

Heute passiert eine seltsame Umkehrung: um die Richtigkeit ihrer Theorien zu untermauern, konsultieren die Theologen die Physiker und die Physiker die Theologen.

Die Empfindungsenergie könnte man in diesem Zusammenhang als „vorbewussten Geist" betrachten, da sie der Bewusstseinsträger der Natur ist, auch wenn sie kein eigenes Organ (Hirn) hat. Die ganze Natur ist beseelt, aber nicht bewusst. Empfindungsenergie wird neben Kraft und Stoff als dritte Weltenergie des Universums angenommen.
- Sie ist in allen Prozessen wirksam mit dem Ziel, das geistige Bewusstsein zu bilden.
- Sie ist im übertragenden Sinne des Wortes von Aristoteles, der „springende Punkt".
- Sie ist physikalisch noch nicht zu erklären und gehört zu den großen Geheimnissen, die in der philosophischen Betrachtung der Kraft-Richtungs-Ordnung eine Basis darstellt.

Paracelsus sagt: *„Wir sehen nicht, wie die Sonne die Blume aus der Erde zieht, aber sie tut es."*

Viele Mythologien widmen sich der Frage nach dem Ursprung allen Lebens. Im griechischen Mythos wird erzählt, dass unsere Welt ursprünglich aus dem silbernen Welten-Ei entbunden wurde, das die gefiederte, nachtdunkle Göttin Nyx aus dem Nichts gebar und das sich aus einem geheimnisvollen Grunde teilte.

Aus dieser Teilung entstanden die beiden Pole Himmel und Erde. Die in ihrer herrlichen Fruchtbarkeit liebende Erde und der in seiner göttergeistigen Kraft befruchtende Himmel bildeten ein Kraftfeld der ständigen Anziehung zwischen sich. Und der erste Gott, der in diesem gestaltend wirkte, war Eros, die Liebe.

Bei religionsphilosophischen Betrachtungen über den Anfang der Welt tauchen stets Hypothesen auf, die eins miteinander gemeinsam haben: Vor jeder Erscheinungsform war die Kraft, die Schwingung, der Geist.

Goethe drückte dies folgendermaßen aus: *„Es erklang ein schmerzlich Ach als das All mit Machtgebärde in die Wirklichkeiten brach."*

Um den Ursprung der Entwicklungen kreisen alle Schöpfungsmythen und interpretieren mit wechselnden Gleichnissen ähnliche Einsichten.

Die Wissenschaft unserer Zeit spricht schlicht vom Urknall.

Mit der Beschreibung der Veränderung dieser Energie-Zustände in die materielle Wirklichkeit, die zum Lebendigen führt, setzt sich die Philosophie mit ihren Erklärungsversuchen fort.

Das Verstehen der Welt ist ein in jedem Menschen mehr oder weniger differenzierter Anspruch. Gleichnishaft ist jeder aufgefordert, alle Spiegelungen der Gestaltungsinformationen über zwei Horizonte, den inneren und den äußeren, zu führen.

Den inneren und den äußeren Kosmos der in der horizontübergreifenden Kraft des Menschen verschmilzt und ihm aufzeigt, dass eine Seinserfüllung seines Daseins darin liegt, die Bewusstheit des Universums in die Qualität des Bewusstseins zu transformieren.

Das geschieht unsichtbar und wird in der Erscheinung offenbart.

Die Natur ist unsere Lehrmeisterin, und wir versuchen, in Analogie-Schlüssen zu denken.

Die Biophotonenforschung z. B. kann messen, dass hochfrequente Energie das Universum durchströmt und zur Lichterscheinung wird, wenn sie Resonanz findet. Resonanz in der Verdichtung der Materie, die sich nach der Information des Lichts zu gestalten beginnt. Alle Gestalten sind materiell in ihrer Erscheinung. Ihre Struktur ist ähnlich, aber stets verschieden.

Die Struktur-Elemente, die wir bei jeder Erscheinungsform wiederfinden, haben die platonischen Urformen, von denen wir einige als Symbol wählen (z.B. Würfel, Pyramide, Kugel oder Säule), den hintergründig wirksamen Kraftanteil an der Struktur zu benennen und die Charakteristik der Kraft zu beschreiben.

11.2 Definitionen und Charakteristiken der 10 energetischen Qualitäten

Das Wissen um die verschiedenen Qualitäten der vitalen Lebensenergie und ihre Auswirkungen auf jegliche Erscheinungsform war zwar schon in den Worten der Propheten und Weisen bekannt, wurde von ihnen jedoch nicht mit eigenen Begriffen belegt. Carl Huter benannte sie daher neu und unterschied:
- Konzentrationsenergie
- Attraktionsenergie
- Magnetismus
- Elektrizität
- positive Helioda
- negative Helioda
- Od
- Medioma
- gebundene Wärme
- fliehende Wärme

Mit der Einsicht in die Differenzierung der verschiedenen Vitalitätsformen versucht man bei seinem Gegenüber, den gegenwärtigen Energiestatus festzustellen. Psychologisch und physiologisch gibt es dann zwei Möglichkeiten:
- Ist dieser gegenwärtig wünschenswert für Lebenssituation und Leistung, kann er bleiben so gut es geht.
- Ist dieser nicht wünschenswert in der gegebenen Situation, wäre dafür zu sorgen, den gewünschten Status zu erreichen.

Die Ermittlung des Energiestatus kann natürlich auch jeder selbst vornehmen, indem man die Steigerung oder Minderung des Proportionsverhältnisses der eigenen Energieanteile ermittelt, beobachtet und korrigiert. Oder besser gesagt, zu korrigieren versucht, was mit Willensanstrengung nicht unbedingt leicht zu erreichen ist. Einige Empfehlungen für die Änderung des Vitalität werden z.B. schon bei Amandus Kupfer im 1. Band seiner „Grundlagen der Menschenkenntnis" gegeben.

Abhängig von der ermittelten momentan tätigen Situation des Lebens und den korrespondierenden Zuständen der Vitalität, ist das Verhaltensmuster zu beobachten. Auch Sympathie und Antipathie ergeben sich daraus.

11.2.1 Positive und negative Helioda

Helioda ist die geistige Impuls- und Antriebskraft, das Lebenslicht der Zelle im Zentrosoma.

Sie ist durch das Lebendige, aus der Empfindungsenergie transformiert, als Liebeskraft des Universums definiert.

Feiner als jede andere Energie, haftet sie jeder Erscheinungsform an, verfeinert sie im Proportionsverhältnis ihrer Konzentration und lässt feine differenzierte Formen mit sanfter Ausstrahlung entstehen.

Helioda belebt, verfeinert, strahlt Glanz und Schimmer aus dem Lebendigen aus und hat feine, milde, gütige Qualitäten der Seele.

Härte, Präzision, Konsequenz oder Willenskraft etc., wie die „technischen" Energieanteile, die den Körper bewegen, sind ihr fremd.

Sie polarisiert in positiv und negativ: Die negative Helioda baut den inneren Kosmos auf. Das, was davon bewusst oder nach außen umgesetzt wird, bewirkt die positive Helioda.

Helioda sympathisiert mit allen Empfindungen und macht neben Materie (Stoff) und Energie (Kraft) die dritte Weltenergie aus (Empfindungsenergie). Ferner gestaltet sie den Informationsschwingungsgehalt der

11.2 Definitionen und Charakteristiken der 10 energetischen Qualitäten

Abb. 22: Übersicht und graphische Darstellung der Energien bei Huter.[12]

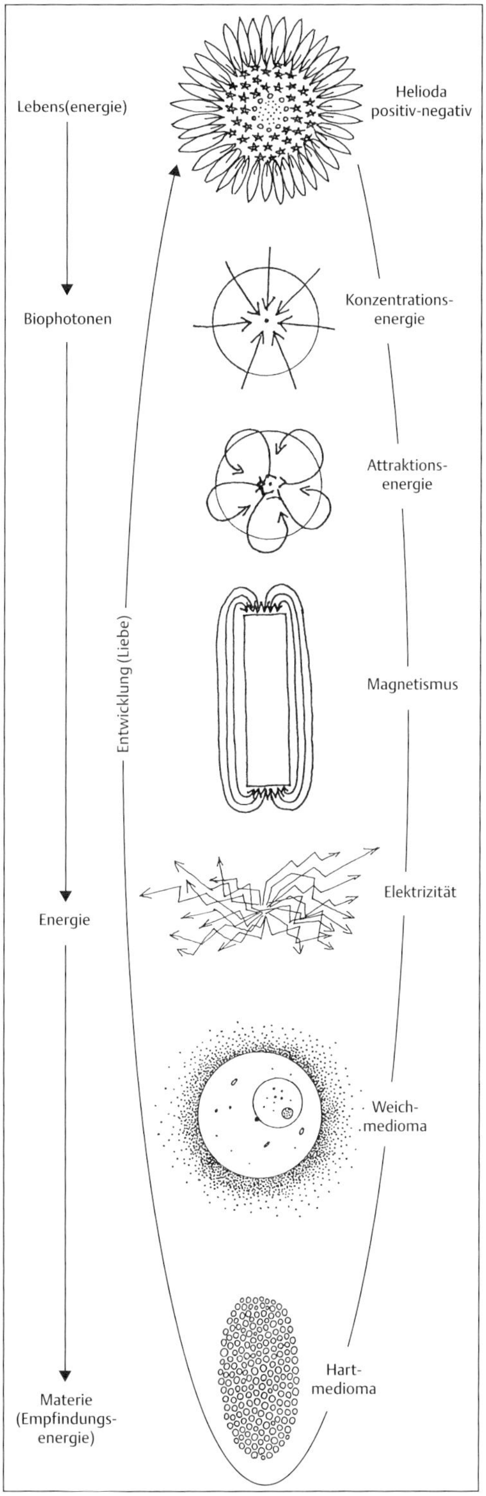

Helioda ist eine Lebens-, Licht- und Liebeskraft, deren sachliche Darstellung unmöglich ist. Das Blütensymbol zeigt das Wirken der Kraft zum Leben, zum Licht und zur Liebe in der Gestaltung an.
Die Erkenntnis von ihr hat die Aufmerksamkeit auf die Biophotonen, das Zellstrahlungslicht, gelenkt.

Dieses ist konzentriert durch die Konzentrationsenergie, die geistig ist und die Informationen in sich trägt.
Individuell wirksam wird sie durch die Attraktionsenergie.
Mit dem Egoismus, der Persönlichkeitsbewußtsein und Selbsterhaltung fördern kann, ist der individuelle Leistungsmagnetismus in unserer „Ego-Kultur" verknüpft.
Die sichtbare Elektrizität verändert und bewegt und setzt die Materie zur Zivilisation, Technik und Kultur brauchbar ein, um den kreativen Willen des Menschen aus- und mit der Materie umzusetzen. Materiell ist diese unterschiedlich dicht und fest (Od und Medioma).

Alle Energien werden durch den Verbindungswillen der Liebe miteinander verknüpft, die in der Materie das Empfindungsvermögen bis zur Hervorbringung des Lebens erhöht hat.
„Die Liebe ist die Schöpferkraft aller Dinge. Bei meinen Strahlexperimenten verlängerten und verstärkten sich die Heliodastrahl-Übertragungen bei liebenden Gedanken, sie verkürzten sich bei Schwächung dieser Gedanken und verschwanden bei Indifferenz und Lieblosigkeit.
Es scheint so, als ob die Lebensstrahlen von einer verborgenen, grossen Allkraft ihre Nahrung ziehen und zwar durch die Liebe und als wenn diese Allkraft ohne Liebe keine Kraft abgeben kann oder will."[13]

---

[12] Huters graphische Darstellung der Energien und seine philosophische Beschreibung findet sich im Hauptwerk.
[13] Huter, Aphorismen, S. 20.

Konzentrationsenergie in Richtung „Geist" aus.

Carl Huter entdeckte diese geistig-seelische Energie durch genaue Beobachtung und Experimente in der Lichtenergie des Zentrosomas einer jeden Zelle.

Für Wilhelm Reich war sie ca. 1940 die „Orgon-Energie". Prof. Dr. Fritz Popp „entdeckte" sie ca. 1970 und nennt sie „Biophotonen". Und Dr. med. P. Pearsall nennt sie 1998 in seinem Buch „Heilung aus dem Herzen"[14] L-Energie (Lebensenergie). Für ihn ist sie in den Herzzellen zu finden.

In langer Tradition wurde und wird diese Energie stets „neu" entdeckt – von Religionsstiftern, Mystikern, Weisen, Ethikern, Philosophen... Inzwischen ist sie mit ca. 700 (!) Namen belegt, die in feinen Nuancen stets dasselbe meinen.

Charakteristika der positiven Helioda

- Verschönerungsprinzip
- strahlende Liebe
- sonnenhaft
- Glück
- Begeisterung
- Hoffnung
- erhebende Strahlkraft
- Glaube an das Gute
- leuchtendes Gewebe
- freudig aktiv
- anregend öffnend, kreativ

Der Schwerpunkt der Negativ-Helioda ist die Gestaltung der inneren geistigen Welt, die natürlich nach außen kulturentsprechend eingesetzt ist und dabei mit der Positiv-Helioda schöpferisch wechselwirkend ist.

Charakteristika der negativen Helioda

- vergeistigend, verinnerlichend
- den inneren Kosmos gestaltend

- lauschend
- kontemplativ, meditativ, visionär
- sanft, milde
- bescheiden
- aufnehmend

11.2.2 Konzentrationsenergie

Die Information für die Entstehung eines jeden Lebewesens auf Erden ist konzentriert festgelegt, bei Pflanzen z.B. im Samenkorn (= Genotyp; Naturell-Lehre ⇨ S. 13). Alle Samenkörner tendieren zur Kugelform, denn überall dort, wo Konzentrationsenergie vorrangig wirksam ist, lässt sie eine lebendige Rundform entstehen – eine kugelige Ei- oder Samenform. In ihm hat die informationstragende Lichtenergie gespeichert, was sich im Licht entwickeln wird.

Die Konzentrationsenergie ist die geheimnisvollste Energie, aus der sich alles offenbart. Sie ist allgegenwärtig und dadurch charakterisiert, dass sie in und bei allen anderen Energien ist und den Keim aller Energien in sich trägt.

Die Konzentrationsenergie bleibt auch dann weiterhin wirksam, wenn andere energetische Qualitäten vorrangig werden. Selbst wenn eine Kugel keine Kugelform mehr haben wird, so behält sie doch einen Mittelpunkt, in dem Konzentrationsenergie wirkt.

Konzentrationsenergie wirkt als verdichtende Kraft und polarisiert sich bei starkem Druck.

Welche Energie könnte es sein, die die Konzentrationsenergie aus ihrer paradiesischen Harmonie getrieben hat? Ist es die Empfindungsenergie?

Dieses Geheimnis kennen wir noch nicht, beobachten aber psychologisch, dass es den Menschen aus dem schönsten Paradies treibt, wenn die Sehnsucht nach Entwicklung erwacht.

11.2.3 Attraktionsenergie

Attraktionsenergie ist ein Teil der Konzentrationsenergie und entspricht der egoisti-

---

[14] Pearsall, P.: Heilung aus dem Herzen. Goldmann, München 1999.
Marco Bischof: Biophotonen, das Licht in unseren Zellen. Zweitausendeins.

schen Mittelpunktsenergie. Vergleichbar dem Magnetismus bildet sie sich aus der Konzentrationsenergie, strahlt aber im Gegensatz zu ihm nicht über die Zelle hinaus.

Sie wirkt festigend nach innen und umhüllt nicht, dient ihr und festigt die Individualität und wirkt somit individuell. Magnetismus hingegen schützt das Individuum gegenüber der Umwelt und wirkt damit universell, auch auf und in die Umwelt.

Alle energetischen Anteile, die im lebendigen Körper wirksam sind, wirken individualbildend, was sich in der differenzierten Formenvielfalt offenbart.

Wenn sich ein Atom, ein Molekül oder ein Körper bildet, bekommt er aus verschiedenen Gründen, meistens aber durch die Wirksamkeit des Lichtes, so etwas wie einen Individualcharakter. Um diesen zu erhalten, wirkt die Attraktionsenergie. Sie ist außerhalb eines Körpers nicht wirksam, sondern wirkt im Körper, um ihn im Spannungs- und Stoffverhältnis zu stabilisieren und die Proportionen zu erhalten.

Damit ist sie eine Variante der Konzentrationsenergie, welche alles auf einen Mittelpunkt hin konzentriert und sich binden will.

Wenn die Attraktionsenergie ausstrahlt, ist sie zum Teil Magnetismus geworden.

Wenn sich der Mittelpunkt (z.B. als Zellkern) gebildet hat, setzt sich die Attraktionsenergie ein, den Individualcharakter zu verstärken, ist also in den Innenprozessen vollzogen und wirkt anziehend.

Magnetismus und Konzentrationsenergie sind anziehend, sie bilden ein Energiefeld – wie eine Flüssigkeit, die in ihrer Konzentration gesättigt wird. Erst wenn sich ein Kristallisationspunkt bildet, teilt sich die Konzentration über die Attraktionsenergie mit, sie wird sichtbar.

Die Attraktionsenergie ist weniger formbildend als der Magnetismus, die Elektrizität oder die Konzentrationsenergie, die alle neben der Formbildung in der Persönlichkeit eine energetische Qualität mitteilen.

Charakteristika der Attraktionsenergie

- gespannte Formen, mit intensivem Ausdruck
- machtanziehend
- erotisch wirkend
- Suggestionskraft, zwingen, beherrschen
- Sammlung
- Kristallisation
- ist wie ein Wirkungszentrum der Macht
- Charisma

11.2.4 Magnetismus

Die Energieform des Magnetismus setzt weitgehend die Charakteristik der Attraktions- und Konzentrationsenergie fort.

Auch er wirkt unsichtbar und hat einen anziehungsintensiven Mittelpunkt, der sich zu polarisieren beginnt, somit zur Ausstrahlung kommt und den Nord- und Südpol bildet.

Ausstrahlend und einsaugend in einem umhüllenden Kraftfeld, in dem das Umhüllte geschützt ist und sich in seinen arteigenen Qualitäten verstärken kann.

Der Magnetismus ist eine physikalische Kraft, die jeder Mensch mit der Qualität des Lebendigen als einen notwendigen Egoismus lebt.

Ohne diesen festhaltenden, ansaugenden, erhaltenden Energieanteil würde die Individualität sich auflösen.

Charakteristiken des Magnetismus

- Härte, Ausdauer
- Zielbewusstsein
- Planung im Organisieren
- Charakterfestigkeit
- Selbstbehauptung
- Unabhängigkeit
- Willenskraft
- Führung und Herrschen
- Aufdringlichkeit, Dynamik
- Leistungssport

- Kampfsport
- Dominanzbestreben

11.2.5 Elektrizität

Die Elektrizität ist das Bewegungselement, das sich aus der Polarisation der Innen- und Oberflächenspannung bildet und schließlich „explosiv" in Erscheinung tritt.

Die sich nie auflösende, schöpferische Konzentrationsenergie bleibt genauso wie das Licht als informationstragende Energie stets allen Lebensprozessen verbunden. Durch den Magnetismus kommt es zur Individuation. Die Elektrizität schließlich beginnt, diese individuelle Energie formbildend als Materie zu gestalten, zu bewegen.

Mit der Qualität des Lebendigen ist diese elektromagnetische Energie in allen Lang- und Breitformen für alle Bewegungsprozesse wirksam.[15]

Gleichzeitig beginnt die seelisch-geistige Energie ihren Entwicklungsprozess mit anderen Spezifika als die physikalischen Energien.

Charakteristiken der Elektrizität

- Widerstandskraft
- Aggression
- Entladung, Gewittergrollen
- Unausgeglichenheit
- Unberechenbarkeit
- Widerspruch
- Störung und Zerstörung
- Eigengesetzlichkeit
- Hemmungslosigkeit
- Spaltung, Trennung
- Reibung
- Auseinandersetzung
- Zügellosigkeit
- Veränderung
- Disproportion
- Körperwuchs = breit, gedrungen und gespannt

11.2.6 Od (Weichmedioma)

Das Od (Weichmedioma)[16] tritt in Erscheinung, wenn sich der Stoffwechsel vollzieht, der sich bei lebendigen Wesen unablässig und mit wechselnden Qualitäten ereignet. Er teilt sich mit als Körperduft bzw. Emanation.

Beim Stoffwechsel zeigt sich die geniale Fähigkeit des Systems, aus der Nahrung die Sonnenenergie zu filtern und in Lebensenergie zu wandeln. Die Auflösung der Nahrungsstoffe physikalisch und chemisch erreicht dabei einen materiellen Status, in dem keine Substanz mehr nachweisbar ist und noch keine Energie entstanden ist.

Hier sind die feinstofflichen Ode wirksam: „**Weichmedioma**", wie Carl Huter diese lösenden Stoffregulatoren nennt.

Wenn die Materie der Nahrung zur Substanz des Körpers werden soll, sind **Hartmediomen** entstanden, sie sind durch den Magnetismus zu Molekülen bindungsfähig.

Hartod (Hartmedioma) wird von Carl Huter als Mutterstoff der chemischen Materie beschrieben.

Charakteristiken des Weichmedioma

- fühlendes Erwägen
- Liebe zum Leben
- weiches, nachgiebiges Verhalten
- verbindliche Freundlichkeit
- fütternd, nährend, gemütlich
- zart
- weicht Härten aus
- Gutmütigkeit
- füllige, weiche Körperformen.

Die odischen Prozesse gehen mit strahlender Wärme einher, die sich kontaktoffen lebt und lassen eine offene Gewebestruktur, kontaktfreudiges Verhalten, Freude am kommunikativen und kooperativen Sozialverhalten, weiches Gutsein entstehen.

---

[15] Die Technik misst sie in Kardiogrammen, Enzephalogrammen etc.

[16] Nach Reichenbach: Od, nach Huter: Weichmedioma.

Charakteristiken des Hartmedioma

- Distanzverhalten
- schwerfällig
- speichern
- hält Härte aus
- Gefühlsarmut
- dumpf
- unklar
- kompakte Organ- und Körpererscheinung
- Auf Angebote aus psychischen Feinimpulsen reagiert der Mediomiker nicht.
- Härte
- Unempfindlichkeit
- Dauerenergie
- machtstrebend
- derbe Geselligkeit
- feste, rundfüllige, robuste Körperformen

Die mediomischen Prozesse gehen mit gebundener Wärme einher. Sie sind erkennbar an der kompakten Gewebestruktur und einem kühlen, sachlichen Kontaktverhalten.

11.2.7 Gebundene und fliehende Wärme

Im Zusammenhang mit physikalischen und chemischen Prozessen im Körper entsteht Wärme unterschiedlicher Qualität, die auch (spürbar für andere Menschen) nach außen strahlt.

Gebundene Wärme entsteht durch Magnetismus. Sie verhindert Verbindung, bleibt in sich gebunden und verhindert damit Kommunikation nach außen, begleitet Egozentrik.
Der feine Hauch, der mit „linder Wärme" benannt ist, entsteht durch die Wirksamkeit der Helioda.

Fliehende Wärme entsteht als Folge von Elektrizität. Sie strahlt nach außen, kommt beim Gegenüber an und bewirkt dort etwas.

Magnetismus, Elektrizität sind physikalische Qualitäten; Konzentrationsenergie ist universeller Ursprung. Attraktionsenergie ist individueller Ursprung mit den Qualitäten der Allgegenwart, Allmächtigkeit, Allwissenheit, die sich ihre Instrumente in unendlich langer Zeit durch Schaffung und Gestaltung der Materie erschuf und sich allem selber mitteilte.

Das Bewusstsein hat es in die Form der Formulierung gebracht, weil nicht nur das Instrument ausgebildet wurde, sondern die Energie „Helioda" sich mehr und mehr konzentrierte, zum Blühen brachte, was im Keim als Information aufgehoben ist.

Mit dem Bewusstsein, dass sich die geistige Lebensenergie durch die Liebe und in der Liebe steigert, sollten wir unser Leben gestalten.

11.3 Vertiefende Informationen zu den Energiequalitäten

11.3.1 Zur Konzentrationsenergie

Konzentrationsenergie ist rein geistig. Sie konzentriert alles Geistige und mit ihm alle Informationen der Materie auf einen Mittelpunkt hin und hält sie dort fest.

Alles Leben auf dieser Erde rundet sich in Kreisen, die sich in der Spirale verbinden. Es ist etwas Rundes, in sich Geschlossenes, Lückenloses, Ausgeglichenes und gleichzeitig unendlich Offenes.
Jede Zelle eines Lebewesens enthält im Embryonalzustand alle Informationen zur Konstruktion eines ganzen Organismus.
Diesen Zellzustand nennt man Totipotenz, er wird von der Konzentrationsenergie geleistet.
Sobald sich aber eine Zelle entwickelt, verliert sie diesen Zustand, aber nicht das Vermögen.

Die Konzentrationsenergie trägt die lange Tradition der Entwicklungsinformation über sämtliche Vorfahren der entstehenden Individualität in sich und in jeder Zelle. Umfassend im Kugelkopf des Spermas, in der

Kugelgestalt des Eis und offenbart das, was ins Leben will durch das Leben selbst mit ihrer gewaltigen Kraft im Feinsten, im Licht[17].

Wenn die Pflanze die feinsten Essenzen des Wachstums, der ihr eigenen Seelenenergie sammelt, bildet sie dazu eine Knospe aus. In ihr vollzieht sich das Wunder der Transformation durch das Licht des Universums, das nicht nur die Sonne unseres Systems meint.

Dabei konzentriert sich nach der Umsetzung des Gestaltungswillens und der Öffnung zur Blüte männliches und weibliches Erbgut mit der Fülle der genetischen Information im Samenkorn. In ihm bewahrt die Pflanze geistig ihre Unsterblichkeit. Wenn sich mit der Kraft der Erde die Kraft des Universums verbindet[18], entfaltet sich das Pflanzenleben, entbindet sich die Information des Samenkorns.

Die Kraft der Konzentrationsenergie ist eine, die alles in sich trägt, bewahrt und schützt. Sie hat die Allmacht, das Allwissen, sie ist der Allträger, der Allbewahrer, der Allschützer und ist ohne Raum und Zeit.

Wenn sie räumlich und zeitlich wird, polarisiert sie sich aus eben diesem geheimnisvollen Urgrund, aus dem sich im griechischen Mythos das Silberne Welten-Ei teilte. Dann entlässt sie aus sich die gewaltige Fülle des Seins ins Dasein.

Konzentrationsschwäche ist ein hervorstechendes Merkmal unserer reizüberfluteten Zeit.

Kinder werden in keiner natürlichen und damit relativ ruhigen Welt aufgezogen. Ihre Entwicklungsphasen werden selten im austauschenden Miteinander von Eltern und Kindern gelebt.

In der frühen Phase ihres empfindlichen Nervensystems bekommen die Kinder so viele Reize zwangsweise „verpasst", dass sie belastet und nervös werden müssen.

Die einfachen Spiele mit Mitteln, wie die Natur sie in Hölzern, Zapfen, Nüssen, Steinen etc. anbietet, werden vergessen. „Perfekte" Spielzeuge verschiedenster, meistens sehr schöner Formen, werden statt dessen im raschen Wechsel angeboten.

Konzentrieren, d.h. Sammlung auf *ein* Ding, ein Spiel, einen Gegenstand der Phantasie findet kaum noch statt.

Was nicht eingeübt wurde, kann nicht genügend vorhanden sein, wenn es gefordert wird, wie es später in der Schule geschieht.

Wenn ein Kind unter Konzentrationsschwäche leidet, kann nur bewusstes Üben helfen.

Erwachsene leiden z.T. auch an Konzentrationsschwäche, können ihr aber begegnen, wenn sie sich bewusst machen, was zur Konzentration führt und welche Kräfte dieselbe bewirken.

Konzentration und Ruhe gehören zusammen. Es braucht nicht die Stille der Außenwelt zu sein, aber es muss innere Ruhe gewonnen werden. Mit ihr beginnt man, Gedanken zu fixieren, z.B. über das Naturell.

Zunächst stellen sich nebulöse, kaum formulierbare Vorstellungen darüber ein. Werden diese fixiert, z.B. aufgeschrieben, so bilden sie ein festeres Vorstellungsgerippe und die flüchtigen Gedanken konzentrieren sich.

Alles, was nicht zur Gedankengruppe gehört, soll und darf fliehen, diese jedoch wird immer wichtiger, engt sich ein, konzentriert sich auf Gehörtes, Geschehenes, verbindet sich mit eigenen Erfahrungen und findet dann im Denkprozess, im Ordnen von Vorstellungsbildern, eine gewisse Eigenständigkeit. Es bildet sich das individuelle Verständnis von etwas, in dem sich Gedankenketten gleicher Art bilden, was in diesem Geschehen der Wirksamkeit der Attraktionsenergie vergleichbar ist.

---

[17] Alles, was die Wissenschaft vom Holismus weiß und beschreibt, kann als charakteristisch für die Konzentrationsenergie benannt werden.
Ken Wilber: Das holographische Weltbild, Scherz-Verlag, München 1986.
[18] Und sich damit die Hierosgamos, die heilige Hochzeit, ereignet.

Zusammenfassend ist zu sagen:

Gedanken, die zur Lösung eines Problems bzw. zur Bewusstseinsbildung mit dem nötigen Willen geklärt werden sollen, bilden in ihrem Charakter selbst schon einen Mittelpunkt gegenwärtigen Interesses.

Dem Mittelpunktgeschehen ordnen sich durch die Konzentrationsenergie andere Gedanken der gleichen Art zu.

Das führt zur Selbstvergessenheit, Umweltabgrenzung und damit zu ungestörter Konzentration.

Die Konzentrationsenergie hat in der Entwicklungsgeschichte des Lebens, der Erscheinungsformen, des Ursprungs eine zentrale Funktion, Gestaltungsfolge und Wirkung.

Sie enthält alle Informationen und entlässt sie aus sich.

Sie charakterisiert sich in der Zentrierung durch Sammelkraft und Bindungsvermögen.

Sie konzentriert alle Anteile energetischer Schwingung im Lebendigen.

Sie ermöglicht den Ablauf des Lebens, weil sie die Informationen trägt. Sie ermöglicht den Denkprozess.

Sie sammelt sich dazu an der Schädelbasis und polarisiert sich an der Oberfläche, ermöglicht die Konzentrationsfähigkeit, die sich besonders an der Übergangszone von Gesicht und Stirn, über der Nasenwurzel ausprägt.

Damit ist die Beobachtungsgabe aktualisiert, die Registratur der Erscheinungswelt und die Ordnung, die sie zeigt.

Die Energie spielt im Wechsel durch alle Denkebenen in unbestimmter Reihenfolge und verknüpft die Vorstellungsbilder miteinander, um sie dem Denkprozess verfügbar zu halten.

Jeder Denkprozess hat seine Wurzeln in der Anschauung.

11.3.2 Zum Magnetismus

Konzentrationsenergie strebt zur Ruhe, Magnetismus strebt zur Festigkeit.

Gleichzeitig liefert der Magnetismus den bewegenden elektrischen Impuls, wenn Konzentrations- und Attraktionsenergie Innendruck erzeugten und Elektrizität sich folgerichtig bildet.

Die Kernspin-Tomographie arbeitet mit Magnetfeldern. Mit Magnetfeldern kann man Strom erzeugen. Mit Strom kann man Magnetfelder erzeugen.

Eine Drahtspule zieht z.B. einen Eisenkern an, wenn man Strom durch sie schickt. Umgekehrt induziert ein magnetisierter Eisenkern in der Spule einen Strom, wenn man ihn hindurch schiebt.

Viele chemische Elemente lassen sich magnetisieren.

Die Atomkerne dieser Elemente richten ihre magnetische Achse, die Dreh- oder Spinachse ihrer Protonen, am Erdmagnetfeld aus.

Das künstlich erzeugte Magnetfeld ist stärker und zwingt die Achsen in seine Richtung. Wird es abgeschaltet, stellt sich mit der Bildung eines eigenen Magnetfeldes im Element die Ausrichtung zum Erdmagnetismus wieder her.

Das Spin-Messverfahren stellt durch Messung die Stärke des eigenerzeugten Kraftfeldes fest.

Aber von den Kohlenstoff-, Sauerstoff- und Wasserstoffelementen im Lebendigen, ist allein Wasserstoff zu magnetisieren. Bei den Messungen ist Wasserstoff das Bezugselement, um die Resonanzen zu beobachten, das Verteilungsmuster zu erkennen und zu interpretieren.

Magnetismus als psychologische Erfahrung bedeutet Distanz, Konsequenz, Sachlichkeit, Abstraktion.

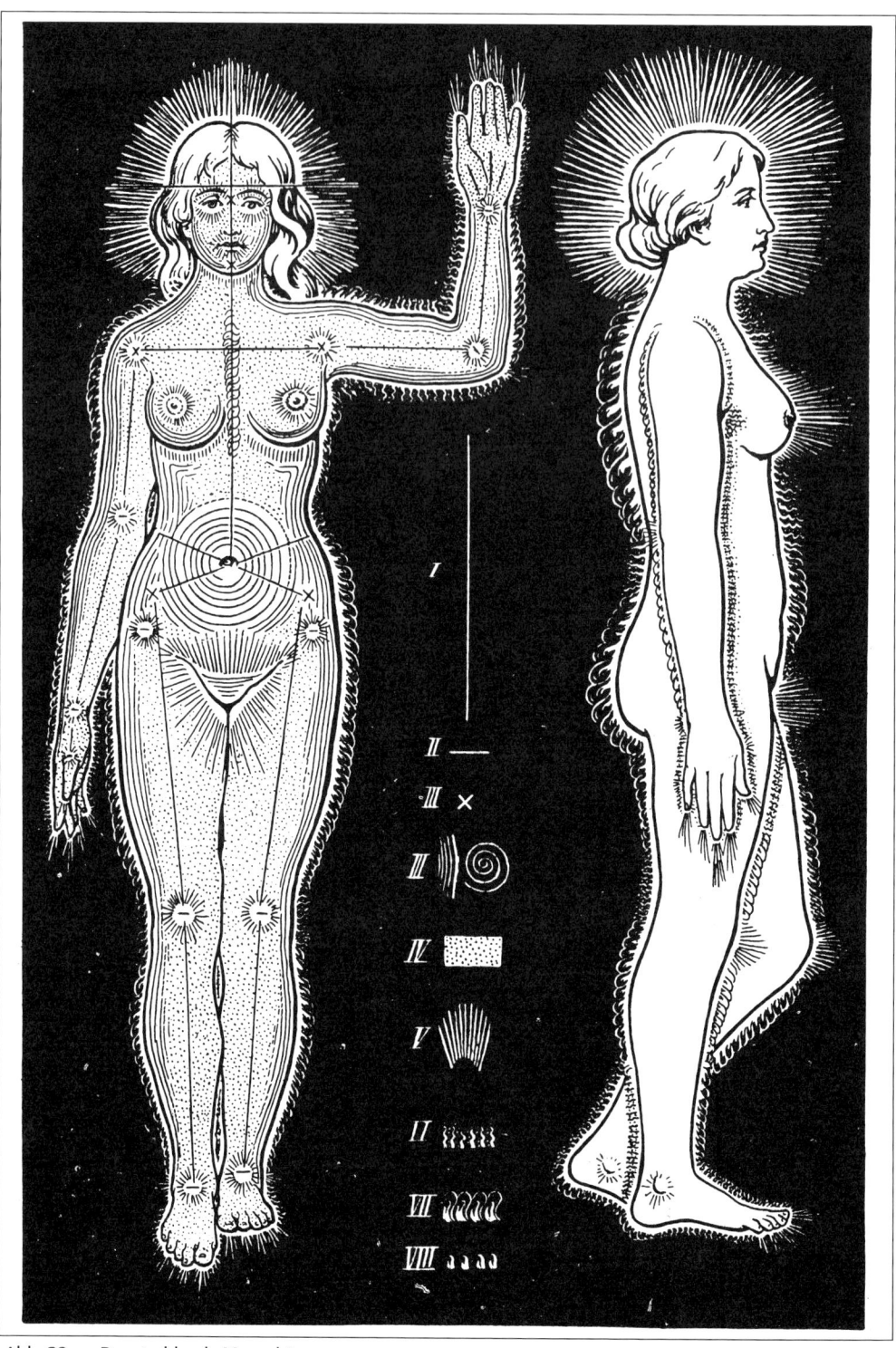

Abb. 23: „Der strahlende Mensch".

Kraft und Willensenergie sind physikalisch und psychologisch gesehen der Ausdruck für den Magnetismus.
- physikalischer anorganischer Magnetismus (im Magneteisen besonders)
- psychischer, besser physiologischer Magnetismus der belebten, organischen Welt. Huter nennt ihn Lebensmagnetismus.

Konzentrationsenergie zentralisiert (universell) – Attraktionsenergie zentralisiert (individuell). Aus den Bestrebungen beider Energien, die sich in ihrer Verknüpfung im Individuum fein unterscheiden im Universal- und Individualverständnis, bildet sich eine dritte, der Magnetismus, aus.

11.3.2.1 Psycho-physiognomischer Ausdruck des Magnetismus

Je nach dem proportionalen Anteil der Konzentrationsenergie bewegt sie Energie zwischen ihren Polen, über die Polarisation der Attraktionsenergie.

Zum Strahlpol tritt die Energie positiv aus und ist bestrebt, ins Universum hinauszustrahlen.

Die konzentrierte Mittelpunktsenergie hält sie jedoch fest, die Strahlen müssen in proportionaler Entfernung um den Mittelpunkt herum bleiben und durch die Attraktionsenergie wieder angezogen zum Konzentrationsenergie-Pol zurück.

Damit erhält sich dieser in seiner Energie und formt sich zur Zentrale aus.

Wirbelsäule

In stetem Fluss der gleichen Energie zwischen den Polen und dem Mittelpunkt ist eine energetische Achse entstanden, die sich mit der Verdichtung zu Materieteilchen zu sichtbaren Längsachsen in der Gestaltbildung beschreiben lässt; beim Menschen z.B. in der Wirbelsäule.

Auswirkungen auf Körperwuchs

Starke Konzentration des Magnetismus lässt sich ausdrucksmäßig beschreiben:

Körperwuchs = groß
Körperform = lang und gespannt, fest

11.3.3 Zu Od

Emanation = Ausströmen, Aushauchen in feinster Stofflichkeit

- Od ist keine aktive Energie, sondern ruht in sich.
- Od ist vorherrschend beim Ernährungs-Naturell.
- Od ist mütterliche Essenz.

Die Essenz des Protoplasmas ist Od. Es ist total ausgleichend, verhalten, nicht aktiv eingreifend. Die Protoplasmamasse wird gestaltet, sie selbst gestaltet nicht.

Feinod ist um einen schlafenden Säugling. Um einen schlafenden Erwachsenen ist gröberes Od. Medioma ist gröber als Od.

11.3.4 Übersichten über die möglichen Auswirkungen, Schwächungen oder Verstärkungen der Energien[19]

Tabelle 14: Energien und ihre Auswirkungen.

	Körper	Gefühl	Denken und Handeln
Helioda	Bildet feine, differenzierte Formen.	Empfindend, fühlend.	Vergeistigend.
Negative Helioda	Bildet feine, differenzierte, weiche Formen.	Intuitiv, mitfühlend.	Verinnerlichend, vergeistigend.
Positive Helioda	Bildet feine, strahlende, ausdrucksstarke Formen.	Öffnend, freudig aktiv.	Kreativ, fein anregend, vertiefend.
Konzentrationsenergie	Verdichtet die Formen.	Zentrierend.	Konzentrierend, straffend, zusammenfassend.
Attraktionsenergie	Bildet gespannte Formen. Intensiver Ausdruck.	Anziehend, sammelnd.	Anziehend, fixierend, zwingend.
Magnetismus	Bildet lange Formen, fördert Höhenwachstum. Gibt Spannkraft.	Dominierend, richtungsweisend. Autoritär.	Organisierend, beeinflussend, richtungsgebend.
Elektrizität	Bildet breite Formen. Bewirkt unruhige Spannung.	Unruhig, drängend, zerstreuend.	Kritisierend, verändernd, zergliedernd.
Od	Bildet rundfüllige, weiche Formen.	Umschließend, weich fühlend, zerfließend.	Unkonzentriert, mildernd, lockernd.
Medioma	Bildet rundfüllige, pralle Formen.	Festigend, hart fühlend.	Machtstrebend, präsentierend, unterdrückend.
Gebundene Wärme	Bildet geschlossene Gewebestrukturen. Verhindert Transpiration.	Verschließend, distanzierend, absondernd.	Vereinfachend, versachlichend.
Fliehende Wärme	Bildet offene Gewebestrukturen. Fördert Transpiration.	Lockernd, öffnend, kontaktierend.	Verbindend, ausgleichend, vermittelnd.

Tabelle 15: Schwächung der Energien.

	Körper	Gefühl	Denken und Handeln
Helioda	Harte Körperarbeit, schwere Nahrung.	Rohheit.	Rohe, dumpfe Arbeit. Monotonie.
Negative Helioda	Leistungssport. Schwere Nahrung, harte Körperarbeit.	Brutalitäten. Äußerlichkeiten.	Gewalt, Härte. Stumpfer Konsum.

---

[19] Mit freundlicher Genehmigung von Prof. Norbert A. Harlander.

Tabelle 15: Fortsetzung

	Körper	Gefühl	Denken und Handeln
Positive Helioda	Harte Körperarbeit, schwere Nahrung.	Tragik. Äußerlichkeit.	Gewalt. Indifferenz.
Konzentrationsenergie	Lockerung, Entspannung, Wasserbehandlung.	Lockere Unterhaltung, sich gehen lassen.	Lockere Diskussionen, Humor.
Attraktionsenergie	Wärmebehandlung, weiche Speisen.	Sich öffnen, sich gehen lassen.	Zuhören, leicht Lektüre.
Magnetismus	Ruhe, Schlaf, gekochte Speisen, lockere Bewegung.	Zerstreuung, leichte Musik, lockere Unterhaltung.	Sich einordnen, nicht werten, sich öffnen.
Elektrizität	Konzentrierte Körperarbeit, vegetarische Nahrung, Yoga.	Gleichmut, Gelassenheit.	Verinnerlichen, Meditation, Planmäßigkeit.
Od	Körperliche Arbeit. Wenig warme bzw. flüssige Nahrung. Sport.	Willensanspannung, Disziplin.	Fakten suchen, sich Termine geben, Ziele setzen.
Medioma	Sonne, Licht, Wasser. Leichte Speisen.	Weiche Gefühle, Anteilnahme. Du-Denken, Beten.	Flexibilität. Locker, sich öffnen.
Gebundene Wärme	Wärme und Kältereize, Sonne, Wasser, Luft.	Gesellschaft, Musik und Tanz. Sport und Musik in Gruppen.	Kinderpflege. Humor. Erzählen. Theater spielen.
Fliehende Wärme	Wasser, Sonne, Licht meiden. Yoga.	Einsamkeit, sich Distanzieren.	Konzentration.

Tabelle 16: Verstärkung der Energien.

	Körper	Gefühl	Denken und Handeln
Helioda	Verfeinern der Sinnesorgane.	Fühlen.	Vernunftdenken.
Negative Helioda	Meditation. Naturbelassene Nahrung, Obst, Beeren. Feine Körpertätigkeit.	Vertiefen des Fühlens. Aufnehmen. Meditation.	Helfen. Anteilnehmen. E-Musik hören.
Positive Helioda	Naturbelassene Nahrung, Obst, Beeren.	E-Musik ausüben. Meditation.	Philosophisches, ethisches, religiöses Denken. Kreativität.
Konzentrationsenergie	Haltungs- und Atmungstechnik. Getreidenahrung.	Konzentrationsübungen, z.B. Yoga, Sport.	Konzentrationsübungen, z.B. Schach.
Attraktionsenergie	Getreidenahrung, Rohkost.	Suggestion.	Zwingen, beherrschen.
Magnetismus	Fußtätigkeit. Abhärten. Reisen. Leistungssport.	Willens- und Disziplinübungen.	Organisieren, planen. Hart und zielbewusst handeln.

Tabelle 16: Fortsetzung

	Körper	Gefühl	Denken und Handeln
Elektrizität	Arm- und Schultertätigkeit. Fleischnahrung, Spirituosen.	Emotionelle, unbeherrschte Reaktionen. Opposition, Negieren.	Widerborstigkeit. Überkritisch, zynisch, sarkastisch.
Od	Ruhe. Gemütliches Essen und Trinken. Schwimmen.	Kinder betreuen. Plaudern. Lachen.	Erzählen. Humor. Schauspielen. Kreativität.
Medioma	Kraftsport. Derbe Nahrung, Alkoholgenuss. Leistungsschwimmen.	Derbe Geselligkeit. Gefühlshärte.	Selbstsucht. Machtwillen. Rücksichtslosigkeit.
Gebundene Wärme	Sonne, Wasser, Licht meiden.	Zurückziehen, abkapseln, verschließen.	Trockene Fachliteratur, Statistiken, Fakten-Denken.
Fliehende Wärme	Sonne, Wasser, Luft anwenden. Stoffwechsel anregen.	Geselligkeit, lockere Unterhaltung.	Humor. Kreativität. Kontakte.

Mütterlichkeit ist die Alchemie der Nähe und Liebe, der Hingabe der tragenden Geduld, der Umhüllung, der Ein-Ordnung des Schmerzes. Die Erscheinung der Mütterlichkeit ist Od.

11.4 Zur Materie

Die Kräfte, die in der Materie herrschen, wirken natürlich auch auf die menschliche Gestalt ein. Gestaltbildende Kräfte sind äußerlich „abzulesen". Ansonsten sind sie unsichtbar, also unseren Sinnesorganen nicht direkt zugänglich und nur an ihrer Wirkung erkennbar.

Zu keiner Zeit ist das plausibler gewesen, als in unserer, wo die Atomphysik mit kleinsten Teilen arbeitet und aus der Ordnung gebrachte Strahlungsvorgänge unser Leben und das künftiger Generationen bedrohen.

11.5 Die idealtypischen Energien der Naturelle

- Ernährungs-Naturell = Konzentrationsenergie, Medioma, Od
- Bewegungs-Naturell = Magnetismus, Elektrizität
- Empfindungs-Naturell = Helioda, positive und negative

11.5.1 Altersveränderungen

Natürlich gibt es Lebensrhythmen, die individuell, aber auch phylogenetisch erkennbar sind:

Ein Kind wird zahnen, mit 7 Jahren das Milchgebiss verlieren und das Dauergebiss wird wachsen. Geschlechtsreife tritt ein etc. etc.

Damit einher gehen deutliche Veränderungen im Verhalten und in der Erscheinung.

Die gesamte physiognomische Veränderung, die sich vom Säuglings- bis zum Greisenalter dokumentieren lässt, wird trotz ihrer Vielfalt von einem angeborenen Trieb zur Entwicklung gesteuert, der uns intellektuell meistens verborgen bleibt.

Wenn die Veränderungen, die das Menschengesicht im Laufe des Lebens erfährt, Charakter-Veränderung wäre, würde sich diese von Anfang an vollziehen.

Gehen wir aber davon aus, dass sich schon beim Embryonalwesen die innere Information zum Werden entfaltet und dieses Geschehen sich im gewaltigen Kontinuum von Zeit und Raum mit allen Einflüssen aus ihm fort-

11.5 Die idealtypischen Energien der Naturelle

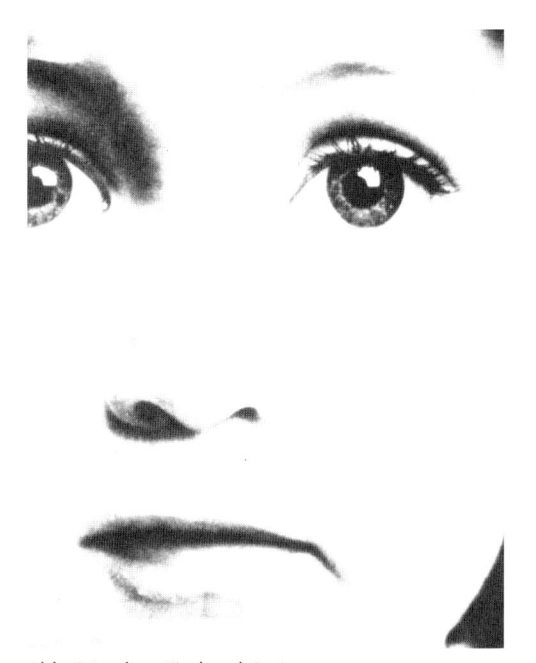

Abb. 24 a+b: Kind und Greis.
Im Haut- und Augenvergleich besonders, aber auch sonst wird deutlich, wie sich der Mensch in selbständiger Reizverarbeitung verändert.

setzt, so ist Entwicklung in allen Lebensabschnitten das Hauptthema.

Entwicklungsschwerpunkte sind an die Lebensrhythmen gebunden, die wir beschreiben können, aber auch an individuelle Grundthemen, die immer wieder durchschimmern.

Ist z.B. die Freude und Liebe zu Kindern schon im Puppenspielalter zu erfahren, ist wahrscheinlich, dass das zum Lebensthema wird. Merkmale sind mit feinem Kinn und feinem Nacken beschrieben und deuten auf Fürsorglichkeitsbestrebungen hin.

Auch wenn das Schicksal eigene Kinder versagt, werden Wege gesucht und gefunden, um dieser Neigung zu entsprechen. Ein Greisinnengesicht trägt in seinen Zügen noch die Information der Kindesliebe, sorgt sich um Schutzbefohlene etc.

Muss aber ein Mensch eine Grundneigung aus Pflicht- oder Schicksalsgründen ruhen lassen, wird ein unterschwelliges Sehnsuchtsgefühl, auch die Meinung, etwas Wichtiges versäumt zu haben, psychologisch aktiv.

Veränderungen sind also Entwicklungen, die sich mit dem biologischen Ablauf verbunden zeigen.

Alle Energien, die gelebt werden, verändern sich – auch sichtbar – ständig, über die verschiedenen Entwicklungsabschnitte des Lebens hinweg.

Durch Bewusstsein lässt sich zwar die Grundenergie abändern, letztlich muss die idealtypische Anlage, die sich auch in der Art der vorherrschenden Gesichtsformen widerspiegelt, jedoch bejaht werden.

Die Aussage: „Das Leben gleicht einer Stickdecke von unten, lauter hängende Fäden und

Knoten. Aber wenn man sie von oben sieht, so hat sich aus vielen Farben ein erkennbares Muster gebildet." mag dies veranschaulichen.

Im Gesicht zeigt sich jedoch sowohl, was gelebt wurde, als auch der momentane Entwicklungsstand.

GESICHTER

Ich sehe mir oft Gesichter an
und wundere mich über sie.
Ich sehe sie an und denke dann:
„Brich nie ein Gesicht über's Knie!"

Gesichter sind wie Wellen im Meer
wie Sand am Strand, wie Blasen auf Teer.
Gesichter sind zerfurcht wie Stein,
sind glatt wie Äpfel und rein wie Wein.

Gesichter sind vom Leben markiert.
Kindheit und Jugend sind eingraviert.
Enttäuschung und Freude sind scharf
                                        geschnitzt.
Gleichmut und Leichtsinn sind eingeritzt.

Gesichter sind Spiegel, oft hoch poliert,
sie spiegeln das Leben ganz ungeniert.
Sie zeigen dem ander'n: „Schau, so bin ich."
„Du staunst, aber denke, ich sehe auch dich!"

Thomas Knodel

11.6 Welche Energie macht welche Form?

Wann ein Mensch in die Blockade geht, ist energetisch zu spüren – und physiognomisch zu sehen.

Die formgebenden Energien wirken während des gesamten Lebens. Die magnetische Energie z.B. baut die Knochen auf. Sie ist die lebenserhaltende, persönlichkeits- und individualschützende Energie.

Je älter ein Mensch wird, umso starrer werden seine Knochen. Die geistige Energie kann jung erhalten.

Sichtbare Veränderungen in den Knochen lassen evtl. auf psychisches „Geknicktsein" schließen oder auf Überlastung, z.B. bei einem krummen Rücken.

Wir haben herauszufinden, welche Kraft welche Formen schafft.

Fangen wir wieder mit dem ersten Baustein unseres irdischen Daseins an, mit der Eizelle, aus der nach wunderbarem Bauplan alle übrigen Zellen erwachsen werden. Zellen, die alle im Körperverband eine lebenswichtige Funktion haben, lebendig sind, weil psychische Kräfte sie bewegen und erhalten. Wir haben bereits die den Typen zugeordneten Formen gesehen (⇨ Abb. 3, S. 13).

Die chemischen Stoffe sind überall auf unserer Erde vorhanden. Sie ordnen sich nach Gesetzen der Anziehung, d.h. Verbindungsbereitschaft oder Sympathie, und der Abstoßung, d.h. Trennungsbereitschaft oder Antipathie, an. Die Kraft, die die Stoffe sammelt, ist die Konzentrationsenergie. Überall dort, wo Körper sichtbar oder Molekularstrukturen unsichtbar entstehen, ist die **Konzentrationsenergie** wirksam. Sie ist es, die runde Formen schafft.

Das heißt, überall dort, wo die sog. Tiefenachse im Vergleich zur Längs- und Äquatorialachse eines Körpers zu bemerken ist, schafft die Konzentrationsenergie die Stoffe herbei. Dabei sind auch feinste Materieteilchen, die durch Licht und Geist geordnet werden, zu beachten.

Haben sich die Stoffe konzentriert und einen gewissen Abschluss nach einem der Natur eigenen Maß geschaffen, so wissen wir vom lebendigen Zellverband, dass unter der peripheren Hülle, der Haut, mit der Konzentrationsenergie die **Attraktionsenergie** wirksam wird. Jene Kraft also, die von einem Kern aus, den sie bildet, im Innenverband alle Stoffe im Spannungsverhältnis zueinander erhält.

Ihr entgegen wirken die **magnetischen** und **elektrischen** Energien. Aus dem Überdruck nach innen, der durch die Anstrengung der Konzentrations- und Attraktionsenergie entsteht, will sich die psychische Energie befreien. Warum? Um Höherentwicklung zu schaffen.

Die psychische Energie will nicht eingeengt werden. Sie will Freiheit, sie will leben, sich entfalten und differenzieren. Der **Stoffwechsel**, dieses wichtige Merkmal des Lebendigen, ermöglicht ihr dies.

Die Energien suchen einen Weg, über die Peripherie hinaus zu strahlen, und finden ihn dort, wo die Konzentrations- und Attraktionsenergie am schwächsten ist: an der Oberfläche der Zelle, des Körpers jeweils die Haut. Es ist die magnetische Energie, die sich in einem Strahl- und Saugpol polarisiert.

Die magnetischen Energien gehen von dem Kern, in dem Konzentrations- und Attraktionsenergien festigend wirken geradlinig aus und verstärken sich in der magnetischen Längsachse, die über die Peripherie hinausstrahlt und sie mit einem magnetischen Kraftfeld umgibt, mit einem Schutzfeld umhüllt.

Wir kennen alle das Muster, das Eisenfeilspäne auf einem Magneten halten. Entsprechend dieser Strahlungswahrnehmung, für die wir kein Organ haben, verlaufen die Richtlinien dieser Kraft. Sie strahlt nach oben hin aus und ihr deutlichstes, physiognomisches Merkmal ist der Haarwirbel auf dem hinteren Oberkopf, genau an der Stelle, an der sich der obere Hinterkopf mit dem hinteren Oberkopf abgrenzt. Phrenologisch sind hier die Bewusstseinsorgane für Selbstbewusstsein, Stolz, Unternehmungslust und Wille veranlagt.

Die Strahlen, die individualerhaltenden Charakter haben, umgeben gegen alle möglichen Einflüsse schirmend den Körper und werden an der Fußsohle wieder eingesogen.

Deutlich ist das bei den Pflanzen, bei den Bäumen, die anders als wir, standortgebunden sind. Wir sind es auch, d.h. unser Standort ist die ganze Erde und wenn wir sie in die Höhe verlassen, werden wir krankheitsanfälliger, wie Statistiken ergeben haben (Hochhäuser).

Welche feinstoffliche Nahrung wir der Erde und der uns umgebenden Materie entnehmen, ist noch nicht genügend erforscht, aber die Wissenschaft arbeitet daran. Pflanzen jedenfalls entnehmen der Erde direkt die mineralische Nahrung, die sie brauchen mit Hilfe der Konzentrationsenergie und den Saugkräften des Magnetismus.

Wäre nur Konzentration und Magnetismus vorhanden, gäbe es nur sehr feste, in sich fast runde Körper, denn diese Kräfte tauschen nicht aus, suchen keine Kontakte als nur die, die der Individualerhaltung dienen. Zum Leben aber gehört mehr. Es will nicht immer nur fester werden, eingeengt und unfrei in sich – es will locker sein, offen und frei für neue Erfahrungen aus dem Umfeld seiner Existenz. Und dieser unbezähmbare Freiheitswille treibt an. Wo kann er das? Dort, wo Konzentrations- und Attraktionsenergie am schwächsten sind und die magnetische Längsachsenspannung ihre geringste Festigkeit hat, an der Breitform in der Mitte.

Wenn Konzentrations-, Attraktions-, Magnetismuskraft einen festigenden, ansammelnden Druck auf die Materieteilchen ausüben, so entlädt sich die aufgestaute Innenspannung in elektrische Energien. Das ist das, was wir unter Veränderung verstehen, wenn es sich zu aktiv äußert oder als nach außen bewegende Kraft, wenn Ideen in die Tat umgesetzt werden. Stets hängen sie mit Innen- und Oberflächenspannungen zusammen, die sich ständig irgendwie entladen.

Runde oder **volle** Formen werden durch Konzentrationsenergien gebildet.
- In Kopf, Leib, Rumpf, Fleisch; Gelenkkapseln etc.

Je nach Naturell verschieden; am meisten beim Ernährungs-, Ernährungs-Bewegungs- oder Ernährungs-Empfindungs-Naturell für die Leibesansammlung.

Die Konzentrationsenergie hat Grundlagencharakter in Ökonomie, in Ansammlung, aber auch in geistig-konzentrierten Prozessen.

Lange Formen werden durch Magnetismus gebildet.
• In Extremitäten, Wirbelsäule, Muskeln, Sehnen, Bändern.

Je nach Naturell verschieden, am meisten beim Bewegungs-Naturell.
Magnetismus hat Grundlagencharakter, Festigkeit des Individuums.

Nun ist festgestellt, welche Kräfte es sind, die die materiellen Grundlagen der Zelle bilden und ihr physikalische Möglichkeiten zur Aktion in sich selbst schaffen. Über die Intelligenzzentrale in ihr bleibt noch zu sprechen.

Was ist **Intelligenz**?
Wir können sie als Instrument der Selbstbehauptung und Lebensbewältigung definieren und ahnen die Fülle aller Variationen, die damit gemeint ist.

Zu den chemischen Stoffen und physikalischen Energien des Lebens, die wir ohne psychische Verwebung mit unserem Dasein nicht begreifen können, tritt die Kraft hinzu, die es uns überhaupt erst möglich macht, uns selbst zu empfinden und Empfindungskontakte zu knüpfen und bewusst zu machen. Es ist die von Carl Huter entdeckte und als Lebens-Licht-Liebeskraft definierte Empfindungsenergie, der er den Namen **Helioda** gab. Diese Intelligenzkraft ist im Zentrosoma jeder lebendigen Eiweißzelle zu beobachten als leichte Aufhellung um das Zentrosoma oder Zentralkörperchen der Zelle herum. Von dieser Zentrale aus gehen die Impuls- und Richtkräfte zur Zellteilung. Jeder Außen- und Innenwelteinfluss ist durch die Reizleitungen und komplizierten Strahlungsvorgänge im Inneren unseres Körpers an jede Zelle vermittelt.

Differenzierte Formen werden durch die Vielfalt der energetischen Potentiale induziert, durch die Empfindungskraft gebildet.
• Überall, vorwiegend in Sinnesorganen, Nerven, Haaren, Haut

Je nach Naturell verschieden, am meisten beim Empfindungs-Naturell. Die Helioda hat Grundlagencharakter. Sie bewirkt Fühlen und Bewusstsein des Individuums.

Die Physiognomen gliedern die Vitalität in ihren verschiedenen Qualitäten auf.

„Eine Kraft kann nur da verstärkt wirksam werden, wo eine andere schwach ist."
(Carl Huter)

So, wie in der Materie Kräfte sind, die sich dem Forscher mehr und mehr erschließen, sind sie im und mit dem Menschen auch. Schon deswegen, weil er sich aus der Materie ernährt, ist Materie als Kraft in ihm tätig im dynamischen Prozess der Umwandlung von Nahrungsenergie in Lebensenergie.

Welche Grundkraft schafft welche Form?
• **Rund** ist Ausdruck der Konzentrationsenergie
• **Langform** ist Hinweis auf egoistische Energie.
Magnetismus verstärkt sich selbst, ist körper- und wesenserhaltend.
• **Breitform** ist Hinweis auf verändernde Kraft.
Elektrizität löst sich selbst in der Explosion, bewegt und dynamisiert den Magnetismus aus der Verharrung. Ein Spannungsfeld der Veränderung ergibt sich.
• Verfeinerung und **Differenzierung** der Form wird durch die Helioda bewirkt. Sie leistet die Reizverarbeitung und Integration.

12 Achsen und Pole

Carl Huter hat weitere Proportionshilfen zur sichtbaren Erfassung der energetischen Ausrichtung und der Denkschwerpunkte eines Menschen gezeichnet: die Achsen.

12.1 Einheitsachse

Sie verläuft über den ganzen Körper und ist als Konzentration zur Mitte definiert. Polarisiert ist sie zwischen dem unbewussten Trieb (Wurzel-Pol) der Geschlechtsorgane und dem Oberkopf als höchstem Kultur- und Bewusstseinszentrum (Blüh-Pol).

Im Verlauf dieser Achse finden wir alle dort lokalisierten Organe und Ausdruckszonen, wie:
- Geschlechtsorgane
- Nabel
- Thymus
- sensibler Pol
- Mund
- Philtrum
- Nase
- Sonnengeflechtszone
- Konzentrations-Pol
- Gedächtnis (in der Mitte der Stirn)
- Intuition (Haaransatz)
- Inspiration und Gottesliebe
- usw.

Die aufgeführten Zentren können beliebig weitergeführt werden, zeigen aber an, dass die „Ausstattung" des Menschen für sich selbst alle Stufen zur Einheit, zum Ego, aufgebaut hat, vernetzt und transformiert.

Ausgehend aus der unbewussten Impulskraft zum Leben und seiner Differenzierung, streben die unbewussten, vorbewussten Verwirklichungsneigungen zur Bewusstwerdung.

12.2 Elektrische Achse

Auch die sog. elektrische Achse bezieht sich auf den gesamten Körper und entspricht seinen Breitformen. Alle über das Gesicht quergezeichneten Achsen werden von ihr geprägt. Die breiteste menschliche elektrische Achse läuft über den Schultergürtel und die seitlich ausgebreiteten Arme bis in die Fingerspitzen.

12.3 Hauptachsen am Kopf

Die Achsenanlagen durch den menschlichen Kopf, helfen uns, besondere Ausprägungen des Schädelaufbaus im Verhältnis zu anderen Formen und zum Ganzen zu beurteilen.

Huter begründet die Achsenfindung mit der Kraft-Richtungs-Ordnung (⇨ S. 53ff.), und wir dürfen uns die Achsen als gedachte Ebenen mit einem Pol am Hinterkopf und einem Korrespondenz-Pol im Gesicht vorstellen.

Gleichzeitig wird deutlich, dass die Vielzahl der Achsen – jeder Gesichtspunkt ist mit jedem weiteren axial verbunden – die absolute Vernetzung anzeigt. In ihrem Verlauf kreuzen fast alle Achsen den Hypothalamus.

> Wenn jeder Punkt des Hinterhauptes mit dem Gesichtspunkt polarisiert ist und die einzelnen Punkte untereinander auch, so ergibt sich damit ein absolut vernetztes Bild und ermöglicht uns die optische Einsicht in die Steuerungszusammenhänge aller unserer Lebens-Liebes-Lichtstrahlkräfte, die uns tragen und zur Transformation ermöglichen und auffordern.

Die längsten Achsen am Kopf wurden von Huter besonders hervorgehoben und einzeln benannt (⇨ S. 74/75). Er unterschied folgende (Haupt-)Achsen:
- Liebesachse
- Konzentrationsachse

74 Achsen und Pole 12

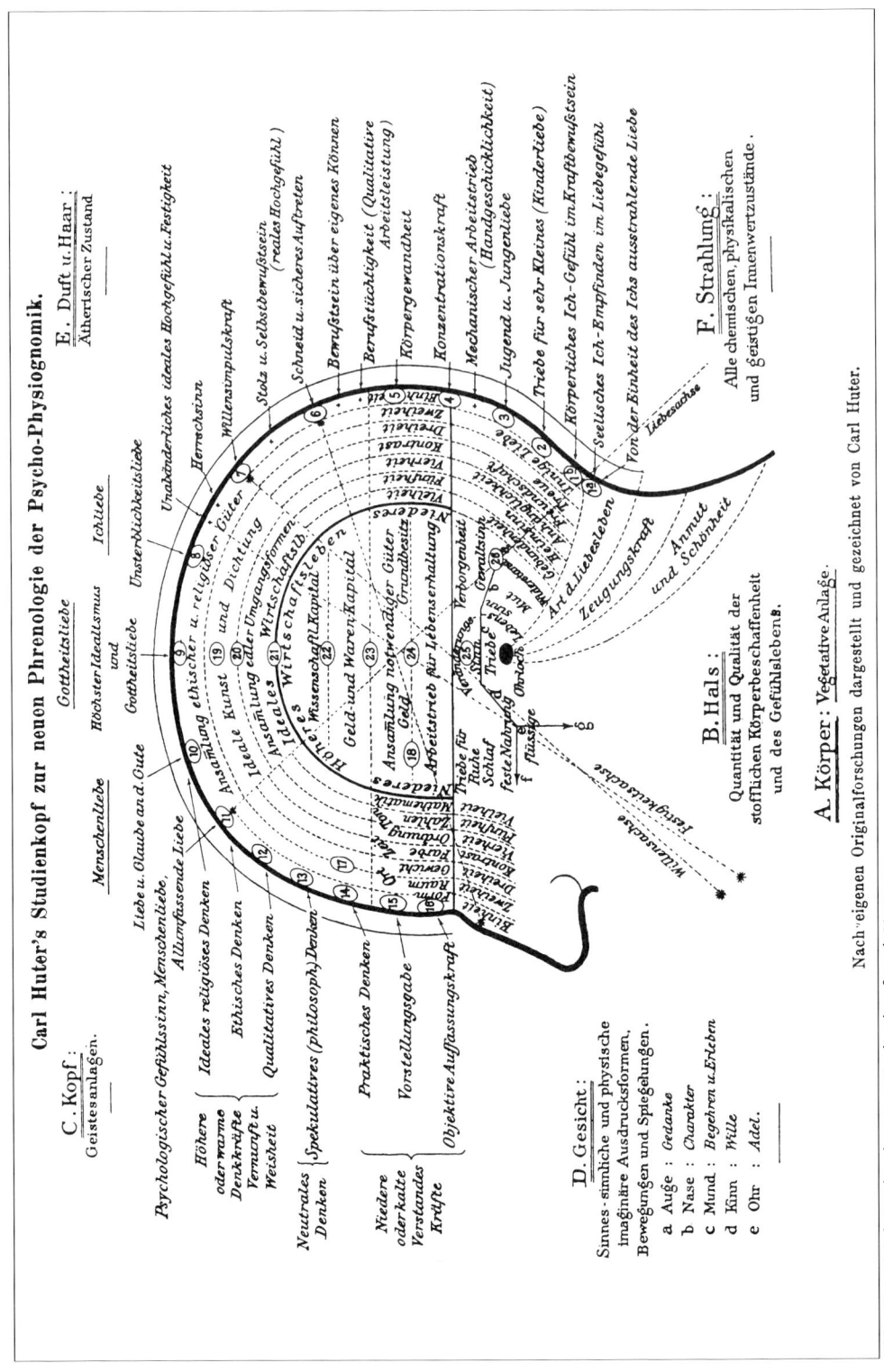

Abb. 25: Axiale Verbindungen. Studienkopf nach Huter.

12.3 Hauptachsen am Kopf 75

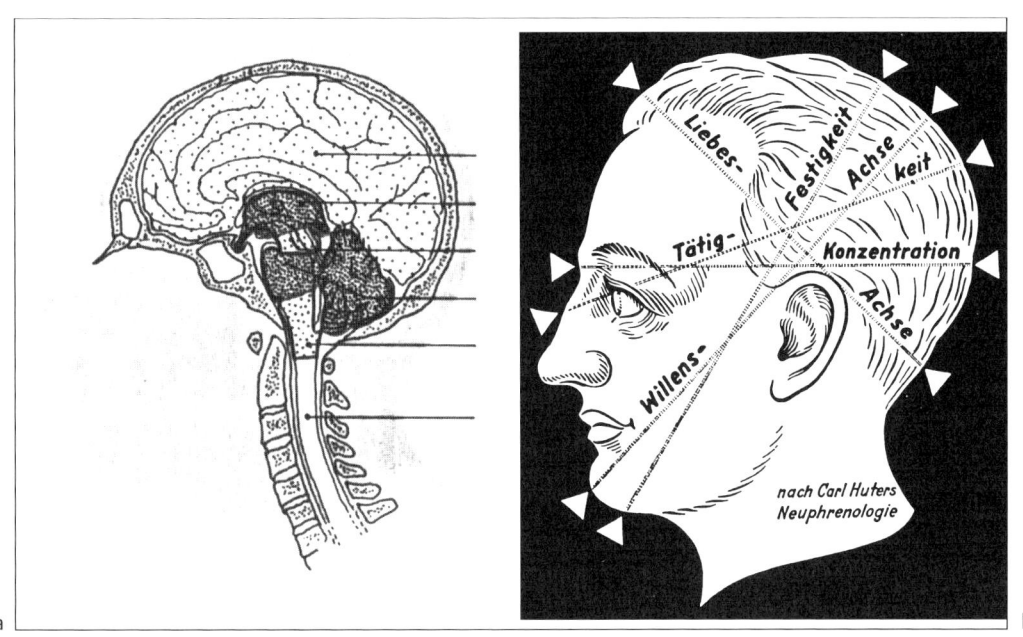

Abb. 26 a+b: Hirnabschnitte und Hauptachsen nach Huter.
a   Lage der verschiedenen Hirnabschnitte im Schädel.   b   Hauptachsen.

Tabelle 17:   Übersicht über die Achsen nach Huter.

	Beginnt am	Dieser Pol steht für	Endet am	Dieser Pol steht für
Festigkeitsachse	hinteren Oberhaupt	ideales Hochgefühl, Festigkeit der Grundsätze, direkt darunter: Herrschsinn	unteren Kinn	Festigkeit, direkt darüber: Würde, direkt darunter: sensibler Pol
Tätigkeitsachse	oberen Teil des Hinterhauptes	ideales Persönlichkeitsstreben, sicheres Auftreten, Unternehmenslust, direkt darunter: Bewusstsein für eigenes Können	mittleren knöchernen Teil der Nase	Punkt des „körperlichen Fleißes", Stärke des Knochensystems, motorisches Wollen
Liebesachse	unteren Hinterhaupt	unbewusste Familientriebe; Geschlechtstrieb, Kinderliebe, Geselligkeitstrieb	vorderen Oberhaupt	soziales Denken, Wohlwollen, Menschenliebe
Konzentrationsachse	Mittelpunkt des Hinterhauptes	Punkt der „körperlichen Konzentration", Körpergeschicklichkeit	Mittelpunkt des Stirn-Nasenübergangs unmittelbar über der Nasenwurzel	objektive Auffassungskraft
Willensachse	oberen Hinterhaupt	reales Persönlichkeitsstreben, Selbstbewusstsein, Willensimpulskraft	vorderen Kinn	körperlicher Impuls, Wille, Stolz

- Tätigkeitsachse
- Willensachse
- Festigkeitsachse

Generell lässt sich sagen, dass die Punkte am Hinterkopf den Anteilen des Unbewussten entsprechen, die dann durch die Energie der Kraft-Richtungs-Ordnung auf der jeweiligen Achse über den Knotenpunkt des Thalamus zum Vorderkopf – und damit zum Bewusstsein – streben, somit die Erfahrung bewirken und das Bewusstsein.

Nur wenn Energien sich polarisieren, bilden sie ein Kraftfeld zwischen sich, in dem die Gestaltwerdung geschieht. Darum leben wir in der Polarität.

Von den Endpolen der einzelnen Achsen sind zwei besonders hervorzuheben:
- Der „sensible" Pol befindet sich unter dem Kinn und ist der vordere Endpunkt der Festigkeitsachse (⇨ S. 160)
- Die Haarwirbelzone am hinteren Oberkopf (⇨ S. 204)

12.3.1 Festigkeitsachse

Die Informationsinterpretation sieht in den Hinterkopfausdrucksarealen die unbewussten Antriebe.

Der unbewusste Antriebspol im Sinne der Festigkeitsachse, ist über der **Haarwirbelzone** zum Oberkopf lokalisiert, der Gesichtspol ist unter dem Kinn, wo sich der „**sensible Pol**" befindet. Die hinteren Oberkopfzonen können mit dem Begriff „Selbstwertgefühl" zusammengefasst werden. Aus dem Wertgefühl der eigenen Person wird mit Festigkeit ein- und durchgesetzt, was diese zur Entwicklung für sich selbst entschieden hat. Welcher Art die Ideen und Ideale sind, ergibt sich aus der Individualität.

Die Lebensphilosophie findet immer wieder als Sinnerfüllung des Seins im Dasein die Entfaltung bestätigt.

Zu keiner Zeit bleibt ein Individuum im gleichen Status und feine Ausdrucksveränderungen begleiten diesen Prozess.

Im Laufe der Menschheitsgeschichte sind jeweils Entfaltungsaspekte mit unterschiedlichen Schwerpunkten in den Epochen zu erkennen. Die Physiognomen suchen nach dem Ausdrucksbereich, der psychologisch erfahren wird und mit Selbstwertgefühl beschrieben ist.

Zum Selbstwertgefühl können wir auch Eitelkeit rechnen, aber im wesentlichen den ernsthaften Willen, den eigenen Wert zu erkennen, zu bestätigen und ihm entsprechend zu leisten, ihn zu setzen und in Würde zu erfahren, sogar Ruhm zu erreichen.

Unbewusst ist zunächst ein Antrieb tätig: Qualifizierung, Erhöhung eigener Fähigkeiten zu erreichen. Dieses auf allen Ebenen menschlicher Wertsetzung und immer wieder verbunden mit dem Impuls der Tatdurchführung.

Da in diesem Prozess viel Gefühl – vor aller Erfahrung – zugestanden ist, prüft dieses ständig über die Instanz des Gewissens, ob das, was die Individualität mit der ganzen Festigkeit eines inneren Auftrags durchführen will, Stimmigkeit hat.

Darauf konzentriert sich die Sensibilität des Menschen.

12.3.2 Tätigkeitsachse

Aus dem motorischen Körperantrieb kommt der Mensch zu seinen Erfahrungen. Körpereinsatz führt zur Erfahrung der eigenen Kraft und Leistungstüchtigkeit. Das Bewusstsein eigenen Könnens führt zu Sicherheitsgefühlen, die sich auch im Auftreten zeigen.

Die Nase wiederum zeigt den Selbstverwirklichungswillen und die Planmäßigkeit.

Bei der Beurteilung der Schädelform ist vor allem die **Länge** der Achsen zu messen. Ist eine der Achsen so lang, dass sie gegenüber den anderen auffällt, so dominiert diese Achse die Wesensart des zu Betrachtenden, denn sie ist ein Hinweis auf die Verwirklichungsenergie.

12.3.3 Liebesachse

Carl Huter nennt den unbewussten Pol der Liebesverwirklichung (⇨ Abb. 25, S. 74):
- in 1   von der Einheit des Ichs ausstrahlende Liebe
- in 1a Seelisches Ich-Empfinden im Liebesgefühl
- in 1b Körperliches Ich-Gefühl im Kraftbewusstsein

Diese Lokalisationsdaten sind entwicklungsgeschichtlich denkbar, nämlich, dass sich das Gespür für Sympathie und Antipathie, die Anziehung zur Gemeinschaft bei allen geschlechtlichen Fortpflanzungsformen ein Organ, ein Werkzeug bilden wollte.

Von der Einheit des Ichs ausstrahlende Liebe (1)

Aus der Konzentration des Liebesgefühls des Ichs ergibt sich die Liebe zum Leben, zum Dasein, zum Sein-Wollen.

Seelisches Ich-Empfinden im Liebesgefühl (1a)

Wenn das seelische Ich-Empfinden im Liebesgefühl, das Kinder so offen und vorbehaltlos alles erfahren lassen will, durch die Pubertät gereift ist, verbindet sich mit der wachsenden Kraft zur Lebensgestaltung der Trieb, sich an einen Menschen zu verschenken.

Ist dieser gegengeschlechtlich führt das über den Sexualtrieb, der mit Zeugungskraft (Nacken) gekoppelt ist, zur Ermöglichung neuen Lebens.

Die Natur fordert mit starkem Triebverlangen[20] ein, das Leben auf der Erde zu erhalten.

Als Proportionshilfe, um Hinterkopf- und Vorderkopflänge zu unterscheiden, dient uns das Ohrloch.

Konzentriert auf Kindes- und Jugendliebe, Fürsorglichkeitssinn und Pflegeinstinkt, können die sich aufbauenden Antriebe zu den Achsen geordnet werden[21].

Bei einer langen Liebesachse halten sich triebhaftes Liebesleben und bewusstes Liebesleben die Waage. Die Ausprägung von Kinderliebe und Sinn für das Kleine verbindet sich mit Hilfsbereitschaft und Wohlwollen sowie Verständnis für Schutzbedürftige.

Ist die Liebesachse nur im vorderen Teil betont, zum Hinterhaupt aber kurz, überwiegt das soziale Denken. Die unbewussten familiären Triebe, der seelische Liebestrieb mit dem unbewussten Liebestrieb der Fortpflanzung, körperlich überwiegt bei betonter Achsenlänge im unteren Teil.

Mit dem ersten Pol des unteren Hinterhauptes erhalten wir die Information über den Grad der unbewussten Liebesantriebe zur Fortpflanzung. Naturgemäß erwachen diese Antriebe zur Betätigung im hormonellen Ablauf der Pubertät, wenn sich in den Gefühls- und Verwirklichungsturbulenzen des jungen Menschen das Liebesgefühl aus dem Unbewussten klärt und einen Gefährten sucht.

Jedes Geschöpf auf unserer Erde ist vom Liebesgefühl beseelt, und die Natur nutzt es für ihren Hauptwillen, die Fortpflanzung zu inszenieren, das Leben auf unserer Erde zu sichern.

---

[20] Zu den unbewussten Trieben gehören:
- Anhänglichkeit oder Gebundenheit
- Lebenssinn und Lebensmut
- Nestbautrieb und Heimsinn
- Freundschaft und Treue
  und mit den feinen Antrieben zärtlicher Liebe (Fingerspitzengefühl).

[21] Aus den Entwicklungskräften, die unablässig erweitern und differenzieren, eröffnete sich das Sozialbewusstsein. Der Frühmensch wird dieses enger an seinen nahen Verwandten orientiert haben, der Zukunftsmensch wird es zum Weltbürgertum erweitert und Menschenliebe mit dem psychologischen Gefühlssinn, der Intuition verbinden (in der Einheitsachse), so dass aus dem Liebestrieb der unbewussten Natur die allumfassende Liebe wachsen kann (Transformation).

Körperliches Ich-Gefühl im Kraftbewusstsein

Körperliches Ich-Gefühl im Kraftbewusstsein verbindet sich mit den motorischen Impulsen zum Tun.

Der Hinterhauptantrieb strebt aus dem Unbewussten ins Bewusstsein und leistet in diesem Streben die Transformation zur Menschenliebe, allumfassenden Liebe, mit dem psychologischen Tiefensinn zur Intuition.

12.3.4 Konzentrationsachse

Entwicklungsgeschichtlich hat sich nur durch die Konzentrationsenergie und ihrer Information das Großhirn entwickeln können. Nach der Kraft-Richtungs-Ordnung (⇨ S. 53ff.) sammelt sie diese Energie an der Schädelbasis, deren beiden Pole die 2. Stirn und der 1. Hinterkopf sind. Axial verbunden, organisiert sich diese Energie als „Mittelpunkts- oder Konzentrationsenergie" in der Mitte zwischen ihnen. Hier liegt das Mittelhirn mit seinen Anteilen des Limbischen Systems.

So wie das Limbische System alle Hirnanteile miteinander verbindet, so lassen sich vom hinteren wie auch vom vorderen Pol *alle* Pole der Schädelkapsel verbinden.

Nun zu den beiden Polen der Konzentrationsachse: Der unbewusste Pol, mit der mittleren Hinterhauptszone bezeichnet, gibt physiognomisch Auskunft über die Konzentrationsfähigkeit des Körpers. Die Bewegungsabläufe sind auf allen Ebenen außerordentlich komplex und werden von der Intelligenz des Lebens, die uns unbewusst ist, gesteuert.

Was mit dem Gegenpol im Gesicht die Ausdruckszone für die geistige Konzentration zeigt, eröffnet unsere geistigen Prozesse des Denkens.

Diese Achse verbindet die plastische Auswölbung des mittleren Hinterhauptes, gegenüberliegend, an der ersten Stirnzone über der Nasenwurzel, und bedeutet in Verbindung mit dem Gleichgewichtssinn Körperbeherrschung, Gewandtheit und geistige Konzentrationsfähigkeit.

Um die Proportionen der Konzentrationsachse gut ermessen zu können, denken wir uns eine senkrechte Linie, welche die Achse in einen vorderen und einen hinteren Teil teilt: vom Ohrloch zum Oberhaupt.

Ist die Konzentrationsachse vom Ohrloch nach vorne lang und nach hinten kurz, so ist die geistige Konzentrationsfähigkeit gegenüber den unbewussten motorischen Antrieben dominant. Auch das Interesse des Menschen geht mehr in die geistige Tätigkeit. Der Spaß an körperlicher Arbeit tritt zurück (wir betrachten hierzu natürlich auch das Naturell, die Hände und all die anderen Areale).

Ist die Konzentrationsachse nach hinten dominant und dagegen nach vorn kurz, so besteht das umgekehrte Verhältnis: Der Mensch bringt weniger Kraft, Ausdauer, Geduld und Lust für geistige Tätigkeiten auf. Die unbewussten Antriebe, sich körperlich zu betätigen, lassen ihn nicht zur Ruhe kommen (auch hier schauen wir alle anderen Ausdrucksareale an).

12.3.5 Willensachse

Diese Achse steht für Wille und Ehrgeiz. Die Durchsetzung des Willens mit entsprechender Impulsivität ist zu erwarten.

Die Länge dieser Achse ist zu ermitteln zwischen den beiden Polen Kinnspitze und dem Punkt unterhalb der Haarwirbelzone.

Huter kombinierte z. B. den Antrieb des Hinterkopfes, der zur Berufstüchtigkeit kultiviert (⇨ Abb. 25, S. 74) mit der Stirnregion, die vorrangig das praktische Denken anregt, sowie mit dem Kinn, das durch seine Profilierung anzeigt, wie sich die Einsatzbereitschaft umsetzt = Willensachse.

Der im Kanon verzeichnete Ausdrucksbereich „ideales Hochgefühl und Festigkeit", das wir übersetzen mit „Selbstwertgefühl", ergibt in axialer Verbindung mit der Unterkinnzone „sensibler Pol" die Festigkeitsachse.

Diese können wir dann noch vergleichen mit der Achse, die sich ergibt durch die Verbindung Hinterhaupt – „Schneid und sicheres Auftreten", was mit Selbstbehauptung identisch ist – und dem oberen Nasenrücken, der den Willen zur Tat in der Selbstverwirklichung begleitet.

Diese Kombination bei der Betrachtung eines Kopfes ermöglicht die Einsicht in den Leistungswillen der Individualität für sich selbst, dem Egoismus im besten Sinne.

Stolz und reales Hochgefühl, vom Wert und Bedeutung der eigenen Person sehr überzeugt zu sein, geht einher mit einem hochgewölbten hinteren Oberkopf. Bei sehr langer Achse ist eine Überschätzung der eigenen Person zu erwarten (Hochmut).

Zusammenfassung

Nur zwischen zwei Polen entsteht ein Kraftfeld. Auf der Erde ist alles polarisiert, wobei die Polarität zwischen Mann und Frau die schönste ist.

Die vorbewussten, unbewussten (vom Willen der Natur besetzten), halbbewussten Antriebe sind ausdrucksmäßig über den Hinterkopf und seiner Ausformung zu beschreiben. Die „Folgen" der unbewussten Antriebe sind in das Leben und seine Entwicklungsaufträge delegiert. Ausdrucksmäßig haben sie in den „Gesichtspunkten" ihren Bewusstwerdungs-Pol.

Je nachdem, wie lang im Proportionsverhältnis eine Achse ist, hat sie ein vorherrschendes Verwirklichungsbedürfnis im Lebensablauf.

Aus der Anlage erklärt sich dann für die Physiognomen das Verhalten des Menschen.

Teil 3

Der Ablauf einer psycho-physiognomischen Betrachtung

13 Systemorientierte Betrachtung

„Alle Gestalten sind ähnlich und keine gleichet der anderen. Und so deutet das Chor auf ein geheimes Gesetz, auf ein heiliges Rätsel."
(Goethe)

In der Psycho-Physiognomik ist für die Aussage der einzelnen Form selbst und die tätige Lebendigkeit aus ihr, die *Vitalität* entscheidend, deren Differenziertheit in der Kraft-Richtungs-Ordnung Carl Huters (⇨ S. 53ff.) beschrieben ist.

Das individuelle Gestaltungsprinzip eines Menschen können wir nur mit sehr genauer Beobachtung, Beschreibung und systemorientierter Begründung erfassen. Welche Form des Menschen wir dabei bevorzugt erfassen ist gleichgültig, denn in der Kombination wird das Ganze in *Einheit* zu berücksichtigen sein.

Wenn mit der Wahrnehmung des Menschen die bewusste Kontaktaufnahme erfolgt ist, müssen wir uns zunächst über die **Ausstrahlungsqualität** im klaren sein, die einen deutlichen Zusammenhang mit allen energetischen Qualitäten hat. Sie ist in der Zusammenfassung wirksam als Sympathie und Antipathie.
- *Sympathie* dann, wenn Resonanzmöglichkeiten gegeben sind.
- *Antipathie* dann, wenn keine Resonanzmöglichkeiten gegeben sind.
- *Gleichgültigkeit* dann, wenn Indifferenz vorliegt.

Die Wahrnehmung und Beschreibung eines Typs orientiert sich an den Naturellen.
- Wenn ein Bewegungs-Naturell in seiner Ausstrahlung stimmt, hat es Dynamik und Spannung = Verwirklichungs*kraft*.
- Wenn ein Ernährungs-Naturell in seiner Ausstrahlung stimmt, hat es Ruhe und Stofflichkeit = Verwirklichungs*substanz*.
- Wenn ein Empfindungs-Naturell in seiner Ausstrahlung stimmt, hat es Vibration und Reaktionssensibilität = Verwirklichungs*ideen*.

Daher sind Analogieschlüsse erlaubt: Die Körperbau-Analyse führt zur Naturell-Feststellung, wobei die individuellen Varianten am Merkmalsprotokoll geprüft und für die Kombination registriert werden.

Kopfformen haben auf das Naturell bezogen eine idealtypische Beschreibung.

Wenn diese Beschreibung mit dem Körperbautyp und „seiner" Kopfform nicht übereinstimmt, dann kombinieren wir:
- Da der Kopf die unbewussten Antriebe, die aus dem Körper kommen[22], bewusst macht und nach der entschiedenen Situation steuert, versucht der Körper bereitwillig zu folgen. Dies kann er nur solange, wie es seine energetische Gegebenheit erlaubt. Wird also der Druck aus dem Körper zu drängend, gibt der Kopf nach.
- Bekommen aber die Körperwillensimpulse, durch die Vitalität inszeniert, mehr Raum, entstehen unbewusste Reibungssituationen, denn jede Bestrebung will sich verwirklichen und treibt als Bedürfnis in die Umsetzung.

Beispiel

Hat der Körperbau die Feinheit des Empfindungs-Naturells und der Kopf die Willenskraft des Bewegungs-Naturells, dann treibt der Kopf den Körper an. Übertreibt eventuell den Leistungsanspruch und überfordert damit die Kraft-Möglichkeit des Körpers. In der Reibungssituation tritt dann meistens ein

---

[22] Die Psychologie erwägt hier die Listen und Lüste der Seele. Beschrieben bei C. G. Jung, Alfred Adler, Sigmund Freud als Strukturen der Seele im Es – Ich – Selbst – Überselbst.

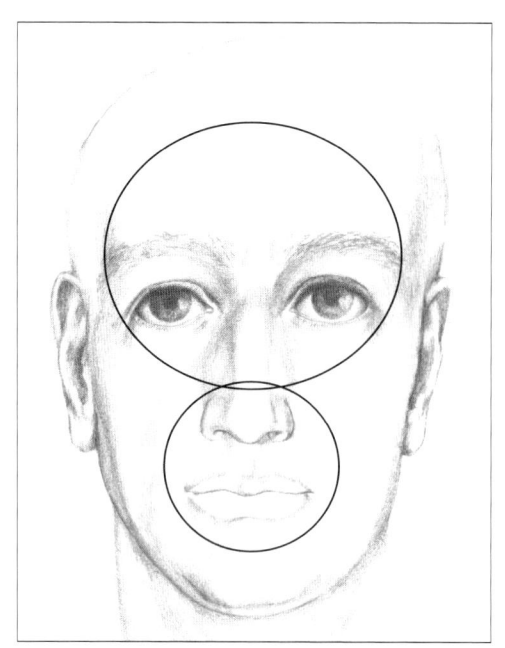

Abb. 27: Unendlichkeitszeichen, in ein Gesicht projiziert (⇨ S. 134).

Als *Gesichtsmittelpunkt* dient uns die Nase zunächst als Proportionshilfe für die Gesichtsproportionen, da die Ober- und Untergesichtslänge mit Geist- und Körperimpuls übersetzt wird (⇨ S. 132ff.).

Somit ergibt sich der philosophische Hinweis, dass die Erlebnisfähigkeit des Menschen über das Gefühl inszeniert wird. Carl Huter benannte diese Ausdruckszone: Gemüt.

Physiognomisch erfahren wir die Korrespondenz mit dem *Sonnengeflecht*, mit dem vegetativen System, mit der Energie, die Gefühle erzeugt und trägt.

Wir finden diese Ausdruckszone im Übergang der unteren knorpeligen Nase bis zum knöchernen Teil der mittleren Nase (⇨ Abb. 27).

Ausdrucksmäßig erkennen wir den permanenten Ablauf der Gefühle an einer feinen Einbuchtung in der Profilierung sowie in der Hautstruktur, Spannung und Strahlung.

Mit dem Zentrum des Gesichtes interpretieren wir auch eine zentrale Aussage: Die Gefühlsenergie aktiviert den Menschen in der Wahrnehmung der äußeren Reize und in der Antwort darauf, aus der inneren Prägung her. Diese Prägung ist weitgehend unbewusst, so dass sich im Erlebnisprozess der Transfer unbewusster Anteile mit dem Klärungsprozess bewusster Anteile mischen wird.

Andererseits scheinen sich die Bewusstseinsinhalte mit dem Unbewussten zu verbinden, so dass sich im immerwährenden Prozess die Gefühlsenergie betätigt oder Gefühlsenergie das Ereignis trägt.

Mit dem Blick an der Nasolabialfalte entlang, die in der Ausdruckskorrespondenz mit dem Herzen steht, blicken wir auf den **Mund**.

Er gibt den Hinweis auf die Gefühle, die nonverbal, aber dann auch durch die Sprache, Stimmlaut und Artikulation, vermittelt werden. Wir lernen zu verstehen, dass die Gefühlskraft darüber entscheidet, ob etwas positiv oder negativ begleitet wird.

Wie das mit der Gefühlskraft Erlebte angenommen und die Informationen verdaut

Spannungszustand ein, der sich z.B. in schlechter Laune deutlich machen kann.

Die Natur richtet sich nicht nach den Merkmalsprotokollen der Psycho-Physiognomen.

Ist die Typbeurteilung in Kombination mit der Ausstrahlung und der Kopfform geklärt, sehen wir uns die **Nase** an.

Eine ähnliche Situation ergibt sich, wenn die Nase in der Kombination mit dem Gesamtbild eine andere Information gibt als der Körperbau.

Die Nase zeigt uns den Selbstverwirklichungswillen.

Wenn z.B. das Bewegungs-Naturell-Gesicht die Nase des Ernährungs-Naturells hat, dann ist die Kraft, die aus dem Körper will, dynamisch, wird aber in diejenige Richtung gelenkt, die die Nase zeigt. Sie zeigt uns mit ihren dominierenden Ausdrucksformen des Ernährungs-Naturells, den instinktgesteuerten Selbstverwirklichungswillen, der mehr Bauchruhe als Muskelaktivität will, mehr Instinkt- als Willensreaktion.

werden, wird über die Reaktion des Verdauungssystems erfahren.

Geht der Mensch aus seiner Balance, die er mit „innerer Mitte" erlebt, reagiert sich das mit den Verdauungsorganen ab. Der Rückschluss, dass die Reaktionen des Verdauungssystems psycho-somatisch sind, ergibt sich damit.

Die *Mimik* des Mundes informiert über das Seelengefühl. Die Korrespondenzausdruckszonen mit den Verdauungs- und Entgiftungsorganen sind mit dem Mund und seiner Umgebung zu betrachten und werden natürlich mit der Qualität des Seelengefühls tätig.

Schauen wir dann das **Kinn** an. Es steht im engen Zusammenhang mit den feinmotorischen Antrieben zur Tat. Wie impulsiv auch immer die Bereitschaft zur Umsetzung der Pläne ist, so profiliert ist auch das Kinn.

Ein weiterer Beobachtungsfaktor ist die *Kinnmimik*, die vom Zucken des Kinns bis zum feinen Muskelspiel die Signale anzeigt, die sich aus innerer Betroffenheit und Selbstwertgefühl herleiten, die die Tatentscheidung begleiten.

Die *axiale* Verbindung des „sensiblen Pols" (am unteren Kinn lokalisiert) mit dem Selbstwertgefühl (Haarwirbelzone am hinteren Oberkopf), die Festigkeitsachse, erklärt die Zusammenhänge und gibt dem Kinnausdruck diesen Aspekt.

Der **Unterkieferbogen** trägt die Information für die Tatdurchführungsbereitschaft.

Von der Seite betrachtet ist seine Länge und Spannkraft der Hinweis auf Beharrlichkeit und Ausdauer im Durchsetzungswillen.

Frontal wird die Asymmetrie beachtet, die bei der Verschiedenheit der Gesichtshälften stets gemessen wird, aber hin und wieder eine stärkere Unterschiedlichkeit ausgebildet zeigt. Bei starker Asymmetrie erlebt sich eine bemerkenswerte Bereitschaft zum Einsatz, bis zur aggressiven Explosion.

Der Blick wandert vom Unterkieferbogen zu den **Jochbeinen**.

Die motorische Kraft, die ihm die Kaubewegung ermöglicht, lässt sich aus der Ausformung der Muskeln und Bänder ablesen, besonders beim Zähne-Zusammenbeißen (= psychische Überwindungskraft in Herausforderungen).

Das Jochbein ist als physiognomischer Ausdruck für Widerstandskraft definiert.
- Widerstandskraft gegen Fremdbestimmung.
- Widerstandskraft auch im Immunsystem gegen Infektionen oder zur Überwindung von Erkrankungen.

Die Widerstandsleistung hat einen Zusammenhang mit den unbewusst drängenden Bedürfnissen, das wesentlich Eigene zu suchen, zu schützen, gegen Fremdeinfluss zu bewahren. Hier kommt das „Sich-Wehren-gegen-fremdseelische-Einflüsse" zum Ausdruck.

Psychologisch ist zu beobachten, dass Menschen mit breiten Jochbeinen Herausforderungen suchen und brauchen, dass sie sich selbst Schwierigkeiten entscheiden, um Überwindungskräfte zu mobilisieren. Sie haben damit in der Regel ein breitgefächertes Erfahrungsspektrum.

Wenn die stets wiederkehrenden Klagen bei zu umfangreichen Belastungen sich mindern sollen, ist es sinnvoll, sich den Menschen zuzuwenden, die im Bewältigen ihrer Schwierigkeiten Hilfe brauchen, denn bei dem Einsatz für Mitmenschen kann man auf die eigen inszenierten Widerstände verzichten.

Nun in Augenhöhe beobachten wir die **Augen**. Sie sind als Spiegel der Seele bezeichnet worden.

Wenn Menschen von Menschen die intensivste nonverbale Information abrufen wollen, schauen sie sich in die Augen.

Die Übung, den Augenausdruck in allen Nuancen zu beschreiben, erweist sich als unmöglich.

Trotzdem teilen uns Augen alles mit und sind so ein Erlebnisangebot für den Betrachter.

Bei der frühen Augenorganentwicklung kann man beobachten, dass gleichzeitig mit der Hirnausbildung sich im Hirn ein kreisrunder Bezirk für das Auge differenziert.

Wenn der Augapfel sich aus dem Gehirn in die Augenhöhle stülpt, hat es nicht nur die ganze Registratur, die das Hirn übernommen hat, zur weiteren Funktion für das Leben verfügbar in sich, sondern auch alle Informationen, die das Hirn vom Körper und über alle anderen Dinge haben mag – als Gesamtinformation des Seins.

Die Farbe der Iris ist für die Physiognomen bisher nicht interpretierbar. Aussagen darüber gibt es etliche. Nach allem, was Irisdiagnose vermag, ist es erstaunlich, dass die feinen Korrespondenzzonen der Iris mit ihren Deutungszeichen und den Farbnuancen, Informationen über den Körperzustand, das Organleben zeigen.

Die Spannungsempfindungen des Menschen und die Strahlungsabläufe mit entsprechenden Gefühlen sowie alle geistigen Prozesse werden nonverbal mitgeteilt.

Diese zu beschreiben ist schwierig und die gesamten Inhalte der Seele zu beschreiben unmöglich.

Die Psycho-Physiognomen haben den Anspruch, für alle körperlichen und geistig-seelischen Prozesse Ausdruckszonen zu finden. Wenn der Mensch die Informationen der Jahrtausende in sich trägt (die Genetik behauptet dies, und die Psychologie rechnet mit einem gewaltigen unbewussten Potential), hat er aus der Erfahrung seines Lebens Bilder und Gedankenfülle gespeichert. Wenn all das verfügbar ist und bleibt, dann wären die Ausdrucksbezirke für diese Erlebnistatsache die Haut und der Augenausdruck.

Aus den Augen lesen wir die *Energie* mit der wir denken. Sind sie in ihrer Strahlung matt, so ist auch das Denkvermögen matt. Leuchten die Augen aber gesteigert, so erlebt sich der Mensch nicht nur im Denkprozess, sondern auch im Erkenntnisgewinn gesteigert. Den höchsten Erkenntnisgewinn pflegen wir mit Genialität zu beschreiben.

Die Augenumgebungszonen in der Orbita benennen die Physiognomen mit *sieben Arealen* (⇨ Abb. 85, S. 176).

Beschreibung

Die Basis des menschlichen Orientierungsvermögens ist über die Anschauung gelebt[23]: Eine genaue Beobachtung erlaubt den Zugang zu den universellen Erscheinungsformen, die individuell unterschiedlich bewertet werden. Die 1. Stirnregion erbringt dabei die Registraturleistung dieser Beobachtungsdaten. Da die Synapsenordnung des Gehirns auch durch die Funktionsfähigkeit der Sinnesorgane gebahnt und gebildet wird, sind die Augen mit ihrer Licht- und Farbwahrnehmung an diesem Prozess wesentlich beteiligt.

Die von Carl Huter als **Blickrichtungsstudie** publizierten Erwägungen sind gut verwendbar für die Interpretation der Gedankenebenen (⇨ Abb. 169ff.). Ausgehend von zwölf Blickrichtungen weist Huter dabei auch auf die unzähligen Varianten des ständig wechselnden Augenausdrucks hin.

Der beobachtende Blick ist von Carl Huter z.B. beschrieben, als ein fixierender, gegenwartsintensiver, geradeaus gerichteter Blick. Und die Wiederholung aller je gemachten Beobachtungen in der Gedankenvorstellung provoziert den vorstellenden Blick, der je nach Gedankenebene sich auf die Stirnregion einstellt.

Die Qualität der Gedanken ist mit der Konzentration der Lebens-, Licht-, Liebeskraft verbunden und hat durch sie den Zugang zu den Lichtenergien, die in feinster Frequenz mit dem numinalen Licht Resonanzen herzustellen scheinen. Die physiognomische Entsprechung sind leuchtende Augen (⇨ S. 166), ein helles Gesicht – unabhängig von der Hautfarbe.

---

[23] Die Schulung blinder Menschen wird mit unglaublich viel Anschauungsmaterial vollzogen, um innere Bilder zu ermöglichen.

13.1 Übersicht zur systemorientierten Betrachtung

Tabelle 18: Übersicht zur systemorientierten Betrachtung.

Vor allen Interpretationen steht die Wahrnehmung der gesamten Persönlichkeit. Diese teilt sich durch ihre Ausstrahlung mit, auf die wir (zunächst unbewusst) reagieren. Das Gesamte des Menschen lässt sich über die Ausstrahlung erfahren und demonstriert sich über die Haut. Dem noch nicht geübten Beobachter fällt es oft schwer, die feinen Farbnuancen der Hautveränderungen deutlich zu erkennen (Einzelheiten ⇨ S. 97ff.).

| 1. Körperbau | ⇨ S. 18ff. |

- Naturelle
- Welchen Typ haben wir vor uns?
- Was ist seine Grundveranlagung?
  z. B.
  – Das Bewegungs-Naturell braucht seine Bewegung und geht seine Ziele dynamisch an.
  – Das Empfindungs-Naturell braucht seine geistige Reflektion und Empfindung und geht seine Ziele theoretisch an.
  – Das Ernährungs-Naturell braucht seine Ruhe und geht seine Ziele ökonomisch an.

| 2. Kopf-Analyse | ⇨ S. 18ff. |

Das Merkmalsprotokoll des Naturells lässt uns prüfen, ob die Kopfausbildung dem Körperbau entspricht oder auf welches Naturell er verweist.

| 3. Ohren | ⇨ S. 115ff. |

Auch hier ist die genaue Entsprechung zu analysieren:
- seelisches Bedürfnis als Triebfeder für Entfaltung auf körperlicher, geistiger oder seelischer Ebene, z. B. Oppositionslust, Ehrgeiz, Realismus
- Lebenskraft
- Regenerationskraft
- Mut und Sicherheitsgefühle

| 4. Nase | ⇨ S. 132ff. |

- Selbstverwirklichungswille
- Planmäßigkeit
- Gründlichkeit
- Beharrlichkeit
- Verwirklichungsebenen
  z. B.
  – instinktbetont
  – gemüthafte Beeindruckbarkeit
  – körperlicher Fleiß
  – geistige Impulskraft

| 5. Mund | ⇨ S. 145 |

- Erleben
- Begehren
- Genießen
- Sinnlichkeit
- psychosomatische Reaktionsweisen als Momentaufnahme
- Grundanlage für Übersetzungsmuster,
  z. B. Pessimismus oder Optimismus

Tabelle 18: Fortsetzung

6. Kinn	⇨ S. 160

- Zögerlichkeit oder Impulsivität
- Reizbarkeit
- Perfektionismus
- Lobempfänglichkeit
- Kritikempfindlichkeit
- Fürsorglichkeit

7. Unterkiefer	⇨ S. 162/163

- Durchführungskraft
- Bereitschaftsenergie
- Beharrlichkeit
- Antriebsschwäche oder Antriebsstärke

8. Jochbeine	⇨ S. 162/163

- Widerstandskraft
- Eigensinn
- Wehrkraft gegen Fremdbestimmung

9. Augen	⇨ S. 164ff.

- Spiegel der Seele
- Reflektion der Denkebenen, in denen gedacht wird, z. B.: eine Rose
  - Anbaumethoden
  - schmerzhafte Erfahrungen
  - Liebeserfahrungen
  - Schönheit
  - Schöpferkraft
- Die Ausstrahlung zeigt Munterheit oder Mattigkeit im Denken.
- Gesamtinformationen

10. Stirn	⇨ S. 178ff.

Denkebenen in sieben Stufen mit zahlreichen Arealen zur Kombination
- Aktivität der einzelnen Stirnregionen
- Ausprägung einzelner Areale als Hinweis auf besondere Anlagen, z. B.
  - Formensinn
  - Wort- und Redesinn
  - Phantasie
  - Kontrastsinn

11. Hinterhaupt	⇨ S. 202

Antriebszentrum in zehn Arealen im Aufbau des Hinterkopfes
- unbewusste Antriebe
- motorische Antriebszentren
- Familientrieb
- Selbstbewusstsein

12. Seitenhaupt	⇨ S. 212

Antriebszentren in sieben Regionen mit unterteilenden Arealen
- ökonomische Anlagen
  - von Gelderwerb bis Ansammlung geistiger Güter

13.1 Übersicht zur systemorientierten Betrachtung

Tabelle 18: Fortsetzung

| 13. Oberkopf | ⇨ S. 216ff. |

50 Zentren zeigen in Vernetzung den Antrieb zur Religion
- Fragen der Transzendenz
- Religiosität und Gottesbewusstsein

| 14. Hände | ⇨ S. 225 |

- Art der Handlungsweisen
- Analyse der Naturell-Entsprechung

| 15. Handschrift | ⇨ S. 225 |

zählt zu den Ausdrucksbewegungen

| 16. Haut und Haare | ⇨ S. 97ff., 223 |

- Patho-Physiognomik
  Beurteilung und Zuordnung bestimmter in ständiger Ausdrucksveränderung befindliche Areale, in Bezug auf Gesundheit und Krankheit

| 17. Gestik und Mimik | ⇨ S. 225 |

14 Meine Methode, die Psycho-Physiognomik systematisch anzuwenden

Jede Erscheinung ist eine Information. Der Mensch ist eine Information, er ist ein Informierender, ein Informationssammler, ein Informationsverarbeitender.

Die Psycho-Physiognomik versucht die Formulierung der Erscheinungsinformation.

Der Betrachter setzt also seinen Formensinn systematisch ein und die Informationen in Formulierungen um. Damit wird Menschenkenntnis durch die Sprache mitteilbar. Menschenkenntnis ist also gleichbedeutend mit einer Erlebnisinformation mit sich selbst und dem Mitmenschen.

Mein Weg, diese Kenntnis vom Menschen zu formulieren, ist die systematische Einlassung auf Carl Huters Lehre.
- Zuerst erfahre ich mich in einem Zustand sehr **bereitwilliger, vorbehaltloser Zuwendung** und Wahrnehmung.
- Dann betrachte ich die **Konstitution** als Aussage über die Grundkraft, die in die Selbstverwirklichung gehen will. Das Merkmalsprotokoll gibt mir die Orientierungshilfe.
- Die Wahrnehmung der **energetischen** Komponenten geschieht gleichzeitig und läuft über das Beschreibungsmuster der Kraft-Richtungs-Ordnung.
- Die **Gesichtshaut** und die der unbedeckten Körperzonen und der Hände gibt mir die Information der sensiblen Reaktionsfähigkeit und aus ihr die Zugänglichkeit für die unterschiedlichen, besonders geistigen Reize.
- Dann vergleiche ich über die merkmalsprotokollarische Prüfung die Entsprechung von **Kopfform** und Naturell und betrachte die Proportionen der **Extremitäten** mit Schultergürtel, Brustkorb, Hüften, Rumpf und registriere alle „Unstimmigkeiten" als individuelle Kombinationsaussage bei der weiteren Analyse.

- Die **Nase** sehe ich unter dem Aspekt des Selbstverwirklichungswillens. Sie bestätigt oder relativiert die Naturell-Aussage. Natürlich registriere ich die Dominanten. An der Nase prüfe ich (⇨ Abb. 52, S. 135):
  1. *Region I* (⇨ Abb. 52 d, e)
     auf die Helligkeit der Strahlung (Innenwertzustand aus physikalischen, chemischen, geistig seelischen Prozessen) hin, denn hier prägt sich der Wille zur geistigen Reflektion aus,
  2. *Region II* (⇨ Abb. 52 c, d)
     auf die Spannkraft, denn hier prägt sich der Wille zur Dynamik aus, die sich geistig und körperlich verwirklichen will,
  3. *Region IV* (⇨ Abb. 52 b)
     auf die Feinheit und Farbe, denn hier ist der instinktive Wille als Basis der Selbstverwirklichung zu erkennen. Bauch- und Körpergefühl.
  4. *Region III* (⇨ Abb. 52 a)
     prüfe ich in der Reihenfolge zuletzt, denn durch sie finde ich den Übergang von der Selbstverwirklichungs-Willensausprägung zu der des Gefühls im Selbstverwirklichungsprozess. Erlebnisfähigkeit.
- Nun zur **Nasolabialfalte**, die – mit ihren feinen plastischen Geweben an ihr entlang – Ausdruckszone für die Kraft des Herzens als Organ ist, aber auch für die Kraft des Herzens, Gefühle zu entfalten oder zu bündeln. „Herzlichkeit oder Herzinteraktion stehen dafür."
- Mit dem **Mund** nehme ich den „Schließmuskel der Seele" in die Betrachtung, und er sagt mir nonverbal alles aus über das Gefühl, das der Mensch momentan mit sich selbst, seinem seelisch-körperlichen Sein und mit seiner Umwelt spürt. Ich beschreibe es nach den Geschmackserfahrungen, die sich körperlich und seelisch in gleichen Reaktionen zeigen. Geschmack in seiner doppelseitigen und übertragen

14 Meine Methode, die Psycho-Physiognomik systematisch anzuwenden

Bedeutung ist hier deutlich, z. B. haben bittere Erfahrungen der Seele den gleichen Ausdruck wie die Geschmackskomponente „bitter".
- Das **Pallium** und **Philtrum**, die Oberlippe geben mir die Information, wie stark die Gefühlserregung in Wunschvorstellungen fließt oder die Disziplinierung dieses verhindert. Die Gefühlsaufmerksamkeit übersetze ich mit Taktgefühl, das die Bedürfnisberücksichtigung des Mitmenschen verlangt.
- Die **Unterlippe** gibt mir die Information der emotionalen und motorischen Impulskraft, die Wunschverwirklichung anzustreben.
- Wieder setze ich das Merkmalsprotokoll ein, um die **Organwiderspiegelung** um den Mund herum, die die Psychosomatik bestätigt, zu prüfen und je nach Spannung, Strahlung, Porigkeit, Färbung und Modellierung der Haut auszusagen.
- Nun interessiert mich die **Profilansicht** des Mitmenschen, und ich sehe damit, wie er sich profiliert.
  - An der Ausbildung der Stirn erkenne ich die gedanklichen Schwerpunkte, die sich bei einem Planungs- oder Klärungsvorhaben zeigen werden.
  - An der Ausbildung der Nase erkenne ich, wie der Verwirklichungswille zu vermuten ist.
  - Am **Kinn** erkenne ich, wie stark sich der Impuls einsetzen wird, die Planungen und Willensäußerungen in die wirkende Wirklichkeit zu bringen, d.h. zu tun, was man sich vorgenommen hat.
- Während das Kinn etwas über den Impuls zur Tat aussagt, lässt der **Unterkiefer** erkennen, ob die Tatdurchführung mit mehr oder weniger Beharrlichkeit zu erwarten ist.
- Die **Mimik** gibt natürlich Hinweise darauf, ob die Merkmalsanalyse bestätigt oder abgelehnt wird. Ich merke mir das, gehe aber erst zum Schluss darauf ein, weil sich die Aussage mit einem anderen Merkmal und dessen Beschreibung schon korrigieren kann.

- Die **Kinn**-Mimik berücksichtige ich immer, denn sie weist sehr deutlich geheime Betroffenheiten auf, die dem Mitmenschen bewusst, mir aber unbekannt sind und meistens auch bleiben.
- Merkmalsprotokollarisch endet das Kinn mit dem „**sensiblen Pol**". Dieser steht in axialer Polarisation zum hinteren Oberkopf, an dem das Selbstwertgefühl lokalisiert ist.
Wenn dieses Wertgefühl – besonders bei Kritik – angesprochen wird, zuckt das Kinn. Auch der Willensachsen-Pol, der im oberen Hinterkopf seine Entsprechung hat, kommt mimisch in die Reaktion am Kinn, wenn die Selbstsicherheit erschüttert ist oder ein starkes Selbstbestätigungsgefühl den Menschen beseelt.
- Die Hautqualitäten der **Wangenflächen** übersetze ich auf das vegetative Leben und auf die Stoffwechselsituationen, die sich dort spiegeln.

Damit bin ich auf den Formenkreis des unteren Gesichts eingegangen und stelle nun einige Betrachtungen über das **Sonnengeflecht** an:

Im Sonnengeflecht hat sich der Körper ein Organ entwickelt, das mit sehr vielen feinen, weitverzweigten Nervengeflechten auf eine besondere Reizempfindlichkeit verweist. Diese Empfindlichkeit richtet sich aber nicht – wie das periphere Nervensystem – nach außen, um die Reize des Universums zu registrieren, sondern antwortet mit feinen Erregungsmustern auf alle Reize, die – als Empfindungen aufgenommen – sich im Inneren zu Gefühlen bündeln. Alles, was sich im inneren Empfinden des Wesens regt, sich ihm entsprechend zur Entfaltung umsetzen möchte, geschieht hier energetisch.

Das Tätigkeitswesen im Menschen, das Ruhewesen im Menschen, das Empfindungswesen im Menschen regt sich hier und strebt zur Integration.

Der Volksmund spricht vom „Sich-Aufregen", und dies spürt sich hier. Befreien kann sich kein Mensch davon, denn Freiheit besitzt, wer wählen kann und aus der Erfahrung wissend wurde. Das schafft der Geist, aber nicht die Energien, die sich im Sonnengeflecht aktualisieren. Im Sonnengeflecht regt sich das, was wir einfach mit Behagen oder Unbehagen fühlen und bezeichnen und in der Regel weiterführen müssen zur Klärung. Die Klärung geschieht dann im Kopf, die Antwort geschieht vegetativ in jeder Zelle, die wesenstragende Informationen gespeichert hat. So zentral, wie dieses Geschehen, ist auch die Ausdruckszone dafür im Gesicht und übersetzt sich als ERLEBNISFÄHIGKEIT.

Wie erfahren wir diese? ... UNBEWUSST.

Was wir erlebt haben, wird uns erst in der Verstandesreflektion bewusst. Also aktiviert sich dazu auch der Instinkt. Das ganze reiche, unbewusste, hochintelligente Empfindungswesen im Menschen führt seine Inhalte über das Sonnengeflecht, und dieses leitet seine Energie in die Steuerungszentralen des Lebensgehirns. Dieses kann keine Reize festhalten, es leitet sie an alle Zentren weiter und fort und treibt diese zur Antwort. Diese klärt sich mit der Bewusstseinsenergie im Gehirn und kann es – je nach Differenzierung des Instruments – dann leisten. Die Klärungsleistung ist ein energetisches Geschehen.

- Über die Sonnengeflechtsbetrachtung erkenne ich physiognomisch die Gefühlsenergie, die aus dem körperlich-seelischen Ausdrucksbereich den Transfer zum geistig-seelischen Bereich vollzieht. Dieser ist an der Nasenwurzel, den Augen, der Stirn als Formenkreis des Geistig-Seelischen physiognomisch definiert.
- Der **Augenausdruck** gibt die „totale Information" über das Individuum. Er ist der Spiegel der Seele. Ich sehe die aktuelle Geistesgegenwart in den Augen und nehme unbeschreibbar wahr, dass die Tiefe des Wesens zu erleben ist, um mit der gegenwärtigen Situation alle vergangenen Erlebnishintergründe in ihrem mir verborgenen Gehalt gleichzeitig zu erfassen. Das kann der Verstand nicht. Das kann nur das ganzheitliche Wahrnehmen, und das geschieht in unbewusster Interaktion total.
- Dann sehe ich mir die **Jochbeine** und die Ohren an, denn diese liegen in der Proportion zwischen den geistig-seelischen und körperlich-seelischen Ausdruckskreisen. Jochbeine sind Ausdruck für das Impulszentrum „Becken".
Aus ihm tauchen die Widerstandskräfte auf, die das Leben notwendig macht: Seelischer Widerstand gegen Fremdbestimmung, körperlicher Widerstand gegen Krankheiten.
Natale Ferronato forschte an den Jochbeinzonen den Ausdruck des Immunsystems heraus und bestätigte damit Carl Huters Aussage. Je nachdem, wie dominant diese angelegt sind, verhält oder erfährt sich der Mensch in seiner Widerstandskraft zur Wahrung seiner Originalität.
- Die **Ohren** haben physiognomisch wenig Daten im Merkmalsprotokoll, aber schon die Naturell-Entsprechung des Ohres gibt Informationen über das seelische Bedürfnis des Menschen, wobei *jeder* Mensch zwei verschiedene Ohren hat. Die körperenergetische Situation spiegelt sich im Ohr. Wir sehen in der Färbung und Strahlung des Ohres die seelische Feinheit, die ein inneres Wertverständnis vom Dasein zu fassen versucht. Das beziehe ich in die Aussage zur Bewusstseinsreflektion ein, die das Stirnhirn leistet.
- Die **Stirn** wird dann nach den eindeutigen Kriterien des Merkmalsprotokolls betrachtet und lässt über Form, Spannung und Strahlung das Denkvermögen erkennen, das sich durch den Augenausdruck modifiziert.
- Das **Seitenhaupt** gibt ebenfalls über das Merkmalsprotokoll die Hinweise, wie es sich betätigt und in Schwerpunkten das ökonomische Verständnis erarbeitet.
- Den **Oberkopf** prüfe ich nach den Kombinationen mit den Gefühlsausdruckszonen und sehe Heiligkeitsbestrebungen aber auch Scheinheiligkeit gespiegelt. Zu allen Aktivitätsausdruckszonen bringe ich das Hinterhaupt in Beziehung.

- Der **Nacken** wird, in seinen Gradeinteilungen in die Breite und im Abstand, gesehen als Basiskraft für die Trieb- und Leistungsbestrebungen für die Familie und die Gesellschaft.
  Die Ausdrucksform und Qualität des Halses verweist mich auf die Gesundheit und Lebensgrundkräfte des Mitmenschen, den chemischen Zustand des Körpers.
- **Mimik, Gestik, Stimme** habe ich während der ganzen Betrachtung unablässig gleichzeitig registriert und erkenne daraus das vorherrschende Temperament, die Spannungen und Verspannungen, die zum Teil vielleicht durch die analytische Beobachtung aufgetreten sind, andererseits aber auch aus prägenden Erlebnissen stammen müssen.
- **Hände** zeigen, wie in die Handlungen fließt, was die Individualität beschlossen hat, zu tun. Naturellentsprechend und nach dem Merkmalsprotokoll prüfe ich sie und lasse mir, wenn es irgendwie geht, auch eine Schriftprobe vorlegen, weil sie auf die Sensibilitäten genauso wie auf die Kräfte Rückschlüsse erlaubt.

Am Schluss fasse ich die Dominanten zusammen und formuliere die positiven Seiten deutlich heraus. Dabei betone ich, dass die heute als positiv erkannten Anteile in anderen Konstellationen, zu anderen Zeiten negativ sein können, dass in unseren Stärken zugleich auch unsere Schwächen liegen können.

In einem tieferen Sinn bedeutet dies, dass wir uns in sensibler Betrachtung üben müssen und in unserem stets laufenden (Lebens-)Prozess die Hoffnung haben können, dass wir unsere körperlichen, seelischen und geistigen Potentiale als eine Sinnerfüllung unseres Daseins entfalten werden.

Teil 4

Die patho-physiognomische Betrachtung

15 Patho-Physiognomik

Mit der genauen Kenntnis der psycho-physiognomischen Ausdrucksareale eröffnet das Wissen um ihre patho-physiognomischen Bedeutungen den diagnostischen Teil. Neben der Diagnostik ist das Wissen um die Patho-Physiognomik auch wichtig für die Therapie an sich – und für die Therapiekontrolle.

Jeder Therapeut, jeder Arzt – besonders wenn er sich auf ein Krankheitsgebiet spezialisiert hat – erhöht und sensibilisiert seine Wahrnehmung für die momentane Befindlichkeit des Patienten.

Die Ähnlichkeit der Krankheit schafft Ausdruckszonen, die sich ähnlich verändern, eine Ausstrahlung, die ähnlich ist, und sogar Verhaltensmuster und Äußerungen, die Ähnlichkeit haben. Daraus ergibt sich eine Vergleichsmöglichkeit, die sich wie von selbst offenbart.

Selbstverständlich spielt dabei stets die physiognomische Beobachtung eine Rolle. Wenn ein Therapeut jedoch nicht um die Physiognomik weiß, vermag er nicht zu deuten, was ihm so sichtbar offeriert wird. Denn vieles von dem, was sich uns aus der Gesamtinformation des Menschen direkt vermittelt, sind wir ungeübt, in Worte zu fassen.

Durch die Kenntnis der Patho- und Psycho-Physiognomik wird beschreibbar, was wir wahrnehmen.

15.1 Die Haut

An der Haut, ihrer Beschaffenheit, Farbe und Ausstrahlung, drücken sich Organ-Korrespondenzen aus.

Im folgenden sollen die generellen Aufgaben der Haut näher beleuchtet werden.

15.1.1 Die Haut – Organ und Hülle

Die Haut als unser sinnlichstes Organ löst die meisten Empfindungen aus. „Sich in seiner Haut wohlfühlen" (oder nicht) bedeutet viel.

Die ersten „Lebenstropfen", die sich nach den Vorstellungen der Wissenschaft in der „Ursuppe des Meeres" gebildet hatten, besaßen noch keine Möglichkeit der „bauplanmäßigen" Vermehrung. Sie hatten keine Voraussetzung, die Informationen eines Bauplanes zu speichern, denn sie hatten weder Kern noch Haut.

Erst als sich diese „Mikrosphären" wie von selbst mit einer doppelten Membran gegen ihre Umwelt abgeschlossen hatten, konnte ein regelrechter Austausch beginnen und die für das Überleben notwendigen Informationen gespeichert werden.
- Die Häute waren also vor dem Gehirn entwickelt.
- Jedes Organ, jede Zelle hat eine Haut.

Das lebendige Individuum begann, sich gegenüber der Umwelt abzugrenzen, sich von ihr zu unterscheiden, um sich in der Kommunikation, im Austausch mit ihr, in ihr, weiterzuentwickeln.

15.1.2 Der Aufbau der Haut

Die Haut besteht aus
- Epidermis = Oberhaut,
- Cutis = Lederhaut,
- Subcutis = Unterhaut

Die Oberhaut ist entwicklungsgeschichtlich mit dem Nervensystem und den großen Sinnesorganen verwandt. Sie entwickeln sich gemeinsam aus dem äußeren Keimblatt während der Embryonalentwicklung.

Die Oberhaut ist mehrschichtig aufgebaut. Die Zellen sind auf ihrer Oberfläche verhornt und werden ständig nach außen abgestoßen.

Aufbauprozesse bewirken in der weiter innen gelegenen Keimschicht, unmittelbar an der blutgefäßreichen Lederhaut, organerneuernde Zellteilungen.

Diese finden verstärkt während des nächtlichen Schlafes statt. Die jungen Zellen wandern, sich differenzierend nach außen.

Feine Nervengeflechte durchziehen die Oberhaut bis in ihre mittleren Schichten. Blutgefäße gibt es hier nicht, nur sog. Saftspalten, die über Osmose der Ernährung dienen.

Ober- und Lederhaut berühren sich großflächig und sind rhythmisch zapfen- und leistenartig miteinander verbunden.

Das Nervensystem der Haut erfasst Schmerz, Hitze, Kälte, Berührung etc.

Nebenbei hilft die Haut auch, den Blutdruck zu regulieren.

Die Beschaffenheit der Haut ist anlagemäßig festgelegt. Der vom Lebensalter abhängige Hormonstatus spielt eine weitere Rolle.

Die Pigmentierung der Haut ist abhängig von den Melanozyten, Zellen, in denen sich das Melanin bildet, das die Färbung der Augen, der Haare und Haut bewirkt.

Sommersprossen sind Reaktionen des Melanins auf das Licht. Pigmentflecken haben unterschiedliche Ursachen.

Was auch immer die Ursachen einer Hautkrankheit sind, wenn der Betroffene seelische Probleme hat, verschlimmert sich die Krankheit oder bricht überhaupt erst aus.

Mit ihren Anhangsgebilden senkt sich die Oberhaut tief in die Lederhaut hinein. Hier differenzieren sich Schweiß- und Duftdrüsen.

Die Schweißdrüsen liegen knäuelförmig in der unteren Lederhaut und bilden mit den hier verlaufenden zahlreichen Blutgefäßen eine sog. Gefäßdrüsenschicht. Ihre Ausführungsgänge münden auf der Hautoberfläche.

Die Talgdrüsen entleeren ihren fettigen Inhalt entlang dem Haarschaft ebenfalls nach außen.

Entsprechend ihrer embryonalen Herkunft als Abkömmling des mittleren Keimblattes entwickelt die Lederhaut reichlich Bindegewebe, das Festigkeit und Verschieblichkeit bewirkt. Die dazwischen liegende sog. Grundsubstanz ist wässrig-gallertartig, welche der Haut einen prallen Tonus verleiht.

Unmittelbar unter der Oberhaut liegen entsprechend der Verzahnung der beiden Hautschichten zahlreiche Kapillarschlingen und Nervenendkörperchen. Die Lederhaut geht allmählich in das Unterhaut-Fettgewebe nach innen über.

Dieses ist ein lockeres Fasergewebe mit mehr oder weniger reichlich Fettzellen. Es dient unter anderem dem Wärmehaushalt, ist als Fettgewebe ein Energiespeicher, beeinflusst die äußeren Konturen der Körperform und kann gegen mechanische Einwirkungen Schutz bieten.

15.1.3 Die Aufgaben der Haut

Die Haut begrenzt den Menschen, sie umschließt seine Gestalt und bestimmt mit den Haaren und durch ihre Beschaffenheit sogar weitgehend seine äußere Erscheinung zu der auch die Nägel als Hautanhangsgebilde gehören.

Als Hülle schließt sie den Körper eigenraumbildend – einen krafterfüllten Raum – gegenüber der Umwelt ab und schützt sein Inneres vor äußeren Einflüssen.

Gleichzeitig ist diese Hülle aber auch umweltoffen und durchlässig. Wärme-, Luft- und Flüssigkeitsaustausch finden durch sie hindurch statt.

Fremdstoffe werden von ihr aufgenommen und Eigensubstanzen in die Umwelt abgegeben.

Die menschliche Haut muss ein ständiges Gleichgewicht zwischen von außen kommenden Reizen und den inneren Reaktionen und Wirkungen herstellen. Dieses Gleichgewicht ist ein labiles „Fließgleichgewicht".

Haut kann sich entzünden und verhärten. Sie reagiert dabei auf schädigende Umwelteinflüsse, wie Luft, Nahrungsmittel, synthetische Stoffe der verschiedensten Art und versucht, sich so an die unterschiedlichsten Reize anzupassen. Dies wird auch durch die relativ hohe Zellteilungsfähigkeit unterstützt. Zwölfmal im Jahr erneuert sich die Oberflächenhaut.

Bei diesen Aktionen und Reaktionen der Haut ist Seelisches und Körperliches nicht zu trennen. Die Haut ist unser größtes und sinnlichstes Organ.

Mit seelischen Belastungen gehen folgende Erscheinungen einher:
Schweißabsonderungen, Warzen, Gesichtsrötungen mit akneähnlichen Symptomen, Juckreiz, Nesselausschlag, Schuppenflechte, Ekzeme, Gürtelrose, Zystenkrankheiten, viele Schmerzzustände.

Als Ausscheidungsorgan können wir die Haut in ihrer Funktion mit einer dritten Niere vergleichen. Mit ihren Millionen Schweiß-, Duft- und Talgdrüsen hilft sie nicht unwesentlich beim Entschlacken.

Wir spüren einen gewissen Vergiftungsgrad als intensiven Haut- und Körpergeruch oder sogar als „Hautunreinheiten".

Bei aller Empfindlichkeit ist die Haut auch robust. Sie bietet uns mit ihrem Säureschutzmantel Schutz. Säuglinge sind aber besonders empfindlich, ihre Haut hat fast Schleimhautcharakter.

In der Fingerhaut ist in der Fläche von 1 cm^2 angelegt:

1 m	Blutgefäße	4 m	Nervennetz
10	Haare	15	Talgdrüsen
100	Schweißdrüsen	3000	Fühlzellen
25	Tastkörper	13	Kältepunkte
2	Wärmepunkte	200	Schmerzspitzen
	Pigmentzellen		

Am Körper sind in der Haut ca. 250.000 Kältepunkte, wovon die meisten am Rücken sind, und 30.000 Wärmepunkte, die meisten am Bauch angelegt.

2.000.000 Schweißdrüsen, wovon die meisten an Stirn, Händen und Füßen zu finden sind, die physiologisch angeregt werden bei Leistungen und psychisch durch Gefühlsreize wie Aufregung, Ärger oder Freude etc., haben teil an Hautreaktionen.

Die sensiblen Hautzonen decken sich nicht mit den Versorgungsgebieten der peripheren Hautnerven. Alle Nervenreize sind Speicherungsleistungen, werden zum Gehirn geleitet.

Als Sinnesorgan nimmt die Haut vielfältige Eindrücke wahr – auf die der Mensch individuell mit differenzierten eigenen Empfindungen antwortet. Sie können dabei gleichzeitig Grundlagen für die Vorstellungen und Begriffe über die Außenwelt werden.

Aber auch Inneres wird durch die Haut nach außen offenbar. Alle Krankheiten innerer Organe teilen sich durch entsprechende Hautveränderungen mit.

Die bioelektronische Funktionsdiagnostik und Elektroakupunktur nach Voll, die natürlich auch in ihren Wechselfällen den Biorhythmus des Individuums berücksichtigen muss, aber mit einer gewissen Statistik auch Organstimmigkeit oder -unstimmigkeit registriert, ist eine Hautwiderstandsmessung, welche diese Hautveränderungen misst und zu interpretieren versucht.

Damit ist der Zugang zum somatotopischen Gesamtbild gefunden und kann mit der psycho-physiognomischen Beobachtung zur patho-physiognomischen Ergänzung genutzt werden.

Zum Beispiel bekommt die Haut bei Depressionen ein fahlblasses Kolorit. Der deutliche Spannungsverlust der mimischen Innervation ist mit einer Verlangsamung der Bewegungen zu sehen. Die Sprache ist mühevoll und eher monoton. Die Sprache ist ängstlich, scheu und mutlos, Ausdruck einer weinerlichen Verzweiflung, die im nächsten Moment bei Überspannung schnell wechselnde Stimmungen anzeigt, die gegenteilig und hektisch übertrieben sind. Die Haut ist besonders in den Nasenwangenzügen des Gesichts entsprechend gerötet und gedunsen.

15.1.4 Haut und Sinne

Im Vergleich zu den Fähigkeiten der Tiere, die ein schützendes Schuppen-, Haar- oder

Federkleid besitzen, ist der Mensch – auch mit seinem sinnessinnlichen Wahrnehmungsvermögen – nackt und minderbegabt.

Seine Überlebensfähigkeit liegt in der Eigengestaltungsfähigkeit, durch den Selbstentwurf des Geistes.

Die Auflösung der Instinkte beim Menschen durch eben diesen Geist, ermöglicht die Kulturleistung, die Verantwortung und die Freiheit.

Die Instinkt-Geborgenheit geht in die Erkenntnis der Geist-Geborgenheit über. Biologisch bedeutet das, dass die von Haaren freie Hautfläche eine bedeutende Vermehrung von Sinneszellen und Sinnesorganen aufweist. Sinneszellen, die ihre Nervenbahnen in die zentralen Regionen des Rückenmarks und in das Mittelhirn schicken. Man kann die Zunahme dieser Sinnesfunktionen messen, indem man im Querschnitt des Halsmarks die Fläche der Nervenbahnen bestimmen kann, die mit den Sinnesleistungen im Zusammenhang stehen.

Der Anteil der Sinneszellen beträgt bei Kaninchen ca. 21 % der Querschnittfläche, bei Katzen ca. 26 %, bei niederen Affen 29 %, beim Menschen 39 %.

Es zeigt sich also, dass mit unserer Nacktheit eine gesteigerte Sinnesfunktion der Haut erreicht wird.

Intuitives Vermögen kommt in einer feinen, hellen Haut zum Ausdruck, grobporige Haut (dickes Fell) ist Kennzeichen einer geringeren Sensibilität.

Die Durchstrahlung der Haut fällt keinem Menschen von selbst zu, er muss sich intensiv mit dem „Stoff des Lebens" auseinandersetzen.

Bei übersteigerter Verfeinerung versagt die harmonische Zusammenarbeit von Leib und Seele: Kompliziertheiten, Überkompliziertheiten, Kränklichkeiten sind die Folgen.

Durch die bewusste Reizentfaltung wächst die Intuition. Qualitätserfühlen ist auch Spannungsfühlen, das den psychologischen Tiefensinn entwickelt.

Mit der Spannkraft der Haut reagieren die von außen empfangenen Reize besonders intensiv und werden durch den ganzen Körper mit-empfindend, mit-leidend geleitet.

Teils schafft die negative Helioda diese Leitung, teils entwickelt sie sich unter den Reizanstößen.

Wenn die Innenreaktionen des Körpers, des Unbewussten, stärker sind als die empfangenen Reize und so ein Spannungsfeld individueller, subjektiver Art ausbilden, so strahlt dieses an die Peripherie, an den „Empfangsort" des Reizes zurück und damit entsteht das Ausstrahlende, die positive Helioda (⇨ S. 56), im Bewusstwerden.

Huter beschreibt diesen Vorgang in seinem physiognomischen Grundgesetz (⇨ S. 9). Damit erklären sich die Wesenszusammenhänge von Charakter und Leistung, Krankheit und Kriminalität, Geistesverfassung und Körpergestalt.

15.1.5 Haut und Ausstrahlung

Der Mensch offenbart sich in seinem ganzen Wesen in der Haut. Es gilt, die Zeichen zu erkennen.

Es sind nicht die mechanischen Reize, die sie kühl und feucht, blass oder rot werden lässt, sondern die Emotionen, Begeisterung, Trauer etc., die ihre Durchblutung begleiten und sie warm und glänzend, strahlend und fein erscheinen lassen.

Die psychische Befindlichkeit des Menschen bestimmt die Ausstrahlung. Die Ausstrahlung, die mit Hautmessungen diagnostiziert werden kann, gibt also nur den Moment wieder, wobei auch Stimmungslagen eine gewisse Konstante sein können, besonders dann, wenn ein vorwiegendes Temperament oder eine Lebenssituation gewisse Konstanten haben.

Aus der Ausstrahlung machen wir uns den ersten Eindruck von einem Menschen.

Die Frage, die sich dem anschließt ist: Können wir uns auf diesen ersten Eindruck verlassen? Wie kommt er zustande? Wie wird er als solcher definiert? Wie können wir uns diesen ersten Eindruck bewusst machen und ihn möglichst objektiv betrachten, ohne in die Bewertung abzugleiten.

Das Typische erkennen wir am Habitus und Körperbau, das Individuelle an Körperbau und Charakter. Sympathie und Antipathie sehen wir in den feinen Gesetzmäßigkeiten ablaufen, die Typen und Neigungen, Ergänzung und Abstoßung beschreiben. Ausstrahlung und Resonanz, oft „nur" ein Energieproblem.

Die Grundlagen der Ausdrucksformen im Gesicht bekommen erst durch die Hautqualität ihren lebendigen Ausdruck. Sei es Nase mit Wangen und Nasenwangenzug oder Mund mit Ober- und Unterkiefer, Augen und Stirnanlagen oder Ohren und Jochbeine – sie alle geben ihre **Qualität** über die Haut zu erkennen (Qualität = Innenwertzustand).

Die Nase und ihre physiologischen und psychischen Merkmale für Kraft und Ausdauer im Willen und Plan zur Lebensführung und Selbstverwirklichung, das Typische und Besondere im Charakter von Völkerschaften und Individuen, die Frage, ob großnasige Menschen anders als kleinnasige Menschen entscheiden, zeigt in ihrer Aktivität die Haut an.

Mundformen als typisches Merkmal des Menschen, Mundmimik als körperlich seelische Reaktion zeigen mit dem Ausdruck der Haut, wie intensiv das Fühlen des Menschen ist.

Augen, ihre Größe, Ausdruck und Blickrichtung geben den Bewusstseinszustand zu erkennen, Ohren und ihre Merkmale stehen für die Tiefenschichten der Persönlichkeit, aber am Hautgewebe beobachten wir die Merkmale für aktives oder ruhiges Leben, Wahrnehmungs- und Vorahnungsfähigkeit, Gefühlsfeinheit oder -grobheit, bewusste und unbewusste Tendenzen.

Gesundheit und Krankheit erkennen wir am Hautgewebe. Besonders bei inneren Verspannungen, die sich mit Angst und Zwangsvorstellungen verstärken, reagiert die Haut auf sichtbare Weise.

15.2 Patho- und psycho-physiognomische Betrachtung der Haut

Patho-physiognomisch ist die Haut mit ihren Anhangsorganen, den Haaren und Nägeln, ein Spiegel der Organbefindlichkeit und der inneren Struktur (⇨ S. 97ff.). Verfärbungen zeigen sich z.B. bei Lebererkrankungen, Braunfärbung der Haut bei Nebennierenerkrankungen, Aknepusteln in der Pubertät, Furunkulose bei Diabetes und Nachtschweiß z.B. bei Herzfehlern oder anderen Krankheitsbildern.

Schreckensblässe und Schamröte sind Emotionsspiegelungen der Haut.

Die Biophotonensprache der Zellen, die sich dem Forscher mehr und mehr erschließt, ist vom Psycho-Physiognomen mit den Aufhellungen der Hautzonen gewissermaßen in der Konzentration zu beobachten.

Dabei ist zu bedenken, dass der Mensch nur in engen Grenzen seine ererbte Naturell-Anlage während des Lebens verändern kann, obwohl seine Körpergestalt fülliger oder magerer werden kann.

Unabhängig davon schreiben sich seine körperlichen, seelischen und geistigen Betätigungen, wesenstypischen Gesten und Mienenspiel als Linien oder Falten in seine Köperoberfläche ein. Die Haut wird so zum Spiegel der individuellen körperlichen und seelisch-geistigen Lebensanstrengung.

Dazu im Huter-Hauptwerk:

S. 414: I. Äußeres Endglied des Verdauungssystem, die Haut.
S. 419: II. Die Haut als äußerer Atmungs-Apparat.
S. 468: III. Die Haut als wichtigstes Lebensorgan.

„In der Haut beschließt die Natur ihre Reife."

„In der Haut vereinigen sich alle Lebenskräfte, Lebensstoffe und auch Krankheitsstoffe."

15.2.1 Die Psychosomatik der Haut

Die Haut ist das psychosomatische Organ des Menschen. Dem Hautkontakt kommt im ganzen Leben Bedeutung zu, ganz besonders beim Neugeborenen und beim Säugling, wo die Taktilität eine lebenswichtige Rolle spielt.

Die Wechselwirkungen zwischen der Psyche, dem Zentralnervensystem und der Haut, zeigen deutlich, dass die Beziehungen sehr intensiv und oft schwer durchschaubar sind. Folgende psychologische Bedeutungen, die der Haut zukommen, werden unterschieden:
- Die Haut ist ein Grenzorgan, eine Schranke zwischen der eigenen und der fremden Welt.
- Die Haut ist ein Ausdrucksorgan für die Darbietung an die Umwelt, z.B. sei an die verschiedenen Reaktionsweisen der Haut, wie Schwitzen, Frösteln, Erröten und Erblassen, erinnert.
- Die Haut ist ein Sinnesorgan für den Betrachter, der die Haut seines Gegenübers als schön, hässlich, sauber, unsauber usw. empfindet.
- Die Haut ist ein Sinnesorgan, von dem Reize aufgenommen und empfunden werden (Wärme, Kälte, Schmerz, Brennen, Jucken, Kitzeln sowie Tast- und sexuelle Empfindungen).

Ein Dermatologe sollte deshalb auch immer Psychosomatiker sein!
Die Haut vermag zwar als Ausdrucksorgan vieles auszusagen über die Befindlichkeit dessen, „der in der Haut steckt", niemals aber kann sie spezifische Fragen beantworten. Ein und dieselbe belastende Situation kann bei einem Menschen Erröten oder Schweißausbruch auslösen, beim anderen Erblassen oder Frösteln. Trotzdem gibt uns die Haut mannigfache Aufschlüsse, z.B. über innere Krankheiten oder ihre seelischen Ursachen.

Vom autonomen Nervensystem gesteuert, laufen Veränderungen meist automatisch ab, jedoch können z.B. durch autogenes Training auch willentlich Veränderungen, wie Temperaturerhöhungen, herbeigeführt werden.

Beispiele

Bestimmte Hautkrankheiten finden jedoch eindeutig ihr Korrelat in psychischen Störungen, wie z.B. verschiedene Ekzeme, Neurodermitis, Pruritus ani, Akne vulgaris, Psoriasis, Urtikaria und Alopecia areata.

Preston untersuchte 1115 Patienten mit Hautleiden und fand bei 500 von ihnen eine funktionelle Störung oder psychosomatische Erkrankungen als Ursache. 44,7% (n = 223) dieses Kollektives waren eindeutig depressiv, 25% (n = 125) wiesen eine larvierte Depression auf und 18,3% (n = 92) wurden als neurotisch diagnostiziert.

Als kongenitales Säuglingsekzem entsteht die chronische Urtikaria. Als psychiatrisch auffällige Persönlichkeitszüge sind Neigung zur passiven Haltung im menschlichen Kontakt festzustellen, starke Verletzbarkeit in den Liebesbeziehungen und ein hohes Maß an Unsicherheit im Verhalten. Bei einem hohen Prozentsatz der meist weiblichen Patienten sind in der Anamnese Hinweise auf psychisch relevante Faktoren zu finden: die Urtikaria wird als Ersatz für „unterdrücktes Schreien" interpretiert. Verlangen nach Liebe und ein Bedürfnis, bewundert zu werden, gelten als auslösende Faktoren.

Der psychogene Pruritus kann am ganzen Körper auftreten, meist übersät mit konsekutiven Kratzeffekten. Bei diesen Patienten besteht starker Kontakthunger, Unfähigkeit, Aggressionen zu äußern bzw. ein gestörtes Aggressionsverhalten und zwangsneurotische Ordnungsliebe. Pruritus kann Aggression, Hass, Lust und Wut beinhalten. Die betroffenen Patienten leiden oft an Depressionen, die dem Jucksymptom zugrunde liegen, bei Frauen oft durch sexuelle Probleme bedingt, bei Männern durch berufliche.

Bei der Alopecia areata et totalis werden jeweils psychische Ursachen für den Ausbruch der Krankheit verantwortlich gemacht, auch wenn dies noch nicht bewiesen ist. Die Patienten sind häufig Persönlichkeiten, die große Anforderungen an sich selbst stellen, meist in jüngeren Lebensalter erkranken und in 30% hereditär prädisponiert sind. In deren Familien tritt gehäuft Urtikaria, Ekzem oder Psoriasis auf.

Aufgrund testpsychologischer Untersuchungen steht fest, dass alle diese Patienten unter einem erheblichen depressiv-aggressiven Spannungsfeld stehen, ohne die Möglichkeit zu besitzen, ihre Affekte und Impulse in einer angemessenen Form abzureagieren oder zu verarbeiten, weshalb besonders auf eine latent bestehende Suizidgefahr geachtet werden sollte.[24]

In diesem Zusammenhang ein längeres Zitat als Beschreibung der Reizverarbeitung: „Die wechselseitigen Strahlungsvorgänge zwischen Gesicht und Körperorganon und die Krankenphysiognomik"[25]:

„(...) Von den Peripherieorganen kann nun eine Rückstrahlung zu den Hirnzentren stattfinden. Es ergehen sich dadurch folgende verschiedenen Lebenskraftströmungen oder Heliodastrahlvorgänge:

I. a) Zentripetal:
   Von den Sinnesorganen zu den Hirnzentralen.
   (Sinnesgeistiger Vorgang)
   b) Zentrifugal:
   Von den Hirnzentren zu den Sinnesorganen.
   (Verstandesgeistiger Vorgang)

II. a) Zentripetal:
   Von den Körperzellen zu den Ganglien, von da zu den Hirnzentren.
   (Trieb- und instinktgeistiger Vorgang)
   b) Zentrifugal:
   Von den Hirnzentren zu den Ganglien.
   (tatgeistiger Vorgang)

III. a) Zentripetal:
   Von den Körperzellen zu den Ganglien.
   (unbewusster physiologischer Lebensvorgang)
   b) Zentrifugal:
   Von den Ganglien zu den Einzelzellen.
   (unbewusster lebensordnender Vorgang)

IV. a) Zentripetal:
   Von den Sinnesorganen zu den Hirnzentren, von den Hirnzentren zu den Ganglien, von den Ganglien zu den Körperzellen.
   (Gemütsgeistiger Vorgang)
   b) Zentrifugal:
   Von den Körperzellen zu den Ganglien, von da zu den Hirnzentralen. Von da zu den Sinnesorganen einesteils und zu den bestimmten Gliedern andernteils.
   (Genialgeistiger Gefühlsvorgang)"

Ist ein Mensch mit einer besonders feinen Haut ausgestattet, wird er auf den sog. Lügendetektor empfindlicher reagieren. Denn der gemessene Hautwiderstand (d.h. Innendruck in den feinelektrischen Reaktionen) reagiert am empfindlichsten auf alle Reize, die das Gefühl aktivieren.

Das undifferenzierte Gemüt erfährt man in Sentimentalität, Neugierde, Naivität, Unverschämtheit, Unbeherrschtheit, Lust an Grausamkeiten bei starker Genussliebe für Essen, Tabak, Alkohol, Geschlechtsleben und zeigt sich in einer groben Haut.

15.2.2 Die Ausdrucksareale der Haut

Mit der Tatsache, dass das Blut und sämtliche Körperflüssigkeiten (bis zu den Zellen des Körpers) Informanden sind, lebt die Labordiagnostik. Physiognomisch bietet sich dabei an, hinzuziehen, was die Haut an ihrer Oberfläche zeigt.

---

[24] Schweiz. Rundschau Med. (Praxis) 71, Nr. 43 (1982) 1701–1707.
[25] Huter, Hauptwerk, S. 710.

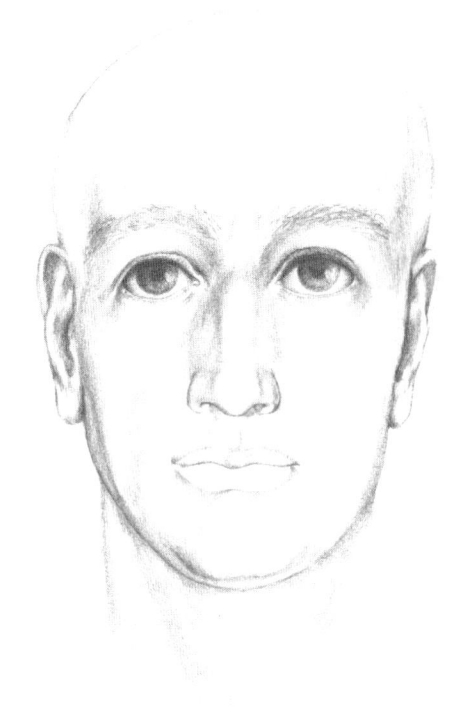

Abb. 28: Kopiervorlage für patho-physiognomische Betrachtung.

Hinweis für die Praxis
Selbstverständlich schauen Sie Ihrem Patienten während des Gesprächs ins Gesicht.
Sinnvoll ist es, die Skizze einer unbeschrifteten Gesichtsfläche zu kopieren (⇨ Abb. 28), auf den Schreibtisch zu legen und in diese einzutragen, was mit den Organ-Korrespondenzen zu sehen ist, z.B. als Dokumentation für den gegenwärtigen Ausdruck. Bei der nächsten Konsultation können Sie genauso verfahren und mit dem Vergleich die Veränderungen feststellen.
Sinnvoll ist es auch, ein „Anfangs"-Foto zu machen sowie ein weiteres nach Beendigung der Therapie als Vergleich (mit unveränderten technischen Voraussetzungen).
Notizen über Ausstrahlungswahrnehmung können ebenfalls sehr hilfreich sein.

Schon bei der Psycho-Physiognomik, wo sich die Hintergrundinformation eines Ausdrucksbereiches ergibt, werden die **Organ-Korrespondenzen** mit der Haut gesehen.

Genaue Kenntnis über die Funktion und Physiologie der Haut lässt verstehen, wie zustande kommt, was dann mit der Veränderung der Haut abgelesen wird.

Die Zellstrahlung (⇨ S. 9) ist ein universelles Steuerungsinstrument des Lebens. Sie beeinflusst Wachstum, Stoffwechsel, Nervenimpulse und Immunreaktionen. Bei der kleinsten Unstimmigkeit der Ausstrahlungsenergie, der Vitalität, ist der ganze Mensch unstimmig. Er spürt das und sucht instinktiv, die Balance herzustellen.

Dabei verändert er etwas. Er hat sich aber auch in seinem Aussehen verändert.

Der Kundige beschreibt ihn als unruhiger oder ruhiger, als blass oder rot, als grau oder matt etc.

Beispiel

Wenn dann die Gesichtsfläche verglichen wird mit dem Aussehen vor der Unstimmigkeit, kann sich ergeben, dass z.B. die Leberausdruckszone dunkler getönt ist, eine Idee bräunlicher oder grauer geworden ist und die Modellierung partielle Schwellungen der Haut anzeigt.

Dann kann sich der Unstimmige seine Empfindung aus der Dysfunktion seines Entgiftungsorgans erklären. Falls er sich dann erinnert, irgend etwas genossen zu haben, was der Leber mehr Mühe machen muss, weiß er, dass das der Grund seiner Unstimmigkeit ist.

> In diesem frühen Stadium der Signalgebung des Organs ist nach klinischen Diagnosemöglichkeiten noch nicht festzustellen, was die Unstimmigkeit bestätigt.

Als „gesund" entlassen, *fühlt* sich der Patient dennoch erst so, wenn sich seine Leberkorrespondenz-Zone wieder unauffällig zum übrigen Kolorit des Gesichts verändert hat.

Wenn der Prozess in der Gegenrichtung erfolgt, verstärken sich die Signale, geben über die Haut immer deutlicher die Verfärbungen und Schwellungen etc. zu erkennen, leiten damit eine Krankheit ein und begleiten sie mit Merkmalen, die wiederum zu interpretieren sind.

15.2.3 Die einzelnen Ausdrucksareale

Die Gesichtsfläche ist nach den Korrespondenzgesetzen zwischen den inneren Organen und der Gesichtshaut zu analysieren.

> Die Haut des Gesichts gibt durch ihre Veränderung ständig Informationen über Unstimmigkeiten und Wohlgefühl. Wo Gesichtszonen auffällig werden, sollte die Aufmerksamkeit erkunden, welches Organ damit in Korrespondenz steht und auch, was psycho-somatisch die Ursache dafür sein könnte.

Ist z.B. die Schläfe eingefallen, grau in der Hautfarbe, so ist das ein Hinweis auf mangelnde Schlaferholung.

Falten weisen auf Anstrengung und Leistung des korrespondierenden Organs hin.

Die Augen sind sehr vieldeutig, was z.B. in der Iris-Diagnose deutlich wird.

Die Augenhöhlen haben einen Zusammenhang mit dem Uro-Genital-System und dem Nervensystem.

Die Nase im unteren Teil verweist auf das vegetative System, im mittleren Teil auf das Knochensystem und im oberen Teil auf die Konzentrationsfähigkeit.

Die Nasolabialfalte wird als Herz-Ausdruckszone gedeutet.

Das Pallium gibt Hinweise auf die Gefühls- oder Willensenergie, genauso wie der Mund, aber als der Beginn des Verdauungstraktes korrespondiert der Mund mit diesem.

Kinn und Hals verweisen auch auf Stoffwechselzustände.

Für die Stirn haben die Physiognomen bisher sehr wenige Organentsprechungen gefunden[26].

Und Hände, Füße, Rücken haben sehr umfassende Deutungsmöglichkeiten

Die Ausdrucksareale
- Schläfe ⇨ S. 214
- Augen mit der Irisdiagnose ⇨ S. 164ff.
- Augenhöhle
- Wangenflächen
- Nase ⇨ S. 132ff.
- Nasolabialfalte ⇨ S. 145ff.
- Pallium
- Mund
- Kinn ⇨ S. 160
- Hals ⇨ S. 224
- Hände, Füße, Rücken ⇨ S. 225

geben Informationen durch *Hautstruktur, Modellierung und Färbung.*

---

[26] Die chinesische Diagnostik bezeichnet zahlreiche Organentsprechungen, die aber für den Anspruch westlicher Betrachtungen erst durch genaue Forschungen bestätigt werden wollen.

106 Patho-Physiognomik 15

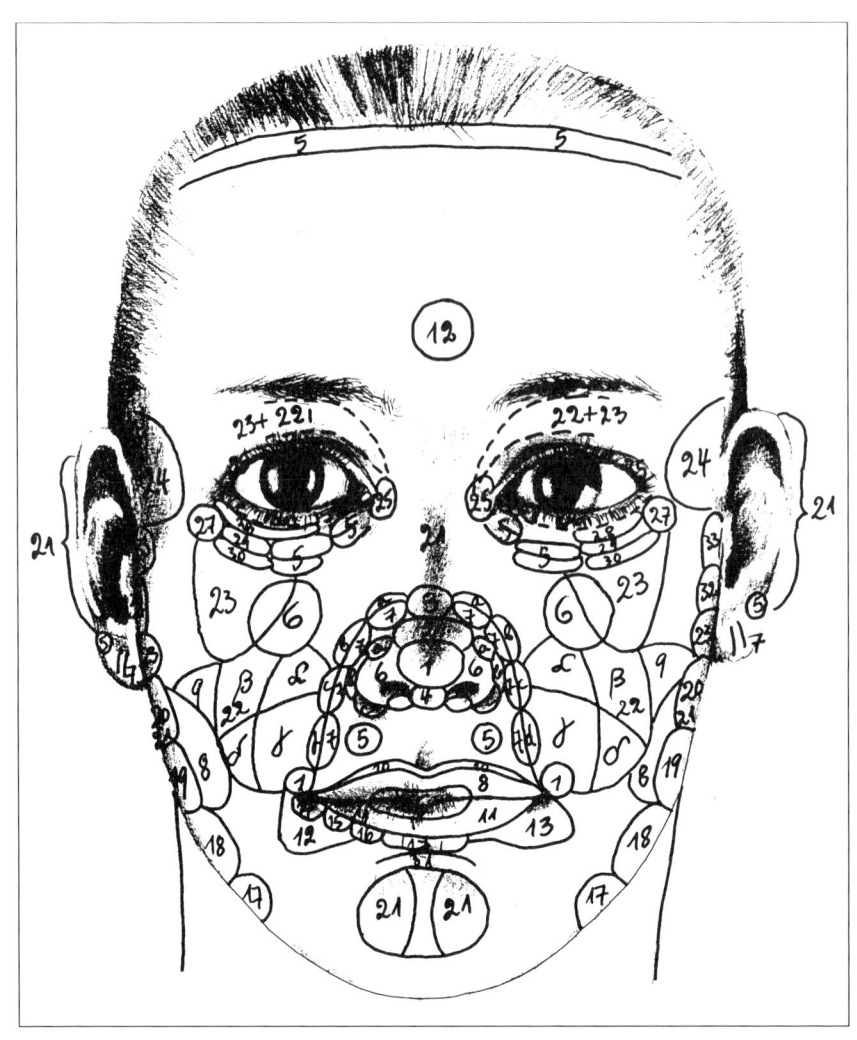

Abb. 29 a+b: Organ-Korrespondenz-Zonen.

a frontal
b seitlich

1. Magen
2. Darmsystem an der Nase
3. Sonnengeflecht – Sympathikus – Gemüt
4. Thymusdrüse
5. Genitalien
6. Lunge
   a-c: Luftwege – Bronchien und deren Segmente
7. Herz (Nasolabialfalte)
8. Dünndarm
9. Nebennieren
10. Zwölffingerdarm
11. Dickdarm
12. Leber
13. Milz
14. Pfortadersystem
15. Gallenblase
16. Gallengang
17. Bauchspeicheldrüse
18. Fettverdauung

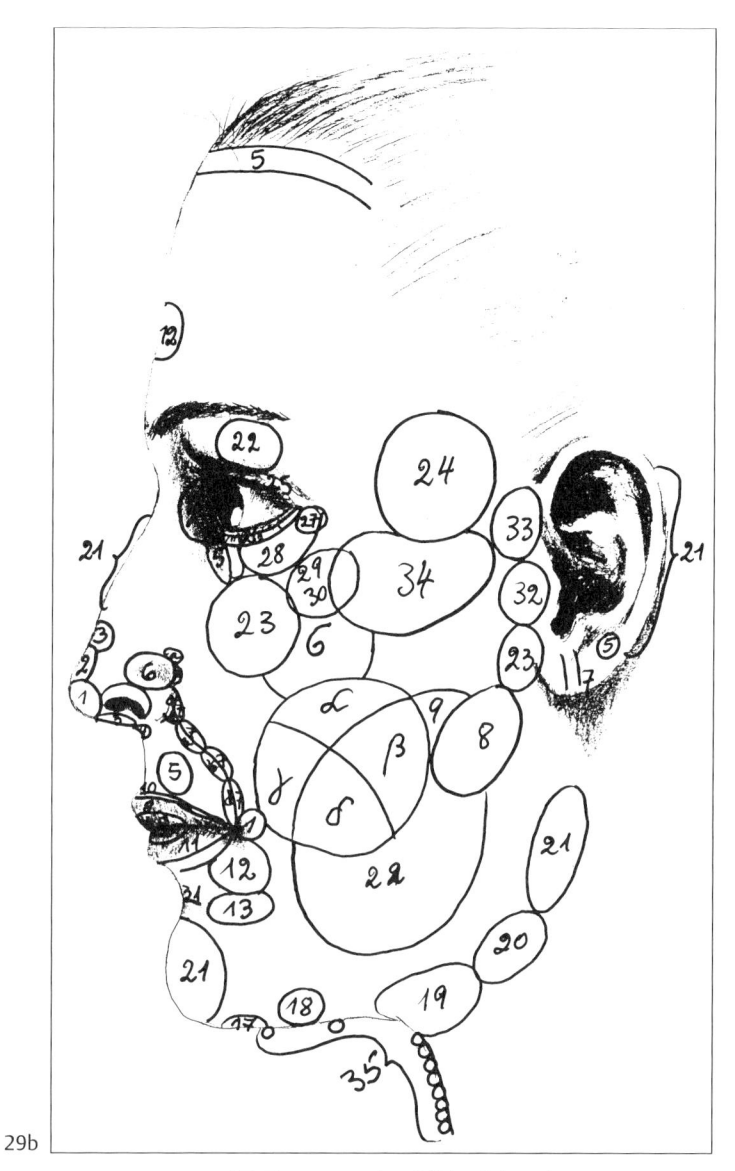

15.2 Patho- und psycho-physiognomische Betrachtung der Haut

29b

Fortsetzung der Legende:
19. Eiweißverdauung (versch. Phasen)
20. Kohlenhydratverdauung
21. Knochensystem
22. Depots aus Stoffwechselvorgängen als Kraftreserve
23. Nieren und Gefäße des Flüssigkeitstransports
24. Schlaferholung und psychischer Zustand
25. Sensibles Nervensystem
26. Motorisches Nervensystem und Gefäße der Extremitäten
27. Prostata und weibliche Keimanlagen
28. Blase
29. Harnleiter
30. Harnröhre
31. Aeskulusfalte und Venensystem
32. Umsatz flüssiger Nahrung
33. Umsatz fester Nahrung
34. Widerstandskraft – Immunsystem
35. Chemisch – ätherischer – körperlicher Zustand

① Magen
  Ventriculus

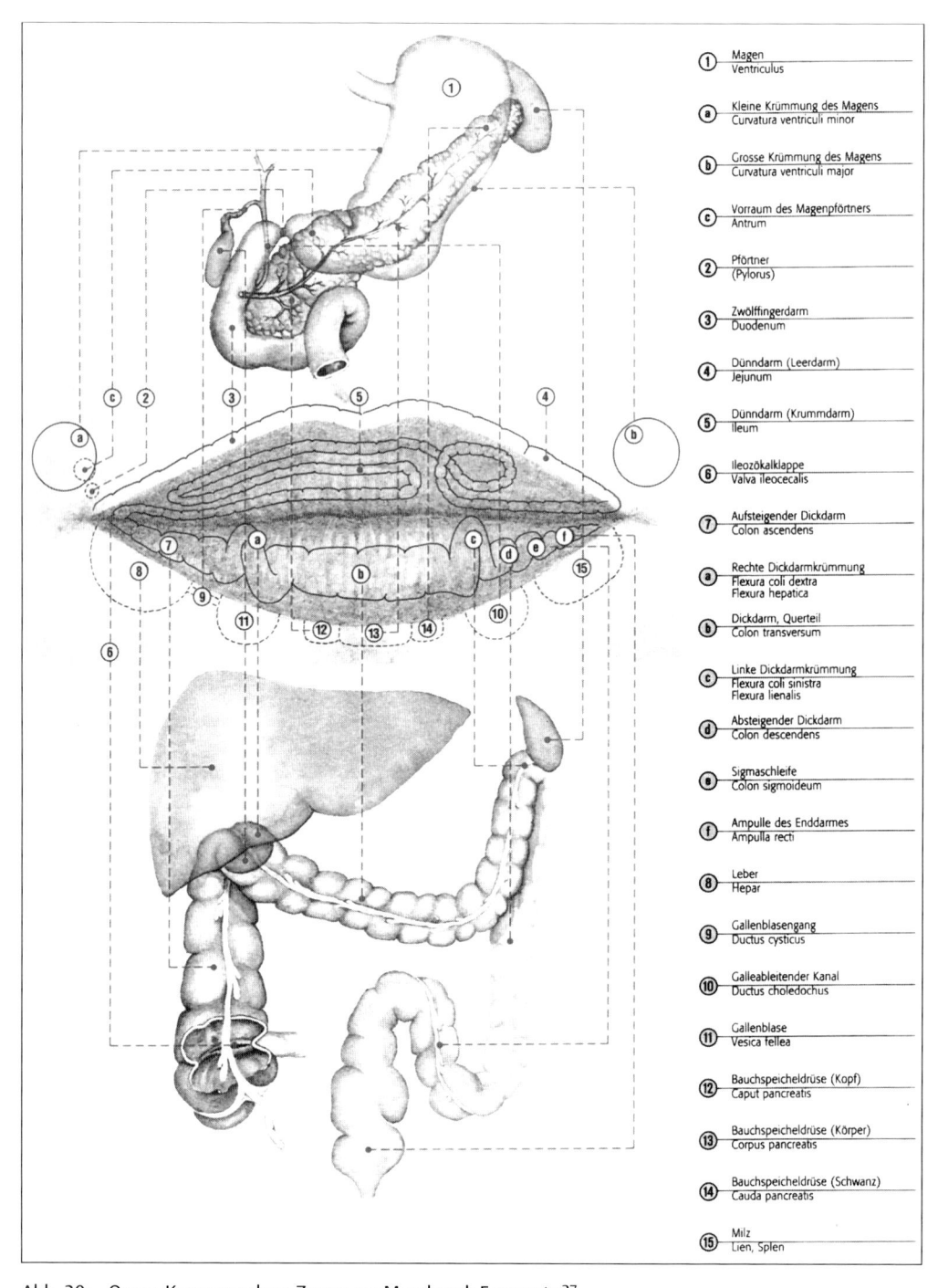

ⓐ Kleine Krümmung des Magens
  Curvatura ventriculi minor

ⓑ Grosse Krümmung des Magens
  Curvatura ventriculi major

ⓒ Vorraum des Magenpförtners
  Antrum

② Pförtner
  (Pylorus)

③ Zwölffingerdarm
  Duodenum

④ Dünndarm (Leerdarm)
  Jejunum

⑤ Dünndarm (Krummdarm)
  Ileum

⑥ Ileozökalklappe
  Valva ileocecalis

⑦ Aufsteigender Dickdarm
  Colon ascendens

ⓐ Rechte Dickdarmkrümmung
  Flexura coli dextra
  Flexura hepatica

ⓑ Dickdarm, Querteil
  Colon transversum

ⓒ Linke Dickdarmkrümmung
  Flexura coli sinistra
  Flexura lienalis

ⓓ Absteigender Dickdarm
  Colon descendens

ⓔ Sigmaschleife
  Colon sigmoideum

ⓕ Ampulle des Enddarmes
  Ampulla recti

⑧ Leber
  Hepar

⑨ Gallenblasengang
  Ductus cysticus

⑩ Galleableitender Kanal
  Ductus choledochus

⑪ Gallenblase
  Vesica fellea

⑫ Bauchspeicheldrüse (Kopf)
  Caput pancreatis

⑬ Bauchspeicheldrüse (Körper)
  Corpus pancreatis

⑭ Bauchspeicheldrüse (Schwanz)
  Cauda pancreatis

⑮ Milz
  Lien, Splen

Abb. 30:   Organ-Korrespondenz-Zonen am Mund nach Ferronato[27].

[27] Ferronato, Natale: Pathophysiognomik. Atlas der organ- und funktionsspezifischen Krankheitszeichen im Gesicht. Kürbis Verlag, CH-Uitikon Waldegg 2000.

15.2 Patho- und psycho-physiognomische Betrachtung der Haut

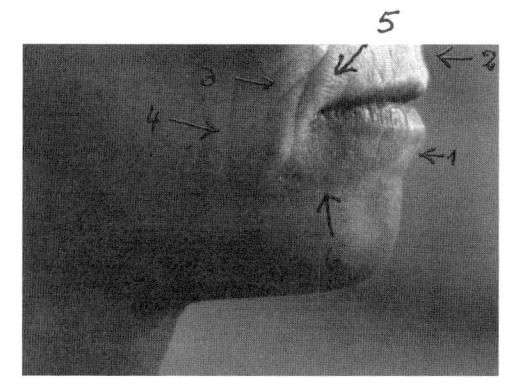

Abb. 31: Praxisbeispiel.

1 Bauchspeicheldrüse: geschwollen
2 Gefühlsausdruckszone: zu fest, beherrscht
3 Abzweigung von der Nasolabialfalte: Anstrengung für die herzversorgenden Gefäße
4 Darmausdruckszone: Falte deutet auf Überanstrengung hin
5 Magenzone: geschwollen
6 Leberzone: Verfärbung

Frage an die Patientin: Können Sie Ihre herzanstrengende Gefühlsbeherrschung lockern? Wenn das möglich wäre, würde dies das Stoffwechsel- und Entgiftungssystem entlasten.

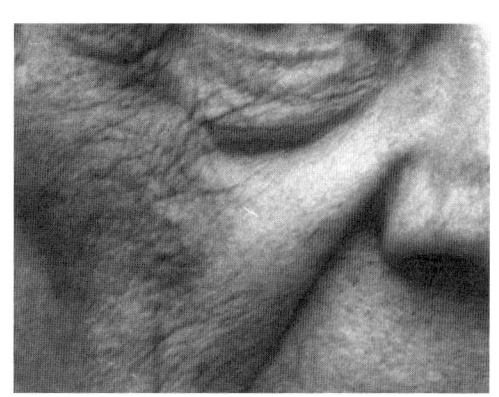

Abb. 32: Auffällige Nierenzone.

Das Untergesicht, ausgehend vom Sonnengeflechtsausdrucksareal zeigt die Umsetzung der Gefühls- und Instinktkräfte, die sich in die Seelen- und Geisteskräfte transformieren, um sich im Augen- und Stirnausdruck zu zeigen.

Selbstverständlich sind diese ganzheitlichen Abläufe in der Einheit der Individualität untrennbar, obwohl die analytische Betrachtung zu den Modellen findet, die auch Carl Huter mit der zeitlichen Abfolge der Gehirnentwicklung ähnlich beschrieb.

Die psychologischen Gesichtspunkte und die physiologischen Hintergründe für die farblichen Veränderungen, Modellierungen der Haut mit den Organkorrespondenzzeichen bedürfen der Interpretation: Das **Sonnengeflechtsausdrucksareal** ist in der Mitte des Gesichts zu finden.

Ist dieses feinhäutig, gelblich-weißlich (heliodisch, ⇨ S. 56ff.) in der Färbung, fein durchstrahlt, stimmt die Gefühlsenergie des Menschen, ist er in seiner Mitte.

Wird aber durch irgendeinen Einfluss der Freude, des Ärgers, des Leides die Gefühlsenergie dynamisiert, rötet sich die Sonnengeflechtsausdruckszone durch die Übererregung des Gefühls.

Damit kommt das ganze vegetative System in leichte bis schwere Unordnung. Prompt verändert sich der Augen- und Gesichtsausdruck insgesamt, aber besonders dort, wo sich die psychologisch-bedingten Körperreaktionen ereignen.

Das lässt natürlich einen vernetzten Rückschluss zu, z.B. ist die Erregungsursache im Kommunikationsumfeld außen, verändern sich die Funktionen im Atmungsapparat. Bei längerfristiger Dysfunktion meldet sich das Atmungsorgan, und die Haut der Nasenflügel und der Nasenlöcher beginnt sich zu verfärben. Diese Färbung ist nicht gleichmäßig und kann Rötungen, Blässen und alle Nuancen von Grautönungen aufweisen.

Auch das obere Wangenfeld, das Auskunft über die Lunge und die Luftwege gibt, tritt optisch hervor. Gleichzeitig ergibt sich die Frage nach Abgrenzungsproblemen, einer emotionalen Wunde oder gar Verzweiflung.

Ohrenschmerzen können ausgelöst sein, weil der Mensch in einer Überlastsituation nicht für einen Druckausgleich sorgen kann und die Eustachische Röhre schmerzt.

Wenn unser Kommunikationsfeld in uns selbst nicht stimmt, zeigen das die **Stoffwechselorgane**. Wir sind nicht in unserer Mitte.

„Mitte" – Was ist das?

„Ich bin in meiner Mitte", spricht ein ausbalancierter, zufriedener Mensch. „Ich zentriere mich", sagt jemand, der zu seiner Mitte finden will. Wenn man dann psychologisch fragt, was dabei geschieht, läuft alles darauf hinaus, Extreme zu beruhigen, Defizite aufzufüllen oder zu aktivieren, um in die Balance zu kommen, die innere Kraftquelle zu spüren.
   Wo konzentriert sich dieses Gefühl?
   Im Sonnengeflecht. Hier wird offensichtlich energetisch etwas vollzogen, was dann das „In-der-Mitte-sein" bestätigt.
   Wo ist das *Ausdrucksareal* des Sonnengeflechts?
   An der Übergangszone von der knorpeligen Nasenspitze zum knöchernen Nasenrücken. Die Kraft-Richtungs-Ordnung (⇨ S. 53), die das Gesicht des Menschen typisch und stimmig profiliert, bildet im Wechsel Ein- und Ausbuchtungen aus.

Nahrung kann belastend sein, aber auch schwere Gedanken und Gefühle können dies und müssen auch verdaut werden.
   Fällt dieses schwer, reagiert der Magen, das Darmsystem, das Stoffwechselsystem und die Korrespondenzzonen zeigen uns das an.

Psychosomatisch reagiert der Zwölffingerdarm auf Angst, Sorgen, Minderwertigkeitsgefühle, Unterdrückung, Niederlagen.

Unter der Unterlippe ist seitwärts ein Ausdrucksareal der Leber. Die Leber sorgt für einen ausgeglichenen Entgiftungsvorgang durch den Abbau der meisten Hormone.
   Die Leber liegt dem Zwerchfell an und wird durch die Atmung, wie bei einer Massage durch die Auf- und Abbewegungen gefüllt und geleert. Allein dieses Beispiel zeigt die vielfältigen Zusammenhänge unserer Stoffwechselvorgänge und der Beeinflussung aller Bereiche, wenn nur ein kleiner Regelkreis gestört wird.
   Da läuft einem gleich „eine Laus über die Leber" oder gar „die Galle über".

15.3 Die Gesichtsknochen

Im Entwicklungsprozess zum differenzierten Lebewesen hat jedes Körpersystem deutliche Zweckdienlichkeit, die einem Maschinenmodell gleicht, aber auch den geistig-seelischen Aspekt funktionstüchtig hält, der wachsen lässt, steuert und innovativ/kreativ verstoffwechselt, was die Sinnesorgane anbieten.

Unsere Knochen z.B. bilden ein Stützgerüst und geben unseren Organen wie uns selbst Halt und die Möglichkeit, uns zu bewegen. Sie sind Fabrikations- und Lagerstätte für wichtige Bestandteile unseres Blutes und des Immunsystems.

Alle Menschen haben ein Bewegungssystem, das bei stabiler und gesunder Ausbildung alle dynamischen Pläne durch Eigenleistung verwirklichen kann, sich in der Bewegung trainiert und dem tätigen Menschen hohe Leistungsfähigkeit bestätigt.
   Psychologisch erwächst daraus ein starkes Gefühl für die eigene Kraft, alle Aufgaben bewältigen zu können. Das Selbstbewusstsein entwickelt sich durch die Leistungsfähigkeit und Selbst- und Fremdbestätigung in einer Leistungsgesellschaft, in der die Leistung und das daraus erwachsende Prestige hoch honoriert wird.

Bei den Menschen und allen Lebewesen, bei denen der dynamische Lebenswille zur Bewegung vorherrscht, ist eine entsprechende Energie formbildend (⇨ S. 9).
   Ein solcher Mensch hat einen gespannten, nicht verspannten Körper und Bewegungsart

und Haltung, die kraftvoll ist. Die Wirbelsäule ist stabil, die Gelenke sind stabil, alle Sehnen, Bänder, Muskulaturen sind spannkräftig.

Die Gesichtsknochen, die zu den Gestaltknochen ihre Korrespondenz haben, zeigen bei aller Feinheit Stabilität an. Nasenrücken, Jochbeine, Unterkiefer-Kinnformen und die untere Augenhöhle ebenfalls. Die Gesichtshaut ist gesund gefärbt (rosig-gelblich-weißlich) und in Spannung und Strahlung ausgewogen.

Nehmen wir einmal an, dass dieser Mensch nun eines Tages anfängt, sich falsch zu ernähren: denaturierte Nahrung, zuviel Zucker etc. Dies führt dazu, dass der Knochenstoffwechsel unstimmig wird.
  Vielleicht erlebt er auch ungewöhnliche Belastungen seines Körpers durch Arbeit, Sport …
  Oder er erfährt Einbrüche seines Selbstbewusstseins durch Mitmenschen und Schicksal – und langsam beginnen tiefe Zweifel an sich selbst zu greifen …
  Dabei mindern sich alle Qualitäten:
- Funktionsstabilität,
- Leistungskraft,
- Eigenkraftgefühl,
- Selbstbewusstsein.

Natürlich hat dies auch körperliche Auswirkungen: immer stärkere Schmerzen entstehen, die freie Haltung beugt sich, und Glanz und Schimmer der Augen und der Haut werden dumpf und grau. Mit diesem Ausdrucksergebnis jahrelanger Fehlhaltung geht der Mensch schließlich zum Diagnostiker.

Der sieht im Gesicht die Knochen-Ausdrucks-Korrespondenz-Zonen mit schwacher Energie, weiß um die Möglichkeiten der Knochenbehandlung und der Sport- und Gymnastikübungen, aber auch der seelischen Ansprache und Unterstützung des Patienten und wendet diese mit ihm gemeinsam an.
  Dabei kann er dann im Verlauf der Behandlung an den Gesichtsknochen, der äußeren und inneren Haltung des Menschen die stattfindenden Veränderungen genau beobachten und sehen, welche Maßnahmen als energiesteigernde, welche als energiemindernde im Einsatz sind und bewusst korrigieren.

15.3.1 Der Knochenbau der Naturelle – „Wo lebe ich gegen mich selbst?"

Bei den Typen, bei denen die Energie für Dynamik optimal aufbaut, ist mit dem entsprechenden Merkmalsprotokoll das Bewegungs-Naturell beschrieben (⇨ S. 22).

Das Eine ist der Ausdruck des Anderen, und die Physiognomik hilft uns, die Zeichen eines Nicht-im-Einklang-mit-sich-Selbst-Seins zu erkennen und zu deuten, z.B. durch unangemessene Tätigkeiten.

Ein Empfindungs-Naturell im Straßenbau
= zu schwer
Ein Bewegungs-Naturell im Finanzamt
= zu wenig Bewegung
Ein Ernährungs-Naturell als Montagearbeiter
= zuviel Bewegung

Das Defizit zeigt uns den Weg zur Ausgewogenheit, zur Harmonie, und jedes Extrem führt zu Defiziten.
  Wir studieren also nicht nur Psychologie, Anatomie, Physiologie, Natur und Kultur des Menschen in einer umfassenden Anthropologie, sondern nehmen auch die Bedeutung seiner Erscheinung zu einer umfassenden Menschenkenntnis.

Wenn die Empfindungsnerven fein sind, und dafür gibt es physiognomische Ausdrucksareale in feiner Haut, erlebt der Mensch tief innerlich alles nach, was ihm begegnet, denn die Feinheit der Nerven registriert über die Sinnesorgane feine Reize und bringt den ganzen Körper in Vibration.

Auf die C. G. Jung-Typen (⇨ S. 46) bezogen heißt das,
1. dass die Feinheit und Vielzahl der Empfindungsnerven den introvertierten Menschen erklärt,
2. die Mehrzahl der motorischen Nerven den extravertierten Menschen ausweist,
3. die Psycho-Physiognomik den Ausdruck des Mittelhirns beachtet – denn die Steuerung der somatischen, physiologischen, psychischen, intelligenten Energien wird von diesem frühgeschichtlichen Gehirn geleistet. Die introvertierten Typen haben den E-Qu (Emotional-Quotienten) stärker entwickelt als den I-Qu (Intelligenzquotienten).

Die Steuerung der somatischen, physiologischen, psychischen, intelligenten Impulse leistet das Mittelhirn.

Die Erklärung für diese energetischen Qualitäten liegt in der Kraft-Richtungs-Ordnung Carl Huters (⇨ S. 53ff.). Sie erklärt die Energien, die einen Menschen beherrschen, die Motivation, die ihn Dinge tun lässt, wobei auch die Temperamente und die mit ihnen verbundenen unterschiedlichen Reaktionen zu betrachten sind. Denn das Individuum ist etwas Unteilbares, Einzigartiges und mehr als die Summe seiner Einzelheiten.

Wie genau die Beschreibung eines Gesichtes, einer Erscheinung sein kann, liegt an uns, denn mit der genauen Beschreibung muss sich das Wissen um Ausdrucksform und Ausdruckswert verbinden.

Das kann die Psycho-Physiognomik vermitteln.

Teil 5

Die einzelnen Formelemente

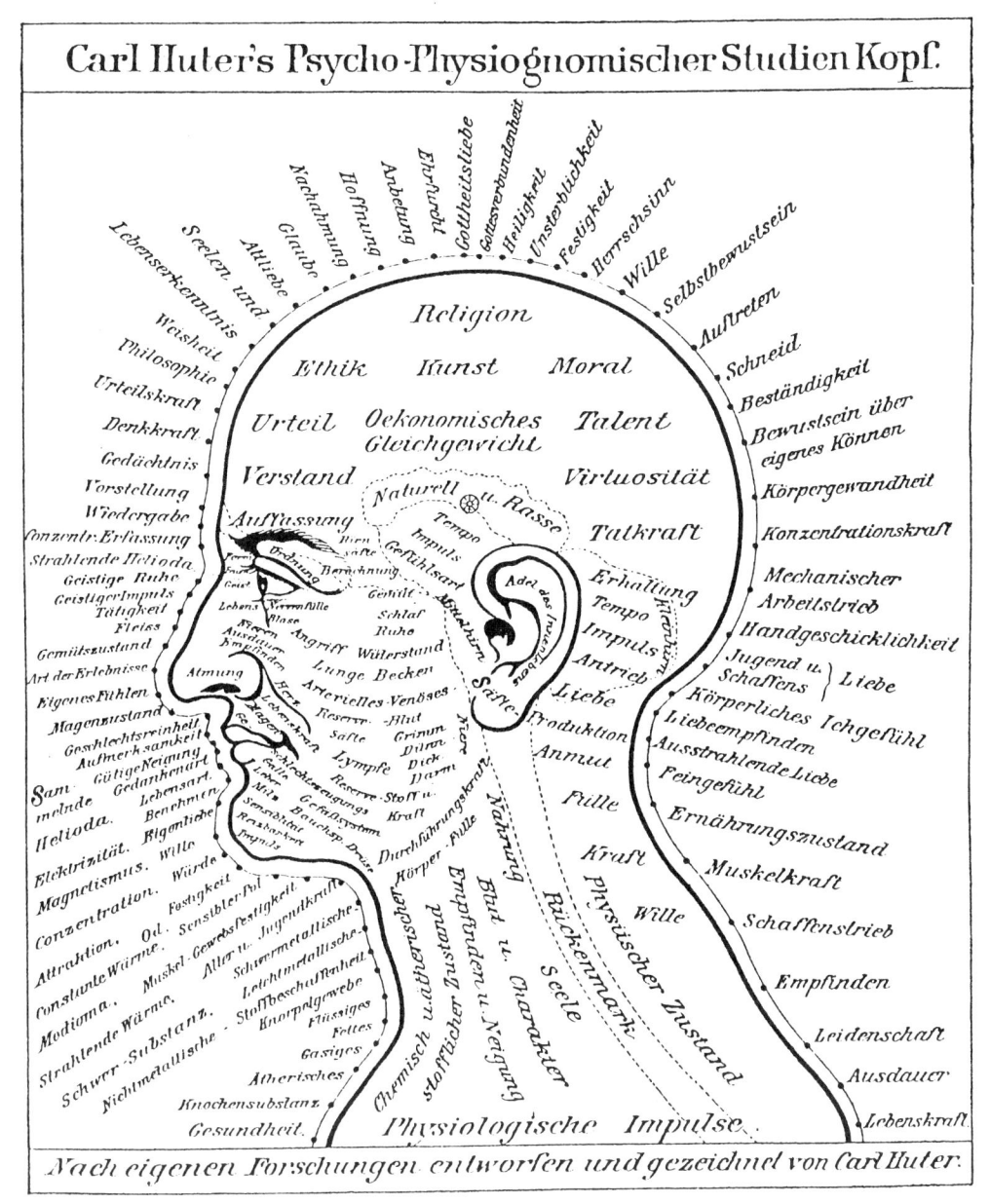

Abb. 33: Carl Huters Studienkopf – Der Kanon.

16 Die Ohren

Für die Physiognomen drücken sich am Ohr die Tiefenschichten der Seele (⇨ S. 119) und des Charakters, das „seelische Bedürfnis", aus.

Wenn wir vom Ohr sprechen, sprechen wir vom seelischen Erbe, der individuellen Vergangenheit. Es gilt als Symbol der individuellen Entwicklungsgeschichte und spiegelt den inneren Standpunkt eines Menschen vom Grundgefühl her.

Das Ohr gibt uns Auskunft über gegenwärtige Vitalität und Lebenskraft.
In seiner Dreiteilung spiegelt sich unsere Dreifaltigkeit wider: Seele – Geist – Körper (⇨ S. 121).

Jeder Mensch steht in einer inneren Polarität. Jeder Mensch hat zwei verschiedene Ohren, wobei jedoch dem Ansatz und der Größe besondere Bedeutung zukommt (⇨ S. 123ff.).

Die Helix, der Ohrrand, hat eine Ausdruckskorrespondenzzone zur Wirbelsäule und Schädelkapselform (⇨ S. 129).

Bei der Analyse sind auch die Kopfareale hinter der Ohrmuschel und um das Ohr herum einzubeziehen (⇨ S. 131).

16.1 Ohrfunktion und -anatomie

Die Ohrmuschel wird als Schallempfänger oder Schalltrichter gesehen. Eine Parabol-Antenne z.B. funktioniert wie ein Hohlspiegel: Selbst kleinste Signale werden aufgefangen, gebündelt und zum Brennpunkt geleitet.

In gleicher Weise ist die Ohrmuschel geformt: Sie nimmt die Schallsignale auf, die erst das Sinnesorgan in Schwingung versetzen und dann den ganzen Körper, vorrangig das Gehirn.

Wie bei allen Gesichts- und Körperteilen ist aber die Naturentwicklung nicht allein den Funktionsansprüchen gerecht geworden, sondern hat der individuellen Formgebung eine sehr große Variationsbreite gegeben: Wie die Fingerabdrücke gehören die Ohren zur individuellen Unverwechselbarkeit eines jeden Menschen.

Die Fragen, die sich aus diesen individuellen Unterschieden ergeben, versuchen die Physiognomen, aus den Erfahrungen zu stellen und zu beantworten sowie über die Kraft-Richtungs-Ordnung zu erklären (⇨ S. 53ff.).

Die blütenblattzarten Ohren des idealtypischen Empfindungs-Naturells müssten daher ein anderes seelisches Bedürfnis signalisieren als die dickfleischigen des Ernährungs-Naturells oder die hartknorpeligen, großen des Bewegungs-Naturells.

Auf diesen Annahmen baut die psychophysiognomische Betrachtung auf.

Zunächst werden die **anatomischen** Voraussetzungen zum Hören zu betrachten sein.

Im Embryonalzustand entwickeln sich die Ohren aus den Kiemenspalten. Die Kiemen sind die Atmungsorgane der Fische und damit für Funktionen vorgesehen, die eigentlich mit dem Hören nichts zu tun haben. Beim Menschen jedoch baute sich die eigentümliche Ohrarchitektur aus diesen Organteilchen auf. Im vierten Monat der Entwicklung ist das Ohr vollendet und in den Größenverhältnissen des akustischen Apparates konstant (Mittel-, Innenohr).

16.1 Ohrfunktion und -anatomie

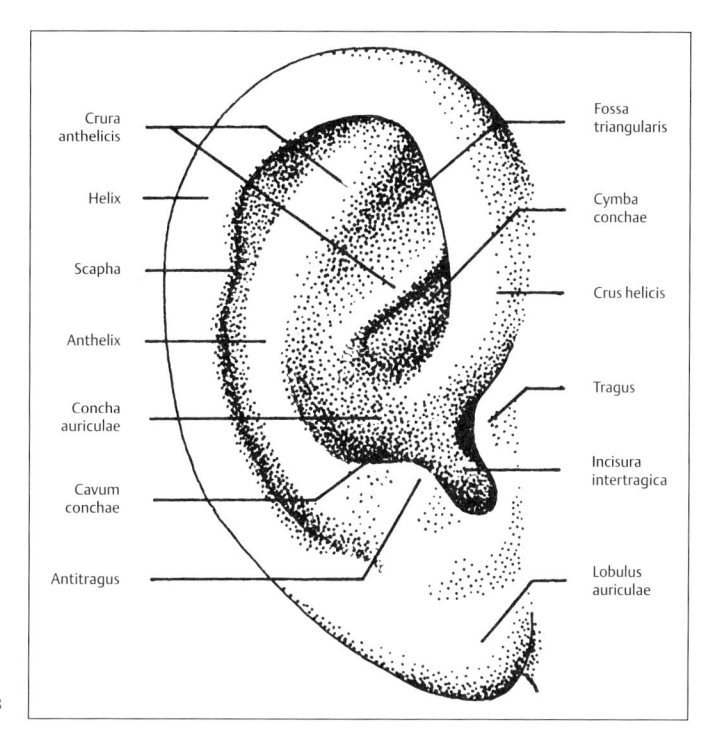

Abb. 34: Anatomie des Ohres.[28]

Wir unterscheiden das Außen-, Mittel- und Innenohr; Ohrteile, die in inniger Verbindung funktionieren und durch ihre Form die seelischen Reaktionen zu erkennen geben.

Der Gehörnerv entnimmt dem Innen-Ohr die Reize, die auf dieses durch das Mittel-Ohr getroffen sind, nachdem sie die Muschel erreicht und durch den Gehörgang zum Trommelfell gedrungen sind.

Die Hör-Sinneszellen reagieren schon auf Reizenergien, die ca. 10-Millionen-mal kleiner sind als die beim Berühren. Das Gehör ist also sehr viel sensibler als der Tastsinn und stärker mit Gefühlen verknüpft als das Sehen. Neurophysiologisch ist dies darin begründet, dass zwischen Ohr und limbischem System direkte Verbindungen bestehen.

Dass wir Ohren haben, die so einmalig sind, dass selbst unsere eigenen verschieden sind (⇨ s.u.), ist ein bemerkenswertes Phänomen.

Kein Organ hat eine so kommunikative Aufgabe, wenn es um die Seele geht, wie dieses.

Die Physiognomen nehmen das Ohr als das Ausdrucksfeld, das sich am deutlichsten auf die unbewussten, die tieferen Schichten des Wesens beziehen lässt, setzen jeder Aussage diesen Bezug hinzu und sprechen vom „seelischen Bedürfnis". Dieses finden wir benannt, durch die 50 Oberkopfareale (⇨ S. 217).

Die Beeindruckbarkeit durch die Laute und Töne, die das Ohr erregen, sieht man als seelische Komponente dieses Vorgangs am Ohr, das die inneren Verständnisvorgänge zum Ausdruck bringt mit der Differenzierung: innen und außen.

Einige Zitate und Redensarten

„Ein geneigtes Ohr finden"
„Prüft nicht das Ohr die Rede?"
„Jemand hat es faustdick hinter den Ohren."
„Lasst ihre Ohren hart sein..." (Jesaja 6.10)
„Dazumal war dein Ohr nicht geöffnet." (Jesaja 48.8)

---

[28] Quelle: Schumacher, G.-H.: Anatomie für Zahnmediziner. 3. Aufl. Hüthig, Heidelberg 1997.

„Das Ohr wecken... das Ohr öffnen." (Jesaja 50.4–5)

„Lasset meine Worte in eure Ohren eingehen." (Apostelgeschichte 2.14)

16.2 Das Ohr als Empfangsorgan

An dieser Schaltstelle zwischen Körper und Seele, Unbewusstem und Bewusstem entscheidet sich der Effekt von Musik und Rhythmus auf den Menschen. Hier passiert das Einstimmen auf Schlaflieder, Marschmusik, Tanzrhythmen, hymnische Töne genauso wie der Empfang nicht tönender Wellen, die trotzdem Informationen tragen.

Musik hilft oder bedroht: Im alten China wurde Musik gar als Todesstrafe verhängt, denn man wusste um Laute und Rhythmen, bei denen die Körperfunktionen zusammenbrachen.

Selbst geringer Lärm „nervt" nicht nur, sondern schädigt das Ohr.

Die **Wirkungen** von Tönen, Lauten, Lärm sind auch heute überall zu spüren, sie werden zur Stimulation benutzt, z.B. bei Hintergrundmusik im Kaufhaus oder aber im Kuhstall, wo dann die Tiere mit einer Steigerung der Milchproduktion reagieren.

Bei Versuchspersonen, deren vegetatives Nervensystem vom Sympathikus dominiert wird, führten Schallreize zum Anstieg des Blutdrucks, Erhöhung von Kreislaufs- und Stoffwechseltätigkeit, zur Überfunktion von Schilddrüse und Nebennieren sowie ganz allgemein zu aggressiven Stimmungen.

Wo der Sympathikus vom Vagus bestimmt wird, kam es zu Blutdruckabfall, Pulsverlangsamung, Erhöhung der Magensäureproduktion, Neigung zu Depressionen.

Musik verstärkt den Einfluss der jeweiligen Nerven.

Ferner konnte man beobachten: Verengung der Arterien, Verkürzung der Blutgerinnungszeit, Vermehrung von Fett-Eiweiß-Substanzen im Blut, Hemmung oder Steigerung der Speichelsekretion, Erhöhung der Muskelspannung, Fehler in der Blutzuckerregulation.

Durch „motorische Rhythmen" und hektisches Stakkato vibrieren die Nerven, treten Verzückungszustände auf oder Ohnmachten und Trance-Zustände.

Der „ohrenbetäubende" Krach in den Diskotheken übertönt unterschwellige Angst- und Unsicherheitsgefühle.

Akustische Reize in Form von Melodien und Rhythmen sind dagegen für den Musiktherapeuten ein Heilmittel, seine Therapie baut geradezu darauf auf. Ein Bereich, in dem **Alfred Tomatis** bahnbrechend forschte.[29]

Neben körperlichen Bewegungen können Töne auch Assoziationen mit Farben oder gar Geschmacksrichtungen hervorrufen (Synästhesie).

Meisterwerke der Musik aus Frömmigkeit, religiöser Musik wecken z.B. Gefühle der Hingabe, die beim Hören die Vorstellung von blauem Licht oder der Farbe Blau erzeugen können.

Einige Beispiele für psychische Wirkungen verschiedener Instrumente:
- Trommeln und Blasinstrumente
  = erregen das Psychische
- Saiteninstrumente
  = das Mental-Emotionale
- Rohr-, Flöten-, Zuginstrumente
  = das Emotionale
- Harfe und Orgel
  = das Spirituell-Emotionale

Die allgegenwärtigen Schwingungen haben eine universelle/ kosmische Komponente in der Musik, aber auch in den nicht hörbaren Frequenzen der Informationsübermittlung aus dem Universum.

Man könnte sie in ihrer Rhythmik als arithmetische Übung des Geistes ansehen, der unbewusst in kosmischen Ordnungen zählt. Im

---
[29] Tomatis, A.: Das Ohr und das Leben. Erforschung der seelischen Klangwelt. 2. Aufl. Walter, Düsseldorf 2000.

Wasser aufgehoben, haben Schneekristalle stets sechs Strahlen und offenbaren damit Schwingungscharakter.

Der Geist der klassischen Musik wird z.B. von Leonard Bernstein als „Wille nach Unendlichkeit" definiert.

Musik – sie geht zu Herzen und an die Nerven bis in die Knochen. Musik und Seele sind verwandt.

Einige Zitate

- **Platon**
  „Die Erziehung durch Musik ist darum die vorzüglichste, weil der Rhythmus und die Harmonie am meisten in das Innerste der Seele dringt."
- **Cicero**
  „Alles, was sich im Himmel und auf Erden ereignet, ist musikalischen Gesetzen unterworfen."
  oder:
  „Von der Musik wird alles erfaßt, was Leben hat, da sie die Seele des Himmels ist."
- **Kepler**
  „Es sind also die Himmelsbewegungen nichts anderes als eine fortwährende, mehrstimmige Musik."
- Zu Gleichgewicht und Symmetrie:
  „Durch feine Musik verfeinert sich das Gedächtnis. Da geht Hören vor Sehen bei seelischer Vertiefung. Töne haben lebenserhaltende, auch störende und zerstörende Funktion. In Bachs Musik kommt Frieden mit sich selbst zum Ausdruck." (Harry Hahn: „Der unbekannte Bach")

Wenn man davon ausgeht, dass Beeinflussung der Stimme und Stimmung (die Erregung der Seele) am unmittelbarsten durch die Musik geschieht und das dafür ausgebildete Organe diese leitet und begleitet, ist zu erwarten, dass die Tiefenschichten der Seele und des Charakters sich ebenfalls am Ohr ausprägen, zumal das Ohr embryonal im vierten Monat vollendet ist und die feinsten Nerven hat.

Das bedeutet, dass das Ohr als Empfangsinstrument ausgebildet ist, die Informationen des Universums entgegenzunehmen und sie unbewusst zu erlauschen, dass sie prägen und beeinflussen.

16.2.1 Das seelische Bedürfnis und die Ohrformen

Da wir die Seele in Ganzheit und Einheit wissen, tasten wir uns mit einigen Erfahrungen, die uns bewusst wurden, an das Bedürfnis der Seele heran und übersetzen dieses an den Ohrformen, z.B.
- Ausdruck des seelischen Bedürfnisses kleiner Ohren
  ⇨ Angst, Furcht
  für Aufmerksamkeit zum Schutz, Zittern in Blockaden
oder
- Verfärbung der Ohren, seelische Beteiligung u.a. als Freude
  Steigerung der Vitalität

(Vgl. Harry Hahn: Matthäus-Passion in „Der unbekannte Bach")

Letztlich definieren wir das seelische Bedürfnis umfassend, wenn wir die Bewusstseinszentren des Oberkopfes dazu in Beziehung setzten.

Was sagen uns die Ohren?

Sie verweisen uns auf die Tiefenschichten des Wesens.

Auf die Tiefenwirkungen uns noch unbekannter Schwingungen.

Was heißt Tiefenschicht?

Wenn wir den Alltag leben und uns selbst dabei beobachten, entstehen Fragen, um die Begründung für unser Handeln zu finden.

Oberflächlich betrachtet, sollen z.B. die reichlich blühenden Blumen mehr Platz bekommen.
  Aber was machen wir damit?
  Herausreißen und auf den Bio-Müll?
  Pflücken für die Nachbarin?
  Erkunden, wie heilkräftig sie als Tee sind?

Dies alles sind Nutzungsgedanken, die jeweils mit entsprechenden Gefühlen verbunden sind.

Sollten wir dann anfangen, tiefer über die Blumen an sich nachzusinnen, könnte sich eine immer vertiefendere Kette von Assoziationen ergeben.

Und so erkundet das Individuum, angeregt durch welche Wahrnehmung auch immer, den inneren Speicher und erfährt bei der Aktualisierung der Bilder meditativ die Zusammenschau ... immer tiefer und weiter. Unendlich setzt sich fort, was zu erkunden wäre und was sich verfügbar halten wird im Unbewussten und im Universum.

Zu löschen ist nichts – alles ist geprägt, von und mit unendlich vielfältigen, universellen Schwingungen, die einst im Ohr geklungen haben und als Information gespeichert sind, in jeder Zelle und wirksam in einer weithin unbekannten Weise.

Das hat ungeahnte, unbekannte Reaktionen aus eben diesen Tiefenschichten zur Folge. Schichten, die tiefer liegen als das Rationale, genauso wie unser innerstes Wahrheitsgewissen oder Taktgefühl.

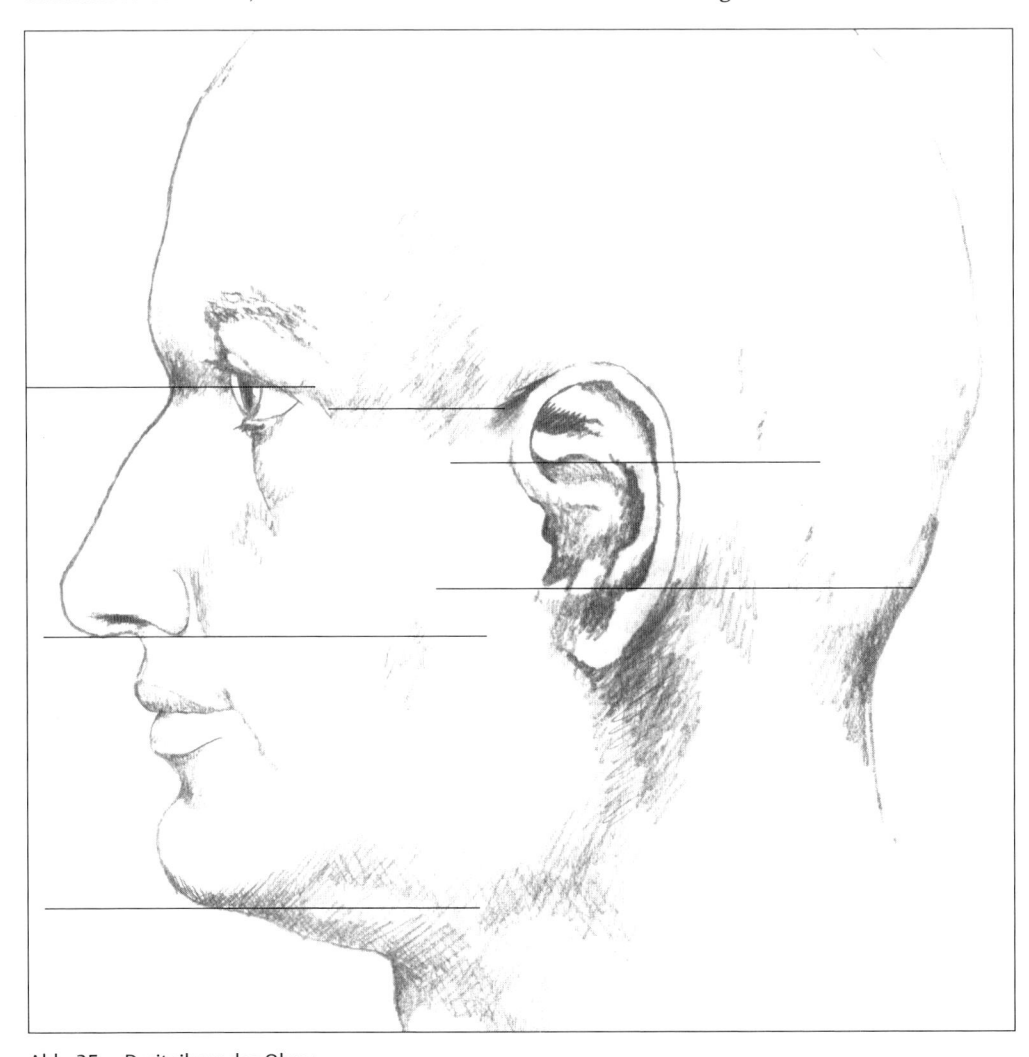

Abb. 35:   Dreiteilung des Ohres.

16.2.2 Die Ohrformen

Alle Menschen haben zwei unterschiedliche Ohren, sie sind niemals identisch.

Merkmalsprotokoll der Ohren

- Bewegungs-Naturell
  groß, knorpelig, hart, fest
- Ernährungs-Naturell
  mittelgroß, fleischig, weiche und füllige Ohrläppchen
- Empfindungs-Naturell
  klein, fein, differenziert

Für die Typenmodifikationen gelten die entsprechenden Variablen.

Dreiteilung

Wie beim Gesicht, finden wir bei den Ohren ebenfalls eine Dreiteilung und ordnen zu:

Beim *Gesicht*
- Wissen und Erkennen
  = Beziehung zu Augen, Stirn
- Wollen
  = Beziehung zur Nase
- körperliche Durchführung
  = Beziehung zum Untergesicht

Beim *Ohr*
- oberes Ohr = Geist
  (geistige Gefühlskraft)
- mittleres Ohr = Seele
  (seelische Gefühlskraft)
- unteres Ohr = Körper
  (körperliche Gefühlskraft)

Wenn wir vom Ohr sprechen, sprechen wir vom seelischen Erbe, der individuellen Vergangenheit. Diese seelische Prägung, die uns als Erbe mitgegeben ist, führt zu seelischen Grundreaktionen – infolge der Vorfahren bis in eine unvorstellbare Dimension der Vergangenheit zurück, aber auch mit Auswirkungen in die Zukunft.

Das Ohr gibt uns Auskunft über die gegenwärtige Vitalität oder die Lebenskraftströme, was die Ohrakupunktur im einzelnen erkundet.

Bei blassen, matten, glasigen Ohren ist die Lebenskraft eingeschränkt.
Bei rosig-gelblich-weißer Färbung (heliodisch ⇨ S. 56ff.) ist die Lebensenergie optimal.

Das Ohr ist als ein Symbol der individuellen Entwicklungsgeschichte aufzufassen. Alle seelischen Schicksale, die genetisch aufgehoben scheinen, zeigen im Ohr die Tendenz, die sich im Leben entfalten will.

Haben wir eine Person mit großer Nase und kleinen Ohren vor uns, dann wissen wir, dass sie sich in ihrer Planung mehr vornimmt, als sie durchführen kann.

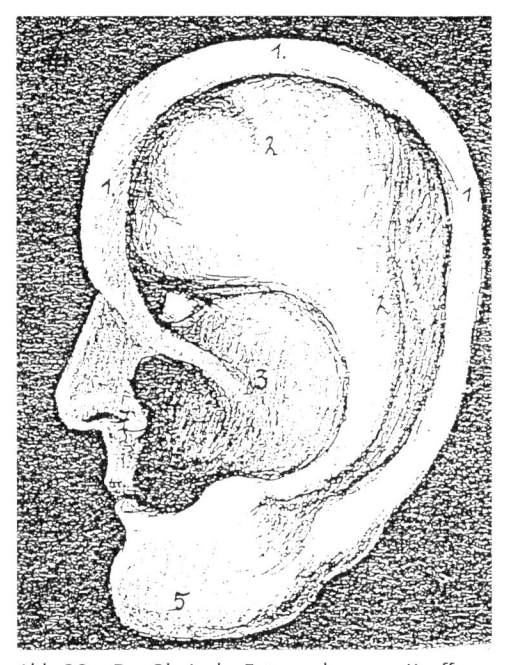

Abb. 36: Das Ohr in der Entsprechung zur Kopfform und seine Ausdruckszonen der seelischen Bedürfnisse.

1 Helix	zeigt das seelische Bedürfnis zur Intellektualität
1 (oben)	zur Transzendenz
1 (hinten)	zum Selbstbewusstsein
2 Antihelix	zur Mitteilung
3 Ohrmuschel	zur seelischen Tiefe
4 Ohrloch	zur Annahme
5 Ohrläppchen	zur materiellen und ökonomischen Seite.

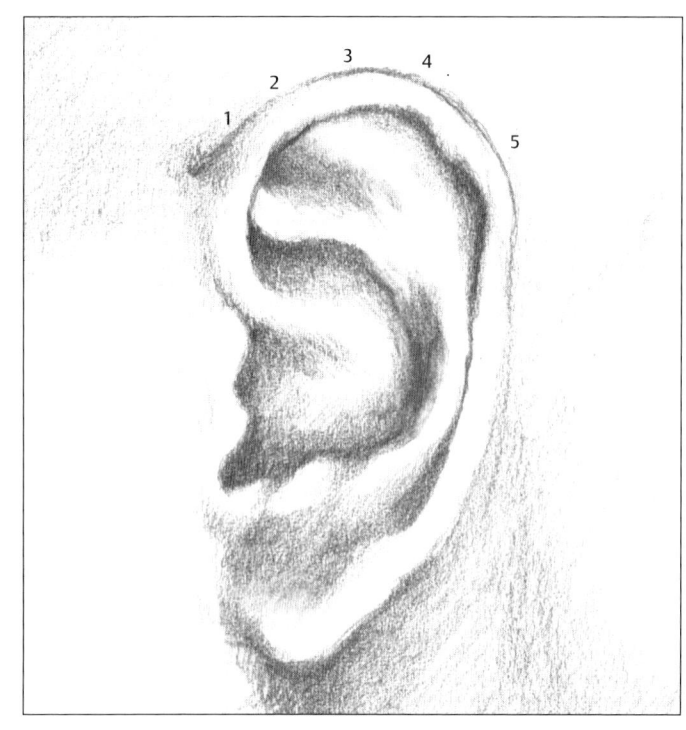

Abb. 37: Die seelischen Bedürfnisse, die sich an der Helix zeigen, sind in ihrem Bezug zur Kopfform zu sehen.

Das seelische Bedürfnis treibt
1 zur Intellektualität
2 zur sozialen Betätigung
3 zur transzendenten Frömmigkeit
4 zu Hochmut oder Vervollkommnung der Persönlichkeit.
5 Lässt den Wirbelsäulenzustand mit den psycho-somatischen Fakten bedenken.

Das seelische Bedürfnis treibt stärker an, wenn die Formen betont sind oder die Energie verstärkt.

16.2.2.1 Oberes Ohr

Das seelische Bedürfnis erstrebt Hinwendung zur Erkenntnis in geistiger und intellektueller Form. Je wohlgerundeter dieser Bereich ausgeprägt ist, desto harmonischer sind Denken und Fühlen aufeinander abgestimmt.

Der Ohransatz wird als normal definiert, wenn die Helix in der Höhe der Schädelbasis sitzt.

Allgemein können wir sagen: Das Ohr zeigt die Art der äußeren und inneren Schwingungsaufnahme, d.h. wie etwas verstanden wird.

Nun ist der obere Ohrrand (Helixbogen) mit der Schädelform in Übersetzung zu bringen, wobei die Kopfform aber mit der Ohrform nicht kongruent sein muss.

Das heißt, die Betonung (auch die Spannung) des Ohrrandes zeigt die Veranlagung, die Richtung, in die die Energien gerichtet werden. Das seelische Bedürfnis treibt so an, wie die Ohrform es uns anzeigt.

Der Schädel in seiner Form zeigt uns das zur Verfügung stehende Instrument.
Eine gut ausgeprägte obere Stirn z.B. zeigt uns ein Instrument, welches, wenn es nicht genutzt wird, auch die Haut ohne Spannung und Strahlung zeigt.

Eine flache obere Stirn mit gleichzeitiger Betonung der vorderen oberen Ohrleiste hingegen, wird aktiv und mit entsprechender Hautqualität sein, da uns das Ohr das seelische Bedürfnis zeigt, welches in diese Richtung gelenkt wird (Wohlwollen, Menschenliebe).

- Stirn
  seelisches Bedürfnis nach intellektueller Reflektion

- Oberstirn
  z.B. soziales Fühlen und Denken
- Oberkopf
  z.B. transzendente Fragen zu stellen und zu klären
- Haarwirbelzone
  z.B. Hochmutgefühle zu entwickeln oder die Vervollkommnung der eigenen Persönlichkeit zu erstreben.
- Hinterkopf und Wirbelsäule
  Die Hinterkopfimpulskraft dient den unbewussten Antrieben, Erfahrungen zu machen.

„Mephisto-Ohren"

Ohren, die im Bereich der Hinterhauptzone eine spitze Ausprägung haben und somit an Mephisto erinnern, weisen auf diplomatisches Geschick und Listigkeit, in Verbindung mit einem übersteigerten Selbstwertgefühl (Hochmut), hin. Sie verweisen auf die Haarwirbelzone.

Erfahrungen werden wesentlich über die Wirbelsäule agiert und reagiert, psychisch wie physisch.

Die Kraft der Wirbelsäule begleitet das Selbstbewusstsein. Ihre angeborene Form und Energie ist über den äußeren Ohrrand (Helix) physiognomisch zu betrachten.

16.2.2.2 Mittleres Ohr

Das mittlere Ohr gibt Auskunft über die Entfaltung des Gemüts. Ist es fein, differenziert und leuchtend, so weist das auf einen feinfühligen Menschen hin, verbunden mit dem seelischen Bedürfnis nach Kunst und Ästhetik.

Je windungsreicher, mit vielen Formelementen das Ohr in seinen Innenbereichen ausgebildet ist, desto komplizierter zeigt sich das Wesen des Menschen.

16.2.2.3 Unteres Ohr

Das untere Ohr sagt etwas über den Bezug zum Körper und zur Materie aus.
- die instinktiven Gefühle
- instinktive Geschäftstüchtigkeit
- stofflich chemische Aktivität der Organe
- Hinwendung zu ökonomischen Bereichen
- Sicherheitsbedürfnis im Materiellen
- Sammeltrieb
- Genussfähigkeit
- Lymph- und Drüsensystem mit guter Regenerierungsfähigkeit (Erholungskraft) bei großem, vollem Ohrläppchen.

Am schwächeren Ohrläppchen sehen wir die vorgenannten Qualitäten verringert, verbunden mit Stimmungsschwankungen, die sich bei angewachsenen Ohrläppchen verstärken, wenn die Spontaneität für Gewissenhaftigkeit und Stabilität erschöpfende Situationen schafft.

16.3 Ansatz des Ohres

Nur wenige Beobachtungen, die das Ohr betreffen, lassen sich verallgemeinern. Letztlich erweist sich hier besonders, dass alles ein Energiephänomen ist: Wie der Mensch sich in seinem seelischen Bedürfnis befindet, so reagiert er.

Wir hören die Schwingungen, die uns als Schallwellen erreichen, und werden psychisch eingestimmt, je nachdem wie die Befindlichkeit ist und sich durch Töne verändern lässt. Aber über den Frequenzbereich menschlicher Hörfähigkeit hinaus, tönt jede Erscheinungsform ihre eigene Melodie. Ein unfassbares Einflussfeld ist um uns herum.

Zur Erinnerung: Wichtig ist stets der Blick für das Ganze, denn ein Merkmal für sich genommen zeigt uns noch nicht den ganzen Menschen.

Der Ansatz der Ohren hat eine besondere Bedeutung. Er ist analog der axialen Kraftfelder zu übersetzen, die in ihrer Polarität den Hinterkopf und das Gesicht betreffen.

- **Ansatz normal** (senkrecht, gerade)
  steht für Balance im seelischen Bereich.
- **Ansatz sehr hoch**
  Im seelischen Bedarf werden die Ideenbil-

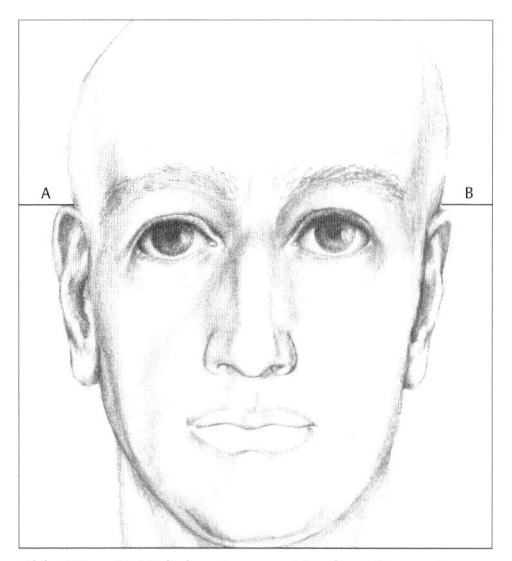

Abb. 38: Natürliche Asymmetrie des Ohransatzes.

dung und -fülle verstärkt in die Vorstellungen eingebracht, Dinge zu begleiten, die entschieden werden.
Spontan bis leichtfertig, empfindsam und überspannt, phantasievoll, körperlich wenig geschickt und nicht belastbar sind die Reaktionen.
Sehr hochsitzende Ohren weisen darauf hin, dass die Entscheidungen mehr emotional getroffen werden. Im Extremfall kann sich das steigern bis zu einem Idealismus, der ohne Blick für die Realitäten ist.
- Bei **hochangesetzten** Ohren kann man ein „Abheben" befürchten, bei tiefangesetzten Ohren bleibt der Mensch auf dem Boden der Tatsachen.
Es wird im seelischen Bedarf immer wieder der realistische Bezug zur mess- und experimentierbaren Wirklichkeit gesucht.
- **Ansatz sehr tief**
steht für materielle Einstellung und Realismus. Wenig zugänglich einem fremden und ehrgeizig für den eigenen Verwirklichungsrahmen.
- **Ansatz schräg**
verstärkt die jeweilige Achse (Willens-, Festigkeits-, Liebes- und Tätigkeitsachsen ⇨ S. 73ff. durch das seelische Bedürfnis dorthin.

Schräg angesetzte Ohren zeigen eine seelisch-verstärkte Festigkeit und Willensbestimmtheit an (Festigkeits- und Willensachse stehen im Zusammenhang mit oben).
Bei besonders schrägen Ohren ist der Antrieb zur eigenen Selbständigkeit besonders stark zu beobachten. Man begegnet den Hindernissen mit Angriffslust und Aggression.
Schräg angesetzte, spitze Ohren verraten das zwingende seelische Bedürfnis, die Erhöhung der eigenen Persönlichkeit zu erreichen, Vervollkommnung der eigenen Person zu leisten.
Bei einer feinen, heliodischen Ausstrahlung will sich der Anspruch nach Erhöhung, Bestätigung, Ruhm zur Vervollkommnung der eigenen Persönlichkeit einsetzen.
Anspruch auf Lob ohne besondere Leistung, oft nur durch Absichtsäußerung wandelt sich in den Anspruch auf Leistung, der nicht unbedingt die Anerkennung folgt.

Schräg angesetzte Ohren
a) nach hinten geneigtes Ohr
b) nach vorne geneigtes Ohr
Bei a) ist aus dem seelischen Bedürfnis, je nach Schräglage, verstärkt Eigenverantwortlichkeit gewollt. Bezogen auf die Willens- und Festigkeitsachse ist die Position des Ohres zu beschreiben.
Bei b) das nach vorn geneigte Ohr gibt im Zusammenhang mit der Liebesachse dem seelischen Bedürfnis eine gewisse Verstärkung in der Bereitschaft zu lieben, achtsam zu sein für Gefühle.

Die Informationen, die wir aus den Ohren lesen, sind tief verankert und wechseln nicht so schnell wie wir es bei Augenausdruck, Mund- und Gesichtsmimik beobachten.
Manche stets wiederkehrende seelische Aufforderung scheint sich sogar an der Ohrform festmachen zu lassen und als seelischer Antrieb das Handeln zu bestimmen.
Naturgemäß sind diese Prozesse keine spontanen Reaktionen, sondern kontinuierliche, die von Zeit zu Zeit stärker nach außen drängen. Wenn z.B. in den ersten Jahren einer Beziehung ein Partner die Richtlinien der

Gemeinsamkeit bestimmt, während der andere anpassungsbereit reagiert, könnte die Annahme entstehen, dass dies so bleiben wird. Bei schräg angesetzten Ohren meldet sich jedoch das Bestreben nach Entwicklung und Eigenheit zwingend und sucht sich, stärker als jede Unterdrückungsbereitschaft, durchzusetzen. Damit sind Konflikte vorprogrammiert, die sich aber bei toleranter Beobachtung naturgemäß mildern.

Abstehendes Ohr

Das abstehende Ohr zeigt den Grad des Veränderungstriebes. Die Energie, die die Ohren abstehen lässt, ist Veränderungsenergie (Elektrizität ⇨ S. 60). Je nach Grad der Veränderung in Form der Verneinung, von Widerspruch über Ablehnung bis hin zur Zerstörung von materiellen oder körperlichen Dingen, ebenso im geistig-seelischen Bereich.

Das energetische Potential bestimmt den Grad der Verneinung (Reform oder Revolution).

Erlebnishunger, Hemmungslosigkeit, Durchsetzungsvermögen, d.h. treibende seelische Unruhe können Ausdruck dieser Oppositionslust sein.
- Beteiligungsdrang
- Streitlust

Ungleiche Ohren

Das Ohr spiegelt den inneren Standpunkt eines Menschen vom Grundgefühl her.

Ebenso wie bei den ungleichen Gesichtshälften eines jeden Menschen weisen voneinander abweichende **Formen** auf stärkere innere Ungleichheiten und Spannungen hin, die ihre Ursache in der unterschiedlichen Polarisierung der formbildenden Kräfte haben (Elektrizität, Magnetismus, Od, Medioma, Helioda). Dabei beobachten wir bei jedem

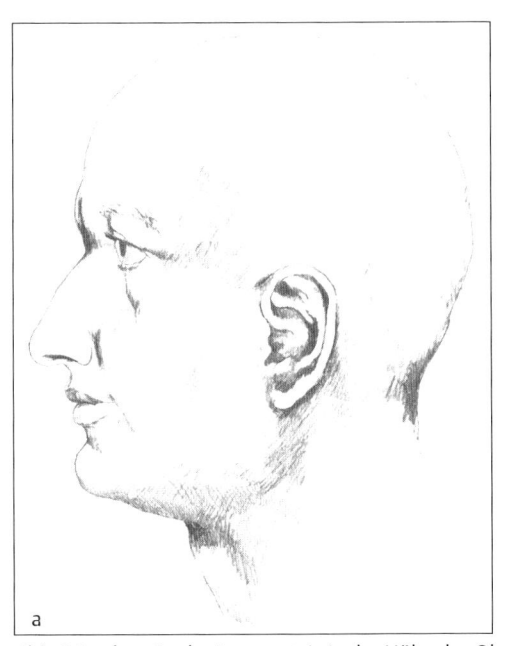

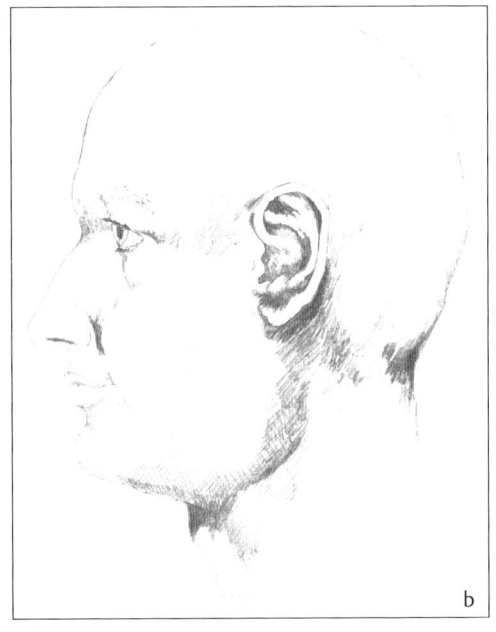

Abb. 39 a+b: Starke Asymmetrie in der Höhe des Ohransatzes.
a Tief angesetzt
   Das seelische Bedürfnis ist immer wieder mit der Prüfung der Realitäten beschäftigt.
b Hoch angesetzt
   Das seelische Bedürfnis richtet sich nach den Ideen mehr als nach den Realitäten.

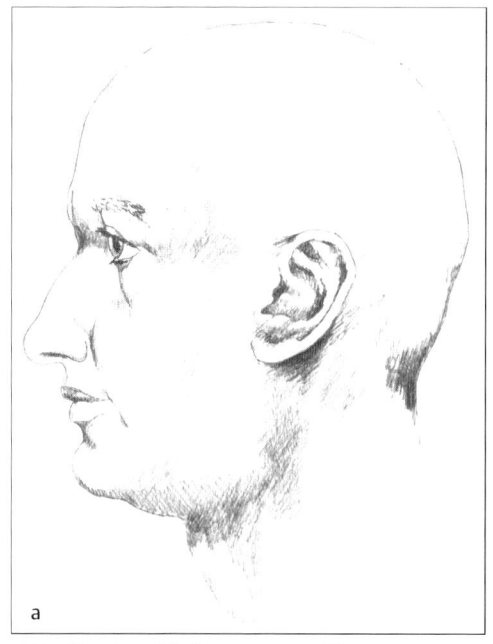

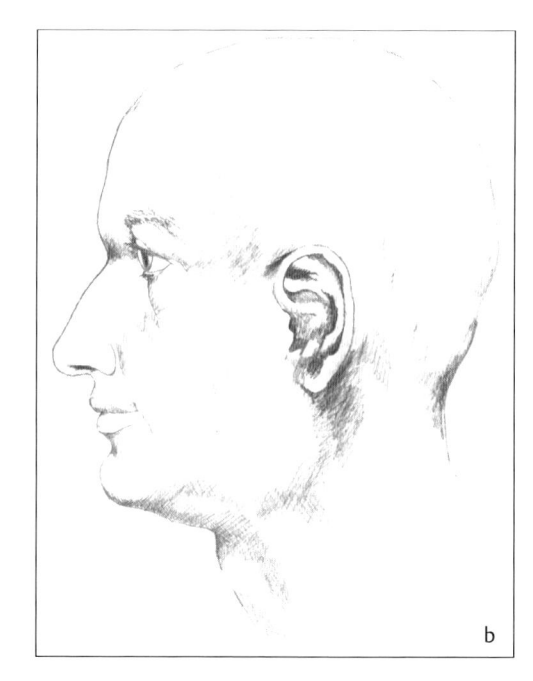

Abb. 40 a+b: Schräg angesetzte Ohren.
a Nach hinten geneigt (Festigkeitsachse)
   Das seelische Bedürfnis ist nach Selbständigkeit gerichtet. Die Eigenständigkeit im Sinne der Selbstverantwortung und Vervollkommnung der eigenen Persönlichkeit meldet sich zwingend.
b Nach vorn geneigt (Liebesachse)
   Das seelische Bedürfnis richtet seinen Schwerpunkt auf liebevolles Denken, Fühlen und Handeln.

Menschen ungleiche Ohren und Asymmetrien, die sich als Innenspannung im Menschen leben werden.

Ein Bewegungs-Naturell-Ohr drückt z.B. in Kombination mit einem Empfindungs-Naturell-Ohr einen Seelenzustand aus, in dem der Mensch aus seinem inneren Empfinden gefühlsmäßig reagiert und in seinem Denken und Handeln dynamisch geleitet wird.

Wenn wir nun aber zwei ungleich **angesetzte** Ohren am Kopf finden, können wir das mit einer Waage übersetzen, deren Schalen ungleich belastet werden und haben einen Menschen vor uns, dessen inneres Seelen- und Tatleben unausgeglichen ist (= Polarität).

Die maßvoll ungleichen Ohren, die jeder Mensch hat, erinnern uns daran, dass die Lebenskräfte den Körper unterschiedlich gestalten:
- links = die Seite der Liebe und Innerlichkeit, meist weicher (Gefühl).
- rechts = die Seite der Kraft und Tat, meist härter (Wille).

So steht die linke Körperseite für die nach innen gerichtete gestaltende Energie, die die sensiblen und freien schöpferischen Liebes- und Gestaltungskräfte anwendet. Die rechte Seite dagegen zeigt die nach außen gerichteten Kräfte, die immer auch den Schutz- und Wehraspekt beinhalten und die Willenskräfte mobilisieren.

Entsprechend ist das rechte Ohr meist das angespanntere, festere – das linke häufig das feinere, zartere Ohr.

16.3 Ansatz des Ohres **127**

Abb. 41: Kinderohr.

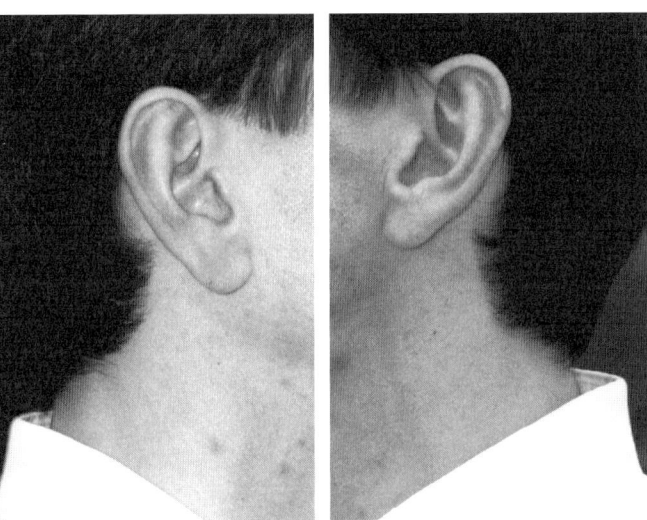

Abb. 42: Jeder Mensch hat zwei unterschiedliche Ohren.

Größe der Ohren

Kleine Ohren deuten hin auf
- Zögerlichkeit
- Ängstlichkeit
- Überempfindlichkeit
- wollen sich nicht mehr aufbürden, als sie tragen können
- stellen ihr Licht unter den Scheffel
- brauchen Ermutigung
- Unsicherheit
- Beeindruckbarkeit

Große Ohren deuten hin auf
- Sicherheitsgefühle
- einsame Entschlüsse
- Festhalten bis zur Schwerfälligkeit
- Vitalität
- Durchführungskraft
- Unerschrockenheit
- Mut
- Risikofreude bis zur Tollkühnheit

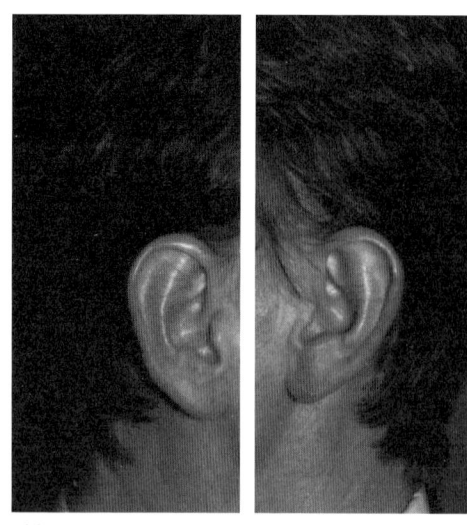

Abb. 43 a+b: Schräg geneigte Ohren.

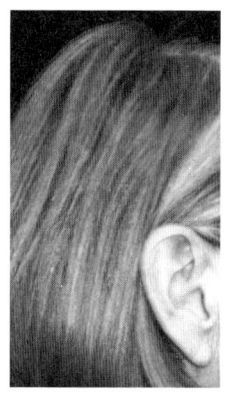

Abb. 44: Schräg geneigtes Ohr.
Hoher hinterer Oberkopf, Festigkeitsachse (stur).

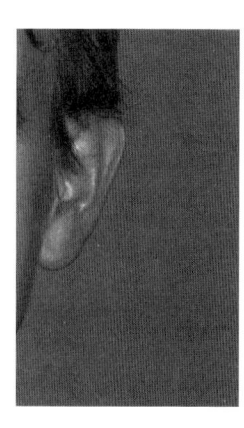

Abb. 45: Leicht abstehendes Ohr, „Beteiligungsdrang".

Beschaffenheit

Was Carl Huter in seinem Hauptwerk über das Ohr sagt, ist nicht sehr umfangreich. In der Ausgabe von 1904–1906 sind ihm nur ca. 20 Zeilen gewidmet: „Das Ohr muss mehr aus eigener Anschauung studiert werden, geleitet vom Schönheitsgefühl."

Ohren sind bei Tieren Lauscher, und ihre Muschel unterstützt in Form und Beweglichkeit ihre Schallaufnahme.
Bei den Menschen ist die Bewegungsfähigkeit der Ohren verkümmert. Doch der „Darwinsche Knoten" gilt als Relikt aus der Zeit, da Menschenohren noch spitz ausgezogen und beweglich gewesen sein sollen.

Heute ist das Gehör als Überlebensfaktor nicht mehr so wichtig wie in den Frühzeiten der Menschheit und dient eher der Persönlichkeitsentwicklung, zur Kommunikationsmöglichkeit für die Gedanken in Sprachform.

Zugleich dient das Ohr mit seinem inneren Organ, dem Gleichgewichtssinn, der Orientierung im Raum und dem inneren Gleichgewicht. Wie störanfällig dieser Bereich ist, zeigt das Ohr in seiner Muschelform an, besonders, wenn es sehr viele unregelmäßige, eckige Formelemente hat.

Daneben kann man noch die Beschaffenheit der Ohren in die Betrachtung einbeziehen:
Man unterscheidet **harte, weiche** und **feste** Ohren. Sie alle sind Ausdrucksformen der inneren Spannungen, die sich seelisch aufbauen.
Bei harten Ohren ist eine starke Innenspannung als seelische Konfliktbereitschaft zu erleben. Durch den ausgeprägten Kontrastsinn ist mit Ironie und Sarkasmus zu rechnen sowie mit Bereitschaft zur emotionalen Konfrontation.
Generell ist bei Festigkeit und Härte sowohl mehr Willensenergie, die aggressiv machen kann, als auch Tatendrang zu erwarten.
Weiche Ohren zeigen Nachgiebigkeit und Gutmütigkeit.

weicht, und beginnt das Ohr, sich nach vorn zu neigen, (ein Zeichen schwerer Störung der Kraft-Richtungs-Ordnung) dann steht der Mensch kurz vor seinem Tode." (Hippokrates)

> Die Physiognomen und die Akupunkteure haben einander entsprechende Ausdruckszonen gefunden.

Die Ohr-Topographie nach dem französischen Arzt Nogier bezieht Knötchen, Dellen und verstärkte Gefäßzeichnungen bestimmter Areale auf Störungen des energetischen Gleichgewichts entsprechender Funktionskreise.

Auch die Biochemie (nach Schüssler) kennt am Ohr einige Merkmale, die Hinweis auf Mineralstoffwechselstörungen sein können, z.B. Verfärbungen wie Kalkblässe oder Magnesia-Röte.

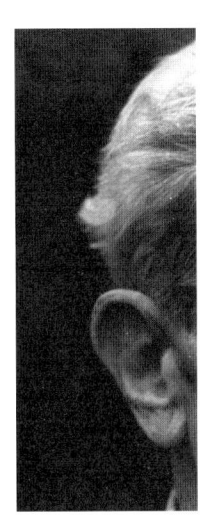

Abb. 46: Oben abstehendes Ohr.
Oppositionslust in der geistigen Ebene und Diskussionen.

16.4 Der Ohrrand – Helix

Er hat eine Ausdruckskorrespondenz zur Wirbelsäule und zur Schädelkapselform. Ist hier eine Schwäche, fängt ein Kind z.B. spät mit dem Laufen an.

Ist der Ohrrand dick und eingerollt, so weist das auf Verschlossenheit hin; ist er fein und flach, so besteht ein starkes Bedürfnis sich mitzuteilen.

Der Mitteilungsdrang aus seelischem Bedürfnis ist auch bei der hervortretenden Antihelix zu beobachten. Ein sehr abgeflachter Rand im oberen Bereich zeigt Ermüdung beim Lernen. Sind er und das Ohrläppchen dick, so besteht die Neigung zur Korpulenz und mit der Ansammlung der Körperfülle auch die Neigung, Materielles zu sammeln.

16.4.1 Patho-Physiognomie des Ohres

„Werden aber bei einem kranken Menschen die Ohren ganz bleich und blutleer, durch-sichtig und wie gläsern, so dass alles Normale

Allgemein ist bei der Betrachtung der Ohren noch hinzuweisen auf:
- Gicht-Tophie
  Kleine, evtl. schmerzhafte Knötchen, die an den knorpeligen Ohrbestandteilen bei Gicht zu finden sind.
- Rheumaknötchen

Eine Abflachung der Furche zwischen Helix und Antihelix in Verbindung mit einem schmalen, evtl. fehlenden Helixrand, gibt den Hinweis auf eine reduzierte Vitalität mit bestehender Disposition zur Atemstörung (z.B. Asthma).

Zusätzlich besteht eine Beziehung zur Wirbelsäule und dem Bewegungsapparat allgemein (nach Porkert). Die Wirbelsäule reagiert auf alle Regungen. Die Kraft der Wirbelsäule wird von seelischer Kraft getragen.

Ein abgeflachter oberer Helixrand zeigt eine erschwerte geistige Entfaltungsmöglichkeit bis zu depressiven Stimmungslagen.

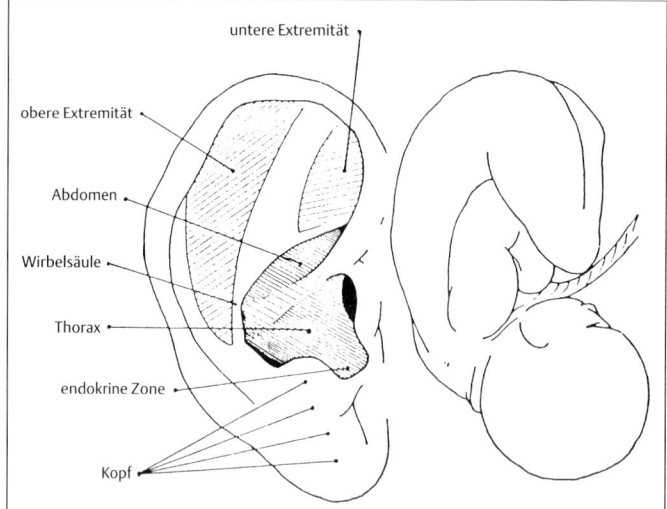

Abb. 47 Vergleich Embryo und Ohrform.[30]

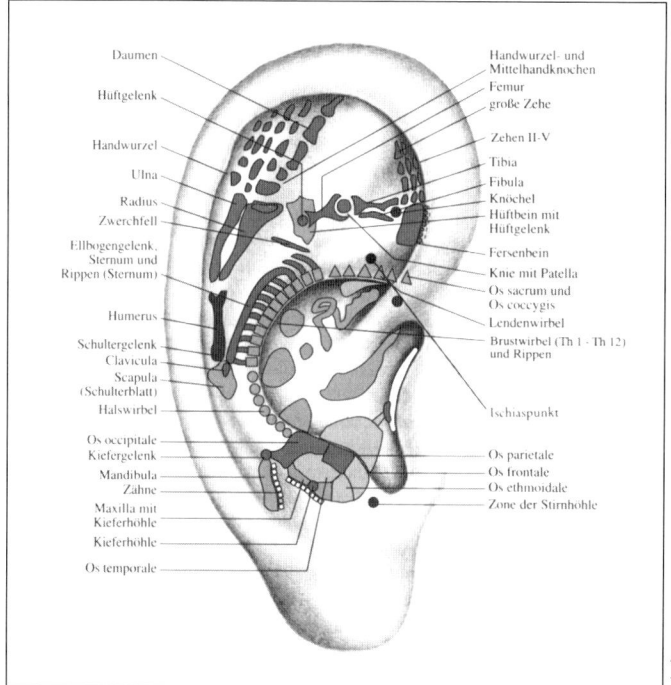

Abb. 48 Detailprojektion der Reflexzonen im Ohr.[31]

---

[30] Quelle: Zenz, G.: Reflexzonen-Massage am Ohr leicht gemacht. Haug Sachbuch, Heidelberg 2000.
[31] Quelle: Bucek, R.: Praxis der Ohrakupunktur. 2. Aufl. Karl F. Haug, Heidelberg 2000.

16.5 Kopfareale unter der Ohrmuschel und um das Ohr herum

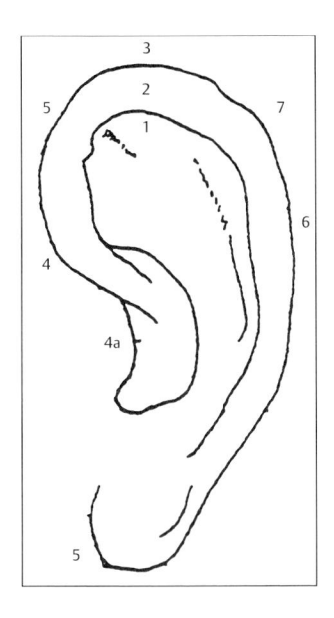

Abb. 49: Kopfareale am Ohr.

1 Anspannung als Lebensspannung
 = geistig-seelische Spannung, die die Tatkraft und den Tatimpuls aktiviert, Unruhe. Lebensvibration, Lebenswille.
 Der Anspannungssinn wird elektromagnetisch impulsiert und zeigt bei abstehenden Ohren die verstärkte Veränderungslust.
2 Selbsterhaltungstrieb = unbewusstes Suchen nach Spannungsfeldern
3 Arbeitstrieb = (rechts) Widersetzlichkeit, Tatkraft (links) Verbesserung, Arbeitsliebe
4 Leistungskraft für die Erschließung = (rechts) Nahrungssinn, (links) Feingeschmack.
5 Schläfe: Schlaf, Ruhebedürfnis
6 Lebensschutzsinn
7 Mut und Widerstand (Wehrsinn) zur Lebenserhaltung

1+2 hinter den Ohren auf den Kopf bezogen

17 Nase

Die Nase ist das Zentrum unseres Gesichtes und Ausdruckszone unserer Gefühlsenergie, unseres Gemütes.

Die Form unseres Riechorgans gibt Auskunft über unseren Selbstverwirklichungswillen (Nasenformen ⇨ S. 140ff.).

Da sie unter dem Einfluss des Großhirns und seiner Entwicklung steht, kann man an ihrer Form und Qualität erkennen, in welchem Maße der Verstand die instinktiven Bedürfnisse zulässt. Außerdem zeigt sie die Mentalität ihres Trägers an.

Eine Übersicht über die psycho- und patho-physiognomischen Korrespondenzen wird in einem eigenen Kapitel behandelt (⇨ S. 136ff.).

17.1 Die Anatomie der Nase

Der **Vorhof der Nase** (Vestibulum nasi) wird durch das Nasenhäutchen zur Nasenhöhle abgegrenzt. Durch die Härchen filtert die Nase die Atemluft.

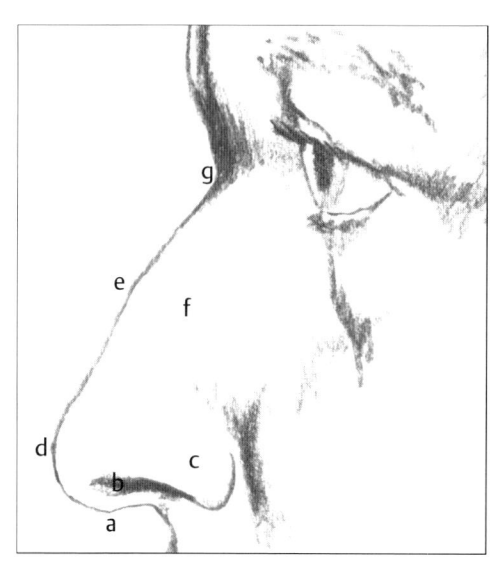

Abb. 50:   Anatomie der Nase.

a Nasensteg
b Nasenlöcher
c Nasenflügel
d Nasenspitze
e Nasenrücken
f Nasendach
g Nasenwurzel

Die **Nasenhöhle** (Cavitas nasi) wird durch die Nasenscheidewand getrennt und hat folgende Begrenzungen:
- nach unten =
  harter Gaumen (Os palatum)
- nach hinten =
  Boden der Keilbeinhöhle (Os sphenoidale, Teil der Schädelbasis)
- nach vorne =
  Nasenrücken
- nach oben =
  Siebbeinplatte (Os ethmoidales, Teil der Schädelbasis)
- nach hinten zum Mund =
  Choanen (innere Nasenlöcher)

Die **Nasenscheidewand** beginnt mit einer Knorpelwand in der Nasenspitze und geht dann in den Knochen, das Pflugscharbein, über. Sie reicht bis zur Nasenwurzel.

Die **Nasenmuscheln** (Conchae nasalis) bilden die Nasengänge und bestehen aus dünnem Knochen mit Schleimhaut. Auf jeder Seite finden wir drei übereinander, nach hinten versetzt.

Aufgaben der Nasenmuscheln
- die Atemluft filtern
- die Atemluft anfeuchten (bis etwa 80%)
- die Atemluft anwärmen
- Resonanzkörper bei der Stimmbildung

In jeden Nasengang münden die Verbindungen zu den **Nasennebenhöhlen** (Sinus paranasalis).
- untere Nasenmuschel = Tränennasengang
- mittlere Nasenmuschel = Kiefernhöhle, Stirnhöhle, vordere Siebbeinzellen
- obere Nasenmuschel = hintere Siebbeinzellen, Keilbeinhöhle

Wie der gesamte Respirationstrakt, ist auch die Nase mit einer **Schleimhaut** mit mehrreihigem Flimmerepithel ausgekleidet, an welchem feine Staubteilchen hängen bleiben und dann zum Rachen befördert werden, wo sie mit dem lymphatischen Gewebe (Rachen- und Gaumenmandeln), unserer Körperabwehr, in Kontakt kommen.

Venengeflechte (Plexus cavernosus concharum) bilden besonders in der Wand der Nasenmuscheln einen Schwellkörper, der bei kalter Luft bis 5 mm anschwellen und so die Nase verstopfen kann.

17.2 Die Nase als Riechorgan

Das Riechvermögen ist auf einen kleinen Schleimhautbezirk am oberen Dach der Nasenhöhle beschränkt (Regio olfactoriae). Hier werden die olfaktorischen Bestandteile der Atemluft in Lösung gebracht und über besondere Nervenzellen wahrgenommen, um an das Gehirn weitergeleitet zu werden.

Bei Entzündungen der Nasenschleimhäute schwellen diese an, so dass die Luft kaum zur Riechregion gelangen kann, was einen gestörten Geruchssinn nach sich zieht. Aber auch die Nasennebenhöhlengänge können verstopft werden, die Folge hiervon wäre dann eine Nasennebenhöhlenentzündung.

Gerüche, die wir wahrnehmen oder kennengelernt haben, prägen Erinnerungen – sehr viel mehr oder intensiver, als die Eindrücke, die unser Auge empfing, um eine materielle Wertordnung und Beurteilung zu finden. Was ist zuträglich, was nicht?

Psycho-physiognomisch ist zu beachten, dass der Geruch mit der praktischen Stirnregion korrespondiert (⇨ S. 189).

Denken bedeutet das Ordnen von Vorstellungsbildern. Durch das praktische Denken werden die äußeren Erscheinungsformen in ihrer Verwertbarkeit gesehen, gedacht und geordnet.

Durch den Geruchsreiz entstehen in uns Bilder, diese Vorstellungsbilder werden als Erfahrungswerte, die sie sind, praktisch umgesetzt und materiell geordnet.

Die Kräfte, die den seelischen Bereich zur Tätigkeit antreiben, werden in den Organen erzeugt und sind Ausdruck der großen Körperbedürfnisse, der Triebe.

Was wollen Triebe?

… Befriedigung, d.h. den Körperbedürfnissen entsprechen. Das Absinken der durch die Bedürfnisse erzeugten Spannungen wird als lustvoll empfunden, eine Steigerung dieser Spannung als Unlust (z.B. bei Hunger und Liebe). Mittels Lust- bzw. Unlustempfindungen reguliert der „seelische Apparat" seine Tätigkeit.

Der Druck, der durch unbefriedigte Triebe erzeugt wird, wird mit der Zeit unerträglich und sucht ein Ventil. Eine Befriedigung des Triebanspruchs ist jedoch nur mit Hilfe der Außenwelt möglich.

Die unbewussten Antriebe (Hinterkopf) steuern das Bewusstseinssystem, welches sich des dynamischen Apparats bedient und als Psycho-Dynamik die Seele in die Selbstverwirklichung treibt.

17.3 Die Nase und der Selbstverwirklichungswille

Ist die Typbeurteilung in Kombination mit der Ausstrahlung und der Kopfform geklärt, sehen wir uns die Nase an.

Mit der bei allen Menschen gleichen Anatomie und Funktion der Nase wäre eine gleichförmige Nase denkbar, dennoch gibt es keine identischen Nasen, sondern nur individuell geformte.

Bei jedem Menschen sehen wir die Willensimpulse, denen sein Körper nachgibt, als konzentrierte physiognomische Aussage mitten im Gesicht – an der Nase.

An ihr kommen neben dem Wollen und der seelischen Kraft auch die Tendenzen, die die Entwicklung zur geistigen und körperlichen Disziplin („Pädagogen-Nase" ⇨ Abb. 60, S. 143) zeigen, die Selbsterziehung sowie die einfühlsame Fähigkeit in psychologische Motivation („Psychologen-Nase" ⇨ Abb. 61, S. 143) zum Ausdruck.

Da sie unter dem Einfluss des Großhirns und seiner Entwicklung steht, kann man an ihrer Form und Qualität erkennen, in welchem Maße der Verstand die instinktiven Bedürfnisse zulässt.

Durch geistige Anspannung, Arbeit und Ausdauer entwickelt sich der geistige Wille,

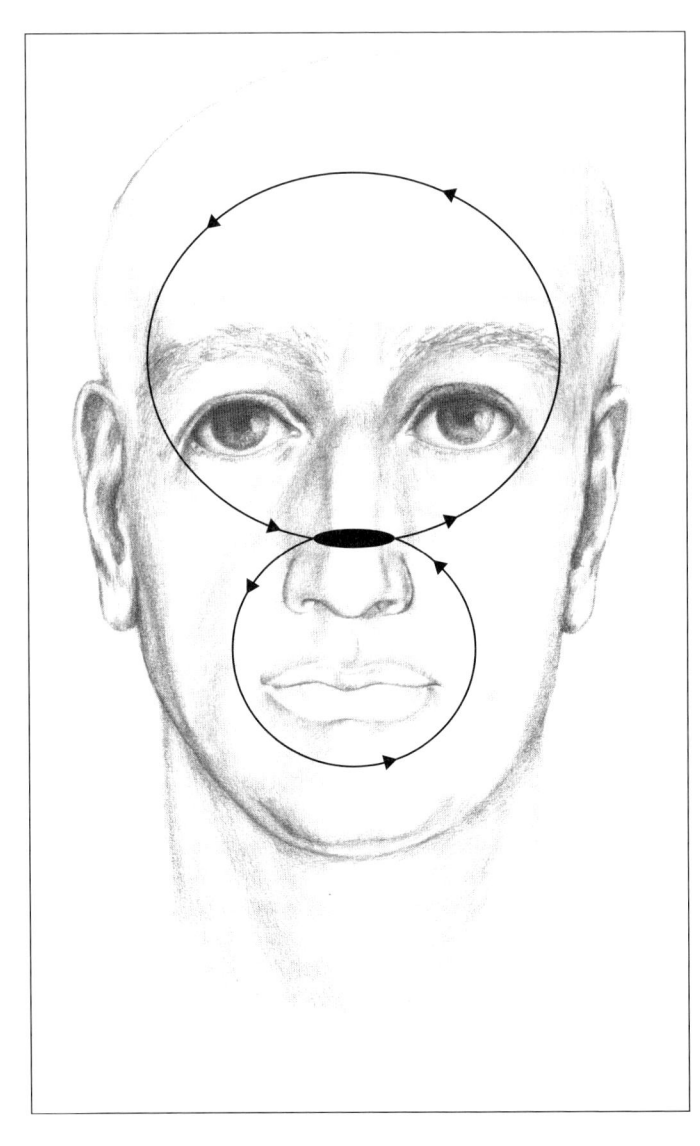

Abb. 51: Zone des Sonnengeflechts.

- Oberer Formenkreis
  Nase, Augen, Stirn
  Anlagen zum Bewusstwerden
- Zentrum des Gesichts
  Gefühlsenergie, das Sonnengeflecht
- Das Unbewusste
  Untergesichtsformenkreis
  untere Nase und Kommunikation
  Sexualität – Atmung – Stoffwechsel
  Nasolabialzone = Herzausdruckszone
  Pallium und Philtrum = Gefühlsenergie
  Mund = Gefühle und Stoffwechsel

17.3 Die Nase und der Selbstverwirklichungswille

und der geistige Wille macht die Persönlichkeit aus in ihrer Selbstverwirklichungsentscheidung.

Die Nase zeigt
- den Willen zur Lebenserhaltung als den Haupttrieb, als Instinkt,
- den unbewussten, sympathischen Willen, der von Gemütsimpulsen geleistet wird,
- bewusstes und unbewusstes motorisches Wollen und
- den freien, geistigen Willen.

Die Nase ist unser Gesichtsmittelpunkt und dient uns zunächst als Proportionshilfe für die Gesichtsproportionen für die Ober- und Untergesichtslänge (⇨ S. 51). Ist die Oberlänge dominierend, ist die Neigung zur Informationsverarbeitung stärker. Ist die Unterlänge dominierend, ist die Neigung, Tat und Organisation zu bevorzugen, stärker.

Auch in der Philosophie geht man davon aus, dass die Erlebnisfähigkeit des Menschen über das Gefühl inszeniert wird, welches an der Nase ein Ausdruckareal hat.

Carl Huter benannte diese Ausdruckszone „Gemüt" und lokalisierte sie im Übergang der unteren knorpeligen Nase zum knöchernen Teil der mittleren Nase. Dort erfahren wir eine Korrespondenz mit dem **Sonnengeflecht**, mit dem vegetativen System, mit der Energie, die Gefühle erzeugt und trägt, bündelt und zur Bewusstseinsreflektion signalisiert (⇨ Abb. 51).

Ausdrucksmäßig erfahren wir in der Profilierung an einer feinen Einbuchtung der Nase (Gemütsausdruckszone), sowie in der Hautstruktur, Spannung und Strahlung den permanenten Ablauf der Gefühle.

Als Zentrum des Gesichts interpretieren wir auch seine zentrale Aussage:
Die Gefühlsenergie aktiviert die Wahrnehmung der äußeren Reize und die Reaktion darauf entsprechend der inneren Prägung. Diese Prägung ist weitgehend unbewusst, so dass sich im Erlebnisprozess der Transfer unbewusster Anteile mit dem Klärungsprozess bewusster Anteile mischen wird.

Es scheinen sich die Bewusstseinsinhalte mit dem Unterbewussten zu verbinden, so dass die Gefühlsenergie im immerwährenden Prozess begleitet.

17.3.1 Nase und die Richtung der Selbstverwirklichung

Es gibt drei Grundrichtungen der Selbstverwirklichung:
1. Instinkt, unbewusstes Bauchgefühl zur Erhaltung des Lebens
2. Geist
3. Dynamik

Mit dem Instinkt sind die Kommunikationen zum Leben verbunden:
1. in der Sexualität
   (Möglichkeit zum Leben)

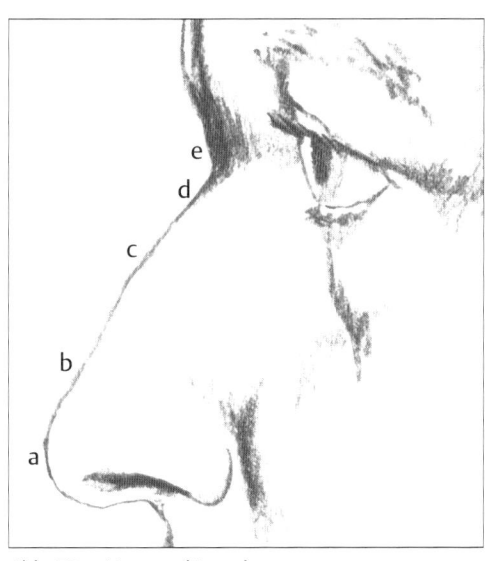

Abb. 52: Nase und Impulse.

a) Untere Nase — Instinkt, Bauchgefühl
b) Übergang Knorpel — Gemüt
c) Mittlere Nase — Motorik
d) Obere Nase — Geistige Dynamik
e) Nasenwurzel — Geistige Kraft

2. mit der Atmung
   (Verbindung zu allem Leben)
3. mit der Verdauung
   (Energie zum Leben)

Die Nasenspitze, die der Säugling bei seinem Eintritt ins Leben ausschließlich hat, ist beim Erwachsenen mit der gleichen Information übersetzt, nur hat er den Nasenrücken und die Nasenwurzel entwickelt.

Was hier körperlich-seelisch gelebt wird, bekommt eine stärkere seelische Komponente durch die Bündelung der Empfindungen zum **Gefühl**.

Die Gefühlsorientierung ist das zentrale Anliegen des Menschen. Sie hängt mit der Intelligenz des Herzens zusammen – was ausdrucksmäßig zu prüfen ist – und steuert die Erlebnisfähigkeit.

Damit erweitert sich die Wahrnehmung, die in geistige Prozesse überführt wird, um das Bewusstsein zu reflektieren.

Im feinen Wechselspiel denkt und will, plant und führt der tätige Mensch aus.

Die Nase ist der physiognomische Ausdruck dafür, wie stark das Bauchgefühl, der tätige Wille oder das geistige Bedürfnis die Selbstverwirklichung bestimmt.

Wer präzise Leistungen erbringen muss, wer präzise Leistungen erbringen will und kann, hat eine präzise Nasenlinienführung, ein präzises Profil.

Wenn der Nasenrücken einer Sattelnase gleicht, also weich und unausgeprägt ist, so sind die an diesen Partien sich ausprägenden Impulse schwach, zur Selbsterziehung wenig geeignet, angewiesen auf Erziehung mit „Druck und Liebe".

Ist die Gemütsregion differenziert und weich, so deutet das auf ein vergleichbares Gemüt, wenn die Augen einen entsprechenden Ausdruck haben.

17.4 Die Dreiteilung der Nase und die Psycho-Dynamik und Psycho-Somatik

Die formbildenden Kräfte

- Nasensteg =
  Helioda (schöpferische Kraft in den Sexualorganen ⇨ S. 56)
- Nasenspitze =
  Od, Medioma (Stoffkomponente des Körpers)
- Nasenflügel =
  Elektrizität (gespannt, gebläht: Mut)
- Nasenlöcher =
  Attraktionsenergie (einatmen und ausatmen)
- Sonnengeflechtzone
- Nasenrücken =
  Elektrizität und Magnetismus (Motorik)
- Nasendach
- Nasenwurzel =
  Konzentrationsenergie (Helioda im Prozess ⇨ S. 58)

17.5 Organkorrespondenzen – Patho-Physiognomik

17.5.1 Untere Nase

Die Lebensgrundlagen (Fortpflanzung, Atmung und Ernährung) kommen an der unteren Nase als Basisanlagen physiognomisch gesammelt als triebmäßiges Wollen zur Lebenserhaltung, Lebensentfaltung, Lebenserfüllung zum Ausdruck.

So kann mit einer betonten unteren Nase auch mangelndes, geistiges Konzentrationsvermögen oder mangelnder geistiger Fleiß, was sich in Planlosigkeit und Unwissenheit deutlich macht, mit Tatenlosigkeit, Trägheit und Faulheit einhergehen.

Nasenspitze

- Patho-physiognomisch
  Magen, Magensäure

- Psycho-physiognomisch
  Genussleben, Geschmack, Magengefühl (eigenes Fühlen), Instinkt, leibliches Wohl

An der Nasenspitze prägt sich ein Ausdrucksareal für den Magen aus.

Ist die Nase in diesem Bereich blass, rot oder/ und geschwollen, so liegt eine Magenschwäche bzw. -schleimhautreizung vor.

Direkt darüber, über der Magenausdruckszone, den Nasenrücken hinauf, schließt sich, kurz vor der Gemütsausdruckszone, ein Areal für das Darmsystem an.

Die sog. Kupfernase, rot mit dunklen Punkten, deutet auf kompaktere Störungen des Stoffwechsels hin.

Bei eintretender Ohnmacht oder nahendem Tod, zeigt die untere Nasenanlage und ihre Umgebung wesentliche Form- und Ausdrucksveränderungen.

Schon der antike Arzt Hippokrates beschrieb dieses Phänomen: Wenn die Nase spitz wird, die Mittelgesichtspartie einfällt und ein rascher Verfall der Lebenskräfte zu beobachten ist, tritt der Tod ein.

In der Gemütsausdruckszone (Mitte des Gesichtes) beginnt die **Nasolabialfalte**, die als Herzinteraktionsfalte interpretiert wird und mit plastischer Form auf Mitgefühl und Herzlichkeit hindeutet.

Die Nasolabialfalte führt zum Mund. Sie ist keine Magenfalte und schon gar keine Magen-Ulcus-Falte.

Nasenflügel

- Patho-physiognomisch
  Lungenflügel, Bronchien, Atemzustand u. -dynamik
- Psycho-physiognomisch
  – Fähigkeit, Hemmungen zu überwinden, Mut, körperliches Wohlgefühl
  – Kommunikationsfähigkeit mit der Umwelt
  – Kleine Äderchen auf den Nasenflügeln deuten auf Lungen- u. Herzbelastungen hin, entstehen bei psychischem Druck.

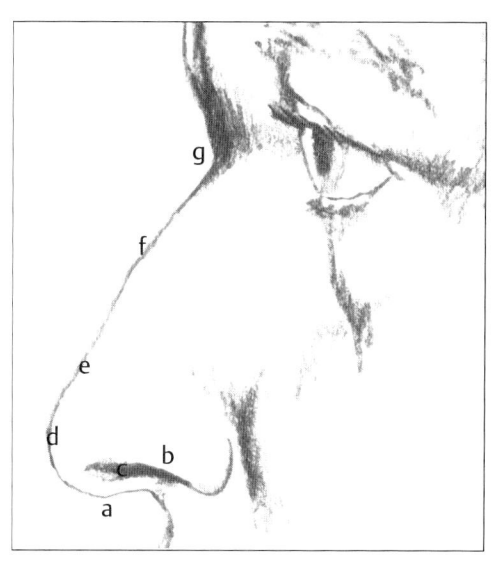

Abb. 53: Organkorrespondenz-Zonen an der Nase.

a Genitalien
b+c Luftwege
d Magen
e Sonnengeflecht
f Knochensystem
g geistige Energie

An den Nasenlöchern und den Nasenflügeln, erkennen wir die Anlage und Betätigung der Atmungsorgane.

Jedes Lebewesen tritt mit dem ersten Atemzug in den gewaltigen Kommunikationsbereich des Lebens ein – zum Kosmos, zu allen Menschen und Lebewesen–, der erhalten wird durch Ein- und Ausatmung der Atmosphäre unseres gemeinsamen Lebensraumes Erde.[32]

---

[32] Das hat vermutlich weitreichendere Folgen als momentan erforscht ist.
Stimmt das Kommunikationsfeld außen nicht, so melden das die Luftwege mit Abwehrreaktionen.
Das Stoffwechselsystem, mit dem das Atmungsgeschehen innig verknüpft ist, erbringt die Leistung, Sonnenenergie zu gewinnen und in Lebensenergie zu wandeln. Wachstums-, Entwicklungs-, Leistungsenergie gibt uns die Nahrung, die sich mit der Sonnenenergie in der Fotosynthese im Blattgrün bildet.

So dehnungsfähig wie die Nasenflügel sind, so dehnungsfähig wird auch die Lunge genutzt. Menschen, die bei ihrer Atmung die Kapazität der Lunge nicht ausnutzen, haben wenig modellierte Nasenflügel und sind flache Atmer.

Bei schwacher Atmung besteht wenig Neigung zu öffentlichem Auftreten (Hemmungen).

Auch kleine Nasenlöcher können auf eine Atmungshemmung und damit einhergehende psychische Hemmungen hinweisen.

Beobachten Sie sich doch einmal dabei, wenn Sie vor einer Tatentscheidung tief Luftholen und dann beim Tun befreit ausatmen. Auch beim Jubeln wird ein ganz anderes Atemvolumen eingesogen als beim Trauern. Und ein tiefes, genussvolles Einatmen in guter Luft erzeugt ein frohes Lebensgefühl.

Nasensteg

- Patho-physiognomisch
  Geschlechtsnerven u. -organe
- Psycho-physiognomisch
  Ehrfurcht vor dem Leben, sinnliches Fühlen, psychologisches Feingefühl (auch Nasenspitze)

Fortsetzung Fußnote 32
Immer wieder stellt sich die Frage, was Energie, Schwingung, Spannung und Strahlung eigentlich sind. In der Physiognomik wird sie durch die Kraft-Richtungs-Ordnungs-Lehre beantwortet. Alles, was lebt, ist ein Instrument, das Schwingungen empfängt und aussendet. In dieses Kraftfeld wirkt jeder Nahrungsstoff ein, da er sich im inneren Verarbeitungsfeld in Energie umsetzen kann.
Kommunikation hängt, wie wir oben gesehen haben, auch mit dem Instinkt zusammen, der bei der Auswahl, der Verträglichkeit, der Umsetzung zur Assimilation (auch Nahrung ist Kommunikation mit der Umwelt) teilnimmt.
Daraus ergibt sich, dass die Schwingungsqualitäten unserer Emotionen (Angst, Kummer, Freude, Heiterkeit), die sich auf unser „Bauchgefühl" auswirken, für den Stoffwechselprozess eine Rolle spielen müssen. Unsere Erfahrung weiß das auch.

Am Nasensteg, dem verborgenen Teil des Gesichtes, kommen die – auch im Körper geschützt angelegten – Geschlechtsorgane zum Ausdruck.

Wie fein, zart oder grob, wie wohlproportioniert im Übergang zum Pallium der Nasensteg sich ausgebildet hat, wie Form und Haut sich zeigen, so wird entsprechend dem Korrespondenzgesetz zwischen Körper und Gesicht, das Geschlechtsleben gestaltet.

Der Nervenzustand der Geschlechtsorgane findet neben dem Nasensteg auch in den Gewebsteilen der unteren Augenhöhle seinen Ausdruck.

17.5.2 Mittlere Nase

- Patho-physiognomisch
  Knochensystem
- Psycho-physiognomisch
  Tatkraft, Fleiß, Dauerenergie im Verfolgen der Ziele, Tätigkeitsachse, Willensimpuls zur Tat

Hat sich die mittlere Nase, d.h. der Nasenrücken, zu einem starken Nasenhöcker entwickelt, so resultiert dies aus einem starken, inneren Antrieb zur Tat, der Hindernisse überwindet und einen aktiven Leistungswillen einsetzt (Tätigkeitsachse).

Ein aktives Vorgehen entwickelt die Persönlichkeit. Aus den bewältigten Schwierigkeiten resultiert sich der Erfahrungsreichtum, das Wachstum im Erkennen und Wissen genauso wie Selbsterfahrung, Selbstbewusstsein und Selbstbehauptung.

Ist der Nasenrücken schwach, so ist der Handlungswille schwach. Willensschwäche macht den Menschen von Stimmungen abhängig. So zeigt ein feiner, schmaler Nasenrücken feine Knochen, eine schwache motorische Kraft und eine schwache Ausdauer, während ein breiter prägnanter Nasenrücken auf starke Kraftreserven und Knochen schließen lässt, auf Belastbarkeit.

Die obere Nase zeigt die geistige Lebensgestaltung, die untere Nase die physische Lebenserhaltung und beides beeinflusst sich gegenseitig.

Kinder haben einen unentwickelten Nasenrücken. Im Zusammenhang mit den Kräften bedeutet das, dass sich die Persönlichkeit noch beeindrucken lässt, was den Lernprozess fördert. Anpassung und Nachahmungsfähigkeit sind die ersten Lernstufen eines Kindes.

Der Erwachsene mit dem entwickelten Nasenrücken gewinnt an Ausdrucksfähigkeit und übernimmt die Funktion des Lehrens, Führens, Herrschens.

Im richtigen Verhältnis von Lern- und Wiedergabefähigkeit erweist sich dann die Gesellschaftsfähigkeit.

17.5.3 Obere Nase

Das Kleinkind bildet die Nasenwurzel analog seiner wachsenden geistigen Fähigkeiten aus und über ihr, im Stirnansatz der Mitte, das Konzentrationsvermögen. Da sich hier physiologisch die Stirnhöhlen befinden, haben diese einen Zusammenhang mit diesen psychischen Komponenten.

Bei Stirnhöhlenentzündungen leidet das Konzentrationsvermögen, die Auffassungsgabe zum schnellen Erkennen und Handeln. Die Geistesgegenwart ist erschwert.

Die Ursache dafür, dass bei Einbuchtung dieser Zone zur Konzentration mehr Mühe und Zeit gebraucht wird, ist kein Intelligenzmangel. Bei einer Einbuchtung handelt man zögerlich und gründlich überlegt, um Fehler zu vermeiden. Bei Mehrfachbelastungen ist mit Schwierigkeiten zu rechnen, die Konzentration gelingt schwer.

Ohne Einbuchtung fließen die Gedanken rasch in die Planung. Zu beobachten ist die Fähigkeit, ohne Mühe mehrere Dinge gleichzeitig zu tun, Überblick zu behalten.

Bei breiter, kerniger Ausbildung, ist die Lebensplanung denk- und geistorientiert.

Senkrechte Falten an der Nasenwurzel sind Willensfalten, die durch Konzentrationsleistung entstehen, durch die Anstrengung zur geistigen Übersicht.

Großnasige Menschen haben in der Regel mehr Stetigkeit in der Körper- und Geistesenergie. Sie sind vergleichsweise planmäßiger, impulsiver und durchführungsbereiter als kleinnasige Menschen.

Lange, markante Nasenformen lassen auf Fleiß, Willenskraft, Lebenserfahrung, Widerstandskraft und Voraussicht schließen, mit Aktivität und motorischem Wollen.

Nasenentwicklung vom Kind zum Greis

Tiere haben keine Nasenbildung wie der Mensch. Sie sind Instinktwesen, haben eine mehr oder weniger begabte Merkfähigkeit neben Orientierungssinnen und sind zu dressieren.

Beim Tier spielt das Riechhirn, das Geruchsvermögen eine lebenserhaltende Rolle. Die Nahrungssuche und ihre Verträglichkeit, die Art der Tiergattung und die „Familienzugehörigkeit", Feinderkennung, Partnersuche, Fortpflanzungstriebe, Orts- und Revierorientierung geschieht beim Tier am häufigsten durch die Nase. Es hat ein hochentwickeltes Geruchsvermögen.
Die Kraft, die die Tiere in ihr Riechhirn investieren müssen, um ihr Überleben zu sichern, hat der Mensch für die Entwicklung seines Großhirns zur Verfügung, für seine geistige Aktivität.

Bemerkenswert ist, dass die Nasenform sich unser ganzes Leben hindurch verändert.

Auf einer anatomischen Tafel wird erkennbar, dass die Nase der letzte Ausläufer des Knochensystems ist und damit über die Wirbelsäule und die Schädelkapsel in einem unmittelbaren Zusammenhang mit den motorischen und dynamischen Impulsen und Tätigkeiten des Knochensystems steht.

Menschen sind Denkwesen, haben ein differenzierteres Gedächtnis und entwickeln Einsicht und Tatwillen.

Wo Triebe herrschen, wird die Einsicht unterbunden, aber Neugier und Spieltrieb haben Tiere und Menschen gemeinsam.

Alles, was der Mensch will, ist nicht allein auf das Überleben ausgerichtet, sondern auch auf das individuelle Bemühen zur Entwicklung.

An der **Nasenwurzel** zeigt sich der Impuls zur geistigen Betätigung und Auseinandersetzung (der je nach Ausprägung und Hautqualität aktiv ist). Sie lässt erkennen, wie der Mensch auf Sinnesorganeindrücke reagiert, Einsicht und Durchblick gewinnt (⇨ Abb. 54).

17.6 Nasenformen und Mentalität

Etwas spezifisch Menschliches hängt mit der Ausbildung der Nase zusammen und da die Position der Nase das Zentrum des Gesichts besetzt (⇨ S. 51), ist damit zu rechnen, dass sie zentrale Informationen für die psychophysiognomische Deutung hat.

Die Phasen dieses Entwicklungsprozesses formen die Nase lebenslänglich. Die Beschreibungsskala vom Säugling zum Greis zeigt es. Die Energie, die die Nase formt, ist die Information, die die Physiognomen ablesen. Die Nase zeigt physiognomisch die Mentalität des Wesens.

17.6.1 Die Nasenformen der primären Naturelle (⇨ Abb. 55)

Den primären Naturellen werden folgende Nasenformen zugeordnet:
- Ernährungs-Naturell
  die weiche, dicke, im unteren Teil füllig betonte Nase
- Bewegungs-Naturell
  die harte, lange Höcker-Nase
- Empfindungs-Naturell
  die kleine, zarte Nase mit der Nasenwurzelbetonung

Analog zur Körper- und Kopfinformation, die nicht übereinstimmen muss, ist auch bei einer typverschiedenen Nase ein Koordinationsauftrag im Individuum mit allen Variablen.

Wenn z.B. das Bewegungs-Naturell-Gesicht die Nase des Ernährungs-Naturells hat, dann ist die Kraft, die aus dem Körper will, dynamisch, wird aber in die Richtung geleitet, die die Nase zeigt.

Mit ihren dominierenden Ausdrucksformen des Ernährungs-Naturells zeigt sie uns den instinktgesteuerten Selbstverwirklichungswillen.

17.6.2 Nasenformen (⇨ Abb. 56, S. 142)

17.6.2.1 Stupsnase (⇨ Abb. 57, S. 142)

Hier ist nicht nur Optimismus zu erwarten, sondern vielmehr schon ein Positivismus. Der Träger einer Stupsnase neigt dazu, Einstellungen nicht zu prüfen, sondern sich etwas vorzumachen, bis dann letztendlich die Erfahrungen greifen und die Spontaneität verlangsamen.

Abb. 54: Feine Nasenwurzel – geistige Konzentration. Die Mittelzone der Stirn ist schwächer = Mühe mit dem Gedächtnis.

17.6 Nasenformen und Mentalität

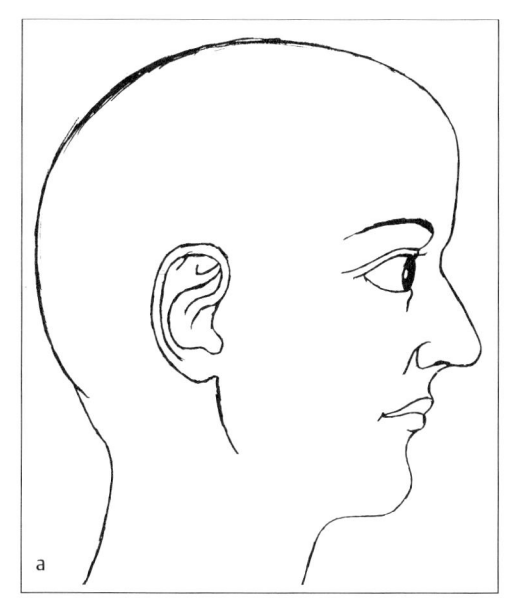

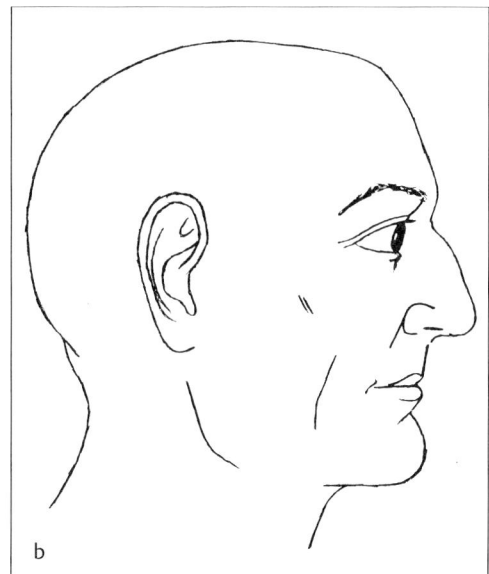

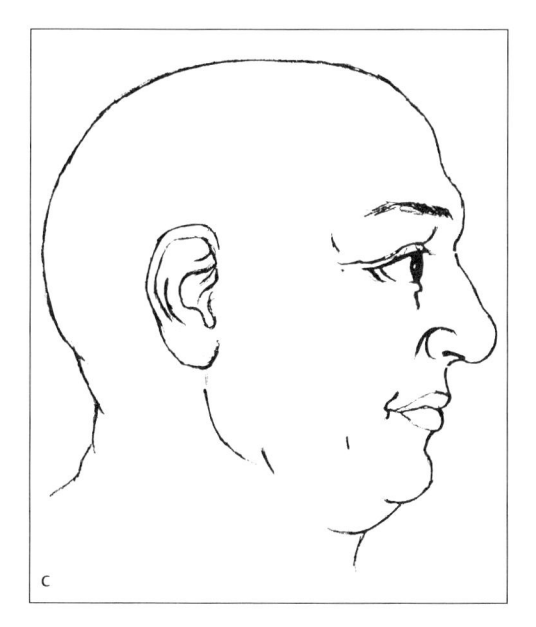

Abb. 55 a–c: Idealtypische Nasen der Naturelle (Arbeitsblätter im Anhang ⇨ S. 237–239, Abb. 112).

a Empfindungs-Naturell
b Bewegungs-Naturell
c Ernährungs-Naturell

Eine Stupsnase steht für Eitelkeit, Anmaßung, Sorglosigkeit und Unentwickeltheit, Spontaneität, Steigerungsfähigkeit.

Nase I und II (⇨ Abb. 56, S. 142) =
Beeindruckbarkeit   positiv
Beeinflussbarkeit   negativ
Fremdbestimmung   negativ

Nase III und IV =
Selbstbestimmung   positiv
Bevormundung   negativ
gegen andere Wesen   negativ

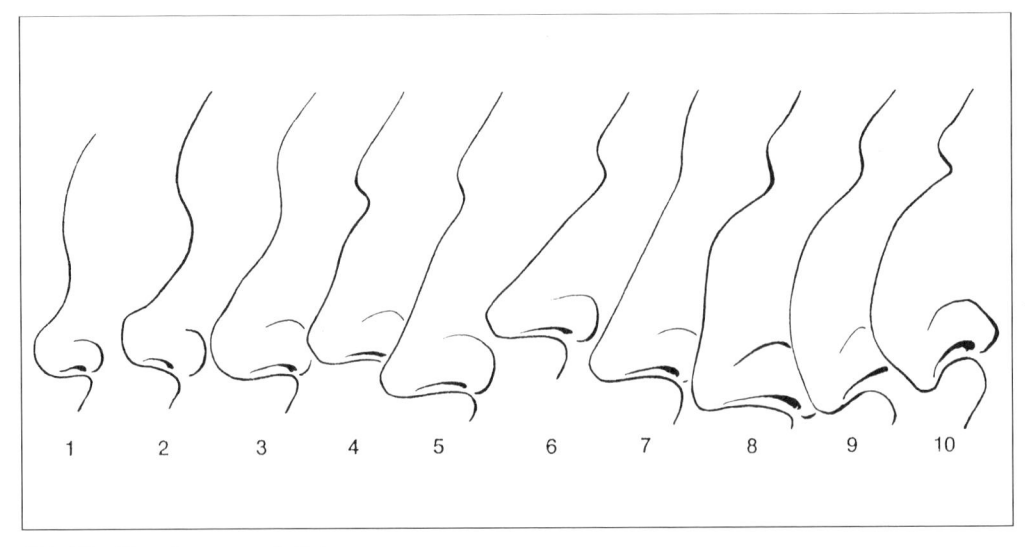

Abb. 56: Nasenformen nach Huter.

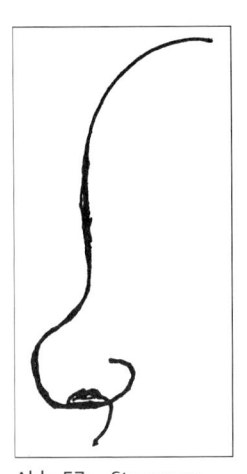

Abb. 57: Stupsnase.

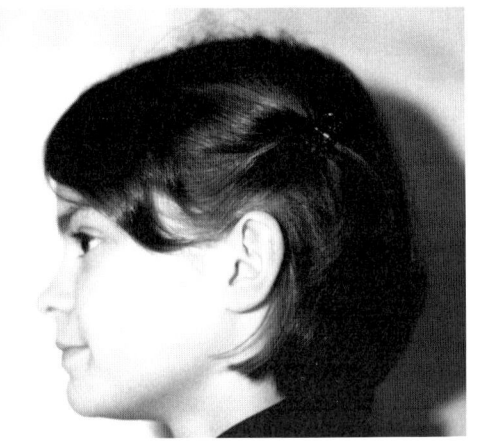

Abb. 59: Kindernase.

Von „negativ" kann man erst dann sprechen, wenn das Geschehen die Entfaltung hemmt. Wenn es die Vorbereitung zur Entfaltung ist oder die Entfaltung schützt und ermöglicht, ist es positiv.

16.6.2.2 Kindernase (⇨ Abb. 59)

(kindliche Nase, Mentalität des Kindes)

Tätigkeitsdrang und körperlicher Fleiß sind noch in der Entwicklung. Über Weichheit,

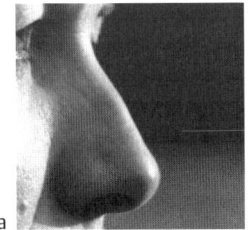

Abb. 58: Nase von zwei Seiten.

17.6 Nasenformen und Mentalität

viel Gemüt und Empfinden lässt sich der Mensch beeindrucken. Er zeigt die Tendenz, sich leiten zu lassen. Die eigenen Ziele sind noch unbewusst. Die Lebensantriebe sind eher von Lust und Laune als von Disziplin begleitet.

17.6.2.3 Nasenhöcker

(Mentalität des dynamischen Willens, unabhängig vom Naturell)

Die Kraft, die den Nasenhöcker bildet, ist Impuls und Antrieb zur Tat, der Hindernisse überwindet und Leistungswillen einsetzt. Das aktive Vorgehen entwickelt die Persönlichkeit, die Folge ist Selbstbewusstsein, Selbsterfahrung und Wachstum im Erkennen und Wissen.

In der Form der Nase kann starker körperlicher Fleiß zum Ausdruck kommen, aber ohne die Antriebe aus dem Hinterkopf oder fehlende Impulse (Kinn) entwickelt man nur eine geringe Dynamik.

Beim Nasenhöcker dominieren Beharrlichkeit und Gründlichkeit im Verfolgen der Ziele sowie die damit verbundene Energie, sich vor anderen zu behaupten und so im Mittelpunkt mit seinen Plänen zu stehen.
Im Zusammenhang mit kräftigem Unterkiefer (Durchsetzung), starken Jochbeinen (Widersetzlichkeit) und Naturell kann man von einem kontinuierlichen Tätigkeitsdrang ausgehen.

17.6.2.4 „Gelehrten"-Nase (⇨ Abb. 60)

Die „Gelehrten-Nase" ist eine mittelgroße Nase mit geradem schmalen Nasenrücken. Sie springt weit aus dem Gesicht hervor.
Neugier, Präzision, Einfühlungsvermögen, Auffassung und Wiedergabe geistiger Ebenen und Forscherdrang sind Eigenschaften, die die „Gelehrten"-Nase deutlich macht.

17.6.2.5 „Psychologen-Nase" (⇨ Abb. 61)

Die „Psychologen-Nase" ist eine kleine Nase mit kleiner feiner Betonung der unteren Nase und schwachem Nasenrücken. Sie zeigt das vergleichsweise feinste Einfühlungsvermögen sowie Bescheidenheit bis Selbstvergessenheit der eigenen Person im Sinne des Mitmenschen.

Zugleich steht sie für Wahrnehmungsfähigkeit subtiler Vorgänge durch feinen Instinkt bei gleichzeitiger Bewusstwerdung der psychischen Zusammenhänge.

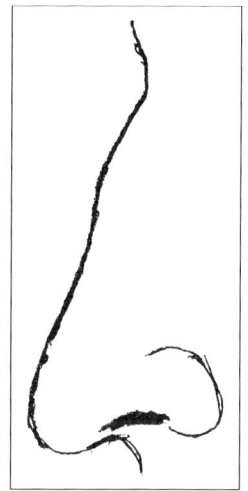

Abb. 60: „Pädagogen-Nase".
Die Energie, die diese Nase formte, will geistig-dynamischen Einsatz, Planmäßigkeit, Genauigkeit, Führen und Lenken.

Abb. 61: „Psychologen-Nase".
Die Energie, die diese Nase formte, will fühlen oder einfühlen, Instinkt prüfen. Abwarten, wie Entwicklungen laufen; spüren, wie Konflikte liegen.

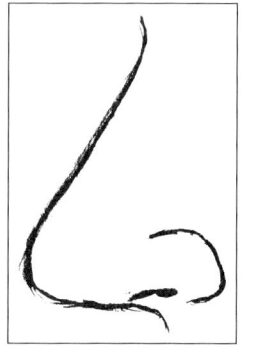

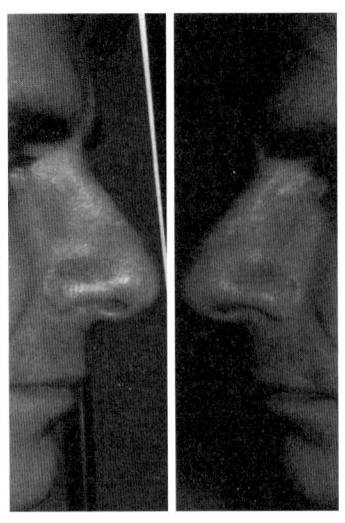

Abb. 62 a+b: Nase, von beiden Seiten betrachtet, lässt erkennen, dass die beiden Gesichtshälften sich auch in der Nasenprofilierung unterscheiden und damit nach der KRO unterschiedliche Bedeutungsschwerpunkte haben.

Abb. 64: Psychologen-Nase mit Instinkt.

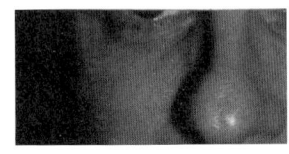

Abb. 65: Genussbetonung aus Instinkt.

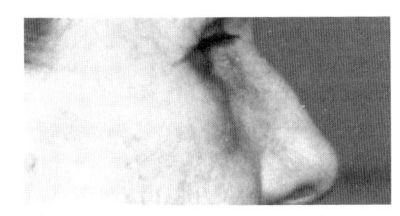

Abb. 66: Pädagogen-Nase mit gutem Instinkt.

Abb. 63: Psychologen-Nase, mit Forscherdrang.

In den verschiedenen Völkern, deren Kulturgeschichte wir physiognomisch analysieren, finden wir mit den vorherrschend dort entwickelten Nasen eine Erklärung für die Mentalität, die wir beschreiben können:
z.B. Römer, Griechen, Engländer, Portugiesen, Deutsche.

18 Mund und Kinn

Der Mund ist der Ausdrucksbereich für die Gefühle und zeigt an, wie diese „verdaut" bzw. erlebt werden. Da er zugleich Organausdruckszone der Verdauungsorgane (und der Geschlechtsorgane, ⇨ S. 159) ist, wird er auch als der „Schließmuskel" der Seele bezeichnet. An ihm werden Wünsche, Begehren, Ehrgeiz oder Güte deutlich.

Die Mimik des Mundes informiert über das Seelengefühl, das Grundgefühl, auf dessen Basis Erfahrungen eingeordnet werden (Übersetzungs- und Bewertungsmuster ⇨ S. 148).

An der nahen Umgebung des Mundes (Unterkiefer und Kinn) kommt die potentielle Kraft zum Ausdruck, die die Wunschverwirklichung mit Tat- und Durchsetzungsimpulsen begleitet (⇨ S. 160).

Der Unterkieferknochen zeigt die Einsatzbereitschaft und Durchführungskraft an, mit der der Impuls des Kinns begleitet wird (⇨ S. 160).

Auf die **Patho-Physiognomik** des Mundes wird näher auf den S. 108 und 159 eingegangen.

Im Gesicht werden die feinen Ausdruckszusammenhänge deutlich:
1. Die Nase mit der Sonnengeflechtsausdruckszone, dem Gemüt.
2. Von hier über das Nasendach zur Ausdruckszone des Herzens an der Nasolabialfalte entlang bis zum Mund.
3. Das Pallium und Philtrum mit den Ausdruckssignalen der Energie, die das Gefühl trägt und der Energie des Willens.

Der Mund gilt als der *„Schließmuskel"* der Seele. Er ist sowohl mit der Verdauung als auch mit der Verarbeitung von Gefühlen beteiligt.

Patho-physiognomisch betrachtet gibt der Mund uns u.a. Auskunft über den Zustand des Verdauungssystems, denn mit ihm beginnt der Verdauungstrakt und der Verdauungsakt.

Gleichzeitig stehen der Zustand der Verdauungsorgane und die vorherrschende Gefühlsenergie in Wechselwirkung:

18.1 Der Mund

Der Mund ist der Ausdrucksbereich für die Gefühle, die sich aus unseren Haut- und Sinnesorganwahrnehmungen ergeben. Die Verbindung der Gefühlsausdruckszentrale (Sonnengeflechtszone, untere Nase, Pallium, Oberlippe) mit dem Lebenssteuerungszentrum des Gehirns, dem limbischen System und seinen Bereichen, haben die Physiognomen erkannt. Hier werden die Reize der Sinnesorgane umgesetzt und mit den Reaktionen der Haut zu Gefühlen konzentriert.

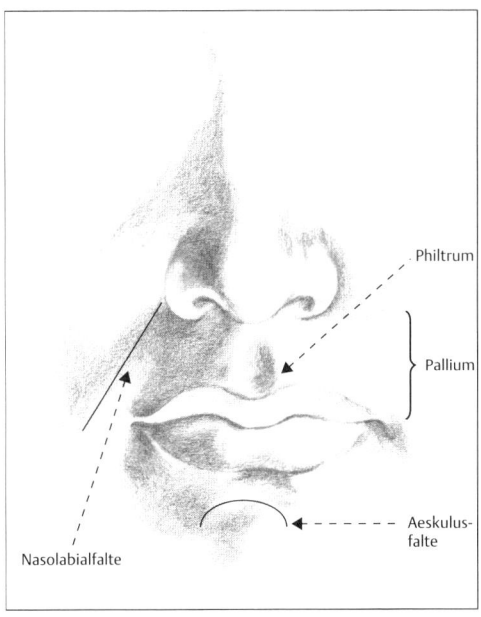

Abb. 67: Anatomie des Mundes.

So wie sich im Mund, über Geschmack und Enzyme im Speichel entscheidet, wie der Körper mit der ihm zugeführten Nahrung umgehen wird (Magensaftsekretion usw.), so sind für uns auch die Übersetzungsmuster am Mund abzulesen, d.h. wie ein Mensch auf seelische Eindrücke reagiert, die ihm von außen und von innen begegnen können und wie sie „verdaut" werden. Der Mund gibt den Hinweis auf unsere Gefühle, die nonverbal, aber dann auch durch die Sprache, Stimmlaut und Artikulation vermittelt werden.

Betrachten wir dieses nun von der *pathophysiognomischen* Seite her, wissen wir, das am Mund und seinen weichen, umliegenden Gewebspartien u.a. die Verdauungsorgane zum Ausdruck kommen. Verfärbungen, Schwellungen und Hautveränderungen zeigen hier recht deutlich das belastete Organ und den Einfluss von positiven – oder negativen Gefühlen (⇨ S. 108, 159). Denn die Gefühlsenergie, die während des Verdauungsprozesses vorrangig ist, entscheidet über Verträglichkeit und Wohlgefühl mit.

Wenn ein Mensch aus seiner Balance geht, die er als „innere Mitte" erlebt, wirkt sich das psycho-somatisch auch auf die Verdauungsorgane aus – was sich wiederum am Mund ablesen lässt.

18.2 Mund und Gefühle

Augen und Stirn sind die seelisch-*geistigen* Hauptausdruckszonen im Gesicht, die im ständigen Wechselspiel mit dem seelisch-*körperlichen* Ablauf zu betrachten sind.

Am Mund und seiner nahen Umgebung kommt das zum Ausdruck, was in uns seelisch-körperlich angelegt ist und sich durch unsere Wünsche an das Leben in die Vorstellungen des Menschen signalisiert.

Darunter sind die innere Wunschwelt sowie die Gefühlsschichten, mit all ihren Emotionen und Reaktionsweisen, zu verstehen, die ihre Wirksamkeit in der Vielfalt der Psycho-Somatik wiederfinden.

Das Gefühl für
- körperliche Leidenschaft und Art der Instinkte
- Lebens- und Liebesart
- Art der Geschlechtslebens
- Art der Eigenliebe
- Begehren und Erleben

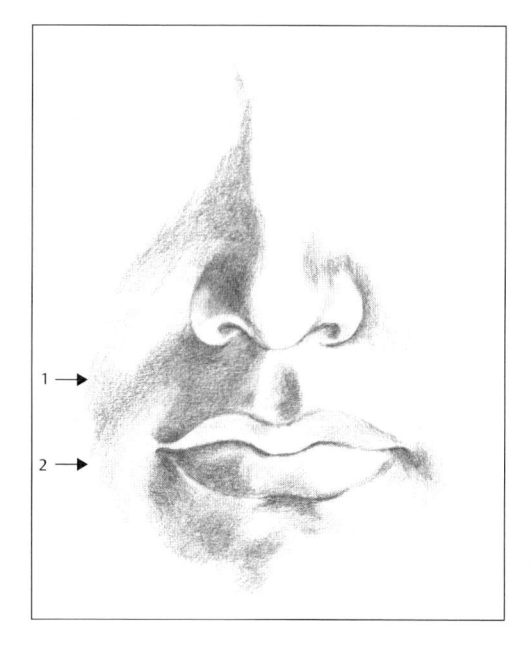

Abb. 68: Anatomie des Mundes und die Psyche.

1 *Gefühl*
 An der Oberlippe mit Philtrum und Pallium zeigt sich, wenn sie
 a) weich, schwungvoll, zart und locker sind = Gefühlsenergie
 b) hart, verkrampft und verspannt sind = Willensenergie
2 *Wille*
 Die Unterlippe zeigt die Gefühle aus dem Bauch, emotionale Reaktion.
 In Verbindung mit Kinn und Unterkiefer die Wunschverwirklichung.
3 *Leistung*
 Falten zeigen ganz generell Anstrengung und Leistung an.

- Wünschen
- körperliche Kraft
- Ausdauer und Widerstandskraft
- Durch- und Ausführungskraft, Verwirklichung

Sehr eng mit den seelisch-geistigen Erlebnisebenen ist das Begehren, Wünschen, das Gefühl und das tatsächliche Erleben verbunden.

Wie entstehen Wünsche?

Diese Impulse, die die seelisch-geistigen Ebenen als auftauchendes Bedürfnis in das Bewusstsein drängen, vollziehen sich in der Art, wie der Mund geformt ist.

Die als Wünsche auftauchenden inneren Bedürfnisse entstehen besonders aus der Versorgungslage des Organlebens und aus den Vorstellungen zur Befriedigung dieser damit verbundenen Meldungen.

Hier ist vor allem der Sinn für Schmerzempfindung und Organempfindung als wichtiger Komplex zu betrachten. Dieser befindet sich in dem Rezeptorensystem an den inneren und äußeren Häuten und in den Organzellen unserer Organsysteme.

Die Reizquelle ist hier an den sensiblen Nervenendigungen. Die Ursache, durch die diese Sinnestätigkeit bis zur deutlichen Registrierung aktiv wird, sind Zellstörungen (Verletzungen oder Störungen im innerkörperlichen, organischen Leben). Dies löst einerseits über die Physis, Bedürfnisse aus, auf der anderen Seite kann aber auch durch seelische Leiden eine körperliche Reaktion verursacht werden, wenn durch sie die Energieflüsse geblockt werden.

Diese „seelischen Leiden" zwingen zum Suchen nach der Ursache und wollen die positive Veränderung, um das Gleichgewicht wiederzufinden.

Die Wunschvorstellungen verschiedenster Art entstehen aus Defiziten, speziell Angst und Bedrückung, lassen Wünsche nach Glück auftauchen, die sich bis zu Jenseitshoffnungen steigern können.

Die Art der Wünsche richtet sich also auch nach der übrigen Veranlagung und deren Dominanzen.

An der Unterlippe und an der nahen Umgebung des Mundes (Unterkiefer und Kinn) kommt die potentielle Kraft zum Ausdruck, die die Wunschverwirklichung mit Tat- und Durchsetzungsimpulsen begleitet. Diese deckt sich jedoch nicht immer mit der Willenskraft des Menschen, was aus der Nasen- und Unterkieferspannung zu erkennen ist.

Dabei spielt ebenfalls das allgemeine momentane Kraftpotential, die Vitalität, der Lebensbezug und Erlebnisdrang eine wesentliche Rolle, die wir am Mittelgesicht, Nacken, Mund, Stirn, Augen und der Haut ablesen.

Nicht nur der Mund mit seiner Ober- und Unterlippe ist für den Gefühlsausdruck zu beobachten, sondern der gesamte Bereich zwischen den Nasolabialfalten, dem Nasensteg und dem Mundschluss, das Pallium mit der feinen Rinne, dem Philtrum, das in Fortsetzung des Nasensteges in den Amorbogen der Oberlippe mündet.

Wie weit das Schicksal, der Zeitablauf etc. dann der Wunscherfüllung entsprechen oder nicht, kann man zwar physiognomisch nicht erkennen, das Abklingen der Wünsche, das zur Resignation oder Erschlaffung führt, jedoch deutlich.

Stellen Sie sich ein trauriges Gesicht vor … Die Trauer oder der Schrecken sind am Mund deutlich zu sehen; genauso wie bei einem fröhlichen Gesicht die Erinnerung an einen Witz, als inneres Erleben.

Der prüfende Mundzug begleitet den Vorgang körperlicher Reize oder seelischer Erregungen entsprechend.

Bei Zustimmung ist der Mund weich bewegt, bei Ablehnung distanziert fest in der Bewegung, Distanz zum Gefühl.

Ein beherrschter Mund zeigt das Bestreben, seine Gefühle zu kontrollieren.

Ein sehr voller Mund ist ein Merkmal für überstarke Gefühle in Freude und Trauer, für starkes Fühlen und Wünschen, das schwer zu beherrschen ist.

Je nachdem, wie sich der Mund im Ganzen darstellt, ist mit der Menge oder Massivität der Wünsche zu rechnen, oder mit Enthaltsamkeit bis zur Askese.

Was ist Glück?

Alles Wünschen strebt zum Glück. Heinrich von Kleist sagte dazu:

„Das Glück kann nicht wie ein mathematischer Lehrsatz bewiesen werden, es muss empfunden werden, wenn es da sein soll. Daher ist es wohl gut, es zuweilen durch den Genuss sinnlicher Freuden von neuem zu beleben; und man müsste wenigstens täglich ein gutes Gedicht lesen, ein schönes Gemälde sehen, ein sanftes Lied hören – oder ein herzliches Wort mit einem Freunde reden."

18.2.1 Übersetzungs- und Bewertungsmuster

Am Mund wird nicht nur das Begehren, sondern auch das Erleben deutlich. Wir sehen am Mund, wie ein Mensch mit seinem Erlebnishintergrund umgeht, wie er seine Erfahrungen eingeordnet hat und wie er Neuem begegnen wird. Durch die Mimik zeigt uns der Mund die Grundgefühle, informiert uns über das Seelengefühl.

Eine reduzierte Gefühlslage mit pessimistischem Lebensgefühl z.B. entwickelt sich aus verschiedenen Erfahrungen (auch Elternhaus) und wird am Mund deutlich. Eine tiefe Enttäuschung, über viele Jahre hindurch, hinterlässt gleichfalls ihre Spuren: Die Mundwinkel weisen nach unten.

So wie sich der Mund bei bitterem Geschmack darstellt, lebt der Mensch mit einem bitteren Lebensgefühl, mit dem er auch allem weiteren begegnet.

Aus so einem Erfahrungshintergrund übersetzt man ganz anders, als wenn ein Le-

ben in Unbefangenheit und ohne Enttäuschung gelebt wurde.

Prägungen, reduzierte Lebenskraft, Reaktionsweisen oder **Übersetzungsmuster** werden am Mund sichtbar.

Menschen werden durch ihre Umwelt geprägt. Sie machen Erfahrungen, die sie, auch aus dem Unbewussten, Entscheidungen treffen lassen, gemäß der entsprechenden Situationen. Diese Entscheidungen entstehen auf der Basis einer subjektiven ihm typischen Sichtweise, seinem Übersetzungsmuster.

Was nicht heißen soll, wir könnten bestimmte Erfahrungen konkret am Mund ablesen. Vielmehr zeigt sich an ihm die Art, wie mit ihnen umgegangen wird bzw. wurde, wie bestimmte Reize eingeordnet werden.

„Wer psychisch Schönes von außen aufgesogen hat und innerlich besitzt, hat auch einen schönen Mund. Da alles Leben an Stoffwechsel gebunden ist, so ist die Fülle, Schönheit und Kraft des Mundes Gradmesser des gesunden Stoffwechsels. Ist dieser krank und verändert, so gibt sich das am Mund zu erkennen." (Carl Huter)

18.3 Artikulation von Gefühlen

„Kein Wesen kann so erröten wie der Mensch. Es hat auch kein Wesen mehr Grund dazu." (Mark Twain)

Charles Darwin beobachtete, dass alle Menschen auf der Erde die gleichen Ausdrucksbewegungen machen: Freude – Trauer – Überraschung. Diese Gefühle sah er als menschlich biologisches Erbe an, für die Verständigung sogar nötig.

„Die Ausdrucksbewegungen des Gesichts und des Körpers, welcher Art auch ihr Ursprung ist, sind für unser Wohl von großer Bedeutung. Sie dienen als erstes Mittel der Verbindung zwischen Mutter und Kind. Die Ausdrucksbewegungen verleihen unseren gesprochenen Wor-

ten Lebhaftigkeit und Energie, sie enthüllen die Gedanken und Absichten der anderen wahrer, als Worte es tun." (Charles Darwin)

Der Mensch hat eine hochentwickelte Befähigung, mit speziellen Sinnen die Orientierung zu differenzieren, z.B. mit dem Sinn für Lust, Schmerz, Raum, Gewicht, Struktur, Temperatur, Oberflächenhaut etc. All das ist über das Fühlen primär aktiv. Haut und Ohren registrieren jedoch die Spannungen und Stimmlaute des Sprechenden.

Lebhafter als andere Bezirke unseres Gesichts reagiert der Mund bei Interesse, Leid, Freude, Überraschung, Widerwillen, Zorn, Scham ...
 Dabei ist der Unterlippenausdruck rascher motorisch impulsiert als der Oberlippenausdruck.

Nicht nur die Mimik gibt uns die Information über die Stimmung oder Gefühle, die den Menschen bewegen und vorrangig bewegt haben, sondern auch die **Stimme**.

Die Ausdruckskraft der Sprache und der Artikulation teilt sich dem Beobachter direkt mit, und dieser kann das Kommunikationsangebot durch sie genauer einordnen.
 Furcht, Verachtung, Schuldgefühle, Gemütsänderungen und Stimmungen verändern auch die Stimme.

Die Reaktionen, die mit Gefühlen gekoppelt sind, können sehr unterschiedlich ausgelöst werden. Traurigkeit und Frömmigkeit können z.B. vom selben Motiv ausgelöst werden.

Dabei geben auch die zwei leicht verschiedenen Gesichtshälften einheitlich zu erkennen, wenn den Menschen Schmerzen oder Freuden bewegen.

Gefühle werden getragen und erregt von und mit einer Energie, die die Mimik locker macht, reaktionsbereit und offen: der Gefühlsenergie.

 Der Wille wird getragen und erregt von und mit einer Energie, die die Mimik anspannt, reaktionsgesteuert und distanziert: der Willensenergie.
 Die Psycho-Physiognomen lesen das Vorherrschen der einen oder anderen Richtung aus der Haltung, Mimik und besonders am Mund.

Über das Reden

Im Grunde ist alles Reden Übersetzung.
 Der Sprecher verleiht seinen inneren Gefühlen und Gedanken sprachlichen Ausdruck, indem er sie in Worte kleidet, die – wie er hofft – seinem Hörer die eigentliche Aussage verstehen lassen. Da aber alle Menschen verschieden sind mit jeweils ureigenem Wortschatz derselben Sprache, Redensarten und Ausdrucksweisen, gibt es so viele Mundarten, wie es Sprecher gibt. Wer spricht, übersetzt das ihn Bewegende in das von ihm erwartete Sprachverständnis seines Gesprächspartners, und zwar nicht eines allgemeinen Mitmenschen, sondern dieses ganz bestimmten Gegenübers. Wer hört, übersetzt Worte, die an sein Ohr schallen, in die Begriffe seiner Vorstellungswelt, also konkret gesprochen in die Sprache seines Mundes. Jeder Sprecher und Hörer verfügt über ein höchst individuelles Begriffsvermögen, eine spezifische Vorstellungskraft und ein ganz verschiedenes Wort-Bild-Verhältnis; daher ist alles dialogische Reden nichts anderes als: Übersetzen. Ein höchst mangelhaftes Übersetzen übrigens, denn eine Vollidentität des Gesprochenen, des Gehörten und des Verstandenen ist eher die Ausnahme als die Regel. Deshalb arten Zwiegespräche nur allzu oft in Doppelmonologe aus, in denen die Partner zwar redlich versuchen, sich zu verstehen, aber aneinander vorbeireden. Die Übersetzung (das Wort stammt ursprünglich aus der Schiffersprache) gelangt eben vom Rede-Ufer fast nie ganz unversehrt ans Hör-Ufer hinüber. Diese Binsenwahrheit und ihre Schlussfolgerung dazu Thomas von Aquin: *„Was immer auch aufgenommen wird, wird immer gemäß der Natur des Empfängers*

aufgenommen.": „*Du hast gesagt!*" „*Ja, aber anders gemeint.*"

18.4 Mundmimik und Gemütsausdruck

Wie gesehen wachsen die Bewertungsebenen eines Menschen aus seinen Erfahrungen und seinem Gefühl, welches er mit diesen Erfahrungen verbunden hat. Sie werden im Hirn reflektiert und bewusst. Im Gesicht sind sie besonders an Mund und Augen abzulesen, wobei die Augen den raschen Wechsel der Gedanken und Gefühle am deutlichsten zeigen. Das Auge bezeichnen wir als „Spiegel der Seele" (⇨ S. 166), weil es die seelisch-geistigen Erlebnisebenen des Menschen genauso widerspiegelt wie der Mund.

Die gefühlsmäßige Qualität, die mit der Reflexion einhergeht, spiegelt der Mund, ähnlich wie eine Geschmacksrichtung, beim Schmecken von Speisen.

Als Körperöffnung steht der Mund über die Muskulatur v.a. in Verbindung zu den Augen, dem Kinn und auch zu den anderen Gesichtsmuskeln. Die Mimik des Mundes bewegt z.B., allein über die Muskelverbindungen, auch die Mimik der Augenumgebung und umgekehrt.

Was ist Mimik?

Peter Camper (1893) erkannte als erster, dass die Mimik mit dem Nervensystem zusammenhängt, das Gesichtsfeld vom Mittelhirn über Nerven gesteuert wird. Über den 7. Hirnnerv beherrscht der Thalamus die unwillkürlichen, unbewussten emotionellen Bewegungen der mimischen Muskeln. Sein filigranes Geflecht ermöglicht erst das überaus variationsfähige Muskelspiel des Menschen, das vergleichsweise kein Tier hat.

Die Bildung und der Ausdruck der Mimik verlaufen gesetzmäßig
a) durch Wachstumszentren
b) Gestaltung im Klima, Lebensweise, Schicksal (⇨ S. 9).

„Eine zentrifugale Willensäußerung, welche aus dem Nervenzentrum, dem großen Willensvermittler, stammt. Ausströmung der Erregung und des Denkens. Seelenleben und Sinnestätigkeit entsprechen einander als stumme Sprache des Geistes." (Mantegazza)

„Physiognomische Züge sind bleibend gewordene mimische Züge." (Piderit)

In der Mimik zeigt sich schon lange vor klinisch feststellbaren Störungen die Tendenz der Stimmung und damit die psychosomatische Voraussetzung zur tatsächlichen Manifestation eines Geschehens. Denn ehe Leiden offensichtlich werden, leiden bereits die Heiterkeit, Lebensfreude, Lebendigkeit und Willensäußerung, was eine weitere Erklärung für die Somatisierung unbewusster Prozesse bietet, als Energieproblem.

Die Mimik am Mund

Die nonverbale Ausdrucksfähigkeit der Augen und des Mundes ist dem Sprachverständnis weit überlegen. Sie stehen in steter Korrespondenz miteinander und sind in ihren feinen Reaktionen dabei nicht willentlich steuerbar. Mit den feinen Reaktionen in diesen Ausdruckszonen können wir nicht täuschen, höchstens erstarren oder verbergen.

Ist ein Mensch erregt, so spannt sich über das vegetative Nervensystem auch die Gesichtsmuskulatur an. Dies geschieht völlig unwillkürlich, ist ein unbewusstes Kommunikationssystem, welches, meist ebenfalls auf der unbewussten Ebene, die momentane Gefühlslage signalisiert.

Durch diese sehr feine Innervierung[33] und Muskulatur können wir – nicht nur bei Anspannung – die Reaktion aller Erlebnisse, al-

---
[33] Die Tast-Empfindlichkeit des Mundes ist neben der der Zunge um vieles differenzierter als die Sensibilität der Fingerbeeren.

ler Gefühle sehen und wie die Lebensfreude und sonstige Qualität empfunden wird.

- Heraufgezogene Mundwinkel zeigen eine fröhliche, heitere, optimistische Grundstimmung oder Gefühlslage, positiven Gefühlsreichtum und Lebensfreude.
- Heruntergezogene Mundwinkel zeigen kummervolle, traurige, pessimistische Stimmung oder Gefühlslage, Lebensschmerz, reduziertes Wohlbefinden. Sie zeigen, dass der Mensch Unangenehmes erlebt hat, frustriert ist.
- Ist dabei die Unterlippe dominierend, besteht eine Neigung zu ablehnender Bewertung der Umwelt in impulsiver Weise.
- Beim Lachen heruntergezogene Mundwinkel verraten Spott.
- Ist der Mund schief und verzerrt, deutet dies auf Unsicherheit, Eifersucht und Leidenschaft hin.
- Ein straffer Mund, auch bei einem Kind, zeigt Schmerzen, unangenehme Erfahrungen und das Verdrängen weicher Gefühle.
- Ist der Mund und seine Umgebung „schwammig", weist das auf unklare Gefühle und Unbeherrschtheit hin.
- Sehen wir einen großen, harten Mund mit dünnen, blutleeren Lippen können wir mit Mangel an Aufmerksamkeit gegenüber anderen Wesen rechnen, mit Rücksichtslosigkeit und Unerbittlichkeit
- Ein voller Mund zeigt uns überstarke Gefühle in Freude und Trauer, volles, starkes Fühlen und Wünschen.
- Beiderseits zurückgekniffene Mundwinkel zeigen das Niederkämpfen der Gefühle und eine gewisse Eigensinnigkeit.

18.5 Mundformen als Gefühlsausdruck

Die Lebens- und Erlebnisimpulse lassen uns neben vielen anderen Mundausdrücken, auf die im folgenden noch näher eingegangen wird, zwischen einem
- Mund des geistigen Genusses
Abb. 69.5+7
- Mund des physischen Genusses
Abb. 69.2+4
- Mund des Schweigens
Abb. 69.12+13
- Mund des Redens
Abb. 69.6+8

unterscheiden. Formen, die die vorrangige Neigung zeigen.

Unabhängig von der eigentlichen Mundformen ergibt sich die Erlebnisebene, in der jeweils miteinander oder übereinander geredet wird (auch geklatscht, bei besonders lockerer Mundmimik), aus der momentanen Befindlichkeit, aus der Qualität der Vitalität.

Ausdrucksintensiv teilen das besonders die Augen mit und auch die Stirn, hinter der sich die Gedanken und damit auch die persönlichen Übersetzungs- und Bewertungsmuster bewegen. All das findet am Mund seinen Ausdruck. Absichtslos verrät dieser weit mehr als dem Menschen bewusst ist.

Beispiel

Ein russischer Offizier fragte kriegsgefangene Offiziere im gebrochenen Deutsch, fiel dann ins Russische und sagte zum Schluss, als sich auf seine Frage, wer die russischen Ausführungen verstanden habe, kein Mensch meldete: „Bitte, gehen Sie auf Ihre Plätze zurück. Aber Sie und Sie und Sie bleiben bitte da." Er hatte durch Beobachtung herausgefunden, wer ihn verstanden hatte, wer Russisch konnte.

Diese wurden zu Dolmetschern bestellt.

18.5.1 Güte

Wohin ein Mensch tendiert:
- warmherzig oder kaltherzig
- positiv oder negativ

Was emotional in einem Menschen vorgeht, kann man ihm vom Gesicht, und im besonderen am Mund, ablesen. Wort und Emotion lösen sich gegenseitig aus, als ständiges Wechselspiel zwischen Gefühl und Ratio.

Salomo, der weiseste aller Könige, sprach viele Lebenshilfen aus, z.B.:

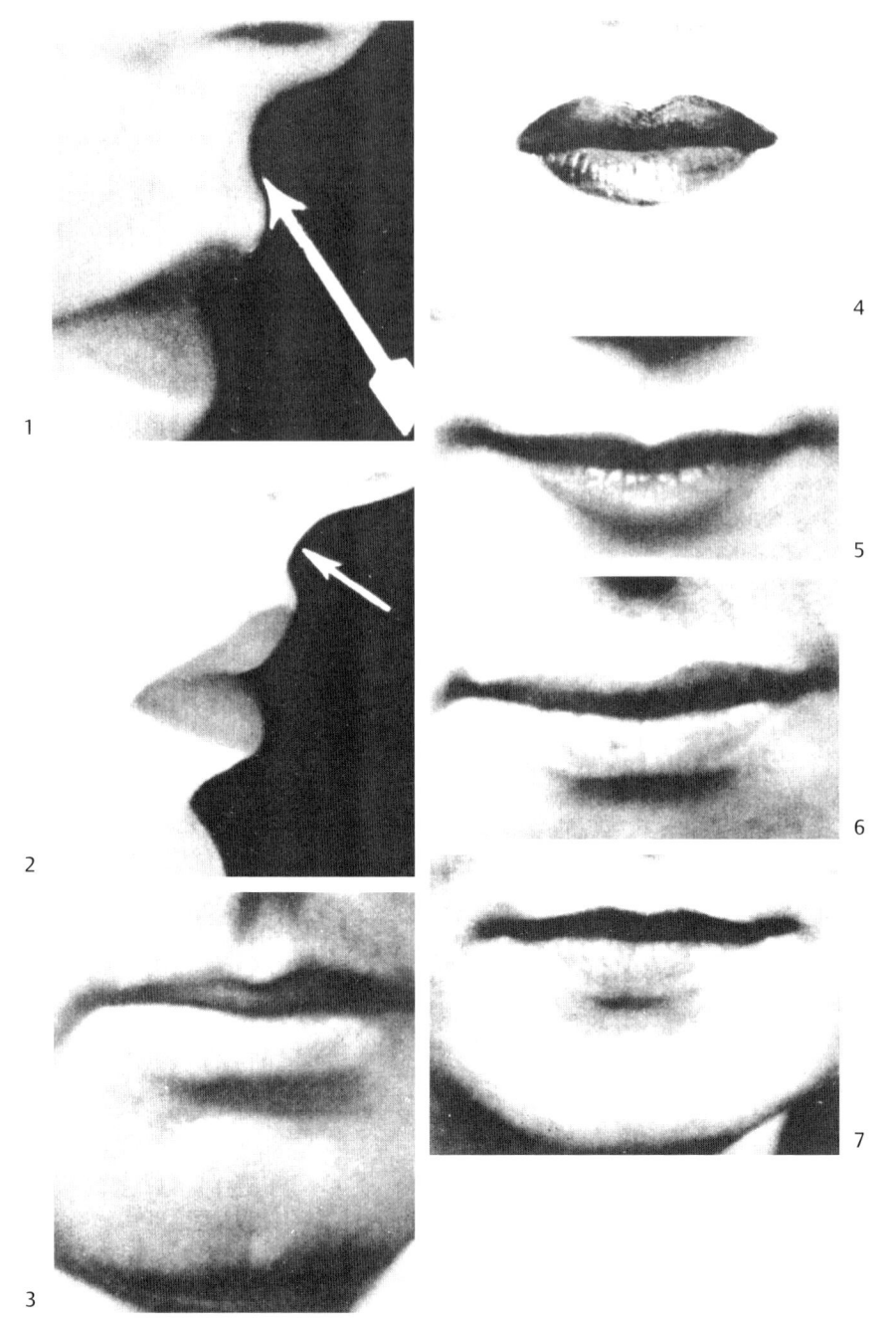

Abb. 69:   Verschiedene Mundformen (1–14).
1 + 2   Profilierung in feinen, konkaven Linien = Hinweis auf vorherrschende Gefühlsenergie
3   Verwirklichungswille (Unterlippe) aus Frustration und Bitterkeit (Mundwinkel)
4   Genusswille
5 – 7   Skala freundlicher Gefühle

18.5 Mundformen als Gefühlsausdruck **153**

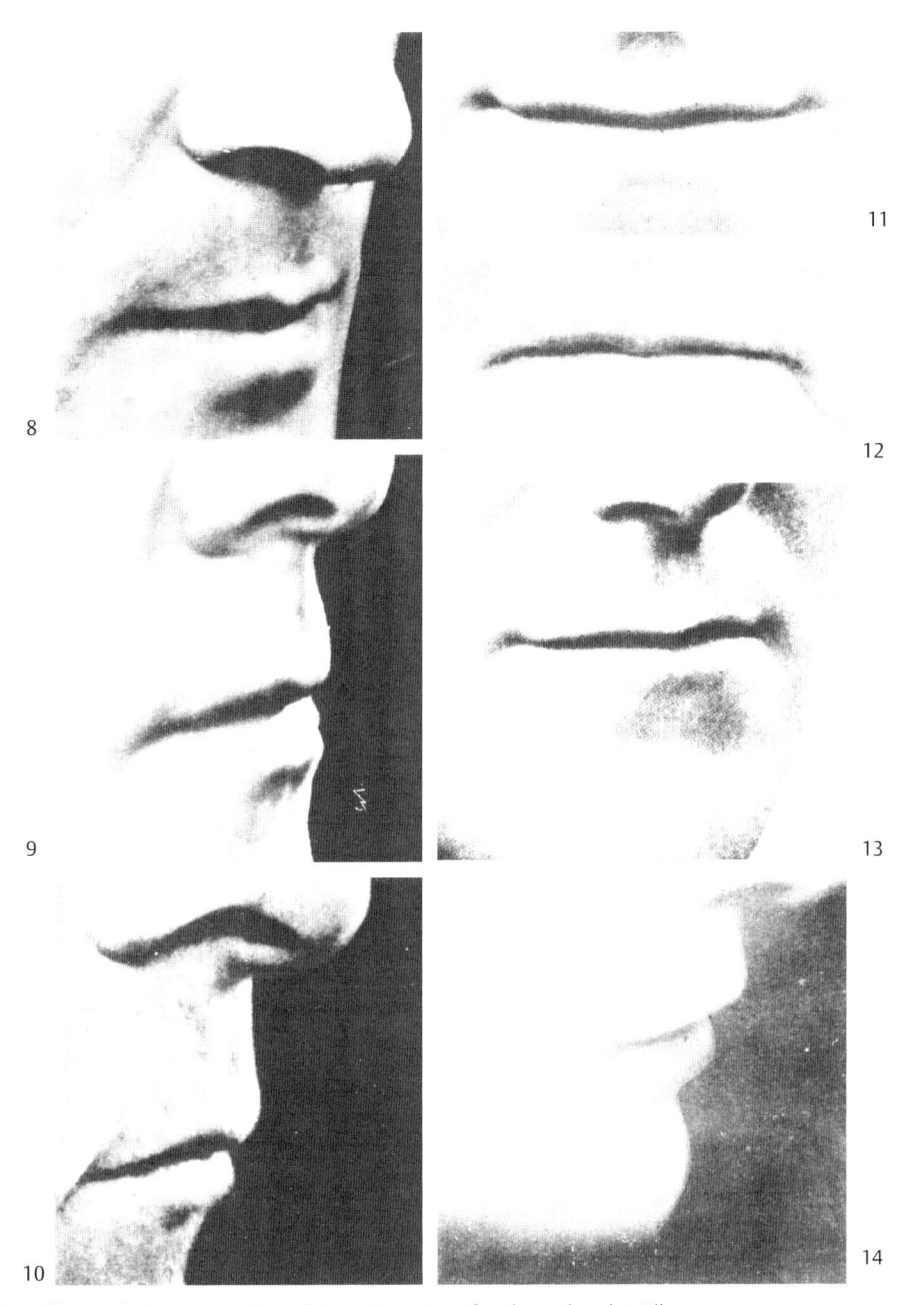

Abb. 69:   8 – 14 Profilierung in fester, gerader, eckiger = Hinweis auf vorherrschende Willensenergie.

„Eine linde Antwort, stillt den Zorn, aber ein hartes Wort richtet Grimm an."
Oder:
„Sprich das Nein, das Du sagen musst, gütig aus."

Wenn ein Mensch zur Güte neigt, gütige Neigungen hat, so sieht man diese Neigungen am Mund. Am besten studiert man das an Menschen, von denen man weiß, wie sie geartet sind: warmherzig oder kaltherzig.

Dafür sind neben dem Mund und den Augen besonders auch die Ausdruckszonen des Nasolabialzuges und des Mundes anzuschauen. Sie zeigen es deutlich an in Modellierung und Haut, Farbe, Spannung und Strahlung.

18.5.2 Ehrgeiz

Das lange Pallium steht für Entschlossenheit, Zurückhalten der Gefühle mit dem Willen, einem Ziel zuzustreben.

Aus dem Bedürfnis der Selbstverwirklichung entsteht der Wunsch nach Leistung und daraus wiederum der Wille, sie zu leisten und Ziele zu erreichen. Dies macht mimisch den Mund fest, gespannt, das Philtrum flach, das Pallium länger.
Entschlossenheit hält die Gefühle zurück, der Wille setzt Ziele.
„Ehrgeiz wird dem Menschen nicht umsonst verliehen. Er kann der Menschheit nützen." (Fr. v. Schiller)

Je grobstofflicher, wuchtiger, voller und auch härter, je dominanter das Untergesicht, desto weniger ist es geistig-seelisch kontrolliert.

18.5.3 Lachen

Lachen könnte man als „Lösung von Innenspannungen" definieren. Lachen ist dabei eine angeborene Ausdrucksbewegung, welches keineswegs immer heiter ist.
Kant sagte dazu, es sei ein *„Zunichtewerden einer hochgetriebenen Erwartung"*. Henri Bergson nannte es, den *„Einbruch des Mechanischen in die Sphäre des Lebendigen"*, und für Sigmund Freud war es ein Zeichen der *„Aufhebung einer Hemmung"*.

„Ein Lächeln ist die kürzeste Entfernung zwischen Menschen" ist eine brauchbare Metapher,
oder: „Ein freundliches Lächeln ist die beste Gesichtspflege".
Lachen kann sein:
befreiend – aggressiv – zynisch – skeptisch – obszön – ironisch – blasiert – herzlich – verzweifelt
und jeweils ist es der Mund, ist es die Stimme, sind es die Augen, welche über die Qualität des Lachens Auskunft geben.

18.5.4 Weinen

Mit Weinen geht eine Erschütterung der Persönlichkeit einher, die mit der Kinnmimik deutlich wird.
Ist ein Mensch betroffen, ist er in der Festigkeit seiner Person erschüttert, zuckt das Kinn.

Weitgehend ist es in der sachlichen Definition mit dem Lachen zu vergleichen und wird durch die verschiedensten Erregungen ausgelöst.
Die „Kinnmimik" ist dabei mit zu beachten, denn hier zeigt sich im Zusammenhang mit der Festigkeit der Persönlichkeit an, wann diese so erschüttert ist, dass das Weinen regulierend wird.

18.5.5 Sinnlichkeit

Der im Verhältnis zum Gesicht große und weiche Mund zeigt starke sinnliche Kraft, starke Zuneigung zum anderen Geschlecht, starke Genussliebe und intensives Begehren, sich seine Wünsche zu erfüllen (auch Nahrung). Er erscheint unbeherrscht, lässt seinen Gefühlen freien Lauf.

Ist er dazu undifferenziert (bis plump und grob), tendieren auch die von ihm gemachten Äußerungen in diese Richtung.

Ist er fein differenziert mit stark geschwungenem Philtrum, hat das intensive Genießenwollen, einen hohen qualitativen und kulturellen Anspruch.

Sind die Lippen bei einem großen Mund aber dünn und gespannt, so ist das sinnliche Genussstreben weniger stark. Eventuell sind die sinnlichen Wünsche zwar stark, die Gefühle jedoch, die sich mit ihnen verbinden, sind verdrängt und werden nicht zugelassen. Entsprechend ist die Qualität der Sexualität.

Über die Verwirklichungskraft des Verstandes wird das Gefühl diszipliniert.
  Der schmale, aber weiche Mund zeigt weiche Gefühle bei einer weniger anspruchsvollen Begehrlichkeit.
  Der kleine, schmale, feine Mund zeigt ein geringes Nahrungsbedürfnis, überhaupt fein differenzierte, sinnliche Bedürfnisse (mehr Qualität als Quantität).
  Er entwickelt schöne und reiche Gefühle, kann schwelgen.

Beim kleinen, schmalen und derben Mund finden wir das geringste Bedürfnis nach Sinnlichkeit. Hier wird das Wunschleben eventuell sogar von harten und rohen Gefühlen begleitet, mit Willen unterdrückt.
  Die Disziplin, die sich ein solcher Mund auferlegt, kann auch auf andere übertragen werden. Häufig fehlt des Verständnis für das Wunschleben und die Bedürfnisse anderer. Mit einem entsprechenden, negativen Erlebnishintergrund, neigt ein solcher Mund zu harten Urteilen in Gefühlsangelegenheiten.

18.5.6 Sexualtrieb

Der Mund ist außerdem auch ein Ausdrucksareal der Geschlechtsorgane und damit zugleich der Aktivität des Sexualtriebes.
  Wenn wir uns den Mund einer schwangeren Frau anschauen, sehen wir die Mundveränderungen ganz deutlich.
  Vergleichen Sie bitte:
- den Kindermund mit dem eines Jugendlichen
- den Mund vor der Geschlechtsreife und dem nach der Geschlechtsreife
- den Mund eines jungen Mädchens mit dem einer Frau, die ein Kind zu Welt gebracht hat,
- den Mund eines Menschen mittleren Alters mit dem eines Hochbetagten.

Die verschiedenen Lebensalter, Lebensebenen und Triebkomponenten sind damit genauso am Munde zu erkennen wie die Hemmungen, die mit Ur-Trieben des Lebens zusammenhängen oder die Ansätze zur Sublimierung in geistige Bereiche.

Der Sexualtrieb ist ein energieerzeugendes Phänomen. Die lebensenergetische Qualität können wir bei den unterschiedlichen Mündern vergleichen.

„Wo Sexualität unterdrückt wird, fließt die gestaute Energie in die dämmrigen Gefilde des Unterbewusstseins und löst das Gegenteil von Lebensschöpfung aus, nämlich Hass und Lebensverachtung. (Teufel, Hexenwahn, Besessenheit, Verbrechen, Neurosen, Psychosen)."
(nach Siegmund Freud)

So wie bei Unterdrückung Hemmung oder Blockade entsteht, hat auch Maßlosigkeit Energieverlust zur Folge.
  Nicht umsonst verbindet sich mit der Sexualität das edelste Gefühl, das wir mit „Liebe" umschreiben, und das sich in der Sublimierung der Sexualkräfte auf alles ausdehnen lässt, was die Natur und die geistige Vorstellungswelt anbieten. Konzentrierte Schöpferkraft.

Wer die Sexualität nicht mit Dankgefühlen begleiten kann, die entstehen, wenn die Verschmelzung der Erlebnisse und Erlebnisbilder mit dem Seelenzustand gelingt, erfährt sie als Quelle des Widerspruchs oder der Zerstörung der Lebensenergie. Sie ist das Zentrum, aus dem alles Leben und alle schöpferische Kraft entspringt.
  Wenn die Lebensfunktionen nicht frei wirken können, entsteht Zerstörung. Geschlechts-

Abb. 70: Weicher Mund, freundliche Gefühle.

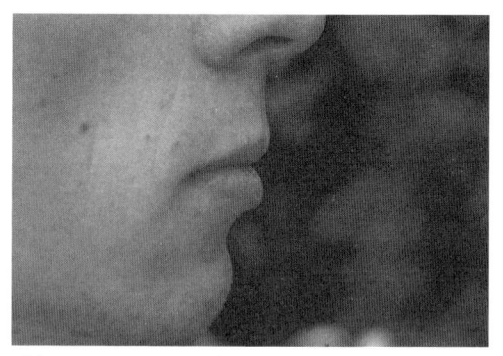

Abb. 71: Feiner, weicher Mund.
Feine Gefühle mit lebhafter Reaktion.

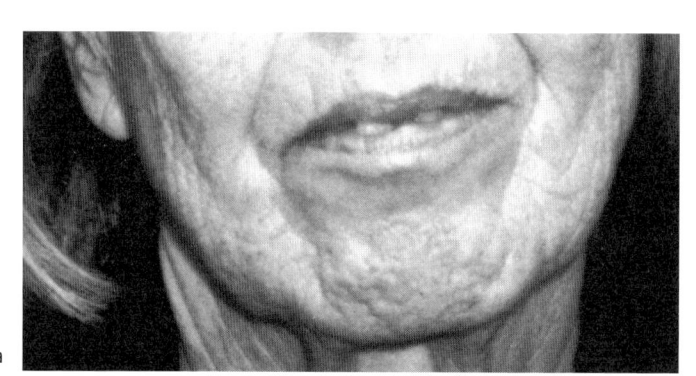

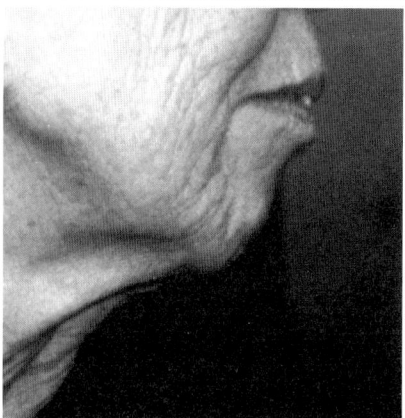

a

b　　Abb. 72 a+b: Resignation, Entsagung, Lebensenttäuschung.

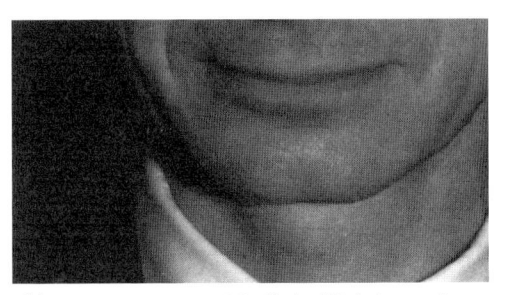

Abb. 73: Momentane Mimik der Wichtigtuerei.

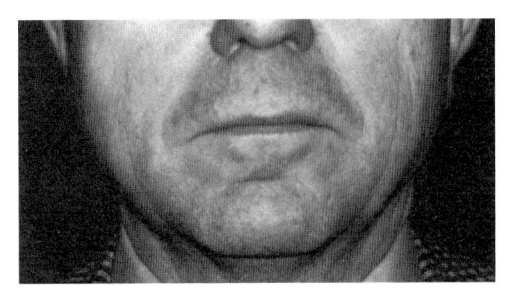

Abb. 74: Gefühle unterdrückt. Wille beherrscht Gefühl. Philtrum durch Willensdruck fast verschwunden.

krankheiten verändern, wie jede andere Krankheit auch, den Mundausdruck unglücklich. Ein glückliches Liebesleben strahlt dagegen in glücklicher Mundmimik aus.

18.6 Der Mund – naturelltypisch

Der Mund des Ernährungs-Naturells

- nährt Wünsche zur Stoffansammlung (Besitz in Masse) = Konzentrationsenergie (⇨ S. 58);
- ist weich und voll, odisch
- mit dominierender Unterlippe.
- Das Kinn ist weich, gerundet, groß; Doppelkinn.
- Der Unterkiefer ist groß, gerundet, fleischig.

Der Mund des Bewegungs-Naturells

- nährt Wünsche zur Disziplinierung, Gesetz und Ordnung, Beherrschung = Willensenergie, Elektro-Magnetismus (⇨ S. 59/60);
- schmal, energisch mit dominierender Unterlippe, mediomisch
- Das Kinn ist markant, groß, vorspringend, kräftig.
- Der Unterkiefer ist markant, breit, eckig, mit langem Bogen.

Der Mund des Empfindungs-Naturells

- nährt Wünsche poetischer, feinstrukturierter Sinnlichkeit, Wünsche des Feingeschmacks = Helioda (⇨ S. 56ff.);
- klein, zart; odisch-heliodisch
- Oberlippe dominiert.
- Das Kinn ist fein, klein, gerundet, oft zurückliegend.
- Der Unterkiefer ist zart.

Der Mund des Ernährungs-Empfindungs-Naturells

- nährt Wünsche, die eine Zusammenfassung der Wunschvorstellungen beider Naturelle sein kann:
  nach Kulturleistung und seelischer Entwicklung, Masse und Feinheit.
  Befriedigung der gemüthaften Impulse durch Besitz und Gefühlsausdruck, Wärme, stimmige Chemie und Atmosphäre;
- fein, weich, fleischig;
- Oberlippe odisch;
- Kinn und Kiefer sind fein, mittelgroß, gepolstert, kleines Doppelkinn.

Der Mund des Bewegungs-Ernährungs-Naturells

- nährt Wünsche nach vorwiegend materieller Verwirklichung:
  Ordnung, Disziplin, Tatkraft zur Ansammlung von Macht und Masse;

- kühle Prachtentfaltung bei fein strukturierter Mundform;
- groß, fleischig, wenig differenziert, mediomisch;
- dominante Unterlippe;
- Kinn und Kiefer sind groß, fest; massig mit Doppelkinn.

Der Mund des Bewegungs-Empfindungs-Naturells

- nährt Wünsche mit tatkräftigem Einsatz für Kultur und Wissenschaft, die im kultivierten Rahmen den geistigen Zielen nachstreben;
- nicht stark, eher schmal, fein, Unterlippe dominierend;
- Kinn und Kiefer sind fest, markant und feiner als beim Bewegungs-Naturell.

18.7 Mimik und Geschmacksqualitäten

In der Mimik spiegeln sich jedoch nicht nur Gefühle, sondern auch die Geschmacksempfindungen wider, die auf unserer Zunge erzeugt werden.

Die Zunge ist durch eine Vielzahl von Muskeln bewegt und durch zahlreiche Nerven innerviert. Die Zungenoberfläche ist mit Tausenden von faden-, warzen- und pilzförmigen Gebilden (Papillen) besetzt, die uns das Schmecken ermöglichen.

Die Papillen am Zungengrund „melden" bitter, an der Zungenspitze süß, am vorderen Rand salzig und am mittleren sauer.

Neben der Zungendiagnostik (die auch in der Traditionellen chinesischen Medizin angewandt wird), gibt es allgemeine Zeichen, die uns medizinische Hinweise geben.

Die Registratur der Geschmacksqualitäten, die unsere Zungensensoren leisten, provozieren bei dem Genuss von Süßigkeiten einen deutlich anderen Mundausdruck als z.B. bei Säure.

Die verschiedenen Geschmacksempfindungen werden emotional belegt. Auch „süße" oder „bittere" Gefühle sowie alle anderen Nuancen werden von Zustimmungs- oder Ablehnungsmimik begleitet.

Wenn wir an die Geschmacksrichtungen denken und die häufig damit verbundene Gesichtsmimik, so kann diese Mimik auch

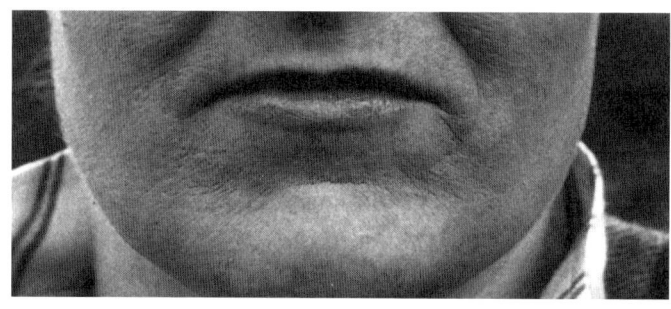

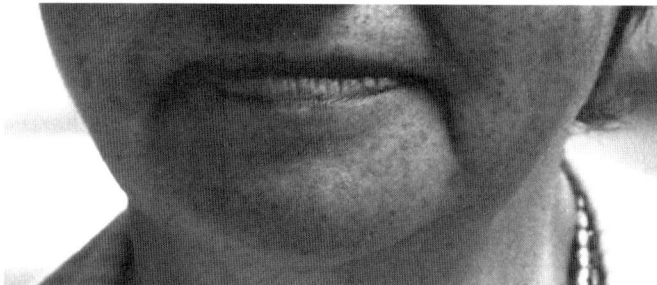

Abb. 75 a+b: Bittere Gefühle.

auf geistig-seelische Geschmackserlebnisse übertragen werden, ein Grundgefühl meinen:
- süß   optimistisch, freudig,
- sauer   traurig, verneinend, sauer
- bitter   enttäuscht, negativ, ironisch-sarkastisch, frustriert
- salzig   ärgerlich bis zornig
- schal   schwache Reaktion, fast gleichgültig
- ekel   sich verschließen, ablehnen

Die Kraft des Gefühls impulsiert den Mund. Alles, was wir mit dem Mund tun (sprechen, küssen, Nahrung aufnehmen, Sprache artikulieren usw.), wird mit der Gefühlsqualität begleitet, die der Mund zum Ausdruck bringt:
- Das Gefühl für Nahrung = Körper
- Das Gefühl für Sprache = Geist
- Das Gefühl für Küssen   = Seele

18.8 Ausdruckszonen am und um den Mund

- Oberlippe
  Wunschregung mit Vorstellungen und Träumen aus den Gefühlen
- Betonte (dominante) Oberlippe
  Nervenfülle, Feinfühligkeit in der Liebe. Das geistige Leben dominiert das physische Leben.
- Dünne, feine Oberlippe
  Neigung zur Nervosität (u.a. mit einer entsprechenden Augenumgebung z.B. bei Schlafdefizit)
- Unterlippe
  Tatregungen aus Gefühlen, die Kraft, seine Wünsche auch zu verwirklichen, emotionale Aggression, Impulsivität
- betonte (dominante) Unterlippe
  Physisches und triebhaftes Körperleben sind vorherrschend.
- zittrige, schiefe, unsichere oder übertrieben gepresste Mundwinkel
  widerstreitende Gefühle
- Lippenrot
  Blutbeschaffenheit, Hormonspiegel, Lymphe, Sinnlichkeit
- langes, gespanntes Pallium
  Verwirklichungskraft des Verstandes, Ehrgeiz
- Spannkraft u. Form des Philtrums
  fein = aufmerksames Fühlen
  fest = willensstarkes Fühlen

Die Profillinie des Mundes zeigt uns die Kontaktfreude und -fähigkeit eines Menschen.

Abb. 76: Praxisbeispiel: Patho-Physiognomie des Mundes (siehe auch ⇨ S. 108, Abb. 30).
- Nasolabialfale = Herz
- Falten von der Nasolabialfalte ausgehend = Herz-versorgende Gefäße
- Schwellungen in beiden Mundwinkelzonen = Magen
- Aeskulusfalte = Venensystem

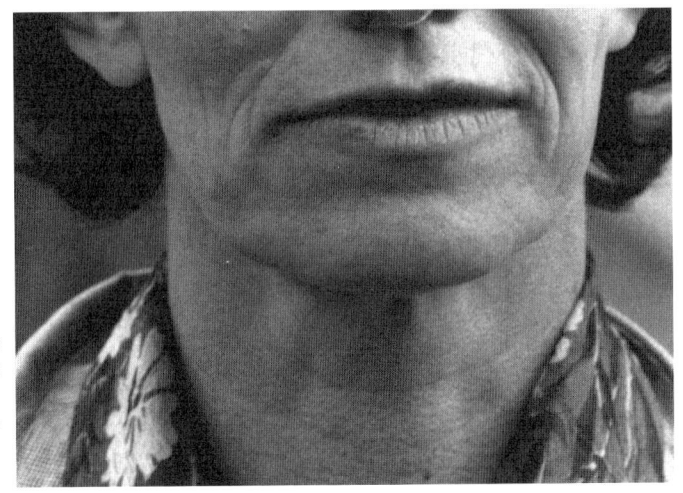

Bei einem feingezeichneten, sanft-konkaven Schwung unter der Unterlippe finden wir Sensibilität für gutes Benehmen und feine Lebensart, aber auch Schüchternheit.

Bei allzu lockerer Gewebsstruktur und Lippenfülle ist weniger mit einer Verträglichkeit schwer-verdaulicher Speisen zu rechnen als eher mit Trägheit und Schlaffheit des Darmtraktes.

Ein Mund, bei dem die Lippen fest geschlossen und die Mundwinkel angezogen sind, übt Selbstbeherrschung. Er ist verschlossen und reserviert. Neben Festigkeit zeigt er auch diplomatisches Geschick, d.h. Abwartenkönnen.

So wie feste, gespannte Lippen einen beherrschten Mund kennzeichnen, so sind sehr volle Lippen und lockere Gewebsstruktur Merkmal einer gewissen Unbeherrschtheit.

Ist der Mund groß und hart, dünne und blutleere Lippen, so bedeutet das Verdrängung aller weichen Gefühle, Durchsetzung eigener Willensvorstellungen, Mangel an Aufmerksamkeit gegenüber anderen Wesen.

Unklarheit, Lüge oder Verbergen der eigenen Gefühlslage werden sichtbar, wenn Mundmimik und Augenausdruck nicht übereinstimmen.

18.9 Das Kinn

Das Kinn steht im Zusammenhang mit den feinmotorischen Antrieben zur Tat. Wie impulsiv auch immer die Bereitschaft zur Umsetzung der Pläne ist, so profiliert ist auch das Kinn.

Ein weiterer Beobachtungsfaktor ist die Kinnmimik, die vom Zucken des Kinns bis zum feinen Muskelspiel die Signale anzeigt, die sich aus innerer Betroffenheit und dem Selbstwertgefühl herleiten.

Die axiale Verbindung des „sensiblen Pols" (am Kinn) mit dem Selbstwertgefühl (am oberen Hinterkopf), – nach dem Kanon (⇨ Abb. 25/26, S. 74/75) unter dem Kinn lokalisiert und von der Haarwirbelzone im Oberkopfbereich auf das Hochgefühl für die eigene Person bezogen, erklärt die Zusammenhänge – gibt dem Kinnausdruck diesen Aspekt.

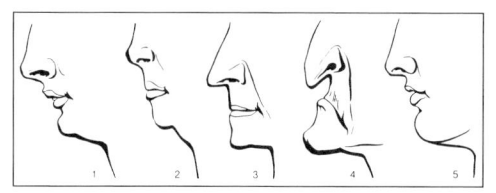

Abb. 77:   Kinnformen nach Huter (1–5).

1   Oberlippe dominiert Unterlippe. Linienführung des Palliums ist konkav bei einem gefühlsbetonten Menschen.
2+3   Willensbetont. Unterlippe dominiert eher. Linienführung des Palliums beschreibt sich eckig oder gerade. Unterschiede in Nase und Kinn:
2   Nase stärker als bei 1 durch genügend Willensbetonung.
3   Kinn etwas impulsiver durch Planmäßigkeit. Nachdrücklicher Einsatz.
4   Willensbetonung. Beherrschung durch starke Wunschverwirklichungs-Impulskraft.
5   Linienführung nach KRO stimmig: Aus- und Einbuchtungen wechseln sich ab, ausgewogen. Feines Gefühl, gutes Wollen.

Abb. 78:   Festigkeit und Magnetismus.

Pallium und Oberlippe sehr beherrscht. Mehr Willensenergie, weniger Gefühlsenergie.

Da die Unterlippe einen Ausdruckshinweis gibt auf die emotionale Regung, seine Wünsche auch zu verwirklichen, wird diese über das Kinn und seine Profilierung weiter erkundet.

Die Anlage des Kinns zeigt, wie impulsiv oder zögerlich die Tateinsatzbereitschaft ist. Gleichzeitig hat das Kinn durch seine Achsenverbindung mit den Zentren des Selbstbewusstseins mimischen Ausdruck mit dem inneren Wertgefühl und Sicherheitsgefühl des Menschen.

Die allgemeinen Aussagen des Untergesichtes (in der Dreiteilung des Gesichtes) zeigt uns mit den folgenden Schlagworten eine Grundtendenz, die Selbstverwirklichung zu erreichen.

Hier ist die Vernetzung und Kombination der Ausdrucksareale in Bezug auf die Verwirklichung von Bedürfnissen und Wünschen sehr wichtig, um nicht die entsprechenden Impulse oder Hemmungen, die dahinterstehende Kraft und Festigkeit oder Zögerlichkeit, die Durchsetzungskraft, auch eigene, innere Widerstände zu überwinden, isoliert zu betrachten.

- **Langes** und **breites** Kinn
  - große Tat und Willensenergie, Impulsivität, Muskel- und Knochenkraft
- **Kleines, zurückliegendes** Kinn
  - schwacher körperlicher Impuls, abwartend bis zögerlich
  - anlehnungsbedürftig, motorische Kraft und Ausdauer gering
  - weniger körperliches Durchsetzungsvermögen als psychologisches Geschick
  - Fürsorglichkeit

Der Unterkieferbogen trägt die Informationen für die Tat-Durchführungsbereitschaft. Von der Seite betrachtet, ist seine Länge und Spannkraft der Hinweis auf Beharrlichkeit und Ausdauer im Durchsetzungswillen.

Frontal wird die Asymmetrie beachtet, die bei der Verschiedenheit der Gesichtshälften stets gemessen wird, aber hin und wieder eine stärkere Unterschiedlichkeit ausgebildet zeigt. Bei starker Asymmetrie lässt sich eine bemerkenswerte Bereitschaft zum Einsatz feststellen, die aus der inneren Reibungssituation entsteht.

Wenn Unsicherheit entsteht, sieht das Kinn auch unsicher aus, d.h. es verliert die Spannung. Dieses geschieht noch ausdrücklicher, wenn die Persönlichkeit erschüttert ist. Für den Beobachter ist es erstaunlich, wenn er das Zucken des Kinns und die krause Modellierung der Muskulatur sieht und keine Erklärung hat, weil er den Film nicht kennt, der im Menschen sich abspielt.

In diesem Fall wäre zur Klärung eine psychoanalytische Frage erforderlich, da man naturgemäß – wie auch beim Erröten – den eigentlichen Grund dafür nicht sehen kann. Die Erfahrung weiß, dass bei einer solchen Reaktion irgendein Komplex, ein Trauma, ein neurotisches Muster aktualisiert worden ist, das mit dem Gefühl und dem Selbstwertprüfen zusammenhängt.

C. G. Jung und Sigmund Freud haben ihre aufmerksame Forschung auf dieses Gebiet gelenkt und mit der Symptom-Analyse einen Zugang gesucht. Symptome sind Träume, die in der Regel eine triebhafte Wunscherfüllung leisten. Fehlleistungen, die beim Verlesen, Verschreiben, Versprechen, Vergreifen, Verlegen, Vergessen eine richtungsweisende Rolle spielen, Neurosen, die in der Regel auf frühkindliche Erfahrungen, die problematisch waren, verweisen.

Symbole, sie sind allen Menschen eines Kulturkreises gemeinsam.

Wenn sie in der Seelensprache auftauchen, sind sie ein Schlüssel zum kollektiven Unbewussten.

Symbole entstammen dem Bildbereich der Seele, sind Archetypen, uralte Denk- und Vorstellungsformen, wie sie in Mythen, Märchen, Kulthandlungen, Zeremonien, Volksbräuchen, Sinnbildern, Riten aufgehoben sind und immer wieder auffordernde Einblicke in die Transzendenz haben.

Die Physiognomen erkennen, wenn sich eine solche (unsichtbare) Hintergrundinformation aktualisiert: Der Mund zeigt das Gefühl, das Kinn die Reaktionen auf das Gefühl.

Unsere technisch bestimmte Gesellschaft, die auch bäuerliche und handwerkliche Betriebe von helfenden Menschenhänden, Anstrengungen durch körperliche Arbeit befreit hat, fordert die vielseitig mögliche Körpergewandtheit nicht mehr. Nur der Sport liefert dort Ersatz sowie einige einseitige, mechanische, monotone Arbeitseinsätze. Diese zur Bequemlichkeit entlastete Lebensform hat Konsequenzen: Nasen- und Kinnformen sind statistisch gesehen bei den 16- bis 17jährigen jungen Menschen wesentlich kleiner und schwächer entwickelt. Seit Generationen haben die Menschen, die eine anstrengende Lebenshaltung (speziell in den Hochgebirgen und Küstengebieten) leisteten, kräftig ausgebildete Nasenrücken und kraftvoll profilierte Kinnformen entwickelt – als Ausdruck ihrer Kraft zur Selbstbehauptung und Selbstbestimmung. In der Regel standen sie mit dem Abschluss der Pubertät bereits voll im Berufsleben.

Heute ist das bei der Mehrzahl der Jugendlichen in den reichen Industrieländern anders. Sie bleiben eine verhältnismäßig lange Zeit in schulischen und elterlichen Abhängigkeiten, haben große Mühen mit ihrer Entscheidungskraft und Selbstbestimmungsenergie. Sie wollen viel verwirklichen, aber sich körperlich nicht anstrengen. Wuchs ein Kind mit kleinen Pflichten geübt in größere hinein, ergaben sich keine Brüche für die Lebensplanung. In unserer Zeit wachsen sich statistisch diese Brüche als Umbrüche zu zahlreichen Persönlichkeitskrisen aus.

Physiognomisch sieht man dies am Kinn als zögerlichen Tatimpuls, am Unterkiefer als Antriebsschwäche. Das mindert das Selbstbewusstsein, denn:

Die axialen Polarisationen der Kinnausdruckspunkte finden den Zusammenhang mit den Zonen am hinteren Oberkopf und oberen Hinterkopf.

In der Regel ist das der Bereich, in dem der Haarwirbel das Ausstrahlungsfeld einer Energie anzeigt, mit der wir unser gestärktes oder geschwächtes Selbstbewusstsein spüren.

Die Ausdruckszonen, von Huter im Kanon beschrieben (⇨ Abb. 33, S. 115), fassen wir für den Oberkopf in Selbstwertgefühl und für den Hinterkopf in Selbstsicherheitsgefühl zusammen.

Wert- und Würdegefühl ergeben sich aus der Stellung eines jeden Individuums im Universum und der Qualifikation (positive Leistungs- und Beziehungsebene), Sicherheitsgefühl aus Erfahrung und Kraft. Wenn beides zu schwach belassen, nicht geübt und gepflegt wird und damit energetisch gestärkt wird, ist Antriebsschwäche vorhanden.

Daraus entsteht auch Minderwertigkeitsgefühl (Kanon ⇨ Abb. 33, S. 115).

Aus diesen Hintergründen erklärt sich die Kinn-Reaktion als Mimik. Das Kinn als Form übersetzt sich nach den Variablen, z.B. Naturell-Entsprechungen.

Hinzu kommen die Differenzierungsformen des Kinns mit Grübchen oder Spalte, die noch empfindlichere Reaktionen auf alle Erschütterungsmöglichkeiten, z.B. Kritik, des Selbstbewusstseins zeigen müssen. Zuckende Mimik zeigt sich dann oder eine Kräuselungsunruhe am Kinn.

Damit haben die physiognomischen Beobachtungen den unteren Gesichtskreis beschrieben und interpretiert.

18.10 Unterkiefer, Jochbogen, Jochbein

Der Unterkieferknochen in seiner Verbindung zum Kleinhirn zeigt die Einsatzbereitschaft und Durchführungskraft an, mit der der Impuls des Kinns begleitet wird.

Ein kleiner Unterkiefer zeigt an, dass die Anfangsbereitschaft bald erlahmt, ein langer

Unterkieferbogen ist je nach Spannung und Profilierung mit sehr viel Beharrlichkeit zu erfahren.

Kantige, eckige Formen der Gesichtsknochen zeigen Elektro-Magnetismus (⇨ S. 59/60), der sich in Unruhe, Tat- und Durchführungsbereitschaft lebt und auch Kampflust und Aggression impulsiert.

Oft wird die breiteste Achse des Gesichtes durch die Jochbeine bestimmt.

Sie liegen in der sog. elektrischen Achse (⇨ S. 73) und geben eine für die Selbstbestimmung der Individualität wichtige Widerstandskraft zu erkennen.

Es wird von den Osteopathen behauptet, dass die unteren Knochen der Orbita eine Korrespondenz mit dem kleinen Becken hätten. Die Physiognomen stimmen dem zu, weil sich im unteren Feld der unteren Augenhöhle das Urogenitalsystem mit seinen Korrespondenzzonen ablesen lässt. Ferner sollen die Jochbeine eine Korrespondenz zum großen Becken aufweisen. Da sich hier die unbewussten Kraftzentren des Lebenswillens, Lebensschutzes, der Lebensentfaltung befinden, werden die Jochbeine in der Physiognomie als Ausdruck der Widerstandskraft definiert, die aus dem seelischen Bedürfnis impulsiert ist, sich zu wehren gegen fremdseelische Bestimmung zur Wahrung der eigenen Originalität.

Menschen mit sehr breiten Jochbeinen leben eine anstrengende Biographie, denn unbewusst inszenieren sie sich Schwierigkeiten, um die Wehrkraft einzusetzen, die sich ständig meldet, aktiv zu werden.

Unbewusst suchen sie sich bei Aufgabenentscheidungen, die schwereren Aufgaben aus.

Sie brauchen und suchen Herausforderungen.

19 Augen

Das Auge gilt als der „Spiegel der Seele", in dem sich das Lebendige, das Lebenslicht genauso widerspiegelt wie Gefühle oder Krankheiten (⇨ S. 166ff.).

Das Auge teilt die Art der Gedanken und die Gefühlsart mit, als Ausdruck der geistigen Gesinnung.

Augenbewegungen und Pupillenveränderungen lassen innere Abläufe erkennen. Von Carl Huter wurden zwölf Blickrichtungen unterschieden (⇨ S. 169ff.).

19.1 Wie funktioniert das Auge?

19.1.1 Aufbau

Die Haut ist die größte Sinnesfläche des Körpers. Was aber die Zahl der Sinneszellen und der von ihnen zum Gehirn führenden Nervenfasern anbelangt, wird sie von den Augen wie von den Ohren weit übertroffen.

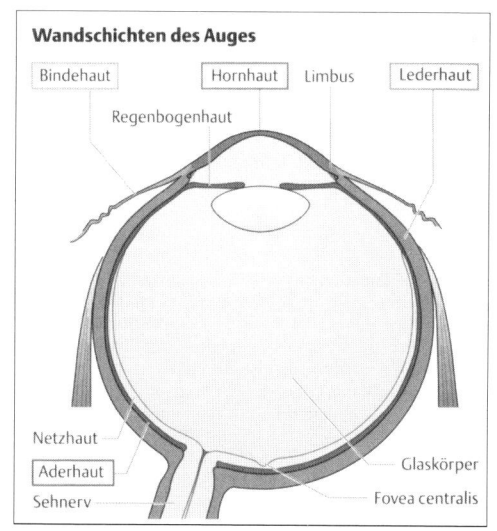

Wandschichten des Auges

Bindehaut, Hornhaut, Limbus, Lederhaut, Regenbogenhaut, Netzhaut, Aderhaut, Sehnerv, Glaskörper, Fovea centralis

Abb. 79: Anatomie des Auges.[34]

---

[34] Quelle: Schwegler, J.S.: Der Mensch – Anatomie und Physiologie. Thieme, Stuttgart 1996.

Die Augen führen zum Gehirn etwa 10mal mehr Informationen als alle anderen Sinne zusammen.

Es dauerte etwa drei Millionen Jahre, bis sich aus lichtempfindlichen Sinneszellen, Sehgruben, Augenbechern, Lochaugen, ein Sinnesorgan entwickelt hat, das uns das heutige Sehen erlaubt.

Zum bewussten Sehen gehört aber nicht nur ein entsprechend empfindliches Sinnesorgan, sondern auch eine Schaltzentrale, welche das Gesehene registriert und miteinander verknüpft. So hat mit der Entwicklung des Auges auch eine Entwicklung des Großhirns stattgefunden, die noch nicht abgeschlossen ist.

Das ist insofern leicht nachzuvollziehen, da wir wissen, dass sich das Auge aus den Nervenzellen des Gehirns differenziert hat.

Wir finden im Auge drei Schichten, vergleichbar den drei Hirnhäuten im Gehirn.

Nur sind diese Häute beim Auge nicht locker verbunden, sondern fest miteinander verwachsen.
- **Lederhaut** oder **Sklera**
  Die äußere feste Haut ist für die konstante Form des Augapfels verantwortlich und liefert die Voraussetzung für ein unverzerrtes Bild.
- **Regenbogenhaut** oder **Iris**
  Die mittlere Haut ist die gefäßführende Schicht und liegt zum größten Teil der Lederhaut auf. Im vorderen Teil bildet sie die Regenbogenhaut oder auch Iris, die über ihre Ringmuskeln die Pupille wie eine Blende erweitern oder verengen kann. Auf Höhe der Linse bildet sie einen Aufhängeapparat (Strahlenkörper = Corpus ciliare), durch den die Linse mit feinsten Fasern hinter der Pupille aufgehängt ist.
- **Netzhaut** oder **Retina**
  Die innere, sensorische Haut ist mit der Hirnrinde (Cortex ceribri) vergleichbar. Sie

enthält die lichtempfindlichen, primären Sinneszellen.

19.1.2 Sehvorgang

Die individuelle Reizverarbeitungszeit bezeichnet der Volksmund mit dem „Augenblick".

Die Aufnahme eines Blickes dauert ca. 0,2–0,3 Sekunden. Subjektiv kommt uns diese Dauer viel länger vor, bis zu 10 Sekunden. Vielleicht können wir dieses Zeitgefühl, in dem wir uns befinden, als Gegenwart bezeichnen.

Zuerst trifft das Licht auf die Hornhaut, wobei das Licht sehr stark gebrochen wird (3/4 der gesamten Brechkraft übernimmt die Hornhaut).

Dann gelangt das Licht durch die vordere Augenkammer, die nach vorne durch die Hornhaut, nach hinten durch das Irisblatt begrenzt wird, zur Pupille.
 Die Pupille ist dabei nur ein Loch in der Iris, welche mit Ihrer Blendenfunktion die Menge des einfallenden Lichts regulieren kann. Die Iris selbst ist lichtundurchlässig, gefäß- und pigmentreich (durch die Pigmente auch die blaue, braune oder grüne Farbe).
 Durch die Pupille gelangt das Licht in die ebenfalls mit Kammerwasser gefüllte hintere Augenkammer. Sie ist nach vorne durch die Iris, nach hinten durch die Linse begrenzt.

Die Augenlinse ist als bikonvexer Körper an vielen feinen Fasern am Strahlenkörper aufgehängt. Über diese Fasern (Zonula) wird die Linse in die Länge gezogen und somit die Lichtbrechung der Linse verändert, wodurch das wahrgenommene Bild scharfgestellt werden kann.
 Durch die Linse gelangt das Licht in den Glaskörper, dem die Linse aufliegt. Er füllt also den Raum zwischen Linse und Netzhaut aus. Der Glaskörper besteht aus 99% Wasser und Mucopolysacchariden. Manchmal schwimmen im Glaskörper Cholesterinkristalle. Sie erscheinen vor hellem Hintergrund als dunkle, sich bewegende Schlieren (Mückensehen)

Trifft nun das Licht auf die Netzhaut, werden die unterschiedlichen Nervenzellen (farb- und helligkeitsempfindliche Zellen) gereizt, die ihre aufgenommene Information über den Sehnerv an das Gehirn weitergeben.

Der Sehnerv (Nervus opticus) tritt, mit der in ihm liegenden Zentralarterie, an einer Stelle in den Augapfel, den wir den „blinden Fleck" oder Sehnervpapille nennen. An diesem Punkt finden wir keine Nervenzellen, es ist praktisch ein Loch in der Netzhaut.

Um das Auge zu bewegen, haben wir an jedem Auge sechs Augenmuskeln, die wiederum von drei Hirnnerven innerviert werden.
 Die Verbindung des Auges mit dem Gehirn wird besonders bei Krankheiten deutlich. So sprechen wir z.B. bei Hirnhautentzündung von einer Stauungspapille, einer Veränderung des Augenhintergrundes (eben der Sehnervpapille) durch Erhöhung des Gehirnwasserdruckes.

19.1.3 Zum Sehen geboren – zum Schauen bestellt

Beschreibung des Sehvorgang nach Carl Huter in zwei Abläufen[35]
1. Einfallen des Lichtes und Fortleitung bis in die inneren Zentralen des Körpers und Zellen.
2. Antwort auf die Erregung der Zellen durch Veränderung der inneren Erfahrungen. Die Energie geht zurück in das Auge und darüber hinaus (strahlende Augen)

Diese Reflexion geschieht nicht mechanisch. An ihr nehmen alle Erfahrungen (Wünsche, Erwartungen, Absichten, Leid, Schmerz usw.) teil, die gesamte bisher gemachte Erfahrung.
 Dies erklärt auch, warum verschiedene Menschen mit ihrer subjektiven Betrach-

---
[35] Huter, Hauptwerk, S. 766–767.

tungsweise ein und denselben Gegenstand nicht völlig identisch sehen können.

Beispiel

Ein geheimnisvoll aussehender Baum, der die Phantasie anregt, an das Mittelalter zu denken und als Symbol für den Lebensbaum zu werten, wird vielleicht in anderem Kontext als verkrüppelter Baum bezeichnet, den man „höchstens als Brennholz" gebrauchen kann.

Nach Huter herrscht bei tiefliegenden Augen das Beobachten vor, d.h. das Auge wirkt klein, da es tief in der Augenhöhle liegt, es ist nur die Pupille oder wenig mehr als diese zu erkennen. All das, was mit der Ausstrahlung des Gesehenen verbunden ist, ist nach innen gerichtet, durch Beobachtung verinnerlicht.

Andererseits ist bei Menschen mit weit geöffneten, leicht vorquellenden Augen, der zweite Teil des Sehvorgangs im Vordergrund.

In den geöffneten Augen sehen wir Glanz, eine ausstrahlende Iris. Die Augenlider sind geöffnet und kein Hindernis der Ausstrahlungsbeobachtung.

Man könnte nun denken, dass der erste Teil des Sehens sich nur auf das Wahrnehmen der Tatsachen beschränkt und somit objektiver ist. Das ist jedoch nur bedingt richtig, da zum Verstehen einer Form oder eines Vorganges subjektives Mitwirken des Verstandes notwendig ist, wenn die verinnerlichten Bilder auftauchen.

19.2 Das Auge als „Spiegel der Seele"

„Auge um Auge", „Der Wahrheit ins Auge sehen", „Wie Schuppen von den Augen fallen", „Balken im eigenen Auge" … Die Metaphern über das Auge sind zahlreich.

Betrachten wir nun das Auge aus psychophysiognomischer Sicht, kommt eine weitere hinzu: Das Auge als „Spiegel der Seele", in dem sich das Lebendige, das Lebenslicht widerspiegelt.

Freude, Glück, Lieblosigkeit, Hass, Nervosität und Aggressivität strahlen uns aus dem Auge entgegen. So werden uns alle Gefühle über das Auge mitgeteilt. Leid und Krankheit trüben den Augenglanz.

Weiche, sinnliche Augen sind von entsprechenden, gutmütigen Gefühlen begleitet und suchen die Erwiderung dieser Gefühle.

Das Auge spiegelt die Art der Gedanken und die Gefühlsart, als Ausdruck der geistigen Gesinnung.

Geistiges Wachstum und Flexibilität werden über die Beweglichkeit des Auges deutlich. Je lebhafter das Auge, desto lebhafter der Geist und die Anteilnahme der Person am Leben.

Aber nicht nur Anteilnahme, auch Intensität, im Fixieren der Ziele (Ziele „ins Auge fassen") und Gradlinigkeit als Spannung und Festigkeit werden uns bei Einlassung auf den Blick unseres Gegenübers bewusst.

Wie wichtig für uns die Mitteilungsfähigkeit des Auges ist, wird uns dann deutlich, wenn wir uns bewusst machen, dass wir beim ersten Blickkontakt mit unserem Gegenüber, immer zuerst das rechte Auge fixieren (bei schiefer Kopfhaltung ist es das uns zugewandte Auge), darauf das linke Auge und dann den Mund.

Unbewusst versuchen wir so, die Gefühlslage, die Stimmung unseres Gegenübers zu erfassen. Die Augen und natürlich auch die Mimik zeigen uns in den ersten Sekunden, ob wir uns vertrauensvoll öffnen können oder ob wir uns misstrauisch verschließen sollten. Sympathie und Antipathie, beides strahlt uns aus Augen entgegen. Wenn wir Sympathie empfinden oder auslösen, dann deshalb, weil im Angebot des Du (oder im eigenen) Austauschfähigkeit Erweiterung, Entfaltung, Ergänzung oder Harmonie im Gleichklang geschieht. Bei Antipathie ist das Gegenteil in der Erfahrung.

19.2 Das Auge als „Spiegel der Seele"

Völlig wertfrei können wir diese Feststellung machen, denn nach den Gesetzmäßigkeiten ist es unmöglich, von allen Wesen angenommen zu werden, so wie wir auch nicht alle Wesen mit gleicher Zuneigung annehmen können. Die Existenz aller Wesen akzeptieren und tolerieren wir dann leichter.

Die Übersetzung dieser Information läuft in Verknüpfung unserer Erfahrungswerte ab, spiegelt sich wiederum in unseren Augen und geht mit unserem Gegenüber in den Dialog.

Jedes Ansehen geht über in die Betrachtung, jede Betrachtung geht über in ein Sinnen, jedes Sinnen geht über in ein Verknüpfen mit der inneren Erfahrungswelt und all das, wird über das Auge zurückgespiegelt.

Die so stattfindenden Verknüpfungen, werden als „ordnende Kraft" im Ausdruck der Augen deutlich, d.h. sie haben Spannung.

Die Augen sind als Spiegel der Seele ebenso Spiegel der Gefühlsreaktion, Spiegel der äußeren wie der inneren Welt, d.h. sie haben Strahlung.

Die innere Gestaltungskraft verbindet sich dabei mit dem „Blick" in die Tiefe, Weite, Ferne, Leere, Nähe, Oberfläche usw.

Unser Gegenüber erkennen wir an seinem Gesicht.

Wir haben dafür bestimmte Regionen in der kortikalen Repräsentation der Sehbahn.

Werden diese zerstört, sprechen wir vom Krankheitsbild der „Prosopagnosie". Dabei kann man zwar noch ein Gesicht als Gesicht erkennen, es aber nicht einer Person zuordnen; sozusagen eine physiognomische „Seelenblindheit".

Die überaus großen Augen von kleinen Kindern sind im besonderen Maße offen für die Erfahrungen der Umwelt.

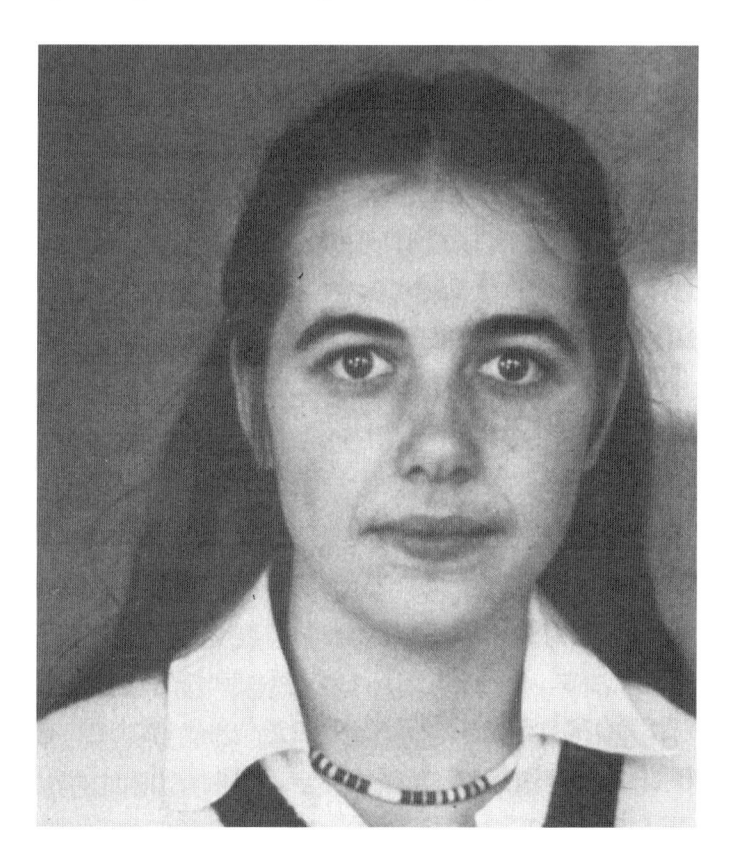

Abb. 80: Offenes Wesen.

Das „Träumen mit offenen Augen" zeigt uns eine Versunkenheit in die innere Vorstellungswelt oder auch ins Unbewusste.

Wenn reife Menschen große Augen haben, so ist ihr Gesichtskreis noch offen für die Erfahrungen der inneren und äußeren Welt (wenn ein entsprechender Strahlungsausdruck die Form begleitet).

Ebenso erweitern sich die Pupillen bei positiven Wahrnehmungen, Stress und vertieftem Interesse.

Dies ist auch, wie wir uns erinnern, ein Merkmal des Empfindungs-Naturells, welches zur Informationsaufnahme und -verarbeitung besonders angelegt ist (⇨ S. 20). So sind große runde Augen bei entsprechender Strahlung auch Ausdruck eines starken, kulturellen Anspruchs.

Die **Augenfarben** sind nicht konstant. In den ersten Lebensmonaten entwickelt sich die Grundfarbe der Augen, die aber im Laufe des Lebens langsame Veränderungen zeigen wird.

Die Bedeutung der Augenfarben ist bis heute der Psycho-Physiognomik nicht bekannt. Wohl beobachtet der Iris-Diagnostiker das Farbveränderungsspektrum, aber die Kausalzusammenhänge sind nicht geklärt.

Das Lebendige, das Lebenslicht strahlt aus den Augen, Freude strahlt und Glück. Leid und Krankheit trüben den Blick, Hass und Lieblosigkeit tun es auch. Glanz bei Fieber, bei Nervosität, Glitzern bei Aggressivität, bei Mordlust.

Das Auge spiegelt den Gedanken und die Gefühlsart der Seele, es zeigt den Ausdruck der geistigen Gesinnung. Das Auge zeigt die geistige Kraft, denn so lebhaft, wie das Auge blickt, so lebhaft ist der Geist. Am Auge erkennt man, wie umfassend die Anteilnahme am Leben ist. Pflichttreue und Treue seiner Selbst zeigt der Blick, nicht aber die Augenfarbe an. „Des Auges Bläue, bedeutet Treue", wäre also kritisch abzulehnen.

Die Augen strahlen.

Diese Strahlung zeigt den Zustand des Inneren als Zusammenfassung chemischer, physikalischer und seelisch-geistiger Prozesse.

Was ist die Seele?

Natürlich fordert die Überschrift: „Augen als Spiegel der Seele", die die Physiognomen dem Augenausdruck geben, noch einmal zur Frage heraus, was denn Seele ist.

„Seele, zärtlicher Atem, Gast und Gefährte meines Körpers." (Kaiser Hadrian)

Seele ist der Inbegriff der Bewusstseinsregung, in diesem Fall der menschlichen, im Gegensatz zum Körper, der sie trägt, die informationsfragende Instanz.

Ein im Körper spürbare, lichtvolle Wirkkraft, wie Atem, Odem oder Hauch – *„Seele des Menschen, wie gleichst du dem Wind."* (Goethe) – für das Leben, das lebendige Sein.

Der Seelenlage entsprechend, ist das Bedürfnis, sich im Leben zu erleben, und die Augen zeigen, mit welcher inneren Tiefe, Reife, Unruhe oder Ruhe das geschieht. In der Ruhe wird die geistige Fähigkeit wach, geistig zu genießen. Man kann mit geschärfter innerer Wahrnehmung spüren, wie etwas Erfüllendes zu kreisen beginnt. Ganz anders fühlt sich animalisches Wohlgefühl an. Wer einen ausgeprägten Wort- und Redesinn hat, kann das Wort-Erleben beschreiben:

„Bei manchem Wort kommt es mir vor, als ob es bis in die äußersten Extremitäten strömte, und als hörte der Geist auf, ein abgegrenzter Bezirk des Ichs zu sein. Der Endpunkt wäre die reine Sublimierung: Der Körper würde durch geistige Stoffe ernährt und befriedet."
(H. Hesse)

Bestimmend ist dieses mächtige Prinzip für die Entfaltung des Körpers und des Lebens, organisch, gegliedert und einheitlich. Bestimmend zur Willensweise und Selbstbewegung, die im Gegensatz zu allem Leblosen steht.

Philosophie und Religion haben etwas unterschiedliche Sichtweisen und sehen z.B. die Seele als …
- etwas, das von einem übersinnlichen Wesen geleitet wird, an das geglaubt werden muss.
- Ich, als substanzloses Bündel von Vorstellungen.
- Erscheinungsform materieller Produkte, produziert im Körper.
- eine vom Körper unabhängige Instanz. Denken und Sein (nach Descartes).[36]
- umfassendes Gestaltungsprinzip nach dem Entelechie-Begriff des Aristoteles[37], der Körper und Seele identisch sah, sie jedoch strukturierte in vegetative, animalische Regungen als Körperseele und Denken als Vernunftseele.
Aristoteles ging von der Entelechie als universelle Information vom „springenden Punkt" aus, den er im Dotter eines bebrüteten Eis entdeckte, als er es gegen das Licht hielt. Der springende Punkt im Ei war das Herz des Kükens, in dem Aristoteles die entelechische Seele sah.
- Substrat oder Substanzträger der psychischen Erscheinungen als Seelenvermögen; Regungen in der Persönlichkeitsentwicklung; Grundlage zur Selbstwahrnehmung, die ihren Sitz im Körper des Menschen hat, im Tier, in der Pflanze bis zur Seelenwanderung.
- unteilbare Einheit im Licht der Unsterblichkeit.

Das Seher-Auge

Goethes Behauptung, dass der Mensch zum Sehen geboren, zum Schauen bestellt sei, hat er selbst nachvollzogen: Seine Augen haben Tiefe. Er erhob seine „sichtbare Erscheinungswelt" in höhere Dimensionen der inneren Anschauung und eröffnete ihnen Perspektiven ins Unendliche der Transzendenz.

Alle Seher haben ähnliche Augen und einen ähnlichen Ausdruck in ihnen. Goethe beschrieb sich selbst so: *„Schon mein Schauen ist Denken."* Und: *„Jedes Ansehen geht über die Betrachtung, jede Betrachtung in ein Sinnen, jedes Sinnen in ein Verknüpfen, und so kann man sagen, dass wir schon bei jedem aufmerksamen Blick in die Welt theoretisieren."*

Die visionäre Phantasie hat einen eigenen Ausdruck. Die Augen sind die Pforten des Lichts und spiegeln die Aufmerksamkeitskontakte, aber auch die Begriffsstutzigkeiten wider.

19.3 Die zwölf Blickrichtungen

Augenbewegungen und Pupillenveränderungen lassen innere Abläufe erkennen.

Betrachten wir dabei die Stirnregionen und die von Huter genannten Blickrichtungen, zeigt uns die Bewegung des Auges, die Ebenen, in denen sich unser Denken bewegt (z.B. Philosophischer Blick beim Philosophieren).

Carl Huter hat mit der Aufteilung der *Stirnregionen sieben Ebenen* genannt (⇨ S. 186ff.).

Zu den Blickrichtungen und dem mit ihr verbundenen Denkvermögen, gab Huter *zwölf Blickbeschreibungen.*

Sie sind jedoch nur ein kleiner Ausschnitt der unendlichen Kombinationsmöglichkeiten, die auch in Strahlung und Spannung ihren Unterschied finden.

Die zwölf Blickrichtungen lassen sich zu drei Komplexen zusammenfassen:
1.–4. Blick: Beobachtung und reale Denkabläufe.
5.–8. Blick: Transformation zur Erkenntnisbildung.
9.–12. Blick: lenken Denken auf Fühlen, zeigen Bedürfnislage im Körper an.

---
[36] „Cogito ergo sum." (Ich denke, also bin ich.) Descartes
[37] Auf Leben und Unsterblichkeit ausgerichtete Kraft im Körper „aktives Prinzip", das das Mögliche zum Wirklichen macht. Griechisch: en = in, telos = Ziel, echein = haben.

Die zwölf Blickrichtungen nach Huter (⇨ Abb. 81)

1. **Beobachtender** Blick
   Der Augapfel steht wenig unter des Achse. Beide Lider verengen sich, so dass fast nur die Pupille zu sehen ist.
2. **Vorstellender** Blick
   Der Augapfel liegt wenig über der Achse, die Lider sind so geöffnet, dass die Iris sichtbar ist.
3. **Denkender** Blick
   Der Augapfel liegt auf der Achse, die Lider sind offen. Der Blick ist angespannt.
4. **Juristischer** Blick
   Der Augapfel drängt heraus, so dass die ganze Iris sichtbar wird. Die Lider sind energisch offen
5. **Philosophischer** Blick
   Der Augapfel liegt etwas über der Achse. Die Lider gehen etwas nach oben.
6. **Weiser** Blick
   Der Augapfel liegt noch höher über der Achse. Das Oberlid ist groß und auch die Wimpern gehen nach oben.
7. **Ethischer** Blick
   Der Augapfel ist sehr stark hochgestellt, das Oberlid liegt weit über dem Augapfel.
8. **Religiöser** Blick
   Dies ist der verstärkte Ethische Blick. Die Lider sind noch stärker aufwärts gerichtet.
9. Blick der **physischen Liebe**
   Der Augapfel liegt etwas unter der Achse. Das untere Augenlid ist stark hochgezogen.
10. Blick der **physischen Ernährung**
    Der Augapfel liegt stark unter der Achse, Das untere Augenlid ist normal.
11. **Entwertender** Blick
    Der Augapfel liegt sehr stark unter der Achse, von unten hervortretend.
12. **Unbarmherziger oder grausamer** Blick
    Ebenfalls sehr stark unter der Achse liegender Augapfel und ist von unten hervor gespannt.

Bei allen Blickrichtungen ist sehr auf die Energien und die Strahlung zu achten.

Der entwertende („ordinäre") Blick und der philosophische Blick haben z. B. nicht nur Richtungs-, sondern auch Qualitätsunterschiede!

19.3.1 1.-4. Blickrichtung

Im Auge wird der Denkprozess sichtbar. Ähnlich einem Computer werden in unserem Hirn die Speicherinhalte abgetastet, wobei das Auge durch die verschiedenen Denkebenen wandert, in denen sich das Denken ereignet. Dabei ist die Iris voll sichtbar, die Lider sind offen und straff, das Auge scheint nach vorn zu drängen.

1. Die Konzentration richtet sich auf ein Beobachtungsobjekt (beobachtender Blick ⇨ Abb. 83, S. 172), alles andere wird unscharf und nur das Objekt wird scharf wahrgenommen, die Lider verengen das Auge, die Blickrichtung liegt in der Beobachtung, in der 1. Stirn-Region (vorstellender Blick ⇨ Abb. 82, S. 172).
2. Bei der Vorstellung erweitert sich der Gesichtskreis, „Blick nach innen". Der Blick intensiviert sich durch Konzentration und Fixierung, während die Eindrücke geordnet werden. Wir sehen den denkenden Blick, damit ist das Denken aktiviert

19.3 Die zwölf Blickrichtungen

1. **Beobachtender Blick.**
   Der Augapfel steht wenig unter der Achse. Beide Lider treten etwas zusammen, so dass fast nur die Pupille sichtbar ist.

2. **Vorstellender Blick.**
   Der Augapfel liegt auf der Achse. Die Lider sind mehr geöffnet, so dass die halbe Iris sichtbar ist.

3. **Denkender Blick.**
   Der Aufapfel liegt auf der Achse, die Lider sind offen.

4. **Juristischer Blick.**
   Der Augapfel ist herausgedrängt, so dass die Iris ganz sichtbar wird. Die Lider sind energisch offen.

5. **Philosophischer Blick.**
   Der Augapfel liegt etwas über der Achse nach oben gerichtet. Die Lider gehen etwas nach oben.

6. **Weiser Blick.**
   Der Aufapfel liegt noch höher über der Achse. Das Oberlid ist groß, auch die Wimpern gehen nach oben.

7. **Ethischer Blick.**
   Der Aufapfel ist sehr stark hochgestellt, das Oberlid legt sich weit über denselben.

8. **Religiöser Blick.**
   Es ist der verstärkte ethische Blick. Die Lider sind noch mehr aufwärts gerichtet.

9. **Blick der physischen Liebe.**
   Der Augapfel liegt etwas unter der Achse. Das untere Augenlid ist stark hochgezogen.

10. **Blick der physischen Ernährung.**
    Der Augapfel liegt sehr stark unter der Achse. Das untere Augenlid ist normal.

11. **Entwertender Blick.**
    Der Aufapfel liegt sehr stark unter der Achse, von unten wie gierig hervortretend.

12. **Unbarmherziger Blick.**
    Der Augapfel steht ebenfalls sehr stark unter der Achse und ist von unten hervorgespannt.

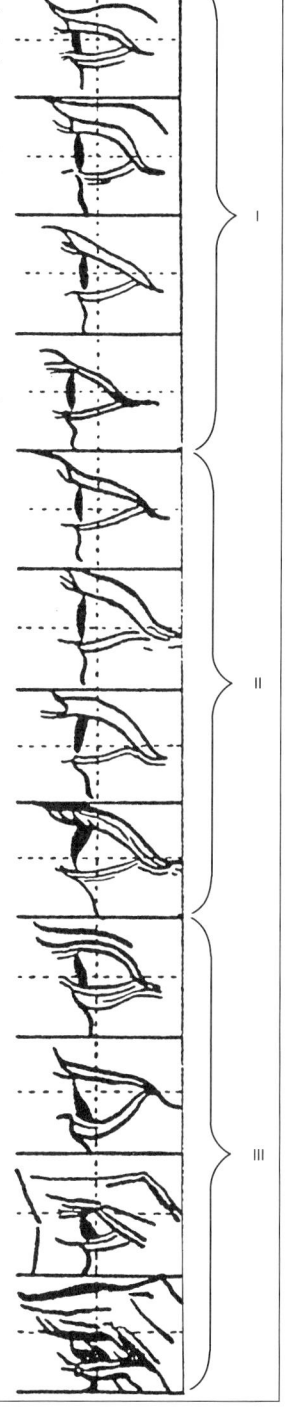

Abb. 81: Die zwölf Blickrichtungen nach Huter.

Abb. 82: Vorstellender Blick.

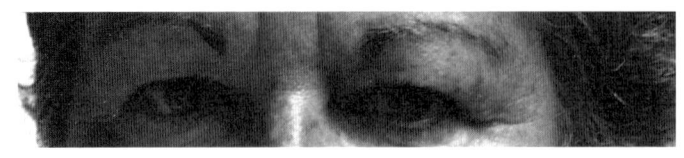

Abb. 83: Beobachtender Blick.

3. (und die Einsichtsfähigkeit), das zur Vernunft bezogenen Leistung wird, wenn die übergeordneten Denkebenen durchforscht werden.
4. Beim juristischen Blick werden die realistischen Fakten bei einer genauen Beobachtung im Denkprozess über die Vorstellung geordnet. Der Blick ist gekennzeichnet durch das Bestreben, Personen bzw. Dinge scharfsinnig zu erfassen, sich vorzustellen und gleichzeitig alle Umstände, die damit zusammenhängen, zu durchdenken, konzentriert und angestrengt.
Beim Ordnen der Vorstellungsbilder, die sich mit den gelernten Bildern verbinden, erhöht sich die Denkleistung dann besonders, wenn sie über Fakten, Geschehnisse, Menschen, Denkinhalte Aussagen von umfassender Information macht.

Durch die starke Konzentration bekommt der Blick etwas Herrschendes und Strenges (juristischer Blick) welches sich noch verstärkt, je mehr der Blick in der praktischen Stirnregion weilt. Hebt er sich in die oberen Stirnebenen, bekommt er etwas Gütiges und vielleicht auch Weises, entsprechend der Erkenntnisebenen.

19.3.2 5.–8. Blickrichtung

Analog der 4. Stirnregion hebt sich der Blick beim philosophischen Blick über die Achse, die die Augäpfel teilt. Er zeigt an, dass die Gedanken im geistigen Raum alle je mögliche Erfahrungen bewegen wollen, um weitere Möglichkeiten anzudenken.

Beim Blick der Weisheit werden die Möglichkeiten zum Wesentlichen erwogen und mit Liebe zum jeweiligen Komplex bewegt, hebt sich der Blick zur 5. Stirnregion. Das Auge beginnt zu strahlen. Die Gewebe der Augenumgebung zeigt an, dass hier eine Konzentration der feinen geistigen Energie geschieht.

Beim ethischen Blick erhöht sich die Energie. Er erhebt sich analog der 6. Stirnregion. Mit der Erwägung und Erkenntnis, dass die Ehrfurcht vor dem Leben und die Verpflichtung, der Entfaltung des Lebens zu dienen das Denken bewegt, macht eine weitere Energiekonzentration die Gewebsveränderung und die Leuchtkraft der Augen aus.

Weisheit und Ethik gehören zusammen.

Das Besondere am religiösen Blick ist das helle obere Augenlid, welches den Augapfel überdacht (bei religiöser und demütiger Fühlfähigkeit). Wie wir wissen korrespondiert das obere Augenlid auch mit dem Großhirn des mittleren Oberkopfes und dem sensiblen Nervensystem.

Der religiöse Blick stellt sich ein, wenn das Denken den zentralen Auftrag des Menschen, dem Kosmos und seinen Gesetzen in philosophischer Weite, ethischer und weiser Denkqualität zu dienen, sich ereignet hat.

Religiosität ist dann aktiv und mit entsprechender Energie begleitet und ausgedrückt, wenn der Mensch die innere Erschließung einer höheren geistigen Welt beginnt und das mit der 7. Stirnregion leistet.

19.3.3 8.–12. Blickrichtung

Diese Blickrichtungen zeigen Denken und Handeln, das aus den Gefühlen und Instinkten mit vielfältiger Qualität geschieht.

Der Blick der physischen Liebe, den Mann und Frau tauschen, wenn sie die körperliche Nähe wünschen, hat von allen das gefüllteste, untere Augenlid.

Er hat eine tiefliegende Blickrichtung, ein stark gefülltes, unteres Augenlid, welches im Zusammenhang mit dem motorischen, sexuellen Kraftimpuls des Kleinhirns und dem feinen Nervengeflecht des Urogenitalsystems steht.

Somit wird die Fülle der Sexualnerven, die körperliche Frische und die Nervenreserven deutlich und unterliegt dadurch auch größeren Schwankungen in den körperlichen Reserven.

Der Blick der physischen Ernährung ist besonders bei hungrigen Menschen zu sehen, die sich zum Essen begeben und schon in der Vorstellung genießen.

Der entwertende Blick folgt Gedanken und Gefühlen minderer Bewertung. Aus antipathischen Gefühlen werden die subjektiven negativen Prägungen aktualisiert, und die Gedanken eher boshaft, zu quälenden Aussagen geführt.

Wenn Menschen böswillig anderen Schaden zufügen wollen, also gemeingefährlich werden, bekommen sie für die Dauer ihrer Planung und Durchführung einen bösen, zerstörenden, stark nach unten gedrückten Blick, wie es die 12. Blickrichtung zeigt.

19.3.4 Weitere „Augenblicke"

Mit den Blickstellungen verbindet sich die Eigenschaft des Augenblicks. Die Sprache differenziert z. B.

- **Unsteter** Blick
  ruhelos, dämonisch, flackernd vibrierend, sehr rasch im Objekt- und Gedankenwechsel.
- **Starrer** Blick
  kalt stumpf, unverbindlich, träge, leblos, gefühllos, suggestiv, hypnotisch.
- **Flackernder** Blick
  irrsinnig, hasserfüllt, feindselig, zwiespältig
- Ein Blick **aus den Augenwinkeln**, korrespondiert mit den Arealen hinter dem Ohr, der Geheimhaltung, Diskretion. Ist auch bei Verlegenheit und Koketterie zu beobachten.
- Richtet sich der Blick **nach unten**, sind außer den Triebansprüchen des Körpers,

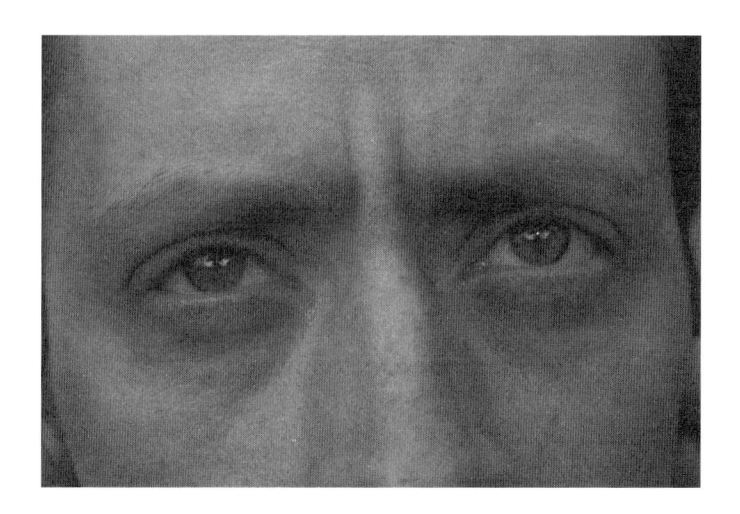

Abb. 84:   Schlafdefizit.

auch die tiefenpsychologischen Aspekte aktiv, die ins Bewusstsein drängen, bzw. auf das Bewusstsein deutlicher wirken.

Die Augen haben einen sehr rasch wechselnden Ausdruck. Sie spiegeln alle Gefühle, die der „Inhalt der Seele" sind, wider.

Mehrschichtigkeit des Ausdrucks ist in den Prozessen hin zum Bewusstsein zu beobachten, Eindeutigkeit des Ausdrucks erst beim Abschluss dieses Prozesses. Die Gefühle wirken als innere Reize mit dem gleichen Ausdruck, ob Reiz von außen oder Reiz von innen, sind aber deutlich in den Strahlungsqualitäten zu unterscheiden.

Außer Augenbewegungen sind auch Pupillenveränderungen mit den inneren Abläufen gekoppelt. Bei positiver Wahrnehmung, vertieftem Interesse, erweitern, sich die Pupillen, bei Ablehnung verengen sie sich.
  Bei grellem Licht lässt das Auge nur einen verträglichen Anteil in den Kopf gelangen. Es würde eher erblinden.

Augen sind groß oder klein, und blicken gefärbt in bekannter Skala, weich, bestimmt, suggestiv, liebevoll, hasserfüllt, traurig, heiter, fröhlich, reif, naiv, seelenvoll, willensbetont, fest, nachgiebig, zustimmend oder ablehnend.

Die Lage der Augen sagt nichts über die Intelligenz oder vielleicht über Phantasien aus.
  Augen, die nicht auf gleicher Höhe oder verschieden hoch angelegt sind, zeigen jedoch eine gewisse Disharmonie im Fühlen und Denken, wobei wir nicht vergessen dürfen, dass jeder Mensch zwei unterschiedliche Augen und Gesichtshälften hat.
  Beide Hirnhälften funktionieren verschieden, mit dem Ergebnis, dass innerer Widerspruch geweckt wird und geistige Spannung entsteht (Polarität).
  Ungleich große Augen werden nicht als disharmonisch gewertet. Ist ein Mensch mehr innerlich betont und gefühlsmäßig eingestellt, wird sein linkes Auge etwas größer sein als sein rechtes. Ist die Konzentration auf das Lebenspraktische gerichtet, wird das rechte Auge etwas größer sein.

Bei der Lage der Augen unterscheiden wir tiefliegende von herausdrängenden Augen. Bei tiefliegenden Augen ist das Bedürfnis sich zu äußern eher zurückgenommen, die Person hört lieber zu, als sich mitzuteilen und die Beobachtung, das genaue Fixieren steht im Vordergrund. Mit einer entsprechenden Stirnform zeigt sich die Neigung eher zu den Naturwissenschaften.

Auf der anderen Seite zeigen hervorquellende Augäpfel ein lebhaftes Mitteilungsbedürfnis. Mit der entsprechenden Stirnform und einer vorherrschenden Vorstellungskraft liegt hier die Tendenz zu den Geisteswissenschaften und Sprachen.

Im Augenausdruck scheint alles zu sein, was der Instinkt weiß[38]. Wird die Intuition tätig, strahlt auch dieser Prozess aus den Augen[39].

19.3.5 Ausdruckszonen des Auges

Die Proportionen des Auges sind mit der Kraft-Richtungs-Ordnung zu übersetzen, denn es hat etwas zu bedeuten, wenn Augen sehr eng oder sehr weit gestellt sind. Schräggestellte Augen deuten z.B. auf die Fähigkeit zur geschickten Strategie hin.
  Zentriert sich der Blick, zeigt er Fixierung und Lockerung, so wird er aufmerksam, erlebt er Kontaktmomente bewusst mit einem konzentrierten, steten, genauen Blick, bei dem Augenlidstellung und Augenlidreaktion in Übereinstimmung der Achsenstellung sind.
  Selbstvertrauen und Kraftgefühl haben einen anderen Ausdruck als Idealismus, Inbrunst im Gebet oder Fanatismus, Trauer, Betrübnis, Schwermut und süße oder melancholische Träumerei.

---

[38] Instinkt ist die unbewusste Allwissenheit der Natur.
[39] Intuition ist die Intelligenz der Gefühle.

Richtet sich der Blick nach unten, in die „Unterwelt der Seele", so sind außer den Triebansprüchen des Körpers auch die Komplexe aktiv, die die Tiefenpsychologie benennt. Sie können in ihrer Stärke durchaus Schwäche sein und drängen zum Bewusstwerden.

Die Augenbrauen zeigen durch mimische Reaktion der Stirnmuskulatur an, wie der geistig seelische Verarbeitungsprozess, vom jeweiligen Temperament begleitet, abläuft.

19.4 Sehen und Denken

Die Blickrichtungen, die das bewusste und das halbbewusste Erkenntnisleben, das geistig-seelische Vermögen des Menschen begleiten, sind durch die entsprechende Region aktiviert.

Weltanschauung und Charakter sind eng verknüpfte Tatsachen. Wenn aber das Denken sich über den realen Alltag erhebt, dann tut es der Blickwinkel auch. Die Iris folgt den Impulsen der assoziativen Denkzonen des Stirnhirns.

Folgende Qualitäten erleben wir, wenn wir uns etwas vertraut machen:
1. Sehen und beschreiben
2. Hören und vorstellen
3. Riechen und erinnern
4. Denken und assoziieren
5. Unterschiede erkennen und werten
6. Fühlen und meditieren
7. Schauen in den inneren Zusammenhang

Dazu korrespondieren folgende Stirnregionen:
1. Stirnregion = Beobachtung (⇨ S. 186ff.)
2. Stirnregion = Vorstellung
3. Stirnregion = praktische Verwertbarkeit
4. Stirnregion = philosophisches Denken
5. Stirnregion = weises Denken
6. Stirnregion = ethisches Denken
7. Stirnregion = religiöses Denken, stets vom entsprechenden Augenblick eingeleitet

Der Mensch hat im Vergleich zum Tier einen weiter gefassten Blickwinkel und ist neben der erweiterten Optik eben auch befähigt, geistige Horizonte zu sehen, sich räumlich zu begreifen und Perspektiven zu erkennen.

Somit sind die Augen der Spiegel der Seele, der Gefühlsreaktion und der Spiegel innerer der Welt, der durch die Wahrnehmung befrachtet wird.

19.5 Die Areale um die Augen

19.5.1 Augenbrauen, Temperament und Leidenschaft

Starke Augenbrauen, die evtl. in der Mitte zusammenwachsen, sprechen für eine starke Leidenschaft, sich mit Dingen auseinander zusetzen bzw. mit Vehemenz für Dinge einzutreten. Eine gewisse Naturverbundenheit oder Urwüchsigkeit kommt in ihnen zum Ausdruck, und sie werden mit der Hormonausschüttung in Verbindung gebracht.

Die Brauenbewegungen spielen v.a. in der nonverbalen Kommunikation (mimisch) eine große Rolle. Alle sozialen Kontakte sind mimisch begleitet, und Gefühle werden gerade auch durch die Augen, deren Umgebung sowie die Brauen ausgedrückt.

Die mimische Reaktion der Stirnmuskeln und somit auch der Augenbrauen drückt den geistig-seelischen Verarbeitungsprozess, begleitet vom Temperament, aus.

19.6 Die augen-blickliche Kommunikation

Was dem äußeren Auge ins Unendliche reicht, das reicht ins Unendliche auch in der eigenen Seele. Und die innere Welt ist unendlicher noch als die äußere. Wo aber die inneren Dinge enden, da beginnt eine neue grenzlose Welt.

Mit dem bewussten oder unbewussten Blickwechsel, dem Ineinandertauchen der Ausstrahlungen der seelischen Innenwelt er-

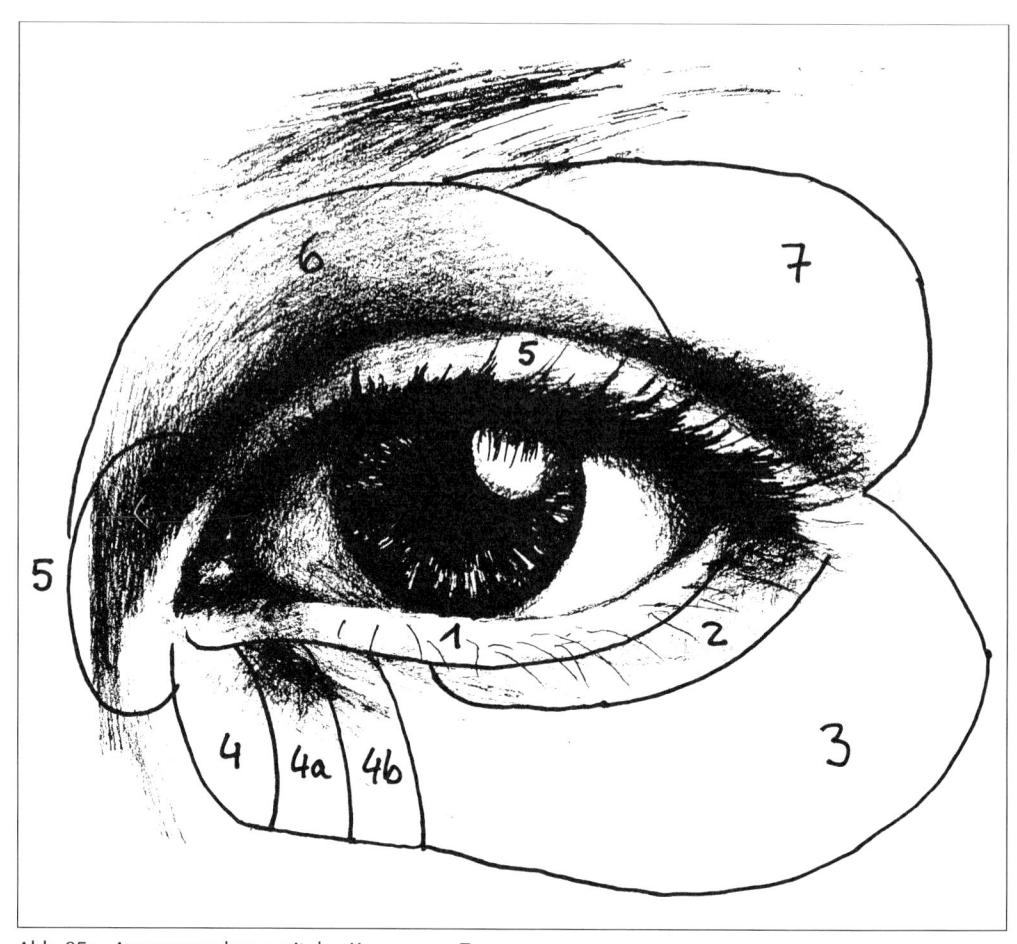

Abb. 85: Augenumgebung mit den Korresponz-Zonen.

Ausdruckszone	Organentsprechung	Korrespondenz mit
1. Unteres Augenlid	motorische Nervenkraft	Kleinhirn
2. Untere Augenhöhle	Blase	
3. Untere Augenhöhle	Niere	Urogenital-System
4. Untere Augenhöhle	Keimanlagen	Unterleib
5. Oberes Augenlid	Sensibilität der Nerven	Großhirn
6. Obere Orbita	Gehirnsäftezustand	Reservekraft zur Gehirnleistung
7. Obere Orbita lateral	Ausdruck für die Fähigkeit, das Wort in Rede und Schrift zum Wortschatz zu machen	

fahren wir daher etwas Einmaliges, Besonderes und erleben es, ohne es, über den Kopf geführt, in allen Einzelheiten benennen zu können. So wie sich das Erleben in Ganzheit und Einheit ereignet, so teilt das Auge dieses Ereignis in Gesamtheit mit.[40]

Die Augen zeigen alle inneren Regungen des Menschen, teilen in jedem Augenblick die

---

[40] Das, was das Auge als Kommunikationsangebot energetisch ausstrahlt, leistet der Mund mit der Atmungs-, Wasser- und Nahrungsaufnahme, mit der Sprache und dem Kuss.

körperlichen Befindlichkeiten mit und die seelisch-geistigen Zustände strahlen mit ihren unterschiedlichen Qualitäten den gegenwärtigen Moment des Lebens aus. Das Auge ist also spontan in jeder Mitteilungsphase.

So mühsam es ist, die Inhalte der Seele, die die Informationen der Jahrtausende trägt, zu beschreiben, so ist es auch mit dem Augenausdruck. Oder können Sie den Augenausdruck Ihres Gegenübers erschöpfend beschreiben? Wenn wir versuchen, das Betrachtete in Worte zu fassen, müssen wir erkennen, dass wir an die Grenzen unserer verbalen Ausdrucksmöglichkeiten stoßen.

Ähnliches passiert, wenn wir versuchen, die Wahrnehmungen unseres Geschmacks- oder Geruchssinnes wiederzugeben. Dabei können wir zwar vertraute Speisen oder Gerüche, aber keine Spezifika benennen.
- Wie schmeckt Kaffee?
- Wie schmeckt Vanille?
- Wie schmeckt Schokolade?
- Wie duftet die Rose?
- Wie duftet die Kartoffel?
- Wie duftet die Ringelblume?

Psychologisch ist es eine Tatsache, dass sich aus der Fülle der Erfahrungen genauso wenig auch nur eine entfernen lässt wie aus der Menge der Reizverarbeitungen und Erinnerungen. Sie alle kommen im (Augen-)Blick gesammelt zum Ausdruck und lassen sich nicht voneinander trennen oder herauslösen, sondern bilden *ein* Schwingungsfeld.

Und wir können *diese* Information nur sehr unvollkommen analysieren, aber total registrieren.

Grenzen der Interpretation

Wir beschreiben die Augenform und -größe, die Blickrichtung und proportionale Stellung und bekommen gleichzeitig Einsicht in die Energie durch die Information, die aus den Augen strahlt.

Emotionale Zustände können wir mühelos erkennen und nennen und sind sehr vertraut mit allem, was uns der Augenausdruck nonverbal mitteilt.

Was wir dagegen analytisch beschreiben können, ist die Augenumgebung und ist die Blickrichtung, die Ausstrahlungsqualität.

Die Ausstrahlungsqualitäten kann man zwar physiognomisch benennen, muss es aber in der eigenen Vitalität erleben, in Resonanz gehen.

Diese finden wir stets anders vor. Entsprechend dem Entwicklungsstand, der körperlich-seelisch-geistigen Befindlichkeit werden wir nonverbal informiert über die Gedankenrichtung und -qualität.

Lebensgewohnheiten tragen ebenfalls stark zum Augenausdruck, zur Gesichtsausdrucksbildung und Körperformung bei.

Innere Schönheit, Liebe und Glück schimmern durch die unscheinbarsten Gesichtszüge hindurch.

Die Iris-Diagnose verweist uns auf den Körperbauplan in der Iris und die Ausstrahlung über das körperliche Wohlbefinden, das seelische Angesprochensein im inneren Geschehen und das geistige Umsetzungsvermögen bei der Reizverarbeitung.

„In dem Maße, wie die Liebe wächst, wird auch in dir die Schönheit wachsen."

„Gott hat uns ein Gesicht gegeben, für unseren Gesichtsausdruck sind wir selbst verantwortlich." (Augustinus)

20 Stirn und Denkvermögen

> Die Stirn zeigt mit ihrer Entwicklung, ihrem Bau, ihren Ausdrucksarealen an, wo der Mensch seine Schwerpunkte im Erkenntnisleben sucht.
> Eine erste Unterteilung findet durch die Dreiteilung obere, mittlere, untere Stirn statt (⇨ S. 184ff.). Die Physiognomen gliedern die Stirn in 7 Denkebenen, die jeweils eine bestimme Denkart (⇨ S. 186ff.) oder einen menschlichen Sinn (⇨ S. 192ff.) verkörpern.
> An der Nasenwurzel wird die geistige Energie gesammelt (⇨ S. 140). Antriebszentren zur Erfahrung (s. a. Hinterkopf)

20.1 Das Denkvermögen

Der Kopf ist die Bewusstseins-*Reflektions*-Zentrale. Die Annahme, dass er die Bewusstseinszentrale sei, ist nicht aufrechtzuerhalten, da es Bewusstseinsebenen ohne das Großhirn gibt.

Alle Stoffwechselfunktionen, Mechanismen zur Lebenserhaltung und Aufrechterhaltung des Fließgleichgewichtes zwischen den Körperflüssigkeiten (Blut und Lymphe) erfordern eine Koordination, die eine höhere Intelligenz bedingt, als unser Großhirn leisten kann und das in jeder Sekunde.

Die Gehirnlehre spricht von drei Gehirnen zur Erkenntnis:
1. dem limbischen System
2. dem Kleinhirn
3. dem Großhirn.

Alle drei sind am Erkenntnisgeschehen beteiligt, nicht steuerbar und doch zur Koordination gefordert.

Das limbische System spielt beim Entstehen von Gefühlen eine Schlüsselrolle und durchzieht mit seinen Strukturen sämtliche Hirnanteile, also auch die Großhirnrinde und das Stammhirn.

Das Großhirn ist ein Entwicklungsprodukt der Evolution, in dem die Evolutionskraft noch feiner differenzierend fortwirkt. Die verschiedenen Funktionskreise des Großhirns als Speicherungs- und Erinnerungsfelder, als Funktions- und Steuerungsbereiche, sind lokalisiert.

Die Leistung des Gehirns wird mit vielfältigen Experimenten und Forschungen immer deutlicher. Weil aber eben mehr Faktoren als nur die anatomische Beschreibung eine Rolle spielen, bleibt es sehr kompliziert.

Die Physiognomen benutzen die Einsichten, die die Phrenologie und dabei besonders die Stirntopographie anbietet. Franz Gall, ein Gehirnanatom und Forscher, begann über lange Statistiken mit der Auffindung hervorragender Schädelzonen und entsprechenden Begabungsbestätigungen.

Mit dem Stirnformvergleich, der durch die paläantologischen Funde möglich ist, haben die Schädelkapseln der frühen Hominiden bis zum Homo sapiens sapiens eine Entwicklung zu immer mehr Höhe, proportionaler Ausgewogenheit und Rundung ausgewiesen.

Es scheint so, als strebe die Evolution eine vollendete Halbkugel für die Ausformung des Kopfes und damit des Gehirns an.

Schädelformbetonungen weisen auf Schwerpunkte hin, die die Evolution verwirklichte und die das Denken ermöglichte.

Jeder bewusst gewordene Reiz ist als Erfahrung eingespeichert.

Nie mehr löschbar hat jeder Mensch einen individuellen Fundus, den er sich geistesgegenwärtig machen kann. Dinge, die nicht im Raume greifbar sind, sind im Kopf und beginnen eine Eigendynamik im Denken, Verknüpfen und Verbinden im Vorstellungsgeschehen, Vergangenes neu zu fassen und auch mit neuen Einfällen zu bereichern, wie die Ideenbildung leistet.

20.1.1 Das Denken

Wir denken mit dem Stirnhirn, das die Physiognomen in sieben Denkebenen gliedern und mit den Stirnregionen betrachten.

Die Großhirneinteilung, die sich mit den beiden Hemisphären und ihren jeweiligen Aufgaben in feinen Nuancen unterscheidet, findet ihre Entsprechung im Stirnbereich durch assoziatives und kognitives Denken.

Allerdings haben wir bei der Einlassung auf die Menschenkenntnis und das Denken mit Instinkt- und Prägungsreaktionen zu rechnen, die immer nur z.T. reflektiert, also unserem Gegenüber nur z.T. bewusst werden.
Die Erkenntnisse der Denkprozesse und das Denken ist die Möglichkeit, sich die Erfahrungen geistesgegenwärtig zu machen.

Die Erlebnisse sind nicht nach- oder nebeneinander, sondern in Ganzheit verschmolzen und so abstrahierbar, dass sie mitteilbar werden.

„Immer ist das Gehirn das Werk einer umfassenden Instanz – nie ist es selbst der große Ordner, auch wenn es nach seinem Aufbau einen besonders auffälligen Teil der Weltbeziehung und des inneren Ordnungsdienstes übernimmt." (Adolf Portmann)
Kann sein, dass die Informationsschwingung, die das Leben formt, die Lebensformen hervorbringt, im Licht gefunden wird.

Für die Ausdrucksformen des Bewusstwerdungsablaufs sind besonders die Augen zu betrachten. Ihre Wachheit, ihre Strahlung, ihre Spannung in den wechselnden Graden geben dem Beobachter Einblick in die Kraft des Denkens, die Tiefe der Erkenntnis.

Wenn sich aus der Empfindung von etwas zunächst Unbekanntem, das Gefühl in der Beziehung zum Unbekannten verstärkt und bündelt, leitet irgendwann der Auftrag des Reizleitungssystems die Erregung des limbischen Systems. Alle Sinnesorgane, einschließlich der Haut, sind zu dieser Lebenssteuerungszentrale orientiert, und sie gibt auch den Impuls, das denkfähige Großhirn zur Klärung der angekommenen Gefühlserregung zu bringen.

Die philosophische Durchdringung der Erfahrung, dass jeder Mensch seiner Umwelt subjektive Eigenschaften unterstellt, hat Konsequenzen.

Descartes ging so weit, dass er alles, was in Erscheinung trat, als „Erfindung", Traum, bloße Idee, Illusion des Gehirns betrachtete und dann, im methodischen Zweifel der Ablehnung jeden „Realitätsbeweises", nur das Denken als real akzeptierte: Alles mag Illusion unserer subjektiven Anschauungsweise sein, das aber, das diese subjektive Illusion aufbaut, ist real.

„Ich behaupte, dass Realismus weder beweisbar noch widerlegbar ist.
Wie alles außerhalb der Logik und elementaren Arithmetik ist er nicht beweisbar.
Doch während empirische, wissenschaftliche Theorien widerlegbar sind, ist der Realismus nicht einmal widerlegbar. Aber man kann für ihn argumentieren, und die Argumente sprechen überwältigend für ihn."
(Karl Popper)

Die Frage ist, in welchem Maße die Sinnesorgane und das Denkvermögen zutreffende Informationen über die Außenwelt liefern. Dass wir die Welt nicht genauso erkennen, wie sie ist, ist inzwischen eine anerkannte Tatsache.
Kant erklärte, wir hätten zum letzteren keine Chance. Er entdeckte, dass unsere Erkenntnis, unser Denken, Vorstellung und Anschauung angeborene Strukturen aufweist und dass das, was wir beim Erkennen erfahren, „nichts weiter ist". Von vornherein steht fest, dass wir von Zeit und Raum wissen und in dieser Struktur die Welt erleben werden.
Die Ordnung, die das von uns erlebte Weltbild aufweist, ist nicht das Abbild der Ordnung in der Welt selbst. Für Kant ist sie nur

das Abbild der geordneten Strukturen unseres eigenen Denkapparates.

Aber wie ist zu erklären, dass die uns angeborenen Denkstrukturen auf die Strukturen der realen Welt passen?
   Sie passen nicht ganz genau.
   Unsere Denkordnung ist genauer als die der wirklichen Welt, und dieser Erkenntnisgang ist von Einstein geleistet worden mit seiner Relativitätstheorie, die die Divergenz der Ordnungsstrukturen der Welt mit der der Menschen aufzeichnet.

Zu jeder Zeit des Lebens nehmen wir wahr, um letztlich zum Denken, Schlussfolgern, zu neuen Ideen zu kommen, die das gespeicherte Wissen voraussetzen.
   Für die Erkenntnis gehört dazu:
- lebenslanges Dazulernenwollen (Beobachten ⇨ S. 186ff.),
- Verknüpfung von Theorie und Praxis (Vorstellen),
- Einteilen von Zeit und Gegebenheiten (Praktische Region),
- Zusammenfassen und Kommunikation (4. Region),
- Argumentieren und Bewerten (5. Region),
- Mitverantwortung und Umgang mit den Menschen und deren Förderung (6. Region),
- Setzung eigener Ziele zur eigenen Entfaltung und Höherwertigkeit mit Genauigkeit und Kreativität, Ausdauer und Konzentration zur Freude am Leben (7. Region).

Es kommt auf die Erhöhung des Interesses an, um mehr „Denkenergie" zu konzentrieren.
   Dieser Prozess verändert jede Zelle chemisch, physikalisch und geistig seelisch.
Gedanken und Vorstellungsbilder beherrschen den Menschen. Zu erforschen ist, wie das Individuum auf die Suggestivkraft der Umwelt reagiert.

20.1.2 Reizverarbeitungsmuster

Die subjektive Erfahrung des Menschen und sein Bewusstsein daraus ist abhängig von seiner Sensibilität und dem Reizangebot seines Kulturkreises

Um in der Biosphäre des Daseins zu bestehen, brauchte der Mensch keine so ausgeprägte Tendenz zur Bewusstwerdung. Er hebt sich von der Biosphäre ab als Personalität, die identitäts- und ich-bewusst, zur bewussten Abstraktion fähig ist.

Das rechte Hirn erledigt seine Arbeit einheitlich, das linke zerlegt sie. Das rechte Hirn ist zuständig für Gefühlsbestandteile der Sprache, der Sprachmelodie, der Intonation. Selbst bei Unkenntnis einer Sprache, entnehmen wir den Sinn des Gesagten aus dem Tonfall, der Frage, der Aufforderung etc., ob freundlich, feindlich, ärgerlich, ängstlich unruhig etc.

Der Erkenntnisdrang treibt zum Denken, der Lebenswille zur tieferen Einsicht. Trotzdem ist es lästig, auf Lernunwillige einzuwirken. Daher ist mit dem Interesse und der damit verbundenen Energiesteigerung der Drang zur tieferen Einsicht, zur Entfaltung verbunden.
   Man kann Lernbedingungen zwar beeinflussen (bis zur Manipulation des Lernenden), aber nicht verhindern, dass die Umwelt und der Eigenbereich des Lernenden wirken.
   Licht, Signalfarbe oder -ton, Schall, Wärme, Hunger, Durst, Behagen, Unbehagen sind ebenso Stimulantien, wie die unbewussten Antriebe mit Macht, Liebe, Sexualität. Durch diese Anreize wird der Organismus aktiv.

Lebewesen sind datenverarbeitende Systeme. Unsere gespeicherten Erfahrungen sind Indikatoren für Verhalten, für Wunschdenken mit entsprechendem Anspruchsniveau, für Wunschverwirklichung mit entsprechender Leistungsmotivation.
   Und erlebnisbestimmte Reize und Begriffe haben nur die Bedeutung, die ihnen der Mensch aus seiner Wahrnehmungs- und Denkstruktur verleiht.

Lernen ändert das Verhalten. Reize treffen andauernd auf unsere Haut und Sinnesorgane. Sie wirken und bewirken, erfordern Reaktionen. Über die Reizverarbeitung geschieht das Wahrnehmen, Beobachten, Vorstellen und Analyse und Synthese, Lernen, Denken, Erkennen, Einsicht.

Daraus ergibt sich die Situation und Handlung, Einordnung und Strukturierung.

„Das Geistige leitet das Mechanische und beeinflußt die chemische Substanz." (Carl Huter, Hauptwerk)

Der Empfindungsträger unseres Bewusstseins wurzelt im Geschlechtsorganismus, schlussfolgerte Carl Huter. Er beobachtete auch, dass Nervenimpulse, ausgelöst im Denkablauf über Reaktionen des Sympathikus – ausdrucksmäßig in der Mittelhirnpartie – zu den Nieren und Nebennieren geleitet, dort Reaktionen auslösten (und das vor 1912).

Entscheidend aber für das Denken und die Interpretation des Denkvermögens ist die Energie, die dieses ermöglicht. Neben der elektromagnetischen Energie sind es die Biophotonen, die den Prozess des Denkens begleiten.

Der Sinn für Wort und Begriffsbildung ist im Augenumgebungsfeld, im lateralen Teil der oberen Augenhöhle zu prüfen und mit dem Augenausdruck zum Reden, zum Sprechen kombiniert.

Die Vorstellungswelt, die alle möglichen Möglichkeiten denken und hinterfragen kann, benutzt die Anlagen der Unterstirn in einer gewissen Transformation. Jede Denkoperation beginnt mit Anschauung.

Aber wir scheinen mehr zu müssen, denn im Aufbau unseres Gehirns und seiner scharfsinnigen Leistung sind weitere drei Denkebenen instrumental zu beschreiben und zur Betätigung aufgefordert.
- 5. Stirnregion: Denken der Weisheit
- 6. Stirnregion: Denken der Ethik
- 7. Stirnregion: Denken der Religion

Da sich alle Anlagen verwirklichen wollen, sich aus dem Willen zur Verwirklichung ausbilden und kultivieren, ist dies auch für die Weisheit und ihre Werte, für die Ethik und ihre Gewissensbildung und Religiosität für die Unsterblichkeit anzunehmen.

Menschen, die diese Anlagen haben und mit viel Lebens-, Licht-, Liebeskraft leben, dienen der Lebensentfaltung und Kultur.

Die Geschichte weist das aus.

Was ist Denken?

Aristoteles formulierte, dass für die „Denkseele" die Vorstellungen an die Stelle der sinnlichen Wahrnehmung treten.

Wir können unterscheiden zwischen
- *Organempfindungen* beim Vorstellen und
- *Denkempfindungen*, die die Gefühle steigern oder mindern.

Eine Erkenntnis, mit der auch erfolgreiche Werbung arbeitet und positive Vorstellungsbilder einbezieht.

Die Vorstellungskraft begleitet das Denken, Fühlen, Wollen, Handeln genauso wie die Einbildung und den Traum. Als „Erfahrung" stellt sie ihre Bilder vor das innere Auge.

Über Gefühle haben wir Zugang zu unseren Erfahrungen. Sie aktivieren die Vorstellungen sehr viel stärker als der Wille, der im bewussten Bereich verhaftet ist. Gefühle stellen die Verbindung zwischen Bewusstsein und Körper erst her – je nach Art der Vorstellung treten z.B. Änderung der Herzfrequenz, Speichelfluss usw. auf.

Die Art der Vorstellung kann dabei ganz verschieden sein: Erinnerungsbilder, Gedächtnis von Begebenheiten, aber auch Zukunft als Sorge, Furcht, Freude, Erwartung oder Ahnungen mit Phantasie.

Bei der Eidetik[41] kommt noch die Wesenserfassung hinzu[42], d.h. möglichst alle

---

[41] Fähigkeit, sich Objekte so anschaulich vorzustellen, als ob sie realen Wahrnehmungscharakter hätten.
[42] Eidos = Urbild, aber auch Wissenschaft vom Geschauten. Phänomenologie nach Husserl.

Stirn und Denkvermögen 20

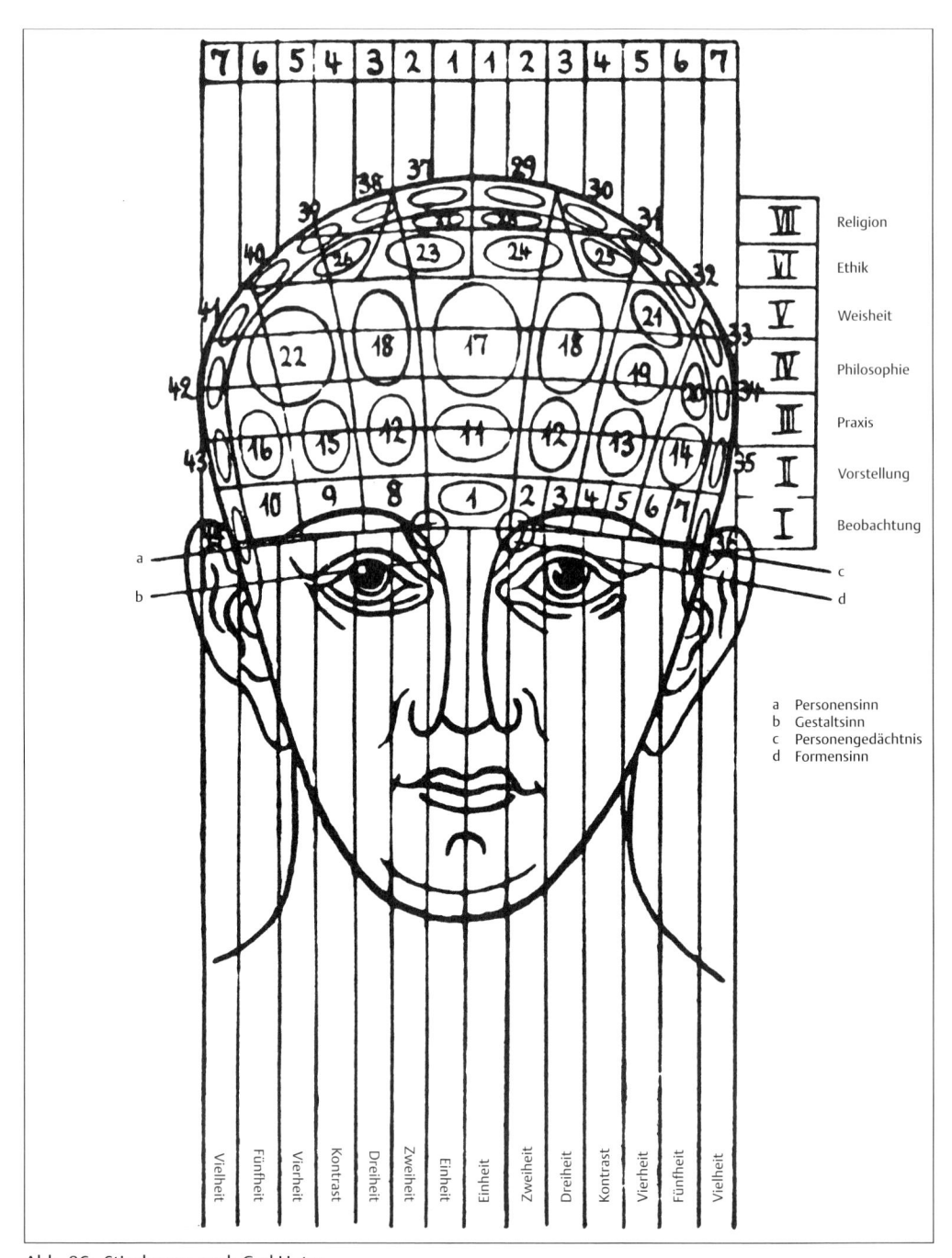

Abb. 86: Stirnkanon nach Carl Huter.

VII Religion
VI Ethik
V Weisheit
IV Philosophie
III Praxis
II Vorstellung
I Beobachtung

a Personensinn
b Gestaltsinn
c Personengedächtnis
d Formensinn

Vielheit · Fünfheit · Vierheit · Kontrast · Dreiheit · Zweiheit · Einheit · Einheit · Zweiheit · Dreiheit · Kontrast · Vierheit · Fünfheit · Vielheit

Abb. 86: Stirnkanon nach Carl Huter.[43]

1 Gegenstandssinn
2 Raum- oder Fernsinn
3 Gewichts- oder Wägesinn
4 Farbensinn
5 Ordnungssinn
6 Zahlensinn
7 Mathematiksinn (6 + 7: Berechnung)
8 Richtungssinn
9 Tiefen- oder Lichtsinn
10 Sinn für Übersicht und Systematik
11 Tatsachensinn, Gedächtnis für Geschichte
12 Ortssinn
13 Sinn für Takt und Rhythmus
14 Sinn für Musik und Laut
15 Zeitsinn
16 Tonsinn
17 Vergleichsvermögen, vergleichender Scharfsinn
18 Schlussvermögen, metaphysischer Tiefsinn
19 Sinn für Heiterkeit und Witz
20 Sinn für Kunstliebe
21 Sinn für Wissensbesitz
22 Kontrastsinn
23 Sinn für Ethik
24 Ethisches Denkvermögen
25 Sinn für Herzensgüte
26 Sinn für Hilfsbereitschaft
27 Sinn für Humanität und Wohlwollen
28 Sinn für Mitgefühl
29 Sinn für soziale Liebe
30 Sinn für Glaube (seelische Neigung)
31 Sinn für Hoffnung
32 Schönheitsliebe
33 Sinn für Wissensdrang
34 Erwerbssinn
35 Sinn für Komposition und Geschicklichkeit
36 Sinn für Ruhe
37 Nationalsinn
38 Sinn für körperliche Nachahmung
39 Begeisterungs- und Fortschrittsinn
40 Vervollkommnungssinn
41 Wissens- und Wissenskrafttrieb
42 Habsinn, Sammeltrieb
43 Bausinn
44 Schlafsinn an der Schläfe

Meinungen zu vergessen und das Gegebene unbelastet nach Wesenhaftem zu befragen.

Denken und Gedächtnis

„Nichts ist so sehr für die gute, alte Zeit verantwortlich, wie das schlechte Gedächtnis."
(Anatol France)

Drei Erfahrungen mit dem Gedächtnis beschreibt die Hirnforschung:
1. Ultra-Kurzzeitgedächtnis
2. Kurzzeitgedächtnis
3. Langzeitgedächtnis

Mit der Entwicklung wird klar, dass der Mensch ein Instrument der Geisterweckung ist, in ihm konzentriert und transformiert Geist.

Das Urhirn bis zum limbischen System wird von einer hohen Intelligenz der Lebenssteuerung geleitet und erscheint uns in gewissen Automatismen, die wir mit den Tieren gemeinsam haben.
  Mit dem Konzept der molekularen Bahnung beschreibt sich das Gedächtnis, d.h. Informationen kreisen mit nervlichen Erregungen in Bahnen, die ein Netzwerk bilden und Engräume beinhalten und das mit den Veränderungen des Gehirns anzeigen. Die Einlagerung geschieht biochemisch.

„Es liegt in der Natur des Menschen, zu vergessen. Es liegt in der Natur des Menschen, sich wegen seiner Vergeßlichkeit Sorgen zu machen." (Vester)

20.2 Stirn

Die Stirn zeigt mit ihrer Entwicklung, ihrem Bau, ihren Ausdrucksarealen an, wo der Mensch seine Schwerpunkte in seinem Erkennenwollen hat.
  Ein Kleinkind hat z.B. eine schwache Unterstirn: Es ist nicht befähigt, eine zielgerichtete Außenorientierung zu leisten, ist führungsabhängig, aber lernfähig.

---
[43] Entworfen und gezeichnet von E. Loewel.

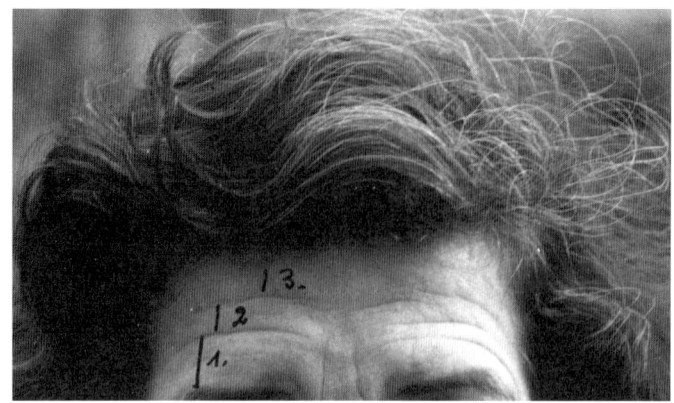

Abb. 87:   Die drei Stirnregionen.
1. Stirnregion:
Beobachtungs- und Auffassungsfähigkeit
2. Stirnregion:
Vorstellungsgabe mittlere Stirn Gedächtnis
3. Stirnregion:
Denken in praktischen Verwertungsmustern, Begabung für die reale Bewältigung der Aufgaben

Die Lernfähigkeit baut die Stirn zu einem Instrument auf, das dann wiederum brauchbar wird für das Lernen. Die Stirn, der Kopf modelliert sich lebenslänglich.

Die Lernaufträge durch das Leben sind von den körperlichen Fähigkeiten des wachsenden Kindes abhängig.

20.2.1   Stirn und Mimik

Bei der Anschauung der Stirnregionen bedenken wir den funktionellen Zusammenhang der Augenregion mit dem emotionalen Ausdruck der Augen mit der Stirnmimik und ihren starken Ausdrucksmöglichkeiten:

Erkennen, Erstaunen, Freude, Unmut, Hass, seelische und körperliche Schmerzen.

Pupillen verengen, erweitern sich, Tränen, veränderter Glanz, Strahlung und Spannung – je nach Kreislaufzustand, Druck, Durchblutungsgrad und Interesse.

20.3   Die drei Stirnzonen

In der Dreiteilung der Stirn übersetzen wir:
– untere Zone
– mittlere Zone
– obere Zone

Die Dreiteilung der Stirn ermöglicht dem Betrachter ein Proportionsgefühl für den Kopf, für das Gesicht, für die Stirn zu finden. Damit werden Schwerpunkte im Denkvermögen definiert.

20.3.1   Untere Stirnzone

Der Mensch, der eine Betonung in dieser Zone hat, richtet sein Bewusstsein auf die Welt, wie sie mit den fünf Sinnen registriert und experimentiert werden kann. Er reflektiert in der Unterstirnregion mit dem Formen- bis Mathematiksinn.

- rasches und genaues Erfassen der gegebenen und wechselnden Umstände
- das Erfassen der rationalen Wirklichkeit steht im Vordergrund des Denkens

- praktische Vorteile werden sofort erkannt, gekoppelt mit Verwirklichungskraft
- geschickte Ausnützung günstiger Gelegenheiten
- konkrete Inhalte bestimmen den Intellekt
- praktischer Weltverstand
- leistungsfähig in praktischen Denkbereichen
- sicheres Abwägen der gegebenen Umstände und geschickte Ausnutzung günstiger Gelegenheiten zur praktischen Anwendung.
- Interesse an Formen und Gestalten, Naturbeobachtung, Naturwissenschaft, Technik, an allen real sicht- und messbaren Wissensgebieten

Abb. 88: Unterstirnbetonung. Beobachtungsgabe.

- Ordnungserkenntnis
- Mathematik

20.3.2 Mittleres Stirndrittel

Mit der Zone der *Mittelstirn* finden wir die Fähigkeit zur Abstraktion, zur Begriffs- und Sprachbildung. Hier wird die Fähigkeit, alle Eindrücke, alle Erfahrungen zu sammeln im Denkablauf geleistet. Die Fähigkeit, alle Möglichkeiten aller Möglichkeiten zu entwerfen, zu sichten und zu verwerfen, zu reflektieren, zu besprechen und logisch in den Ablauf zu bringen, denkt sich hier.

Das mittlere Stirndrittel steht für umfassendes und verbindendes Denken:
- Veranlagung für abstraktes Denken
- ausgeprägtes Verlangen nach geistiger bzw. gedanklicher Unabhängigkeit
- unentwegtes Bestreben, neue Erkenntnisse zu gewinnen
- Wissensdrang – intellektuelle Bildung
- Entwicklung von Ideologien
- Philosophie – spekulative Gedankenarbeit, praktische Vernunft
- Eignung für wissenschaftliche Berufe, die Praxisgrundlagen erarbeiten.

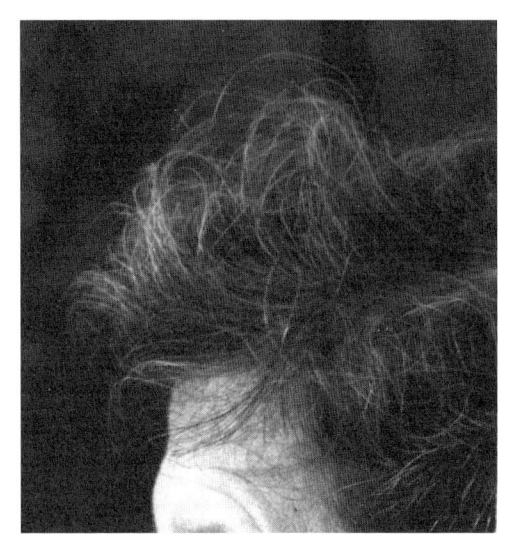

- kritisches Vergleichsvermögen
- Schlussfolgerungen, Urteilsfähigkeit

Die Mitte der Stirn im gesamten Aufbau ist die Gedächtniszone aus der Wirksamkeit der Konzentrationsenergie, die folgendes erreicht:
1. Konzentration zur Erinnerung in Geistesgegenwart
2. Erinnerung an Begebenheiten
3. Erinnerung an Materialien
4. Erinnerung an Begriffe, Namen
5. Erinnerung an Wertsetzungen
6. Erinnerung an Qualitäten
7. Erinnerung an Gott, Fragen zur Transzendenz

20.3.3 Oberes Stirndrittel

Das obere Stirndrittel steht für Denken, das auf höhere Lebensideale gerichtet ist:
- uneigennützige aufopferungsfähige Gedankeneinstellung zur Umwelt
- Bestreben, herzliche, menschliche Beziehungen zu unterhalten
- Einfälle in Bezug auf sozial-gesellschaftliche Verbesserungen
- Ethisches Denken, geistiges Weit- und Tiefschauen

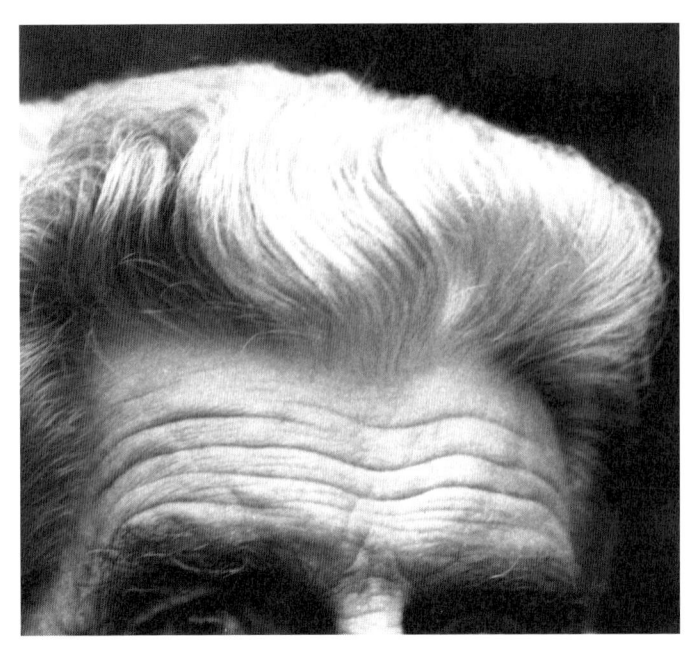

Abb. 89: Niedrige bis mittelhohe Stirn.
Mit starker geistiger Kraft. Fein in der Formgebung und mit vielen zarten und groben Falten. Der Hinweis auf Anstrengung und Leistung bei hohem eigenen Anspruch.

- schöpferische Phantasie
- Begeisterung für Schönheit, Kunst und Religion
- Idealismus, Menschenliebe, soziales Denken
- Intuition

20.4 Die sieben Stirnregionen

Für unser Proportionsgefühl zur Einteilung der Stirn ist die oben erläuterte Dreiteilung wichtig. Danach sehen wir uns die sieben Stirnregionen an.

„Der Körper ist letztlich ebenso wissend wie die Seele, das anatomische Detail ebenso wichtig wie das psychoanalytische ..." (Paul Claudel)

Im Prozess der geistigen Orientierung werden die Frühmenschen mit den Unterstirnanlagen, die wie Überaugenwülste profiliert waren, hervorragend beobachtet haben. Die Registratur ihres Lebensraumes (1. Stirnregion) war überlebenswichtig. Mit der Weiterentwicklung der Stirnhöhe waren sie über ein begabtes Vorstellungsvermögen (**2. Stirnregion**) und Einsichten in die Nutzbarkeit und Gestaltungsmöglichkeit ihrer praktischen Entscheidungen zur Zivilisation entwickelt. Mit der wachsenden Fähigkeit des Menschen, schöpferisch in seine Umwelt einzugreifen, gestaltete er sich seine eigene Welt, und unter seine Mächtigkeit gerieten die Tiere, die er domestizierte, nutzte und lange als Mitgeschöpfe in ihrer Schönheit, Kraft und Schläue ehrte. Er machte sein Leben in der Schöpfung in einer von ihm gesetzten praktikablen Ordnung praxisorientiert, praxisbewertet, praxisnah (3. Stirnregion). Dabei erwies sich der Spracherwerb als praktisch[44] und vollzog sich.

Mit der Aktivierung der **4. Stirnregion** gelang die Abstraktion.

---

[44] Über den Ursprung der Sprache wissen wir wenig. Trotzdem hat die Wissenschaft hochgerechnet, dass der Sprachentwicklungsprozess etwa 35.000-70.000 Jahre gedauert hat und damit eine sehr nahe, sehr junge Zeit beschreibt.

Übersicht über die 7 Stirnregionen (⇒ Abb. 91, S. 194)

1. **Stirnregion: Beobachtung** (Auffassung)
   Fähigkeit zu beobachten, gutes Wiedererkennungsvermögen, Registratur der sinnlichen Welt.
2. **Stirnregion: Vorstellung**
   Fähigkeit, sich jederzeit Gesehenes in Erinnerung zu rufen, auch ohne äußere (optische) Veranlassung, bildhafte Reflexion und Abstraktion
3. **Stirnregion: Praktisches Denken**
   Vorstellungsvermögen, welches eine andere Objektbezogenheit herstellen kann, z.B. Teile aus einem Bild weglassen.
   Es beinhaltet ein schöpferisches Element, welches mit nützlichem Zweck die praktische Verwertbarkeit erkundet, die wir Zivilisation nennen.
4. **Stirnregion: Philosophisches Denken**
   sammelt reale Erfahrungen und nimmt diese als Basis für Einsichten in höhere Denkebenen. Bewegen sich unsere Gedanken in der 4. Stirnregion philosophieren wir. Dabei ist der Blick nach innen gerichtet.
5. **Stirnregion: Weisheit**
   erfahrenes Schlussfolgern, welches wertet und versucht, in ethisch erweiterte Ebenen zu integrieren, liebevolle Akzeptanz.
6. **Stirnregion: Ethischen Denken**
   Moral, Ethik, Normen und Maxime der Lebensführung, Verantwortung gegenüber anderen. Ehrfurcht vor dem Leben.
7. **Stirnregion: Religiöses Denken**
   soziales Denken, Suche nach dem Wesens- und Wahrheitsgehalt, innerliche Frömmigkeit. Fragen nach dem Daseinshintergrund (Transzendenz).

Die Abstraktionsbenennung einer Platte auf drei oder vier Beinen gestellt, ist „Tisch". Die Abstraktion eines Weidengeflechts in ovaler, runder oder eckiger Form ist „Korb". Mit der wachsenden Fähigkeit zur Abstraktion wird der Mensch – auch durch die Mitteilung und damit immerwährender Ergänzung – neben den zivilisatorischen Anfängen die Grundlagen zur Kultur gelegt haben. Es begann die Zeit, die wir die geschichtliche nennen, weil der erinnernde und reflektierende Mensch sich sehr langsam seiner Lebenssituation bewusst wird.

Die Ausbildung der 4. Stirnregion begann. Das Ergebnis in der Betrachtung unserer Zeit sieht ein ungeheures Vielwissen in allen Disziplinen universitärer Mitteilung, so dass es undenkbar geworden scheint, dass ein einziges Gehirn die Fülle des Angebots zur Kenntnis nehmen und damit arbeiten könnte.

Da aber gleichzeitig deutlich wird, dass das gesammelte Wissen analytisch verfügbar, die Einsicht in das Ganze in Einheit nicht ermöglicht, fordert sich die Leistung zur Synthese im Individuum selbst heraus und letztlich auch die Menschheit dazu auf, diese Leistung zu vollbringen, wenn sie überleben will. Es muss sich also das Denkvermögen entwickeln und die Denkkraft verfeinern, die geistige Energie konzentrieren, um aus der Vielfalt und Vielzahl der Wissensinhalte das Wesentliche zu filtern und zur Weisheit in Ethik zu entwickeln.

Mit der **5. Stirnregion** hört die Reflektierbarkeit im Denken auf, und die Intuition beginnt.

Das Denken in weisen Kategorien bezieht die Ethik mit ein (**6. Stirnregion**), deren Erkenntnis durch weise Entscheidungen errun-

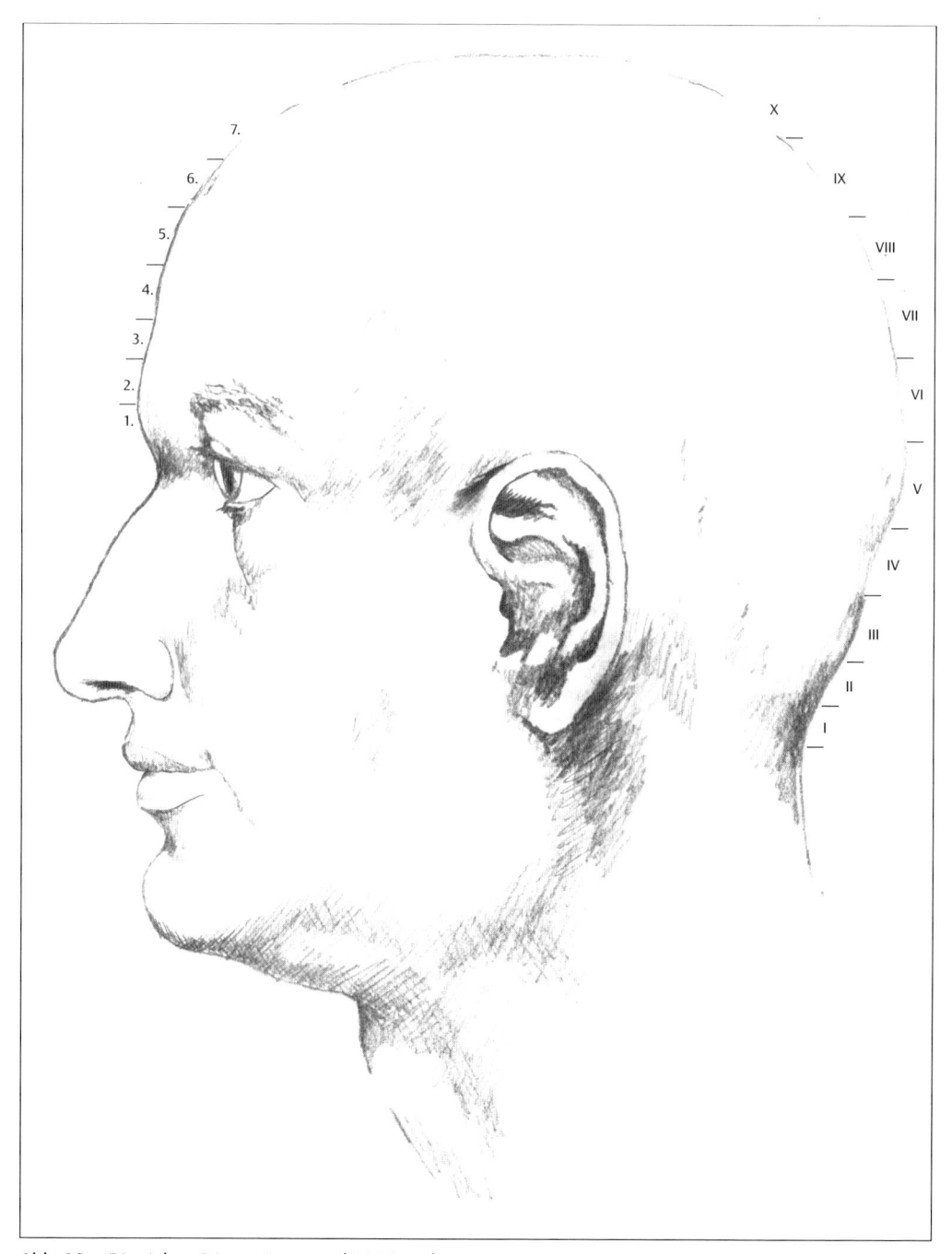

Abb. 90: Die sieben Stirnregionen und 10 Hinterhauptzentren.

gen werden kann, die Ein- und Durchblick voraussetzen. Weisheit wiederum ist gelebtes Wissen, Erfahrung um Verhaltens- und Denkweisen, die der Erweiterung zum religiösen Denken vorausgehen.

Diese Voraussetzung ist über Verzicht, Einfachheit mit unwägbarem, innerem Reichtum erworben und löst Erkenntnisse aus, die transzendente Räume öffnen (= 7. Stirnregion).

Transzendenz ist der Religion selbstverständlich.

Wenn ein Menschenleben sich in seiner tiefsten Tiefe begreift und auf eine Einheit des inneren Seins zusteuert, denkt das Individuum in religiösen Schwingungen und folgt mit dem Blick seiner Augen den Impulsen der Scheitelzone, in der das Denken sich religiös zu klären sucht und in ureigenste Erlebnisse taucht.

In der Selbstvergessenheit der Erschließung einer inneren geistigen Welt, blickt das Auge in die höchste Höhe, sieht den Himmel und bevölkert ihn mit seinen Vorstellungsbildern.

20.4.1 1. Stirnregion: Auffassungs- und Beobachtungsgabe

- Fähigkeit, die Welt der Dinge konkret aufzufassen und zu beobachten
- rasche und genaue Auffassung für nahe und ferne Dinge aus der Umwelt
- schnelles und sicheres Reaktionsvermögen
- stetes Verlangen, neue Eindrücke aus der Umwelt aufzunehmen
- Naturbeobachtung
- Realitätssinn
- Bildgedächtnis

Geleistet vom Formensinn, Raumsinn, Gewichtssinn, Farbensinn, Ordnungssinn, Zahlensinn, Mathematiksinn.

20.4.2 2. Stirnregion: Vorstellungsgabe

- Fähigkeit, das Aufgefasste und Beobachtete sich bildhaft visuell den Tatsachen entsprechend und in allen Einzelheiten genau vorzustellen
- Begabung, Geschehenes sich in die Vorstellung beliebig zurückzurufen
- Interesse für Historie
- Begebenheitsgedächtnis
- neue Varianten denken und bildhaft vorstellen
- Zeit, Rhythmus, Ton, Takt, Ort und Kombination, Konstruktion und Komposition werden bewusst.

20.4.3 3. Stirnregion: Praktisches Denken

- umfassende praktische intellektuelle Denkgabe
- sicheres Gespür für das Praktisch-Vorteilhafte
- ausgeprägte Verstandes-Intelligenz (im Gegensatz zur Gefühls-Intelligenz)
- Veranlagung das Aufgefasste, Beobachtete und das Vorgestellte durch kritisches konkretes und logisches Denken zu nutzen
- praktische Berufe; praktische Verwertung
- Zivilisationsleistung

Bis zur Pubertät ist das Gestaltgedächtnis intensiver als das Materialgedächtnis. In dieser Zeit festigen sich Wortreichtum und Vokabelschatz derart, dass der Sprachsinn neuschöpferisch werden kann.

Die Bewertung von Eindrücken und deren Umsetzung in die praktische Lebenserfahrung wird kreativ, die Nachahmung verringert sich.

Aus realen Erfahrungen werden erstmals logische und abstrahierende Folgerungen gezogen. Die natürlichen Ordnungen werden geistig aufgeschlüsselt und in neue Ordnungen gebracht. Das Machbare wird durchdacht.

Allgemein lässt sich sagen, dass die praktische Bewertung und Verwertung einsetzt, dass das Funktionsgedächtnis schließlich zur Technik führt und die Materialbewertung zur Konstruktion.

20.4.4 4. Stirnregion: Spekulatives und philosophisches Denken

- Einsicht und Erkenntnis
- ausgezeichnetes Kombinationsvermögen
- Veranlagung, umfassende und zusammenhängende Gedankenverbindungen herzustellen
- Begabung, von Bekanntem auf Unbekanntes zu schließen und eins aus dem anderen richtig zu folgern
- Sinn für Ideologie und Abstraktion
- abwägendes Denken, schlussfolgerndes Denken

Erinnern an alle gemachte, praktische Erfahrung, um eine Basis zu setzen für die Zukunft, bzw. weiterer Denkkonstruktionen.

Was ist Philosophie?

„Philosophie ist das Mikroskop des Denkens." (Viktor Hugo)

„Auch die Philosophie ist das Resultat zweier streitender Kräfte, der Poesie und Praxis. Wo diese sich ganz durchdringen und in eins schmelzen, da entsteht Philosophie; wenn sie sich wieder zersetzt, wird sie Mythologie oder wirft sich ins Leben zurück." (Fr. Schlegel)

„Philosophie: ein Kreuzungspunkt vieler Straßen, die von nirgendwoher nach nirgendwohin führen." (Ambrose Bierce)

„Philosophien sind Schwimmgürtel, gefügt aus dem Kork der Sprache." (Morgenstern)

„Genau besehen, ist alle Philosophie nur der Menschenverstand in amphigurischer Sprache." (Goethe)

„Philosophie ist der gesunde Menschenverstand des nächsten Jahrhunderts." (Henry Ward Beecher)

„Philosophie: unverständliche Antworten auf unlösbare Probleme." (Henry Adams)

Sprache, Begriffe, Abstraktionsvermögen entwickelte sich zum Wortausdruck. Das ICH wurde sich bewusst. Einzelteile bilden ein Ganzes. Die gesammelte Erfahrung in der äußeren Welt wird als unser Besitz bewusst und bereitet das universelle Wissen vor.

Philosophie als System und Ordnung von verschiedenen Standpunkten mit entsprechenden Sichtweisen begründet.

Das Denken stellt eine Energie dar, die Gleiches wie Gegensätzliches verknüpft.

Das Stirnhirn leistet das Denken in Bildern, Vorstellungen, Begriffen, wobei die Bilder und Muster aller je gedachter Strukturen erhalten bleiben. Daneben sind in den geistigen Welten Vorstellungsschöpfungen in einer Bandbreite enthalten, die sich in gewaltigen Bibliotheken dokumentiert finden, ständig wachsend.

Stirn – Gestirn – Geist – Licht – Universum, eine Assoziationskette, die einen philosophischen Vergleich zwischen dem Himmelsgewölbe und der Knochenschale des Gehirns entstehen lässt. Auch hier gilt wieder, dass der Mikrokosmos den Makrokosmos widerspiegelt, denn die Gehirnkapsel bildet die kosmische Vorstellung des Himmels ab.

Die bis zur 4. Region durchdachten Fakten werden sowohl nach moralischen, d.h. dem Selbstschutz zugeordneten Gesichtspunkten, als auch nach ethischen, d.h. dem Schutz allen Lebens zugeordneten Gesichtspunkten, gewertet und dann mit den feineren, metaphysischen Möglichkeiten erwachsener Bewusstseinsinhalte verbunden.

In diesen Regionen erkennt man materielle und ökonomische Ordnungen; äußere Erkenntnisse werden gesammelt, sprachlich abstrahiert und Lebensmöglichkeiten aus der Erfahrung heraus entworfen für eine Zukunft der Menschlichkeit.

20.4.5 5. Stirnregion: Qualitatives Denken, Weisheit

„Weistum" ist die Überlieferung tiefer Einblicke in transzendente Lebensgesetze.

Svedenborg definierte: *„Weisheit ist das Wissen, das aus der Liebe kommt."*
- Gabe, die Dinge auf ihre Qualität zu prüfen und dementsprechend auszuwählen
- natürliches inneres Denken für alle Lebenswerte
- gutes Erkennen der Menschen an ihren Fähigkeiten und Eigenschaften
- umfassendes Denken
- Vorliebe für qualitative geistbildende Literatur und künstlerische Darbietungen, das Denken zur Weisheit zu führen.
- Werte und Normen in großen Zusammenhängen.

Was ist Weisheit?

„Aber Weisheit ist nicht Wissenschaft – Weisheit ist die Erhebung der Seele, die sich durch Erfahrung, verbunden mit Nachdenken über Abhängigkeit von Meinungen wie von den Eindrücken der Sinnlichkeit erhoben hat, und notwendig, wenn es praktische Weisheit, nicht bloß selbstgefällige oder prahlende Weisheit, von einer ruhigen Wärme, einem sanften Feuer begleitet sein muss; sie räsonniert wenig, sie ist auch nicht methodo mathematico von Begriffen ausgegangen ..., sondern spricht aus der Fülle des Herzens." (Hegel)

Die inneren und äußeren Ordnungen werden im Hinblick auf die Ehrfurcht vor dem Leben gewertet.

Das psychologische Vergleichsvermögen setzt ein, sieht Gedeihen und Verderben in Zusammenhängen und setzt Werte und Normen.

20.4.6 6. Stirnregion: Ethisches Denken, Ehrfurcht vor dem Leben, dem Sein, der höchsten Gesetzmäßigkeit

Die Sehnsucht nach Wahrheit und Göttlichkeit verbindet das Denken mit der 7. Stirnregion.
- Ehrfurcht vor dem Leben
- Weisheit und Ethik erhöhen das Leben
- ausgeprägtes objektives ethisches und psychologisches Denkvermögen
- Selbsterkenntnis und Selbstkritik
- Streben nach Vervollkommnung und einer höheren und besseren Gesellschaftsordnung
- weises Vorausdenken

Was ist Ethik?

- Ehrfurcht vor dem Leben
- Verantwortung für Werte und Normen
- Gewissen
- Individuelles Unterscheidungsvermögen
- Individuelle Rechte, Suchen nach individueller Behandlung im universellen Gesetz.

Dienen:
*Dient, was ich will und plane,
führt, was ich will und plane:
der Wahrheit
der Schönheit
der Gesundheit
dem Glück
dem Licht?*

Die Suche nach Erkenntnis folgt einer Reihe von Erkenntniskreisen, die in Form einer aufsteigenden Spirale miteinander verbunden sind.

Sobald ein Kreis vollendet ist, er sich im Integrationsbemühen „erfüllt" hat, und damit ein integraler Bestandteil unserer Erfahrung geworden ist, stoßen wir direkt auf die äußere Grenze des nächsten Kreises.

Dann ist die Bereitschaft da, der Spirale auf die nächste Ebene zu folgen.

20.4.7 7. Stirnregion: Religiöses Denken und Fühlen

Sie wird tätig mit Intuition oder mit Menschenliebe, die alle Geschöpfe einbezieht. Das Denken, das einen Himmel entwirft, möchte Glücklichmachen.
- Verneigen vor der höchsten Instanz
- tiefgründiges, auch forschendes Denken und Fühlen in Bezug auf die letzten und höchsten Lebensfragen
- religiöses Verantwortungsbewusstsein

- Opferbereitschaft für das Wohl aller
- ausgeprägte Toleranz gegenüber Andersdenkenden
- liebevolles Dienen
- Verknüpfung mit 50 Oberkopfzentren (⇨ S. 217)

Was ist Transzendenz?

Gewissenhaft prüfte immer wieder der Mensch, ob er darf, was er kann. Er entwarf einen Himmel mit allen Qualitäten des Schönen, der Güte, des Lichts, der Liebe und wurde selbst schön, gut, hell und lieb.

Hat der Mensch mit hohem Kopfbau einen breiten Oberkopf, strahlende Augen und eine entsprechende Denk-Energie, wird er mit der Einsicht in die Lebensverwirklichung irdischer Pflichten, seine Lebensphilosophie zu erweitern trachten mit den Fragen:
Warum das alles?
Wozu das alles?
Und damit eröffnen sich die Fragen zur Transzendenz, zur unsichtbaren geistigen Welt, in der der Mensch sich immer wieder zu bewegen versucht hat.

Allem Machtmissbrauch zum Trotz, den die Führer aller Religionen immer wieder inszeniert haben, ist der Antrieb zur Re-ligio im Menschen geblieben.

Meistens still im Verborgenen vollzog sich die ethische Verpflichtung, nicht gegen das universelle Gesetz der Liebe verstoßen zu wollen.

Das holographische Weltbild

Das holographische Weltbild ist ein Ansatz, der über unseren gegenwärtigen Wissensstand hinausweist; eine Möglichkeit, die wir uns philosophisch entwickeln, um die Dogmen der Religionen zu überwinden. Ken Wilber sei an dieser Stelle als einer der Hauptvertreter dieses Ansatzes in unserer Zeit genannt.

Licht ist der einzige und ausschließliche Informationsträger und -gestalter in unserer Welt.

Und Geist wird in allen seinen Erscheinungsformen nicht nur dem gesehen, was sich geistig äußern kann: Das Abbild unseres Geistes, welches unseren Tod überlebt und in einer anderen Dimension zeitlos gespeichert wird, ist das noetische Hologramm.

Das Licht zerstrahlt nicht ohne Hologramm. Die PSI- oder Seelenenergie zerstrahlt nicht ohne Abbild ihrer Selbst in der Noosphäre. Sie wird noetische Energie aus dem numismatischen Licht.

20.5 Die Sinne des Menschen

Die Differenzierung des Gehirns geschieht mit der Reizverarbeitung und Bewusstseinsbildung.

Es ist möglich, dass das junge Lebewesen den Orientierungsverlauf mit dem Formensinn beginnt, mit dem Raumsinn verbindet, über den Gewichts- und Farbensinn fortsetzt, um dann mit der mathematischen Fähigkeit des Ordnungssinns die Registratur zu vollziehen und zu weiteren Erkenntnissen zu führen und Einordnungen zu leisten. Die Basis des Denkens wird über die Anschauung gelegt.

Letztlich vernetzt sich alles.

So wie mit den sieben Denkebenen in die Höhe der Stirn (⇨ S. 187), sind auch sieben **Breitenareale** an der Unterstirn zu beobachten. Der Mathematiksinn befähigt dazu, Berechnung und Folgen, Ordnung und System, das Ordnungsgefüge der Welt zu erkennen. Beobachtung ist ein kompositorischer Vorgang. Das Bilderordnen ist Denken und Tatsachenermittlung, das Beobachten ist Bilderspeichern.

Wir leben auf der Basis unserer bisherigen Entwicklung, d.h. wir haben die Informationen der Jahrtausende in uns und müssen annehmen, dass der fortlaufende Transfer der unbewussten Informationsinhalte in das Bewusstsein und der Bewusstseinsinhalte in das Unbewusste unser Denken, Handeln und Wollen wesentlich mitentscheidet. Wir leben mit unserem Erbe und aus ihm.

Übersicht über die Stirnareale von innen nach außen (⇒ Abb. 93, S. 195)
- Konzentrationsvermögen (in der Mitte)
- Formensinn
- Raumsinn
- Gewichtssinn
- Farbensinn
- Ordnungssinn
- Zahlensinn
- Mathematiksinn

1. **Stirnareal**
   Rechts: Formensinn   links: Gestaltsinn
   Die erste Orientierung in dieser Welt geht über den Formensinn, der uns vertraut macht mit der Umgebung.
2. **Stirnareal**
   Rechts: Raumsinn   links: Richtungssinn
   Das Raumgefühl scheint in der frühen Kindheit zu entstehen – bereits wenn die Ohren (d.h. der Gleichgewichtssinn, der auch Richtungssinn ist) zur Umwelt Kontakt aufnehmen können, entwicklungsentsprechend.
3. **Stirnareal**
   Rechts: Gewichtssinn   links: Tiefensinn
   Der frühe Mensch wird den Gewichtssinn zum Einschätzen der Gegebenheit und seiner Fähigkeit zur Alltagsbewältigung erfahren haben. (Prioritäten setzen können)
4. **Stirnareal**
   Rechts: Farbensinn   links: Lichtsinn
   In Verbindung mit dem Lichtsinn dient der Farbensinn dem Unterscheidungsvermögen in einer kontrastreichen Umgebung.
5. **Stirnareal: Ordnungssinn**
   Ordnen, sich Übersicht schaffen, das Chaos-gestalten beginnt mit dem Sich-einordnen.
6. **Stirnareal: Zahlensinn**
   Zahlen sind Symbole für Ordnung. Symbolbildung philosophisch. Transpersonale Philosophie.
   Sinn für Menge, Masse, Anzahl von Gegenständen hilft dem Ordnungssinn.
7. **Stirnareal: Mathematiksinn**

Die Entwicklungsgeschichte, die wir aus paläontologischen Funden belegen, zeigt, dass es der Natur primär auf *Fortpflanzung* ankommt. Die lässt die Individuen der verschiedensten Lebensformen zu dieser Fähigkeit reifen und bietet Überlebenschancen an.

Der Mensch braucht zur Orientierung die *geistige* Kraft. Er kann sie konzentrieren, um sie einzusetzen. Die ersten Erfahrungsinhalte gewinnen wir mit den Formen in der Umgebung für unserem Bewusstseinsspeicher.

Zum Beispiel sind Rhythmus u. Ordnung, Raum und Zeit, Licht und Schatten da, werden dem Kind aber erst später bewusst.

20.5.1 Der Formensinn

Der Formen- oder Gestaltsinn lässt uns die Vielfalt der Formen sowie ihre Proportionen erkennen.

Vermutlich registrieren wir unbewusst aus dem Chaos-Angebot des Umfeldes und gefühlsmäßig sehr viele Formenelemente.

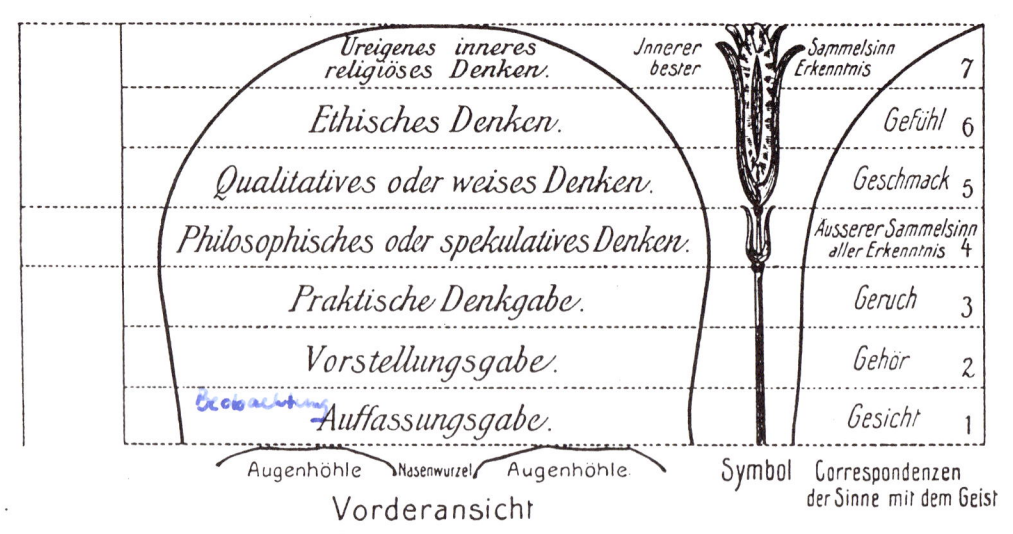

Abb. 91: Die 7 Stirnregionen nach Huter.

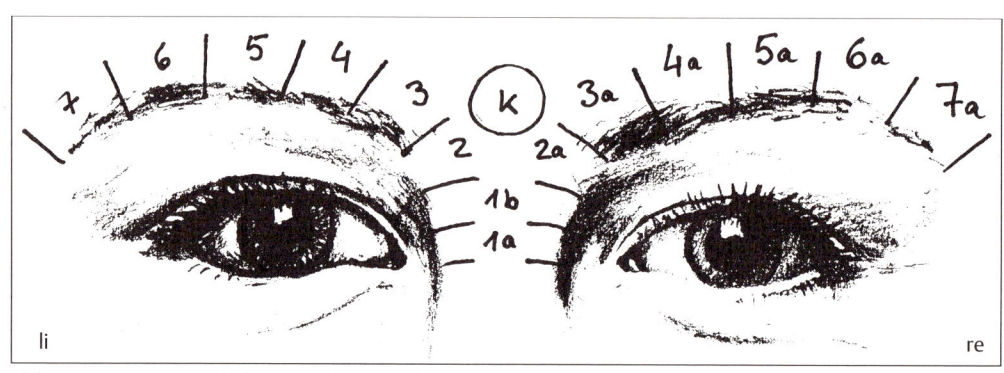

Abb. 92: Die Sinne und die 7 Ausdrucksareale der Unterstirn.
a + a1   Registratur bzw. Wiedererkennen von Personen
b + b1   Formen- und Gestaltsinn
1   Konzentrationsvermögen für die geistigen Prozesse
1a   Gegenstandsregistratur in Einheit und Ganzheit
2   Richtungssinn
2a   Raum, Perspektive ⇨ Richtung, Tiefe, Nähe, Ferne
3   Tiefensinn
3a   Gewichtssinn ⇨ Wägen, abwägen, Proportion
4   Lichtsinn
4a   Farbsinn
5–7   Ordnung, Zahl, Mathematik (Systematik, Übersicht)
Schläfen   Schlafqualität, Erholungs- und physischer Zustand

Vielleicht resultiert aus diesem frühen Übungsgeschehen das Proportions- und Dimensionsgefühl, das wir wie angeboren erfahren.

20.5.2 Der Raumsinn

Wir registrieren die Existenz der dreidimensionalen Welt mit dem Raumsinn, der uns auch Perspektiven eröffnet.

20.5.3 Der Gewichtssinn

Der sich anschließende Gewichtssinn wird in den Entwicklungszeiten bis zur Gegenwart eine Rolle für die Einrichtung der Zivilisation gespielt haben. Vielleicht schätzt mit der Erfahrung dieses Sinnes der Mensch seine Fähigkeit ab, Materialien zu bewegen und zu Bauten zusammenzufügen.

Heute, da wir technische Geräte zur sehr genauen Gewichtsfeststellung entwickelt haben, erleben wir unseren Gewichtssinn als die Fähigkeit zum Wägen, Abwägen, Ideen zu gewichten, Prioritäten zu setzen, zum Urteil zu finden.

20.5.4 Der Farbensinn

Der Farbensinn eröffnet die Kontraste nicht nur in der Farbigkeit der Gestaltung, sondern auch im philosophischen Denken.

Der Farbensinn ist ein dominanter Sinn, der auf die große Vernetztheit verweist, die wir im weiteren noch einsehen werden. Wir beginnen also unseren Denkansatz mit der Leistungsfähigkeit unserer Unterstirn, mit der Anschauung.

Besonders vor dem Spracherwerb, dachte der Mensch in bunten Bildern. Er fasste in sich abgewogene Formen, Raum und Farbe, ordnete sich in Zahlen, Ordnungen bis in die Ordnungsgesetze der Mathematik, und wurde so einsichtig in sie.

Die Dinge sah er von außen. Für ihn war die Welt so wie er sie sah, auffasste und in Zusammenhängen begriff. Auf diesem Weg gewann er einen Zusammenhang mit seiner Umgebung; seine Weltanschauung entstand.

20.5.5 Der Ordnungssinn

Der Mensch wird einsichtig in das Chaos, entdeckt die Ordnung in ihm – und schafft sich seine Ordnung.

Seit den Forschungen des Benoit Mandelbrot über die Selbstähnlichkeit der Fraktale werden Chaoselemente als ein Organisationsprinzip in der Natur beschrieben.

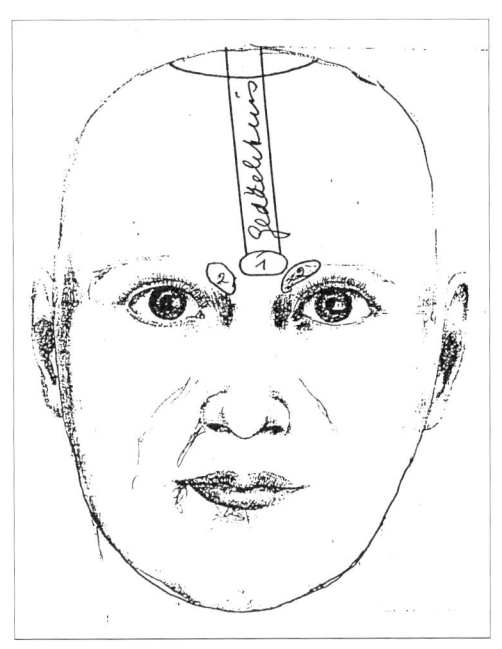

Abb. 93: Stirnmitte im Zusammenhang mit der Konzentration auf die verschiedenen Denkebenen, das Gedächtnis.
1 Konzentrationsfähigkeit
2 Formensinn

Auch der Ordnungssinn benutzt die Registratur einer Beobachtung, die die Strukturen eines winzigen Details im großen Maßstab wiederfindet. So gleichen z.B. die Adern eines Blattes dem Aufbau eines Zweige, dieser wiederum dem Bauplan des ganzen Baumes.

Der Ordnungssinn ist mit dem Zahlensinn gekoppelt (der eigentlich auch der Sinn für alle Symbole sein müsste, denn Schrift ist ebenfalls Ordnung). Einsicht in die große Ordnung der Zahlen vermittelt schließlich der Mathematiksinn, als Ordnung der Welt.

20.5.6 Der Zahlensinn

Menschen fanden stets Abstraktionen für Bedeutungen. Sie einigten sich auf sie, lebten sie, vergaßen sie schließlich und behielten sie als Gewohnheit bei. Auf diese Weise entstanden Symbole als geistige Bedeutungsträger.

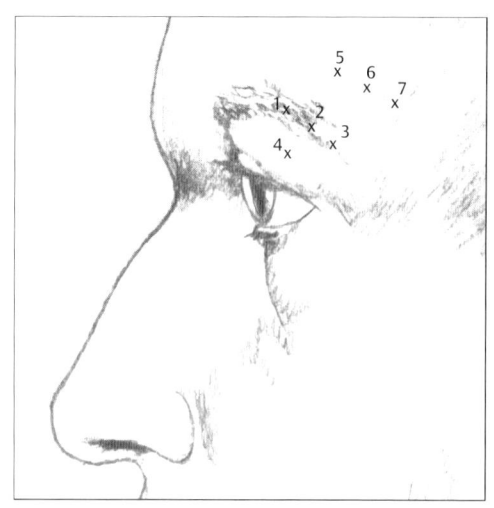

Abb. 94 Kombinationsbeispiele.

1 Ordnungssinn
2 Zahlensinn
3 Mathematiksinn
4 Wort- und Redesinn
5 Zeitsinn
6 Tonsinn, Takt und Rhythmus
7 Konstruktion – Kombination – Komposition

Durch alle 7 Regionen ordnet der Ordnungssinn des Menschen in der sichtbaren und unsichtbaren Welt.[45] Er kombiniert sich also eindeutig.
Der Zahlensinn transformiert sich philosophisch zum Symbolsinn. Er gehört aber zum Ordnungs- und Mathematiksinn.
Mit dem Zeitsinn kombiniert wird der Tonsinn und Zahlensinn zum Rhythmus/Takt.
• Noten sind Symbole für Musik.
• Buchstaben sind Symbole für Schrift.
• Worte sind Symbole für Sprache und Aussage.
Da alle Informationen als Wellen, Schwingungen, Erregungsmuster in der Luft zu den Sinnesorganen kommen, ist der Mensch als Schwingungs-Empfangsgerät ständig mit Interpretation, Kombination, Konstruktion oder Komposition beschäftigt. Diese Ausdruckszonen sind über dem Mathematiksinn lokalisiert.

Es gibt Symbole der verschiedensten Art: Noten sind Symbole für Töne und Lautschwingungen, Buchstaben für Worte und Sprache. Farben sind Symbole seelischer Schwingungen und Andachtshäuser Symbole für Wohnstätten „universeller Instanzen", Götter und Göttinnen in Tempeln, Kathedralen, Synagogen etc.

In allen Religionen wurden Ideale zu symbolischen Bildern in Holz, Stein, Metall, Licht.[46]

Zahlen schließlich sind Symbole für Masse, Menge oder Ordnung.

20.5.7 Der Mathematiksinn

Mathematik ist keine Lehre von ideellen Sachverhalten hinter den Dingen, die von begabten Auserwählten wie fremde Erdteile entdeckt werden. Mathematik ist eher eine spezielle Art und Weise, die Wirklichkeit aktiv durch Konstruktion zu bewältigen, und Sätze von Mathematikern sind Petrefakten.[47]

Mathematik gilt für jede materielle Erscheinung und wird im Gesetz der Zahl benannt.

Die traditionelle Physik entdeckte ein Gesetz nach dem anderen und berechnete mathematisch die feststehende Ordnung der Welt. Solange, bis durch Albert Einstein ein neuer Wissenschaftsbegriff auftauchte: die Anti-Zufalls-Wahrscheinlichkeit.

Die Quantenphysik hat die bisher feststehenden Naturgesetze fragwürdig gemacht.

In der Makrophysik gelten die Schwerkraftgesetze, in der Mikrophysik gelten sie nicht.

Die Wissenschaft nahm bald an, dass neben der physikalischen noch eine zweite Weltordnung bestehen müsste, denn die Naturgesetze ließen für diese keine Erklärungen und Ausnahmen zu, ließen ihre Existenz

---

[45] Die Visionäre berichten z.B. von einer Engel-Ordnung in 9 Hierarchien.

[46] Diese symbolischen Bilder stehen für Wissen im Licht oder Halbwissen im Dämmerlicht, für Engel und Teufel (Aufsteiger verteufeln die Welt, Absteiger verteufeln den Himmel).
[47] Versteinerungen, Gesetzsetzungen

aber auch nicht leugnen, somit gingen sie von einer Existenz des zunächst Unerklärbaren aus.

Der Mathematiksinn lässt, in Verbindung mit dem Zahlen- und Ordnungssinn, Denkmuster und die Struktur der Ordnung erkennen, deren Ausdruckssymbol die Zahlen sind.

Es scheint so, als habe die „große Bewusstheit des Kosmos" in allen Erscheinungsformen des Lebendigen unablässig gewirkt, um das Bewusstsein zu ermöglichen. Und das unaufhörlich. Das Sein, das Bewusstsein, lebt nun seinerseits den Drang, der „großen Bewusstheit" mehr und mehr von ihren Inhalten abzugewinnen, um in sich selbst ständige Erweiterung anzustreben. Einige Schritte dieser Bewusstwerdung vollzieht jedes Individuum mit mehr oder weniger Kraft. Die höchste Konzentration an geistiger Kraft ist dem Genie verfügbar, und es offenbart diesen Teil für alle Menschen.

20.5.8 Phantasie-Sinne

Die Phantasie fördert den Ideen- und Improvisationsreichtum und die Kreativität. Sie korrespondiert mit allen Stirnregionen, belebt und bereichert sie.

Gall nannte die Phantasie: Ideal-Sinne, weil er sie bei Idealisten und Künstlern gefunden hat.
Wenn man in die Phantasie geht, beginnt man meist mit Staunen. Staunen in der Wahrnehmung verbindet sich mit den Quellbildern der Seele, die als innere Aufbau-Elemente zur Vervollkommnung empfunden werden.
Heitere, frohsinnige, lachende Phantasie schließt Seelentore auf. Hier beginnt das, was mit innerer Schau die Erweiterung zur Ewigkeit denkt: *„Die innere Erschließung einer höheren, geistigen Welt."* (C. Huter)
Als ureigenstes Fühlen und Denken, das nur in Bildern, Gleichnissen und Symbolen dargestellt werden kann.

Abb. 95: Ecken – Phantasie. Gleichmäßige hohe Stirn.

... Staunen, was mit den Menschen hervorgebracht ist. Sein Gehirn mit 10–15 Millionen Neurozellen, eine Neuronenzelle mit 20 Millionen RNS Molekülen, jedes ein Firmament an Energieverteilung. In der Zelle eine astronomische Zahl von Informationen, die den Geist und Persönlichkeit des Menschen zusammensetzen, gespeichert in den Energiefigurationen der Moleküle

20.5.9 Die Form der Unterstirn

Die Stirnform in ihrer relativen Statik zeigt die Denkrichtung an, die Strahlung, die dynamische geistige Art.
Bei allen Menschen orten sich die Anlagen für die einzelnen Sinne an den gleichen Stellen, haben aber individuelle Ausdehnungen, Betonungen, Färbungen etc.

Definiert sind sie als *Reflexionszonen des Bewusstseins*, mit denen sich die spezielle Erfahrung, eines Sinnes, vernetzt mit allen anderen verbindet. Dr. Josef Gall nannte sie „OrganWerkzeug".

Die Unterstirnbildung steht im engen Zusammenhang mit der Augenhöhle, der Orbita.

Je schärfer das Sehen genutzt wird, desto ausgeprägter die Augenhöhle. Die in der Erde lebenden Maulwürfe, mit verkümmertem Sehorgan bei sehr ausgeprägtem Riechorgan, weisen z.B. eine völlig verkümmerte Augenhöhle auf, während Raubvögel, deren scharfes Sehen das Überleben sichert, sehr stark hervorspringende Knochenränder der Orbita besitzen.

Auch beim Schädelvergleich von Schaf und Gämse wird deutlich, wie das zum Überleben geforderte scharfe Sehen, d.h. Beobachten, einhergeht mit einer prägnanten Ausbildung der Unterstirn, die mit dem oberen Rand der Orbita beginnt.

Die Gesichtssinne oder Ausdrucksareale, die über den Gesichtssinn erst ihre „Erfahrungen" gewinnen können, kommen an der Unterstirn zum Ausdruck.

Die Unterstirn, die der Schädelbasis im Vorderbereich des Kopfes entspricht, dient der Registratur der Welt, wie sie sich uns über unsere Sinne erschließt.

Mit der Nutzung der Unterstirn, dem Basisteil des Großhirns, gelingt dem Menschen die Abbildung der Außenerscheinungen nach innen. An diesem Vorgang scheint im besonderen die rechte Hirnhälfte beteiligt zu sein. Sie speichert Bilder. Das, was daraus abstrahiert wird, scheint sich in der linken Hirnhälfte zu speichern und abrufbar zu halten in Begriffen.

Die Unterstirn hat im 1. Areal Ausdruckszonen, die auf den „unbewussten" **Formensinn** verweisen, der in den bewussten Formensinn übergeht.

Reflexartiges Registrieren mag während der Evolution lebenserhaltend gewesen sein.

Das Registrieren der Formen befähigt das Individuum, im Wechselspiel mit dem Universum, die Formenfülle in einen geistigen Raum der Erinnerung zur Ausgestaltung eines inneren Kosmos zu verinnerlichen. Dieser scheint geistig verfügbar zu bleiben und zur Ausformung der eigenen und neuen Vorstellungen formuliert zu werden.

Hier ist die Erfahrung der Dimension ohne Raum und Zeit.

Jedenfalls ist der Formensinn als ein unbewusster Anteil angelegt und durch das Sehvermögen ständig angeregt.

Sehr lebhaft in Aktion und Reaktion ist der **Farbensinn**, der sich an der Unterstirn, in der Mitte der Augenhöhle lokalisiert.

So wie das hochentwickelte Auge mit wunderbarer Empfindlichkeit auf das Licht reagieren kann und die Schwingungsdichten des Lichts als Farben registriert, so nimmt das feine Bewusstseinsorgan für Licht und Farbe im Prozess der Reflexion des Bewusstseins (in diesem Hirnareal besonders über das Farbverständnis) den Kontakt mit dem Universum auf.

Hat ein Mensch einen ausgeprägten **Mathematiksinn**, d.h. ist die Stirn dort sichtbar ausgewölbt und mit feiner, heller Haut zu beobachten, so betätigt er ihn dominierend über die anderen und ordnet sein eigenes Vermögen, den Sinn des Lebens zu erfassen und seine weltanschauliche Strukturierung über den Mathematiksinn.

Alle extremen Ausprägungen, die wir mit der Ausgestaltung der Stirn beobachten können, beherrschen das Denken.

Hat die Unterstirn an der Orbita eine gewölbte und gleichmäßige Ausprägung, so ist die Begabung deutlich, stimmige Proportionen, stimmige Perspektiven und stimmige Farben zu registrieren und Unstimmigkeiten zu korrigieren und damit Schönheitssinn zu zeigen.

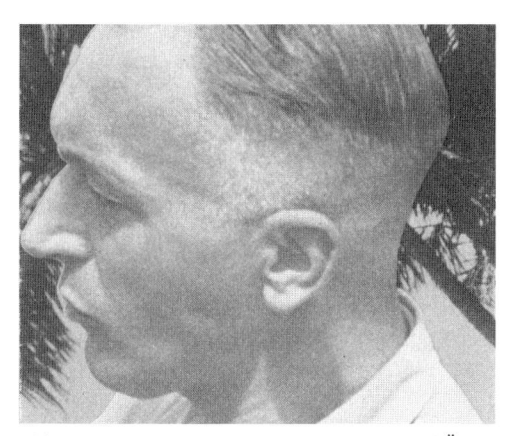

Abb. 96: Starke Unterstirn im Nasenwurzel-Übergang = Hohe Konzentration.

Abb. 97: Oberstirnbetonung.

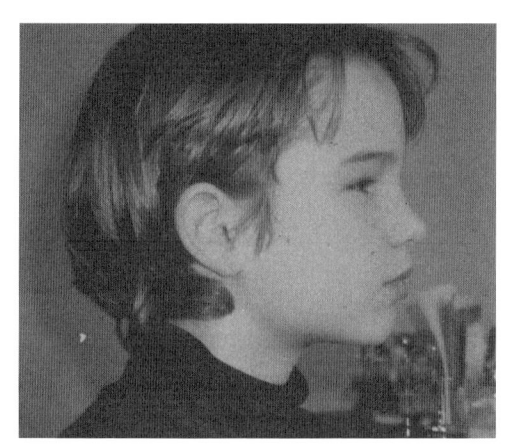

Abb. 98: Gerundete Stirn – Praktisches Denken.

Proportionsgefühl, perspektivische Wahrnehmung, Raumgefühl ist also mit dieser Hirntätigkeit gekoppelt und veranlasst den so angelegten Menschen, Harmonie und Maß in der Erscheinungsform zu suchen und damit den Schönheitssinn zu leben.

Die Denkabläufe sind geistig, d.h. nicht als technischer Ablauf zu definieren, sondern mit Konzentration der geistigen Energie zur Erkenntnisqualität zu steigern. Obwohl die Denkabläufe elektromagnetisch gesteuert sind.

Dieses geschieht ebenfalls in allen sieben Denkebenen mit der Differenzierung, die diese leistungsmäßig vollziehen und ausdrucksmäßig ablesen lassen.

Das Verhalten atomarer Strukturen und die Kosmologie makroskopischer Materiemengen stimmen zwar in mathematischen Gleichungen überein, die Mathematik kann jedoch die Faktoren nicht berechnen, die auf die Sinne der Unterstirn und ihre Wahrnehmungen folgen oder darauf aufbauen und von den rein physischen zu psychischen Ergebnisbereichen führen.

Das, was einen bestimmten Zustand der Materie, das Leben, bezeichnet, das kann Mathematik nicht fassen, denn es ist qualitativ.

Wer nur die Unterstirn einsetzt und mathematische Sinne dominant besitzt, erbringt eine Beschreibung der Weltganzheit, weil in dieser Ganzheit nur quantifizierbare Strukturen für ihn existieren.

Sie stimmen nachweislich.

Die einheitliche mathematische Struktur einer solchen Welt wäre zwangsläufig eine Theorie ihrer Ganzheit; ihrer Vielheit, die allein materieller Natur ist. (Baruch de Spinoza)

20.6 Stirnformen und die Naturelle

- Empfindungs-Naturell
  starke, breite Oberstirn, schwache Unterstirn
- Bewegungs-Naturell
  schwache Oberstirn, starke Unterstirn
- Ernährungs-Naturell
  schwache Oberstirn, breite Unterstirn

20.7 Sammlung der geistigen Energie und Nasenwurzel

20.7.1 Nasenwurzel

In ihrer Weisheit gab die Natur allen Lebewesen Chancen zum Überleben in Waffen, Wehr- oder Fluchverhaltensmustern. Den Menschen stattete sie mit einem überlegenen Gehirn aus, das die Strategien des Überlebens finden muss und die Kultur des Über-Lebens schaffen kann.

Vermutlich stellt die Natur in unserem Nasenwurzelbereich (⇨ S. 140) ursprünglich ein Energiestrahlungsdepot bereit, um bei Gefahr nicht nur Reflexe auszulösen und Stressenergien freizusetzen, sondern auch, um besonders genaue Überlegungen anstellen zu können, eine Gefahr zu überwinden.

Aus unserer Erfahrung wissen wir, dass wir Denkkraft nicht gleichmäßig verfügbar haben, sondern ermatten, ermüden und Konzentrationsanstrengungen leisten müssen. Dies stellt einen Energiefaktor dar, den wir an den Augen und ebenfalls an der Zone zwischen ihnen, an der Nasenwurzel, erkennen können.

Die Kraft des Geistes durchstrahlt das ganze Gesicht. Bei allen Menschen, die sich geistig-seelisch orientieren, ist die Nasenwurzelzone die hellste Zone im Gesicht.

Der Erklärungsversuch, das helle Hautareal als Energiesammelzentrum zu sehen, geht, wie alle energetischen Entsprechungen in der Psycho-Physiognomik, auf die Kraft-Richtungs-Ordnung (⇨ S. 53ff.) zurück.

Es gab und gibt immer wieder Menschen, die lichtvoller waren als andere, und die das Licht und die Wahrheit überall dort verbreiteten, wo sie hinkamen.

Da aber Licht unbegrenzt ist, taucht es immer wieder in den Gedanken und Erinnerungen der Menschen auf. Besonders bei denen, die Sehnsucht fühlen und damit Energie konzentrieren.

20.7.2 Die subjektive Erfahrung mit Sensibilität und Bewusstsein

Ein Reiz wird nach der Art der Sensibilität erfahren.

Die Erklärung für diese Behauptung liegt in der Naturell-Lehre und in der Kraft-Richtungs-Ordnung.

Wenn wir unsere Entwicklungsgeschichte von der Biologie her betrachten, so scheint es bisher weniger auf die „Richtigkeit" der Weltanschauung angekommen zu sein als vielmehr auf das Überleben in dieser Welt.

Das Gehirn ist unser Organ zur Herstellung von Weltbildern, für die gleichzeitig eine Erklärung gesucht wird. Dieses Suchen scheint zum Überleben zu gehören.

Nach Darwin ist die Nützlichkeit der Weltbilder für die Erhaltung der Art, Wachstum des Gehirns dokumentiert als spezielle Fähigkeit, Denk- und Gebrauchsweisen zu produzieren.

Dass die Denkgesetze uns vererbt sind, hat Kant, der sich um die Grenzen menschlichen Erkennens gemüht hat, in seinem „a-priori-Wissen" formuliert und durch die jahrtausendealte Erfahrung der Gattung als dem Individuum angeboren erklärt.

Unser Erkenntnisvermögen basiert auf Sinneseindrücken und das anschließende Verarbeitungen im zentralen Nervensystem.

Dabei kommt es zu Bestätigungen und Veränderungen früherer Gedächtnisspuren.

Diese Beschreibung der hirnphysiologischen Voraussetzungen kann eines nicht leisten für die Erkenntnisfähigkeit: Sie kann nicht erklären, *worin* die Denkgesetze selbst begründet sind, die das im Verlauf der Evolution zur Erkenntnis befähigte Gehirn entdeckt, d.h. die Hirnphysiologie sagt nichts darüber aus, warum ich so denke und schlussfolgere, wie ich es tue.

Hingegen hat der Denkprozess selbst, für unseren Kulturkreis besonders in der **griechischen Metaphysik**, die ersten Ansätze zur philosophischen Setzung der „Vernunft" geleistet: Bewusstsein umfasst den Inbegriff allen Erlebens.

Bewusstsein ist ein auf das Erleben gerichtetes Bemerken: Im Erleben sind wir mitten im Bewusstsein. Es bemerkend und erfassend benutzen wir es zum Erleben.

Das Bewusstsein hat in sich Wirklichkeit, aber auch Wirksamkeit von innen nach außen – und wird von außen nach innen erregt.

Das Leben selbst bedarf des geistigen Erfasstwerdens von einem gehirnabhängigen Prozess nicht, um zu existieren. Das geistige Erfassen jedoch bedarf eines lebendigen Geschehens, damit es überhaupt geleistet werden kann.

Dazu die **Biologie**:

So gut, wie die Organe einander informieren, so gut ist das Informationssystem ausgebaut. Das hängt von einem Organbau ab, der gesund und für die Funktionen optimal ausgestattet ist. Also sind die Beziehungen der einzelnen Organe untereinander wichtig.

Organismen funktionieren nur dann störungsfrei, wenn ihre Organe miteinander in Verbindung stehen und sich über ihren physikalischen, psychischen und thermostatischen Zustand, der die Physiologie begleitet, informieren.

Neben diesen Abläufen wird die Abstimmung zur Umwelt geleistet. Ohne die Entwicklung des Zentralnervensystems und des Großhirns gibt es Leben und auch unreflektiertes Bewusstsein, aber keine Erkenntnisfähigkeit, die wir auch mit reflektiertem Bewusstsein definieren können.

Das Wissen, das der Mensch genetisch, d.h. angeboren erworben hat, ist auf keine Weise aufhebbar, aber die Skepsis ist erlaubt, dass dieses Wissen der biologischen Wohlbefindlichkeit mehr dienen soll als primär der Wahrheitsfindung im theologischen oder philosophischen Sinne.

Der archaische Teil unseres Nervensystems überwiegt so sehr, dass wir Realität so erfassen, wie es die angeborenen Bewertungsmuster und Beurteilungsstrukturen erlauben.

Die Großhirnrinde aber, mit deren Funktionen wir fähig wurden zu reflektieren, erhebt uns über alle irdischen Lebensformen derart, dass wir unseren kosmischen Ursprung ahnen, dass wir merken , dass die uns umgebende Welt genauso hypothetisch erklärt werden kann wie die jenseitige.

Naturwissenschaft ist der Versuch, bei der Erklärung der Welt ohne Wunder auszukommen. Allerdings darf das nicht so weit führen, dass der Naturwissenschaftler zu dem Glauben kommt, dass das nicht auch wirklich existiere, was er mit seiner Methode nicht fassen kann.

21 Hinterhaupt

- Oberkopf, vorn   Sozialverhalten (⇨ S. 185)
- Oberkopf, Mitte   Glaubensfragen (⇨ S. 216ff.)
- Oberkopf, hinten   Ego-Verhalten (⇨ S. 208ff.)
- Seitenkopf   in 7 Ebenen Ökonomie (⇨ S. 212ff.)
- Hinterkopf   in 10 Ebenen Antriebe durch die Tat zur Erfahrung (⇨ S. 208ff.)

Betrachten wir die Kopfform mit Proportionsgefühl übersetzen wir:

Der Hinterkopf ist mit der Schädelkapsel geformt, hat in den unteren Zonen das Kleinhirn mit seinen beiden Hemisphären tätig. Das Zusammenspiel mit dem limbischen System bleibt im Ablauf dem Großhirn völlig unbewusst.

Der **Nacken** ist der hintere Bereich das Halses und hat eine instabile Form. Die Fülle des Nackens wächst nach der Pubertät und wird mit dem Leistungsvermögen als Kraftreserve abgelesen. Bei Erschöpfung verbrauchen sich diese Reserven ebenso wie durch die Lebensleistung, so dass der Nacken des greisen Menschen sich deutlich von dem eines jugendlichen Menschen unterscheidet.

Der Abstand in der Skaleneinteilung ist alters- und leistungsentsprechend und daher nicht konstant. Dies wird beim Vergleich der Nackenanlagen von einem Kleinkind, dem Menschen im Vollbesitz seiner Leistungsfähigkeit und dem Greisenalter deutlich (Athlet, Stier etc.).

Der Hinterkopf hat einen Zonenaufbau von zehn Ebenen (⇨ S. 208ff.), die die Körperaktivitäten mit dem Tatantrieb in die Erfahrungen verbinden. Aus diesen ergeben sich dann die Differenzierungen für das Selbstbewusstsein mit den Verpflichtungen zur Verantwortung für die eigene Entwicklung, die immer in Verbindung steht mit der Hingabe an eine Aufgabe.

Die totale Vernetzung der Abläufe aus unbewussten, vorbewussten und bewussten Entscheidungen wird damit deutlich und wird in der analytischen und kombinierten Aussage zu verstehen versucht.

21.1 Der Antrieb zur Entwicklung

Am Hinterhaupt kommen die unbewussten motorischen und geistigen Antriebe zum Ausdruck. In vielen Kulturkreisen gilt das Hinterhaupt sogar als Energieaspekt Gottes, in der indischen Kultur wird es z.B. als „Kundalini-Chakra" bezeichnet.[48]

Psycho-physiognomisch wird das Hinterhaupt als Sammelzentrale der Kraft aus den unbewussten Impulszentren des Körpers bezeichnet.

Die Zivilisation entstand aus dem *unbewusstem* Antrieb zu suchen und zu finden, zu bewerten, zu ordnen und zu verändern.

Hilfreich war dabei der Veränderungssinn. Er begleitete die Gewandtheit des Körpers im Einsatz zur Lebenserhaltung und führte durch Übung zur Berufstüchtigkeit.
Aus der Fähigkeit, die Können mit sich bringt, entsteht im schöpferischen Menschen das Bewusstsein der eigenen Leistungsfähigkeit sowie die Qualitätsbewertung. Dies macht die erste Stufe seines Selbstbewusstseins aus.

---

[48] Kunda = Gefäß – als Schmelztiegel neuen Lebens, physisch, psychisch, geistig. Symbolisiert im Bild der zweiköpfigen Schlange, die zusammengerollt schläft, als Energie des Selbst in der Sexualregion.

Das ICH wächst im Bewusstsein des EGO und findet seine Position im *Selbstbewusstwerden* und *-sein*. Das Ich-Bewusstsein ist eine psychologische Instanz.

Diese Impulszentren sind nicht nur mit dem motorischen Antrieb verbunden, die Lebenserhaltung zu leisten, sondern dienen auch als Antrieb aus den gespeicherten Erfahrungen einer unbewussten inneren Welt. Alle Erfahrungen, die mehr oder minder bewusst, die Affektlage beherrschen und unser Verhalten bestimmen, unsere Hemmungen, Beschränkungen, aber auch unsere Chancen ausmachen.

Das *Vorbewusste* nun sucht sinnvolle Verbindungen zwischen der Informationsfülle der Außenwelt zur Informationsfülle des Unbewussten, welches uns dann als treibendes Bedürfnis in die Verwirklichung drängt.

Die Funktionsabläufe der unbewussten Inhalte können wir als den Willen der Evolution verstehen, denn unbewusst
- ist die hohe Intelligenz in uns, die die Lebenszusammenhänge unseres Körpers weiß und tradiert;
- ist die Körperentwicklung, die mit dem Eintritt in die Gesellschaftsreife den Sexualtrieb inszeniert mit allen Entwicklungsfolgen, die wir aus dem Hinterkopf ablesen.

Sexualität ist die Kraft der Evolution sowie die Energie der Transformation. Die Verfeinerung unserer Sinne ist Folge einer geistig, seelisch und körperlich erfüllten Sexualität.
Bei Sex ohne Liebe stumpfen hingegen die Sinne ab.

Der Mensch entwickelt sich ausgehend vom Willen der Natur, Leben zu schaffen, Leben zu schützen, Leben zu erhalten und zu entfalten. Wenn die Geschlechtsreife eingetreten ist, treibt ein unbewusster Trieb an, die vom gesamten Ich sehnsüchtig gewollten Verwirklichungen zu sichern.
Die gespürte Liebe will sich verschenken, sucht die Polarität und schafft in ihrem Kraftfeld Neues.

Dieser evolutionäre Wille setzt der Menschheit, wie jeder anderen Lebensform auch, den Entwicklungsauftrag, der von jedem einzelnen vollzogen werden muss, um in die Selbstverwirklichung zu gelangen:
Vermehren – Beschützen – Erhalten – Entfalten.
Diese sind als unbewusste Antriebe in jedem von uns als Triebfeder für persönliche Entfaltung am Hinterhaupt angelegt.

Die jeweilige individuelle Ausprägung und Formenentsprechung bezeichnet die individuelle Anlage, die individuelle Stärke und damit den Schwerpunkt der persönlichen Verwirklichungsebene, in der der Entwicklungsauftrag geleistet wird.
Dies gilt entwicklungsgeschichtlich für alle Ausdrucksareale und im besonderen für das Hinterhaupt.
Jeden entwicklungsgeschichtlichen Schritt, den die Menschheit zu leisten hatte, muss jeder Mensch individuell für sich selbst ebenfalls leisten.

Phylogenese = Ontogenese
Ontogenese = Phylogenese

Wenn wir also die individuelle Entwicklung der Menschheit erfragen und physiognomisch beantworten wollen, gehen wir von der Basis des unteren Kopfes aus.

21.2 Einteilung des Hinterhauptes

21.2.1 Die Dreiteilung des Hinterhauptes

Für alle drei Regionen können wir zusammenfassend feststellen:
- Die motorische Kraft der Impulszentren des Körpers treibt an, besonders schon bei Kleinkindern zu beobachten (unteres Hinterhaupt).
- Die seelische Kraft der Impulszentren des Körpers verinnerlicht die Informationsfül-

le der Außenwelt und verknüpft sie mit der Informationsfülle des Unbewussten aus der Evolution (mittleres Hinterhaupt).
- Die geistige Kraft aus den Impulszentren des Körpers, führt die Reizverarbeitungsprozesse der Bewusstwerdung, mit Aussicht zur Erkenntnis (oberes Hinterhaupt).

Dreiteilung
- unteres Hinterhaupt
- mittleres Hinterhaupt
- oberes Hinterhaupt

Im weiteren finden wir in der **Vertikalen**
- zehn Zentren (von unten nach oben)

und in der **Horizontalen**
- sieben Zentren (von innen nach außen, zu beiden Seiten).

21.2.1.1 Unteres Hinterhaupt

Erste Zone nach Übergang vom Nacken bis oberen Ohransatz.
- Sexual- und Familientrieb
- Fingerspitzengefühl
- Feines Tasten zur Ich-Erfahrung
- konzentriertes Feingefühl
- Hand- und Fingertattriebe

Anhänglichkeit an Mensch, Tier, Pflanze, Materie ergibt eine ganz bestimmte Verbundenheit, auch Heimatgefühl. Gebundenheit an Ort und Raum, Heim und Umfeld, die für ein Wohlgefühl im elementaren Sinn sorgt und erleben lässt (Heimweh).

21.2.1.2 Mittleres Hinterhaupt

Ab oberen Ohransatz
- Konzentration auf Qualitätsarbeit, Kultur der Handarbeit
- Schulter-, Rumpf- und Brusttätigkeit
- Gesellschaftsliebe, Gemeinschafts- und Gebundenheitsgefühle
- Nestbautrieb
- Erwerb des Lebensnotwendigen

Körper- und Geisteskonzentration für Leistung und Kreativität, Qualität und Qualifikation, Berufstüchtigkeit und Körpergewandtheit, Ausdauer und Einsatzwille in der Profilierung.

Erhöhte Fähigkeiten ermöglichen sich durch erhöhte Konzentration.

Konzentrationsenergie sammelt sich in der Mitte des Kopfes, im limbischen System und an der Schädelbasis für die Aktivität des Großhirns. Hier reflektiert das Bewusstsein die Handlungsentscheidungen und Abläufe.

21.2.1.3 Oberes Hinterhaupt

Haarwirbelzone, letzte Zone vor dem Übergang zum Oberhaupt
- Selbstwertgefühl, Selbstsicherheit, Selbstbewusstsein, Stolz, Mut.

Selbstwertgefühl

Ideales festes Hochgefühl und Festigkeitsachse.
- Rechte und Privilegien werden gedacht. Herrschsinn als „von Gottes Gnaden"[49] und darum: Alleinvertretungsanspruch
- Bewusstwerdungsabläufe für die Person
- Wertsetzung im Hinblick auf die höchsten Werte.

Haarwirbelzone mit umgebenden Ausdrucksarealen

In Verbindung mit der Willensachse (⇨ S. 78)
- Hier regen sich Impulse des Willens zur Selbstverwirklichung zunächst halbbe-

---

[49] Geschichte des Königtums: In der Stammesgeschichte der Völkerschaften wählte man in allen Kulturen den Besten zum Führer oder König. Zur Leitung eines Stammes gehört ein Mutiger, Unerschrockener, Starker, Kluger, Geschickter – allen Überlegener. Er wurde in Wettkämpfen ermittelt und in Symposien befragt und letztlich gekürt. Damit wurde er zum Ideal, um den Selbstwert zu befragen. Die königliche Frau musste neben ihrer Anmut und Schönheit ebenfalls hervorragende Fähigkeiten besitzen.

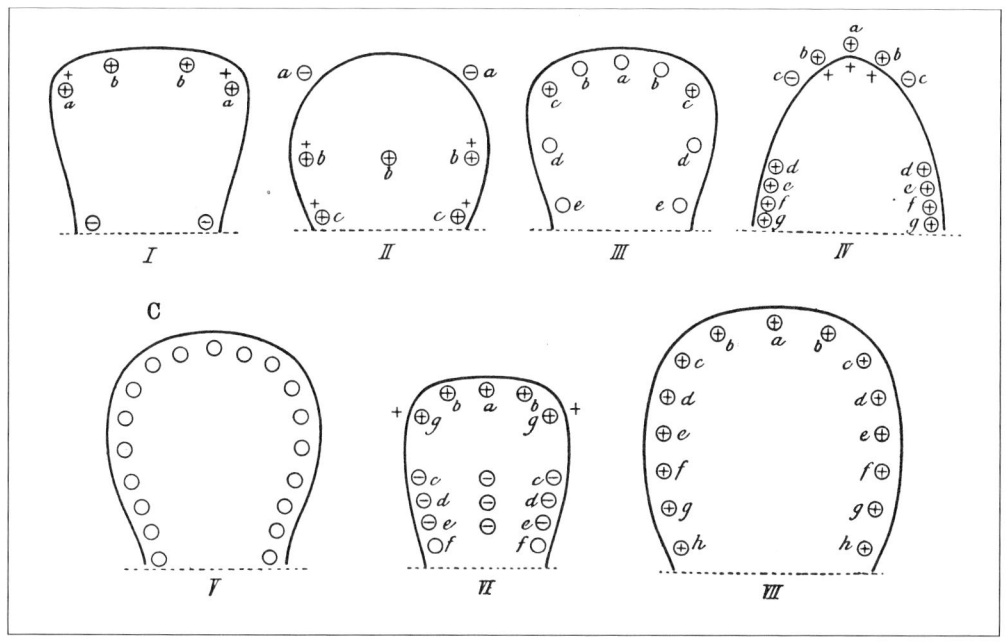

Abb. 99: Hinterhauptformen (1–7).⁵⁰

1 Breite: überbetonte Vorsicht.
2 Zu wenig Vorsicht.
3 Normale Natur. Starke Vorsicht, schützt die Seinen.
4 Untere Zentren betont: Anspannung, Umsetzung, Emsigkeit. Vorsicht und Gewissenhaftigkeit schwächer angelegt, wird bei Handlungsweisen vermisst werden können.
5 Feine Rundung. Besonders in oberen Regionen betont. Mehr Idealismus als Realismus.
6 Idealvorstellungen, orientiert sich nicht an Realität; will Ideal auf Kosten der Realität durchsetzen.
7 Alle Zentren ausgewogen. Anspannung im realen Leben und Willen zu idealem Leben in Harmonie.

wusst. Die Energie zur Selbstverwirklichung formt dann den Nasenrücken.
- Ausstrahlungs-Pol der magnetischen Energie.
- reales Hochgefühl, Stolz und Selbstbehauptung, Schneid und sicheres Auftreten, Einschätzung eigener Leistungsfähigkeit, lässt uns die Haarwirbelzone ausdeuten.
- Kultur des Egoismus
- Bein-, Fuß- und Zehentätigkeit
- Gefühle der Überlegenheit
- Ortsveränderung
- Stolz und Herrschsinn
- Streben nach Freiheit und Unabhängigkeit

Das obere Hinterhaupt baut die von der Natur geforderten körperlichen Erfahrungen im unteren Hinterhauptantrieb auf. Die von der Seele gewollten Entwicklungen zu Qualitätsmitgliedern in der Familie, in der Gruppe, der Gesellschaft und dem Staat zu werden, sind als Entwicklungsauftrag für die eigene Person aufgegeben.

Ergebnis ist dabei die „Gipfelerfahrung" in der Ich-Verpflichtung (Oberkopf) dem Höchsten gegenüber.

Das führt zunächst anlageentsprechend zur Kultivierung des Ego. Wenn im Wechselspiel mit dem Selbstvertrauen die Selbstsicherheit wächst, führt das zum Selbstbewusstsein auf allen Ebenen, einschließlich der Erkenntnis, Weisheit und Ethik. Und damit dann im Erkennen der Beziehung zum Universum, das Selbstwertgefühl im Universum.

⁵⁰ Huter, Hauptwerk, V. Lehrbrief

206 Hinterhaupt 21

a

b

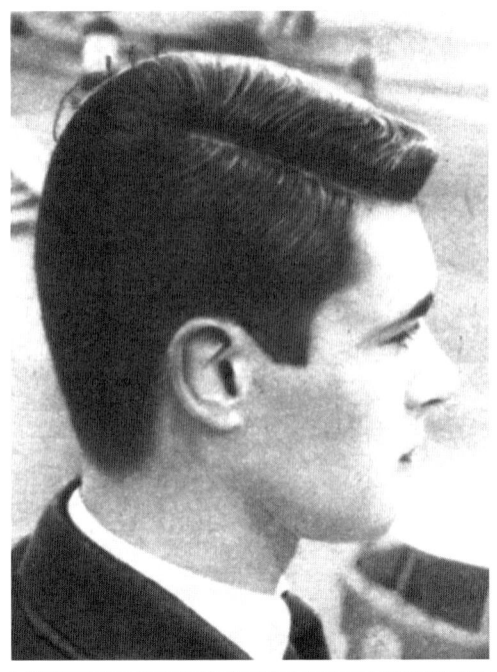

Abb. 100 a–c: Hoher hinterer Oberkopf.
Selbstbewusstsein, Selbstwertgefühl, Vervollkommnungsdrang sind stark angelegt.

c

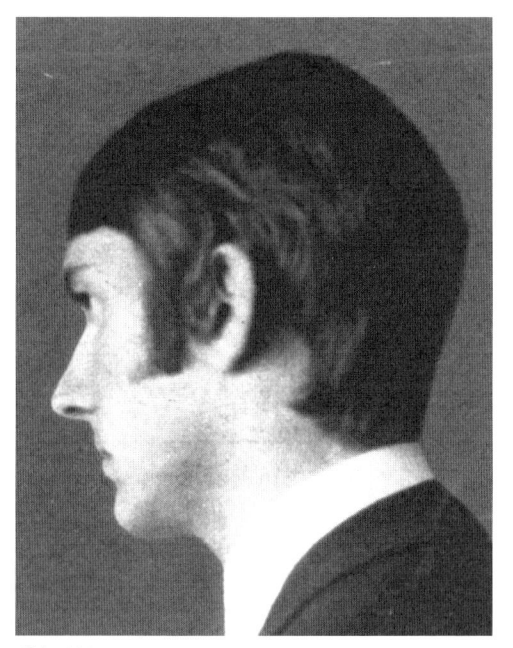

Abb. 101:
1 Selbstwertgefühl stark
2 Selbstsicherheit schwach
3 Körperkonzentration

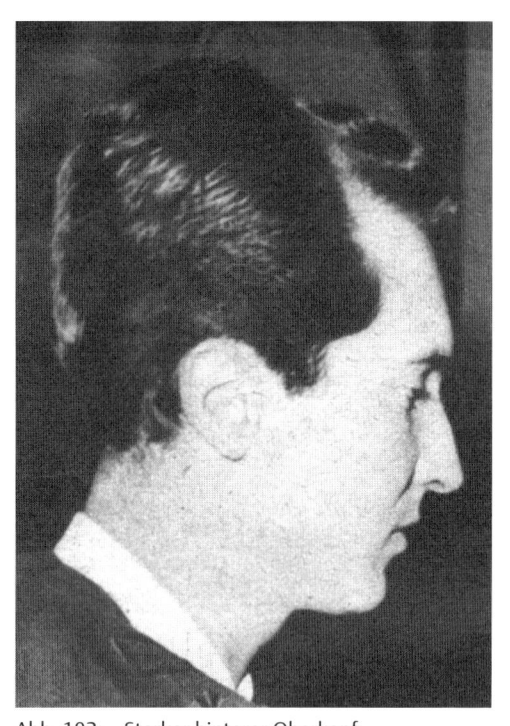

Abb. 102: Starker hinterer Oberkopf.
Würdegefühl, Wertgefühl mit Draufgängertum, Tollkühnheit.

Über die Liebe zum Leben

Aus dem Antrieb, das Leben zu lieben, hat sich alles entwickelt. Selbsterhaltung und Schutz der Jungen fordert das Leben elementar. Die Natur inszeniert, was sie will, und wir lernen, was sie will.

Am unteren Hinterkopf sind die Ausdruckszonen konzentriert, die der unbewussten Liebe entsprechen: Seelisches Ich-Empfinden im Liebesgefühl.

Mit der ausklingenden Pubertät wächst im Individuum die Sehnsucht, sich an das Leben, an den Partner für das Leben (noch nicht den Lebenspartner) zu verschenken und mit allen Fasern diese Sehnsucht zu stillen.

Was die Natur unter den blühenden, befiederten, beschuppten, befellten Wesen alles zur Entäußerung dieses Willens zur Existenz inszeniert, ist erstaunlich. Für den Menschen eröffnet sie die Möglichkeit zur Kultur.

- Das Streben aus der Einheit zur Zweiheit aus unbewusster Liebe zur Dreiheit zu kommen, zum Kind.
- Das Gefühl für sehr Kleines zu verbinden mit Treue.
- Jugend- und Nachwuchsliebe zu leben in Anhänglichkeit und Freundschaft. Damit geht einher das Gebundenheitsgefühl an alles, was man sich vertraut gemacht hat und dem man angetraut ist (Wortstamm: Treue).

Was dazu an körperlicher Leistung, mechanisch und seelisch notwendig erwachsen wird, leisten die **Hände** zunächst. Sie entwickeln Fingerspitzengefühl. Wunderbar vernetzt läuft im Menschen, was mit Qualitätssteigerung bezeichnet werden kann.

Der motorische Antrieb treibt in die Erfahrungen. Die oberen Extremitäten: Oberarm, Unterarm, Hände, Finger haben eine physiognomische Antriebsentsprechung am unteren Hinterkopf.

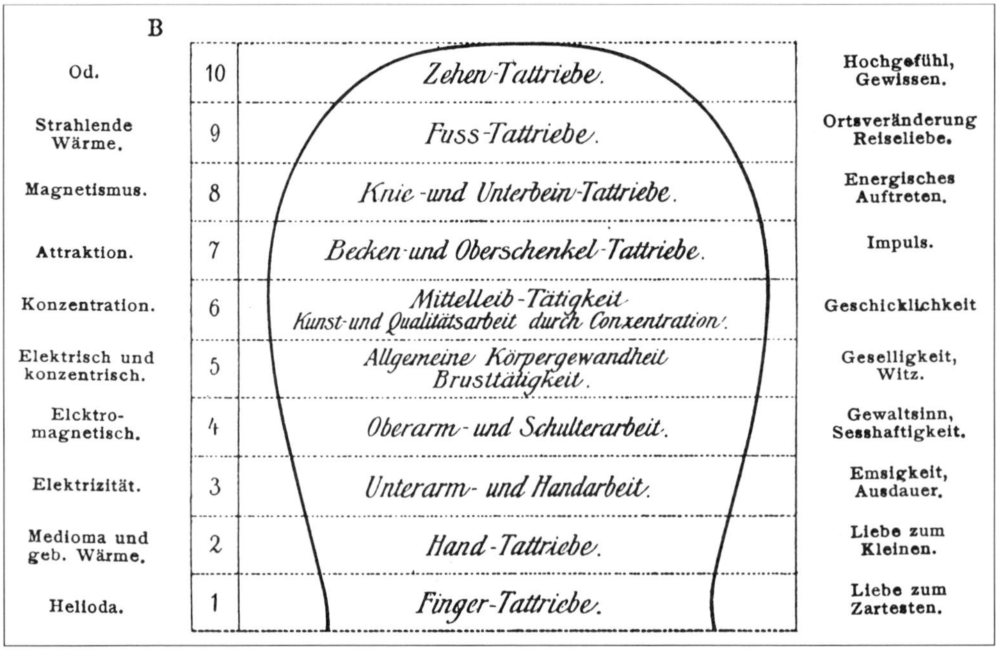

Od.	10	Zehen-Tattriebe.	Hochgefühl, Gewissen.
Strahlende Wärme.	9	Fuss-Tattriebe.	Ortsveränderung Reiseliebe.
Magnetismus.	8	Knie- und Unterbein-Tattriebe.	Energisches Auftreten.
Attraktion.	7	Becken- und Oberschenkel-Tattriebe.	Impuls.
Konzentration.	6	Mittelleib-Tätigkeit Kunst- und Qualitätsarbeit durch Conzentration.	Geschicklichkeit
Elektrisch und konzentrisch.	5	Allgemeine Körpergewandheit Brusttätigkeit.	Geselligkeit, Witz.
Elektromagnetisch.	4	Oberarm- und Schulterarbeit.	Gewaltsinn, Sesshaftigkeit.
Elektrizität.	3	Unterarm- und Handarbeit.	Emsigkeit, Ausdauer.
Medioma und geb. Wärme.	2	Hand-Tattriebe.	Liebe zum Kleinen.
Helioda.	1	Finger-Tattriebe.	Liebe zum Zartesten.

Abb. 103: Die zehn Zonen des Hinterhauptes.[51]

Die Intelligenz der fühlenden Hände ist erstaunlich. Sie regt die Bewusstwerdung der Möglichkeiten des Tastsinns wesentlich an.

Je nachdem, wie die Ausbildung des Hinterkopfes geschehen ist, vollzieht sich die Einlassung auf die elementaren Anforderungen an Arbeitsleistung.

Je mehr Sammlung zur Konzentration und Übung eines Ablaufs geschehen, um so qualitativer, geschickter sind Ansprüche und Leistungen.

Das führt von der instinktiven, mechanisch motivierten Handlungsweise zur Überlegung: wozu? Erinnerung und Verbesserung der Handlungsentscheidungen schließen sich an.

Damit wächst die Einsicht in die Qualitäten des Materials beim Handwerk, aber auch die Feststellung der eigenen Fähigkeiten zur Qualität.

Das übt sich in Körpergewandtheit und kultivierter Leistungsfähigkeit zum Bewusstsein über eigenes Können, was die Selbstsicherheit erhöht.

Am oberen Hinterkopf lesen wir mit der **Haarwirbelzone** zum Oberkopf hin die Sammlung der egoistischen Willenskraft zur Selbstbehauptung ab. Das Selbstwertgefühl orientiert sich an der inneren und äußeren Leistung zur eigenen Kultur und sieht den Sinn zur Kultur mit dem Selbstbewusstsein der eigenen Unsterblichkeit, schafft damit ein auf Gott bezogenes Selbstbewusstsein, das sich mit Festigkeit dem inneren Ideal verpflichtet, sich diesem opfert.

21.3 Die zehn Zonen des Hinterhauptes

Wir teilen das Hinterhaupt vertikal in zehn Zonen (von unten nach oben) ein (⇒ Abb. 103). Die Breite des Hinterhauptes wird ebenfalls eingeteilt (horizontal, nach links und rechts je in sieben Zonen, von der Mitte

---
[51] Huter, Hauptwerk, V. Lehrbrief.

nach außen). Daher ergibt sich auf dem Hinterhaupt eine Art **Koordinatensystem**.

Die **horizontale Skaleneinteilung** in der **Breite von 1–7** (⇨ Kanon von Huter, Abb. 33, S. 115)
- Ausdruckszonen für körperliche, triebhafte Liebeseigenart, die sich in seelische, bergende Liebeseigenart einbringt.
- Quantität und Qualität im körperlichen Angebot für Partnerschafts- und Zeugungsbereitschaft und -fähigkeit.

Breite zeigt
- Bewegung, Veränderung, Egoismus

Ausdehnung zeigt
- Kraftzufuhr aus dem Körper
- Egoismus

21.3.1 Zone 1: Fingerspitzengefühl, Tasten zur Ich-Erfahrung

- Geschlechtsliebe,
- Leistungskraft für motorisch muskuläre Prozesse, die Regenerationsfähigkeit und Kraftreserven,
- motorischer Liebesimpuls.
- Die Basis ist die Erhaltung der Art. Dazu inszeniert die Natur mit entsprechendem Triebverlangen, mit hormoneller Steuerung, das Geschlechtsleben.
- Konzentriertes Feingefühl.
- Unbewusst steuern die feinen Körperbewegungsimpulse die Begegnungen zwischen den Geschlechtern. Dies wird in der Profilierung des Nackens, in Anmut, in Maß und Schönheit deutlich.
- In der Ausdehnung, Breite der Form, Frische der Haut zeigt der Nacken nicht nur die Körperökonomie, sondern auch die Geschlechtsliebe der Individualität an.

In der **Breite** 1–7 Ausdruckszonen für:
- körperliche, triebhafte, seelische, bergende Liebeseigenart
- Quantität und Qualität im körperlichen Angebot für Partnerschafts-, Zeugungsbereitschaft und -fähigkeit

- Kraftreservoir und Regeneration für Leistung in motorisch muskulären Prozessen (Athlet, Stier etc.)

21.3.2 Zone 2: Gebundenheitsgefühle

- Gattenliebe. Aus der Geschlechtsliebe baut sich die Gattenliebe auf, das Verbundenheitsgefühl zeigt sich.
- Handantrieb. Das Fingerspitzengefühl, als feinen motorischen Liebesimpuls, der das Zeugungsbegehren einleitet, die seelische Bereitschaft „abtastet."
- Fürsorglichkeit

In der **Breite**
1–3 = Sinn für Freundschaft
4–5 = Anhänglichkeit an Ort und Heim (Heimweh)
6–7 = (Je nach Anlage ausgedehntes) Gefühl für: Partnerschaftsbindungen, Familie, Sippen, Verein, Verbände, Volk, Nation, Weltbürgerschaft

21.3.3 Zone 3: Kindesliebe, Freundschaft und Heimatliebe

- Hier ist die Kindesliebe angelegt, die die Handgeschicklichkeit fordert und fördert, aber auch mit Freundschafts- und Gebundenheitsgefühlen den Antrieb zum emsigen Nestbau impulsiert.
- Unterarm- und Handtattriebe, Emsigkeit
- Arbeitseinsatz für Heim und Familie (Großfamilie)

In der **Breite**
1–6 = Hand- und Unterarmkraft (Emsigkeit), Ausdauer im Einsatz
7 = Kampf und Verteidigung für die Familie

Der Drang, die Familie zu verteidigen, sowie Eigenes geheimzuhalten (Geheimsinn) wird in der Breite zum Ohr hin verstärkt.

21.3.4 Zone 4:
Nestbautrieb

- Tattriebe für Oberarm und Schulter
- Bedürfnis, welches im besonderen zur Zivilisation geführt hat.
- Der Antrieb dazu und dem Erwerb des Lebensnotwendigen (und auch Verteidigung) sehen wir dann in Kombination über den Ohren am Seitenhaupt und verbinden mit den Handantrieben, die zur Fürsorglichkeit eingesetzt werden weitere Entwicklung.

21.3.5 Zone 5:
Sesshaftigkeit

- allgemeine Körpergewandtheit
- Körperkonzentration, in Verbindung mit der Konzentrationsachse.
- Achsen definieren sich als Kraftfelder oder zwischen zwei Polen als Spannung.
  a = Konzentration zur geistigen Tätigkeit
  b = Konzentration zur Lebenssteuerung
  c = Konzentration zur körperlichen Tätigkeit
- Atmung und Lunge
- Konzentration zur Leistung und Qualitätsarbeit
- Einschätzung eigenen Könnens
- zum Ohr hin Geheimsinn (Überlebensanteil)
- Art der Geselligkeit im erweiterten Freundes- und Familienkreis
- Gemeinsinn, Interessengemeinschaften
- Patriotismus

21.3.6 Zone 6:
Anspannung für die eigene Dynamik

- Leistungsniveau durch Konzentrations- und Sammlungsfähigkeit

21.3.7 Zone 7:
Motorische Antriebskraft von Oberschenkel und Becken

In der Breite (mit der Zone 8 und 9 zusammen):

1–3 = Selbstbewusstsein, Stolz, Ruhm, Eitelkeit
4–5 = Gewissen, Gewissenhaftigkeit
6–7 = Sorgsinn, Antrieb zur Veränderung, Verbesserung, Reform, Revolution

21.3.8 Zone 8:
Motorische Antriebskraft der Knie (Antrieb zum Auftreten, zielgesetzte Bewegung)

- sicheres Auftreten (Schneid, Mut)
- Bewusstsein für eigenes Können

21.3.9 Zone 9:
Motorische Antriebskraft der Füße (Antrieb zum Auftreten)

- Willens- und Talententfaltung
- Bedürfnis nach Ortsveränderung (Reiselust)
- Ehrgefühl und Stolz

21.3.10 Zone 10:
Motorische Antriebskraft der Zehen (Antrieb zum Auftreten)

- Selbstsicherheit
- Selbstvertrauen, Selbstachtung, Selbstliebe
- Standort der Ich-Erfahrung

Selbstwert = Selbstvertrauen + Selbstachtung + Selbstliebe

21.4 Asymmetrien des Hinterkopfes

Ist der obere Hinterkopf (Zentren für Auftreten, Stolz, Vorsicht) symmetrisch, so gibt dies das Gefühl der inneren Sicherheit, Selbstsicherheit ungestört.

Wenn die Nervenimpulse des Körpers die Hemisphären des Kleinhirns dagegen asymmetrisch erreichen, werden die motorischen Impulse nicht gleichmäßig koordiniert, was zu Schwankungen führt. Die Aktivität der Beine kann im Kräfteflus unterbilanziert sein, damit ist die Aufforderung zur Ausbalancierung verbunden.

Ist das **Kinn** asymmetrisch, so ist das ein weiteres Indiz für die Asymmetrie des Kleinhirns, denn die motorischen Kraftimpulse gehen vom Kleinhirn über das Keilbein, Jochbein in den Unterkiefer, von dort ins Kinn, wo die Kinnladen entsprechend den beiden Kleinhirnlappen zusammengewachsen sind.

Spontan reagiert ein Mensch auf Impulse, langsam reagiert er nach Überlegungen, die sich im Bereich des Vorsichtsinnes abwickeln.

Kommt zu den oben genannten Asymmetrien noch eine gewisse Nervosität und damit die Gefahr der Ablenkbarkeit, so steigert sich die Unfallneigung.

Die Aufgabe eines Psychologen ist es, die unterschiedlichen Energien, die im menschlichen Organismus arbeiten, wahrzunehmen und einzuordnen, auszubalancieren.

Es ist eine rationale Psychologie, wenn man des Lebendige nicht sieht, sondern lediglich die Formenausdrucksvokabeln auf den Menschen überträgt.

Auf alles ist zu achten: z.B. auf die Spannung der Wirbelsäule, der Hautgewebe, Lippen etc.

22 Seitenhaupt

„An der Habgier geht die Menschheit zugrunde". (Wilma Castrian)

Entwicklungsgeschichtlich bauen sich das Seitenhaupt und die Stirn ähnlich auf und werden von den Psycho-Physiognomen auch vernetzt gedeutet.

In Verbindung mit der Stirn gibt uns der Seitenkopf in sieben Ebenen den Hinweis auf das Gespür und die Denkabläufe für die verschiedenen Bereiche der Ökonomie.

Die Basis der Ökonomie ist der Wille zum Leben und der Erwerb des Lebensnotwendigen, über Geld und Besitz zur Bildung und Erwerb höherer geistiger Güter und in Verbindung mit der Ethik die Ökologie.

Wie wir gesehen haben, hat der Hinterkopf einen Zonenaufbau von zehn Ebenen, die die Körperaktivitäten mit dem Tatantrieb in die Erfahrungen verbinden. Aus diesen ergeben sich dann die Differenzierungen für das Selbstbewusstsein mit den Verpflichtungen zur Verantwortung für die eigene Entwicklung, die immer in Verbindung steht mit der Hingabe an eine Aufgabe.

Die totale Vernetzung der Abläufe aus unbewussten, vorbewussten und bewussten Entscheidungen wird damit deutlich und in der analytischen und kombinierten Aussage zu verstehen versucht.

Die Seitenhauptanlagen sind teils unbewusst, teils halbbewusst.

Ist die Breite des Kopfes über den Ohren dominant, diese gar abstehend, so fühlt der Mensch eine starke seelische und physische Anspannung als Selbsterhaltungstrieb in schwersten Lebenslagen.

Der Nahrungserwerbtrieb, die Verteidigung der eigenen Person, Lust an kämpferischer Auseinandersetzung, Geheimhaltungstrieb bis Verstellung mit Berechnung und Übersicht verbunden, gehören zur Basis, zum Selbsterhaltungstrieb.

22.1 Dreiteilung des Seitenhauptes

- Unteres Seitenhaupt
  reale Ökonomie = sich auf das Gegebene einstellen
- Mittleres Seitenhaupt
  vergleichende Ökonomie = durch Informationen Möglichkeiten nutzen
- Oberes Seitenhaupt
  höhere Ökonomie = durch Leistung Vernetzung und Erweiterung schaffen

22.2 Ökonomische Beziehung zu den Stirnregionen

- Analog der Unterstirn, die die gegenständliche Welt erkennt:
  Anspannung, Leistungs- und Arbeitslust
  Sorge für das Lebensnotwendige
- Analog der Mittelstirn, die alle variablen Möglichkeiten bedenken kann:
  materielle Bereicherung (auch durch Wissen)
  Unabhängigkeitsstreben
  Geld, Freiheit, Sicherheit
  Einsicht in materielle Qualität
- Analog der Oberstirn, die Entwicklung und Zukunft in geistigen Strukturen setzt:
  Bildungsstreben
  Ideale in Kunst und Kultur
  ökonomische Vernunft
  ethische Ökologie

Das feine, ökonomische Netz im existentiellen Leben ist auch auf die Ausdrucksbereiche des Menschen zu übertragen. Seine Existenz ist mit allen Existenzen verwoben und abhängig von ihnen.

22.2 Ökonomische Beziehung zu den Stirnregionen

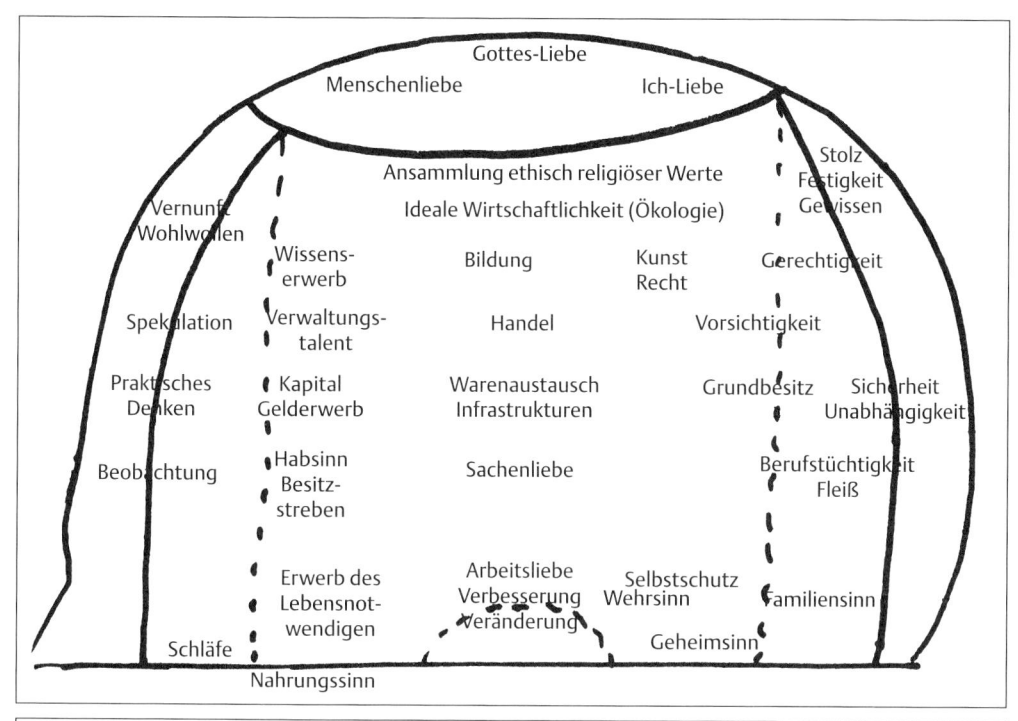

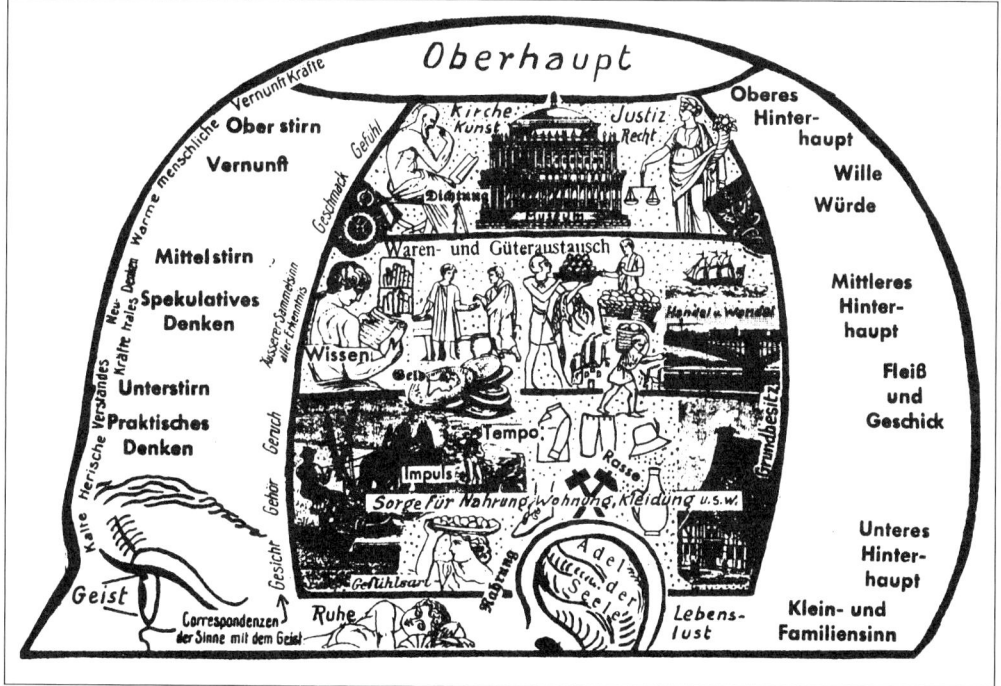

Diagramm a (oben):

- Gottes-Liebe
- Menschenliebe — Ich-Liebe
- Ansammlung ethisch religiöser Werte
- Ideale Wirtschaftlichkeit (Ökologie)
- Stolz, Festigkeit, Gewissen
- Vernunft, Wohlwollen
- Wissenserwerb — Bildung — Kunst Recht — Gerechtigkeit
- Spekulation — Verwaltungstalent — Handel — Vorsichtigkeit
- Praktisches Denken — Kapital Gelderwerb — Warenaustausch Infrastrukturen — Grundbesitz — Sicherheit Unabhängigkeit
- Beobachtung — Habsinn Besitzstreben — Sachenliebe — Berufstüchtigkeit Fleiß
- Erwerb des Lebensnotwendigen — Arbeitsliebe Verbesserung Veränderung — Selbstschutz Wehrsinn — Familiensinn
- Geheimsinn
- Schläfe — Nahrungssinn

Diagramm b (unten): Oberhaupt

- Vernunft Kräfte — Ober stirn — Vernunft
- Kirche Kunst — Justiz in Recht
- Oberes Hinterhaupt — Wille, Würde
- Geschmack, Gefühl — Dichtung
- Mittel stirn — Spekulatives Denken
- Waren- und Güteraustausch — Handel u. Wandel
- Mittleres Hinterhaupt — Fleiß und Geschick
- Wissen — Geld
- Unterstirn — Praktisches Denken
- Tempo — Rasse — Grundbesitz
- Impuls — Sorge für Nahrung, Wohnung, Kleidung usw.
- Unteres Hinterhaupt — Klein- und Familiensinn
- Kalte Herische Kräfte Verstandes — Neu Denken Warme menschliche Kräfte trales Sammelbsin äußerer Sammelbsin aller Erkenntnis
- Gesicht, Gehör, Geruch
- Geist — Correspondenzen der Sinne mit dem Geist — Ruhe — Gefühlsart — Adel — Lebenslust

Abb. 104 a+b: Im Seitenhaupt kommen die ökonomischen Lebenszusammenhänge zum Ausdruck.

22.3 Die Schläfe

Die Übergangszonen der Stirn zum Seitenhaupt beginnen an der Basis mit der Schläfe. Physiologisch steht die Schläfe unter Einwirkung der Spannkräfte des unteren, mittleren und oberen Hinterhauptes, welche durch das Schläfenbein auf das Jochbein und den Unterkieferknochen übertragen werden.

Daher kommen die gesamten Erholungskräfte des Kleinhirns an der Schläfe zum Ausdruck.

Die Kraftreserven zur Leistung bilden Ausdruckszonen an der unteren Schläfe = Gehirnbasis, Sinn für Ruhe und Schlaf, Nahrung und Flüssigkeit.

Etymologisch hängt Schläfe mit Schlaf zusammen. Die Physiognomen lesen aus eingefallenen Schläfen starken Kräfte- und Säfteverbrauch ab, Einschlafschwierigkeiten bei seelischer Erschöpfung sowie die Aufforderung, für Ruhe und Schlaf zur Regeneration zu sorgen.

Auch bei langen Schlafzeiten ist die Erholung nicht unbedingt gewährleistet, die Regeneration der Nervenkraft nicht immer vollzogen. Das Blass- oder Graufärben der Haut zusammen mit ihrer Mattigkeit im Schläfenbereich machen dies deutlich. Die Haut sieht dann aus, als sei sie mit feinem Gries unterlegt.

Daher sind plastisch gebildete und feinhäutige, rosig durchblutete Schläfenpartien Ausdruck für gute Schlafsinne.

Das Ernährungs-Naturell, Ernährungs-Empfindungs-Naturell, Ernährungs-Bewegungs-Naturell hat plastische Schläfen; das Bewegungs-Naturell, Bewegungs-Empfindungs-Naturell und Empfindungs-Naturell eher schwache.

Dem Choleriker (⇨ S. 44ff.) schwillt im emotionalen Überdruck die Schläfe.

Der Melancholiker hat eher eingefallene Schläfen.

Vom oberen Teil der Schläfe (in der zum Seitenhaupt gebildeten 2. Stirnregion) sind die Bau-, Konstruktions-, Kombinations-Sinne tätig sowie der Kompositionssinn.

Naturgemäß werden diese Hirnteile angeregt durch die Sinnesorgane und werden aus dem Erfahrungsschatz zur Strategie eingesetzt. Zum Beispiel Musik – in Verbindung mit dem Tonsinn wird ein seelisches Schwingungsfeld zur Komposition.

Je nachdem, wie die Ausprägungen der Form und die Farbnuancen der Haut zu beschreiben sind, betätigen sich diese Erkenntnissinne.

22.4 Die sieben Ausdruckszonen des Seitenhaupts

Die Basis impulsiert die Umsetzung zur Lebenserhaltung, ökonomische Anlagen dazu und Veränderungssinne.

Darauf baut sich in ständiger Vernetzung das Seitenhaupt mit sieben Ausdruckszonen auf und entfaltet das Bewusstwerden für die Nutzung, aber auch Bewahrung und Ansammlung von lebensnotwendigen Ressourcen.

Es lebt sich der Nahrungs- mit dem Vorratssinn, der Anspannungs- mit dem Arbeitssinn, der Veränderungs- mit dem Verbesserungssinn. Die Widersetzlichkeit mit dem Wehr- und Selbstschutzsinn.

Wenn sich der „Nestbautrieb" aus dem Familiensinn entwickelt, aktualisiert sich der Kombinations-, Konstruktions-, Kompositionssinn. Der Habsinn verknüpft sich mit der Sachenliebe, der Geheimsinn mit der Verstellung und die Zivilisation etabliert sich.

Mit der praktischen Stirnregion und den Antriebszentren für Arbeits- und Berufstüchtigkeit aktiviert sich die Ökonomie mit Fleiß und Anstrengung zum Gelderwerb, Grundbesitzstreben und rentable Wirtschaftlichkeit aus Vorsicht und Sicherheitsbestrebungen.

Die Zusammenhänge erweitern sich mit der Differenzierung. Diese kommt aus der Erfahrung und der Spekulationsfähigkeit, zum Wissenserwerb und Wissensansammlung, Fortschritt im Konsum mit Handel und Wandel, Sicherheit im Besitz und Unabhängigkeit.

Wenn sich das weise und ethische Denken prüft, setzt es sich ökonomisch für alle Lebewesen und deren Existenzrechte in der Ökologie ein. Die 7. Seitenhauptzone setzt die Ökonomie als Leben zum Geben ein.

Das fördert im Individuum die Bildung, Kunst und Wissenschaft. Stolz und Eigenmoral bringt Selbstbewusstsein, Festigkeit im Guten und idealen Fortschritt.

Jede Erwerbsbereitschaft kann missbraucht werden. Die Motivation wäre also zu erkunden, Macht, Betrug, Liebe, Wahrheit, Gerechtigkeit. Der Urtrieb ist angespannt im Selbsterhaltungstrieb.

Zur Ökonomie, wie sie sich für das Leben auf der Erde als Kommunikationsanteil beobachten lässt, hat die **Ökologie** einen selbstverständlichen Aspekt. Dem Menschen wird die Ökologie nur in der Ethik bewusst.

Unbewusst funktioniert der Körper absolut ökologisch, und es ist anzunehmen, dass das überzeugend ist.

Die Ausdrucksbereiche für Körperökonomie, Speicherung von Energien und Regenerationsfähigkeit, sehen die Physiognomen an der Schläfe, an den Wangen, an den Händen, an den Ohrläppchen, am Nacken.

Bei den Ohren gibt es Verweise auf das seelische Bedürfnis. Dieses ist für das Materielle, für Sammeln und Verwalten mit einem dicken Ohrläppchen bestätigt (Körperökonomie).

23 Oberkopf

*Du bist der Dinge tiefer Inbegriff
Der seines Wesens letztes Wort verschweigt,
der sich den Andern immer anders zeigt
vom Schiff als Land
vom Land als Schiff*
(Rilke)

Nicht weniger als 50 Zentren, die alle den seelischen Bedürfnissen entsprechen, sind für die Denkfähigkeit des Oberkopfes ermittelt.

Dr. med. Josef Gall begann damit, diese forschend aufzufinden. Viele Phrenologen setzten die Forschungen fort, Carl Huter zeichnete die Struktur.

Das Hauptbedürfnis der Seele ist Entwicklung.

Das Oberkopfareal Nr. 50 erwägt: Verbesserung der Dinge. Eine echte Verbesserung, die nicht nur Veränderung ist, würde eine allgemeine Energie- Erhöhung, Qualitätsverbesserung bedeuten.

Bis zum 25. Areal sind die Verbesserungen mit dem seelischen Bedürfnis, ein Lebensparadies zu schaffen, erkennbar.

Die 26. Position erbringt dem Menschen Einsicht in eine Lichtqualität, die mit Engel benannt ist.

Mit dieser Energie erhöhen sich die Seelenqualitäten so deutlich, dass der Frieden erreicht wird. Mit ihm geht kontinuierliche Lichtkonzentration einher, die mit der Position 5 aus der Polarität in die Erfahrung der transzendenten Welt geht.

Die Bewusstseinsvorgänge vollziehen sich bis an die Peripherie, denn die Innenimpulse werden durch Strahlung vermittelt und das alles schon bei der Voraussetzung, die der Embryonalzustand schafft, der die Schädelkapsel und den Inhalt des Kopfes aus dem Ektoderm entwickelt.

Die Oberhauptanlagen geben Hinweise auf die Fähigkeit zur Denk-, Gemüts- und Taterfahrung, aber die Tatimpulse, die sich bei der Innenspannung der inneren Energien anstauen, erfahren sich in der magneto-elektrischen Energie, die über die Wirbelsäule, das Hinterhaupt, in dem die motorischen Zentren liegen, über das Ober- und Vorderhaupt bis zur Nase ausstrahlen.

Aus der Anlage des Hinterkopfes erkennt man den Auslösungsfaktor für den Verwirklichungsimpuls, am Kinn die Verwirklichungskraft des Impulses zur Tat und außerdem die psychische Erregbarkeit bei der Bewertung der eigenen Person (sensibler Pol ⇨ S. 76)

Menschen, die eine Betonung des Vorderhauptes zeigen, sind in der Regel introvertiert.

Die Mehrzahl der motorischen Nerven, die die motorischen Sinneszentren innervieren, weist den extravertierten Menschen aus.

Aus der Motorik bzw. körperlichen Anspannung resultiert wiederum geistige Frische.

23.1 Der Oberkopf und die Transzendenz

Die Zentralzone des Oberkopfes ist das Ausdrucksareal, das dem Physiognomiker gestattet, den Umfang religiösen Lebens bei einem Individuum abzuschätzen.

Seit geschichtlicher Zeit haben Menschen Symbole gebildet, die sie zur Kommunikation verwenden und die im Einklang mit dem Unbewussten wahrscheinlich sind.

Kommunikation ist Erweiterung

Der Mensch ist beschränkt in seiner Wahrnehmungsfähigkeit, aber das Lebendige hebt im Zusammenwirken aller Impulse aller Individuen die Beschränktheit auf in der Kommunikation.

23.1 Der Oberkopf und die Transzendenz

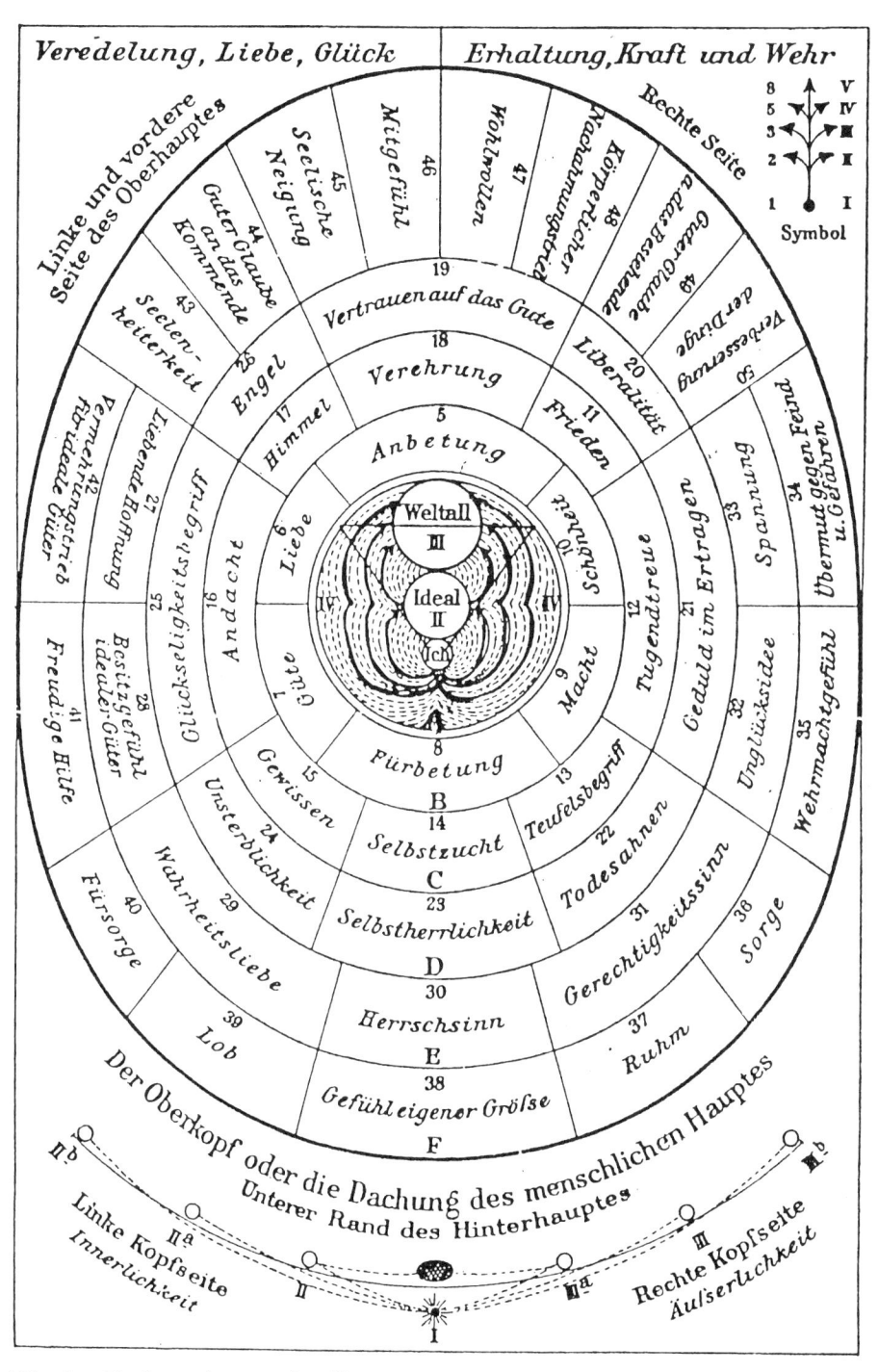

Abb. 105: Das Oberhaupt des Menschen.[52]

---

[52] Huter, Hauptwerk.

Das Ich-Bewusstsein beruht nicht auf dem vitalen Zusammenhang der geistigen Akte, sondern auf deren spezifischem, geistigem Zusammenhang. Die geistige Vereinheitlichung der zeitlich getrennten, geistigen Akte geschieht durch das Ich.

Die Sinneswahrnehmung verinnerlicht sich durch die Konzentrations-Energie und wird Erinnerung, wenn die Vorstellung sie neu belebt. Die Erinnerung zwingt zum begrifflich-denkerischen Verknüpfen mit dem tätigen Ich-Wesen.

Diese Verknüpfung wiederum macht die Phantasie aktiv, welche neue Vorstellungen in den Raum der Möglichkeiten projiziert. Diese wertet das Ich, setzt die Willenskräfte ein und realisiert mit der Tatkraft.

So tritt der geistige Plan in die Wirklichkeit. Das erklärt sich in den Religionen.

Das Unbewusste

Was wir sprachlich in Worte fassen, hat den Prozess der Bewusstwerdung durchlaufen, aber das Bewusstsein wendet sich an das unbewusste Sein mit Worten, Gedanken, sehnsüchtigen Forderungen.

Das unbewusste Sein wendet sich an das Bewusstsein durch ein Symbol, eine Wahlhandlung oder Träume, die sich als Fehlhaltung oder -handlung, verschlüsselte Aufforderung interpretieren lassen und dem Unbewussten zu entsprechen scheinen.

Das persönliche Unbewusste, das, was wir vergessen, verdrängen, ist an vielen Einflüssen zu erkennen, ohne dass es direkt erinnert wird.

Der Begriff des „Unbewussten" ist für uns mit den Namen von C. G. Jung und Sigmund Freud verbunden. Diese haben ihre aufmerksame Forschung darauf gelenkt und mit der Symptom-Analyse einen Zugang gesucht. Symptome sehen sie als Träume, die in der Regel eine triebhafte Wunscherfüllung leisten.

Fehlleistungen z.B. spielen beim Verlesen, Verschreiben, Versprechen, Vergreifen, Verlegen, Vergessen eine richtungsweisende Rolle. Und Neurosen verweisen in der Regel auf frühkindliche Erfahrungen, die problematisch waren.

Immer wieder beschäftigten sich Jung und Freud mit den verschiedenen Formen von Symbolen. Symbole sind allen Menschen eines Kulturkreises gemeinsam. Wenn sie in der Seelensprache auftauchen, sind sie ein Schlüssel zum kollektiven Unbewussten.

Symbole entstammen dem Bildbereich der Seele, sind Archetypen, uralte Denk- und Vorstellungsformen, wie sie in Mythen, Märchen, Kulthandlungen, Zeremonien, Volksbräuchen, Sinnbildern, Riten aufgehoben sind und immer wieder auffordernde Einblicke in die Transzendenz haben.

Vom Denken zum Vertrauen

Im Zentrum des Oberkopfes werden die psychologischen Qualitäten des Ur-Vertrauens erfahren, die sich modifizieren in:
- Du-Vertrauen

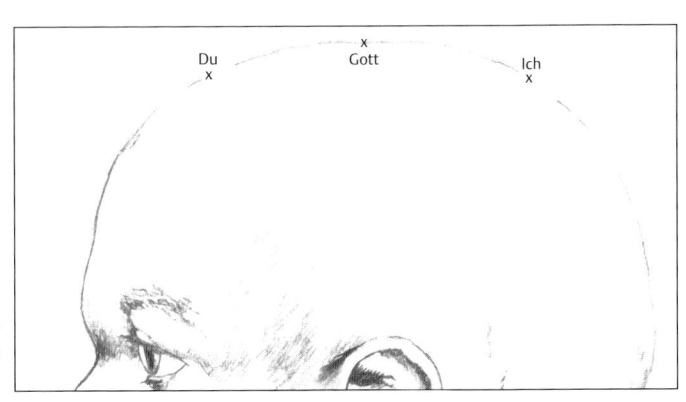

Abb. 106: Vom Denken zum Vertrauen in Gott, das Du und das Ich zum Selbstvertrauen.

- Gott-Vertrauen
- Selbst-Vertrauen

Bereits bei den Stirnregionen (⇨ S. 186ff.) haben wir gesehen, dass mit der 5. Stirnregion die Reflektierbarkeit im Denken aufhört und die Intuition beginnt. Inspiriert weiß der Mensch vom Ich im Dasein, das sich mit dem Weltall im So-Sein lebt, getragen vom Kraftfeld der Ideen.

Damit weiß das Ich von seinem inneren Sanktuarium, in dem sich die Kommunion vollzieht.
Aus der Vielheit eröffnet sich erkenntnismäßig die Einheit und Ganzheit, die Zusammenschau im All-Einen.

Die 5. Stirnregion hat mit der entsprechenden Konzentration der geistigen Energie den Denkprozess zur Transzendenz eröffnet. Das weise Denken in Verbindung mit dem ethischen Denken steigert die ahnenden, fühlenden und seherischen Fähigkeiten weiter, und sie führen zu Erwägungen, die geistigen Gesetze aufzufinden.

Die geistige Erkenntnis

Der um Erkenntnis ringende Mensch bewegt sich und wird bewegt von den drei Ebenen, in denen er sich sucht:
- in der Welt,
- in Gott,
- in sich selbst.

Die Weisheit des Christentums gipfelt in der Forderung: „Du sollst! –
Gott über alle Dinge und Deinen Nächsten lieben, wie Dich selbst."

Gibt es diese drei Ideale wirklich?
Es gibt sie, aber woher kommen sie?
Aus dem Leben …
Darum ist das erste Ideal das Leben selbst.

Die Zentralregion des Oberhauptes reflektiert die drei Ideale:
Ich – Welt – Gott

Das bedeutet:
Das Ich wächst über seine Ideale zur Gotterkenntnis. In diesem Ideal gipfelt alle geistige Entwicklung.

Dieses Wachsen und transformieren im Ich ist kein geistiger Akt, sondern ein geistiges Wesen, dessen dauernde Wesenheit unfassbar wie das Anfangsgeheimnis des Seins zeitlich auseinanderliegende Akte in einen geistigen Zusammenhang bringt.

Da die Erkenntnistiefe abhängig ist von der Wahrnehmungsfähigkeit, diese aber in der Liebe wurzelt, muss das Individuum in den Reflektionszonen seines Oberhauptes erkennen, dass der Urgrund des Seins die Liebe selbst ist.

Was ist die Liebe?

Ein Geschehen liebender Beziehungen, voller Leben in sich selbst. Sein heißt durch den ganzen Prozess zur Existenz hin = geliebt sein.
Ek-sistenz = Aus-stand im Sein (Heidegger).

Was ist Urvertrauen?

Auf die Frage, was Urvertrauen ist, hat der Maler Hans Thoma, in seinen Versen eine feine Erklärung gefunden:

*Ich komm, weiß nicht woher,
ich bin und weiß nicht wer,
ich leb', weiß nicht, wie lang,
ich sterb', und weiß nicht wann,
ich fahr', weiß nicht wohin:
mich wundert's, dass ich so fröhlich bin.*

*Da mir das Sein so unbekannt,
geb' ich mich ganz in Gottes Hand
die führt es wohl, so her wie hin.
Mich wundert's, wenn ich noch traurig bin.*

Goethe hat in seinem „Faust" die vielfältige Leistung des strebenden Menschen teilweise ganz offen, teilweise symbolisiert zum Verständnis bringen wollen.

Dabei ist es ihm gelungen, mit der Kraft, die er im hohen Maße besaß und die jeder Mensch entwickeln muss, wenn er in die Tiefe der inneren Welt eindringen will, mit der Helioda (⇨ S. 56ff.), die in der Interpretation durch Integrationskraft deutlich wird, eine Zusammenschau zu schaffen.

Alle inneren, geistigen Antriebe kommen am Oberkopf zum Ausdruck.

In der Evolution hat der Frühmensch die geistigen Verarbeitungszentren der Unterstirn zum Überleben gebraucht.
 Er hat die Natur beobachtet und die gewonnenen Einsichten genutzt, um die Wende der Lebensnot, die „Not-wendigkeit" zu finden.
 Alles, was ihm die große, geheimnisvolle Schöpferkraft noch in sich offenbarte, hat der Frühmensch mit Verehrung betrachtet und daraus Impulskräfte freisetzen können, die aus dem unbewussten Gefühlsgehirn das Wachstum des Großhirns ermöglichten, das wiederum eine Bewusstseinserweiterung leisten konnte.

Nach mehr als 500 Jahrtausenden menschlicher Existenz haben wir die Leistung zur „Notwende" ganz anders zu erbringen, wie es scheint.
 Es sind immer noch die gleichen Antriebskräfte in uns und mit uns tätig, nämlich:
- Kenntnis zur Erkenntnis, Beobachtung zur Vorstellung, Lebenskraft zur Schöpferkraft umzugestalten = Außen- und Innenwelt in Einklang zu bringen.

Das Denken haben wir als das Ordnen von Vorstellungsbildern begriffen und das, was sich in der Scheitelregion des Menschen vollzieht, ist für die Vorstellungsbilder, die sich fein und differenziert bilden, aus den sensibelsten, inneren Anstößen des Gemüts, Gefühls, gewachsen.

Die Zusammenhänge werden durch die Leistung des Mittelhirns deutlich.

In der Scheitelzone sind die Reflexpunkte des Gehirns aktiv, die mit den dort bezeichneten Arealen übereinstimmen.
 Ein Mensch also, der ein feines, hochgewölbtes Oberhaupt hat, dessen höchste Höhe in der Scheitelzone liegt, der dazu noch einen entsprechenden Augenausdruck hat und eine feine Haut, ist immer wieder mit der Klärung der Fragen nach Gott und der Welt befasst und begreift sich als ein damit befasstes Wesen. Das ist Spiritualität.

Was ist Spiritualität?

Die Fragen nach dem Sinn des Daseins werden hier erwogen und führen bei einer entsprechenden Ausprägung des Oberkopfes zum Urvertrauen in das Dasein.
 Es wird erkannt, dass das Universum nicht selbstverständlich ist, sondern einen Grund hat, einen Quell des Daseins und Lebens, aus dem alles hervorgeht, eine Kraft, die alles durchwaltet und die hoffen und glauben lässt, dass das Ganze letztlich einen Sinn hat.

Daraus wächst das Urvertrauen zum Dasein und zum Gang der Geschichte, in dem sich das Individuum eingebunden erfährt.

Mit anderen Worten: Das, was wir als die unbewusste Schöpferkraft mit der Sexualität verbinden, die das Leben auf unserer Erde weiterführt, wird sich in der bewussten Schöpferkraft, in der Gott-Erkenntnis, wie im Kraftfeld einer Polarität bewusst.

23.2 Oberhauptformen

> Wenn das hintere Oberhaupt stark ist = Selbstvertrauen.
> Wenn das mittlere Oberhaupt hoch und breit ist = Gottvertrauen
> Wenn das vordere Oberhaupt hoch und fein ist = Vertrauen auf das Gute im Menschen.

Diese Grundanlagen kann man nur in der Tendenz erkennen. Entweder sind die Dominanten als Stärke zu sehen, die in ihrer Einseitigkeit auch zur Schwäche werden können oder der dynamische Entwicklungsprozess eines Individuums entspricht den relativ langsam sich verändernden, festeren Formen nicht.

So kann man auch von den entgegengesetzten Qualitäten, zu denen, wie sie oben beschrieben sind, nur in Verbindung mit den übrigen Ausdrucksarealen eine Aussage machen.

Wenn das hintere Oberhaupt schwach ist, so kann man Unaufmerksamkeit für die Entwicklung der eigenen Persönlichkeit erwarten.

Wenn das mittlere Oberhaupt schwach ist, so kann Zynismus den hohen Werten gegenüber geäußert werden.

Wenn das obere Vorderhaupt schwach ist, so ist mangelnde Ehrfurcht vor dem Leben und schwankendes Wohlwollen das Problem.

Die klare Ausdeutung der Begriffe ist jeweils vom Leser und Betrachter nach psycho-physiognomischen Kriterien abhängig.

Im Oberhaupt sind die sozialen Tugenden und die individuell idealen Antriebe lokalisiert.

Im Hinterhaupt und zwar im hinteren Oberhaupt, wie auch im oberen Hinterhaupt werden ideale Bestrebungen für das Ich zu seiner Vervollkommnung aktiv.

Im vorderen Oberhaupt werden die idealen Bestrebungen für das Du, die wir mit sozialem Bewusstsein definieren, geleistet.

Die Typen, die einen Anklang an das ideale Naturell haben, sind mit einem starken, sozialen Bewusstsein ausgestattet, z.B. Klara Schumann-Wiek, Annette von Droste-Hülshoff, die Idealfigur des Christus, die Thorwaldsen als segnende darstellte, auch Jacob Böhme, der schlesische Mystiker.

Das breite Oberhaupt, das diese oben Genannten ebenfalls haben, verrät eine aktive Moral, Wohlwollen, Ethik, Sorglichkeit, Gewissenhaftigkeit etc. und wenn der Übergang des Oberkopfes in das Seitenhaupt gleichmäßig und fein modelliert ist, so wird über eine gute Wirtschaftlichkeit, geistiges Wohlergehen, Kultur-, Fortschritts- und Kunstsinn initiiert und es zeigt sich die gute Anlage für Staatspolitik, die sich zur Weltpolitik erweitert ohne die unterdrückenden Machtinteressen, wie sie in der Vergangenheit so oft zu beobachten waren und die Menschheit leiden ließen.

Das heißt, es ist möglich, aus den physiognomischen Betrachtungen ein oberflächliches oder vertieftes Interesse, Indifferenz oder Kompetenz zu schlussfolgern.

Ob vom Seelischen her der innere Drang zur Religiosität besteht, erkennt man an der Differenzierung des Innenohres und der sehr feinen Haut.

Das Religiöse ist angeboren

Wenn in der entwicklungsmäßigen Folgerichtigkeit über tastende Wahrnehmung der Außenwelt, tastende Versuche zur Erfahrung der Innenwelt gemacht werden, dann ist das über die Vorstellung, Philosophie, Psychologie, Ethik und Weisheit, analog der Stirnregionen, bewusst geworden.

Aus den Innenimpulsen der Menschenliebe, die Ausdruck findet in der Ehrfurcht vor dem Leben, Hilfsbereitschaft, Humanität, Mitgefühl, Herzensgüte, in Glaube, Hoffnung, Schönheit, Anbetung, Heiligkeit entwickelt sich der Wesensadel, das Wahrheitsgewissen.

Der Mensch entwickelt all diese Inhalte im Glauben an das Höchste, das das Leben leitet und verbindet die kurze Lebenszeit mit dem Unsterblichkeitsglauben.

In den Oberkopfarealen reflektiert sich der unbewusste Impuls, Ewigkeit zu verstehen. Das Wunder, dass es für etwas Unverständliches ein Wort geben soll, wird hier bewusstsseinsmäßig immer wieder erwogen und im Glauben an die Ewigkeit deutlicher. Das große Gefühl lotet die Möglichkeiten einer Ewigkeit ständig aus, um irgendwann Gott zu schauen.

Wunderbar weise Worte gibt es, die zu Bildern werden:
Sei leise! – Spiele Flöte! – Liebe die Tiere, die Bäume, das Gras!
Hab' Liebe zum Menschen in und außer dir! .... Auf diese Weise entsteht Dichtung.

Gläubige Menschen gehen davon aus, dass Gott sich offenbaren wird, wenn man das alles geleistet hat. Ein Urvertrauen auf Ihn, in Ihn, erweist sich in Ausnahmesituationen als besondere Wirksamkeit der Kraft des Universums.
Aber offenbaren kann Er sich nur, wenn alle Sinne, die hinstrebenden zu Ihm sich lichtvoll geweitet haben, d.h. qualitativ, heliodisch geworden sind.
Dann blühen Glaube, Hoffnung, Liebe, Freude, Schönheit, Güte!

Immer wieder versuchen die Betrachter eine Ordnung zu erkennen, sehen den körperlichen, den seelischen, den geistigen Menschen und entwickeln Vorstellungen vom Vital-, Mental- und Supramental-Sein und sehen in der Esoterik und Psychologie die Ebenen „Ich-Es-Selbst" sich betätigen.

Warum ist das so?

Im Oberkopf und seinen differenzierten Erkenntnismöglichkeiten, spielt sich das ab, was als Impulskraft über die Lebenserhaltung aus den oben genannten Leitungsprozessen zur gedanklichen und gemüthaften Bewusstwerdung strebt, zum Unsterblichkeitsgedenken.
Nur ein Mensch mit entsprechendem, feinnervigen Instrument wird bei der Frage nach den unbekannten Welten, Kräften und Mächten nach einer Antwort suchen und Inspiration erfahren.
Das Ausdrucksorgan für Inspiration ist identisch mit der östlichen Weisheitsaussage des 1000-blättrigen Lotos im Chakra des Oberkopfes, des Scheitels.

Der innere Impuls ist unruhig, lässt keine Ruhe einkehren, lebenslang nicht, denn Leben ist Dynamik und Transformation.

24 Das Haupthaar

Das Haupthaar und seine Struktur, die wir in feinen Unterschieden registrieren, gibt uns den Ausdruck der Körperchemie, Körperkräfte und Energieeinsatz des Moments deutlich wieder.

Wohlbefinden und Unbehagen drückt sich durch Haut und Haar aus.

An ihm lesen wir die innere Befindlichkeit und auch die Hirnaktivität ab.

Diese Erfahrungen übernehmen wir, um die Aktivitäten zu unterscheiden, denn den Kopf zu betasten oder beim Kahlkopf die Haut zu unterscheiden ist selten die Gelegenheit.

Dabei interpretieren wir seine
- Struktur
- Spannung
- Feinheit
- Lage und Frisur
- Strahlung
- Festigkeit
- Dicke
- Farbe der Haare

Wobei wir das Naturell nie außer acht lassen und immer in die Interpretation einfließen lassen.

Die Haare
- am Seitenkopf geben über das energetische Verhältnis zum ökonomischen Denken Auskunft,
- am Hinterkopf über die Antriebe zur Tat;
- am Oberkopf zeigen sie Aktivität in Glaubensfragen.
- Der Haaransatz an der Oberstirn ist Hinweis auf Intuition und Ethik.
- Die energetische Qualität, die ein Ausdrucksareal durchlichtet, aktiviert auch die Haare an diesem Ausdrucksareal.

- Bezogen auf den Stoffwechsel beschreiben wir folgende Haarqualitäten:
mitteldick, weich glanzvoll und fettig
- bezogen auf die Dynamik:
dick, hart, trocken, struppig, kraus
- bezogen auf die Sensibilität:
sehr fein und dünn, seidenartig, lockig gewellt

Ist das Haar fettig, spröde, feucht, trocken, gespannt, schlaff, vom Kopf abstehend oder eng anliegend, gibt es Informationen über Gesundheit und Krankheit.

Zartes oder grobes Einzelhaar, strahlungsreich oder strahlungsarm, matt oder vital, mit wirrer Haarpracht, oder ästhetischer Frisur unterstreicht den Gesamteindruck.

Dabei ist es als Momentaufnahme, z.B. abstehendes Haar ebenso zu bewerten, wie langfristig verändertes Haar, nach z.B. Medikamenteneinnahme, stumpf und struppig.

25 Der Hals

Die Halswirbelsäule, die mit den 7 Wirbeln den Kopf trägt, stellt die Verbindung zum Körper dar.

Die Adern und Gefäße, die das Blut und Nährstoffe zum Hirn transportieren, dieses mit Energie zu versorgen, gehen durch den Hals. Die Haut des Halses informiert über die Säfte und Kräfte, die im Körper aufbereitet werden, das Gehirn zur Leistung zu ermöglichen.

Die Qualität der Substanzen, die Blutqualität färbt die Haut.

Stoffwechselbelastungen zeigen sich hier und geben Auskunft über den chemischen Zustand des Körpers. Spurenelemente und deren Mangel kommen hier zum Ausdruck.

Genussgifte, z.B. Nikotin oder Alkohol hinterlassen ihr Spuren als Belastung des Organismus.

Die „Gesichtspunkte" geben Hinweise, auf das biologische Alter, das im Vergleich anders sein kann als das kalendarische (Faltenbildung, Fetteinlagerungen, Proportionsunstimmigkeiten, aber auch zarte feine Haut).

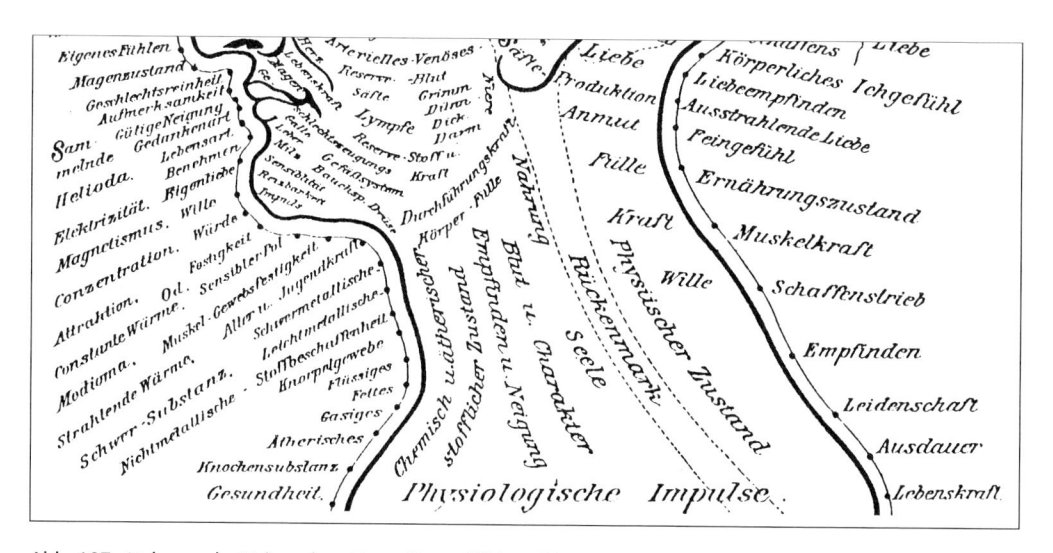

Abb. 107: Halsausschnitt (aus dem Huter-Kanon)[53] ($\Rightarrow$ Abb. 33, S. 115).

---

[53] Huter, Hauptwerk.

26 Gestik als Körpersprache

Bei der Gestik, Mimik und Körpersprache ist jeder motorische Ablauf mit der Vitalität erklärt.

Die Gestik interpretieren wir als Ausdrucksbewegung, die uns das Temperament (⇨ S. 42ff.) eindeutig erkennen lässt und führt uns mit der Deutung zur Kraft-Richtungs-Ordnung (⇨ S. 53ff.). In ihr ist mit der Charakteristik der vitalen Kräfte auch die Gestik beschrieben.

Mimik und Gestik gehören zusammen und sind als Ausdrucksbewegungen nach Darwins Beobachtungen bei allen Völkern der Erde gleich.
- Die Gestik, die die magnetische Energie (⇨ S. 59) vorrangig begleitet, ist eine feste, gespannte und kontrollierte Ausdrucksbewegung. Sicher in Weisung und Hinweis.
- Die Gestik, die die elektrische Energie begleitet ist nervös, fahrig, explosiv, unruhig und sprunghaft in Weisung und Hinweis.
- Die Gestik, die die Konzentrationsenergie begleitet, ist gesammelt, ruhig und bestimmt in Weisung und Hinweis.
- Die Gestik, die die negative Helioda begleitet ist leise, fein, lauschend, behutsam und liebevoll in Weisung und Hinweis.
- Die Gestik, die die positive Helioda begleitet ist auffordernd, verbindlich anregend, helfend, leistend mit Freundlichkeit und Wohlwollen.
- Die Gestik odischer Menschen ist weich, fließend, fürsorglich einladend, einhüllend mit viel strahlender Wärme, vorsichtig.
- Die Gestik mediomischer Menschen ist distanziert, abwesend, misstrauisch, selbstsicher, aktiv in der Leistungsaufforderung.

Sehr schnell können die Qualitäten wechseln. Planung und Umsetzung der Planung werden aus den unterschiedlichen Motivationen vollzogen und die Körpersprache, die Gestik macht diese deutlich.

Wer mit zustimmenden Worten eine verneinende Geste macht, stimmt nicht zu.

26.1 Hände

Die Chirologie gehört zur Psycho-Physiognomik. Sie erkundet sehr genau alle Ausdruckszonen der Hände und hat damit die volle Übereinstimmung mit der Kombination der übrigen Ausdrucksbereiche des Körpers, des Kopfes, des Gesichts.

Wie die Schrift- und Irisbetrachtung erfordert sie ein spezielles Studium.

Hände haben keinen zwangsläufig zu verallgemeinernden Aussagebereich, sind nicht unbedingt stimmig oder ausschlaggebend für die Naturell-Bestimmung. Eher geben sie Auskunft über die Energie, mit der Handlungen vollzogen werden.

Die Physiognomen übersetzen (wieder auf die Gestaltungsprinzipien bezogen) und sehen die Handform sowie das zugeordnete Hinterhauptareal in der Übersetzung zu der Art der Handlungsweisen, ordnen sogar die Dominanz der Finger den Hirnzentren zu, auf die sie bei entsprechender Haltung verweisen. Große Hände wollen z. B. zupacken, kleine Hände sind zögerlich bei Schwerarbeit.

Wieder wird die absolute Vernetzung in den Lebensabläufen deutlich.

26.2 Die Schrift

Die Graphologie ist ein Spezialgebiet der Psycho-Physiognomik. Sie gehört zu den Ausdrucksbewegungen des Menschen und gibt die geistigen, seelischen und körperlichen Zustände wieder.

Abb. 108: Die Schriftbilder aus dem Huter-Hauptwerk.[54]
Diese Darstellung ist nicht nur auf die Symbolik der Rangordnung der Begabungen bezogen, sondern auch auf die Zeichenentsprechung in der Schrift:
I, II, III = Idealität bei der Auffassung der Dinge oder Situation.
IV, V, VI = Realität bei der Auffassung der Dinge oder Situation.

Graphologen kombinieren vorsichtig und erstaunlich genau, was sich mit den feinen Zeichen der Schrift im Menschen vorrangig bewegt.

Aber auch graphologisch ungeschulte Beobachter entnehmen dem Schriftbild die wechselnden Befindlichkeiten, besonders bei Prozessen, die mit Gesundheit und Krankheit zu tun haben.

Seelische Stabilität und Instabilität lässt sich unterscheiden.

Beispielsweise lassen sich die Grund-Schriftzüge den Naturellen zuordnen und bekommen so auch eine energetische Aussage.

Wenn ein Empfindungs-Naturell die Schriftzüge eines Bewegungs-Naturells schreibt und auch die übrigen Variablen jeweils anders zu beobachten sind als das idealtypische Muster entworfen hat, dann lebt dieses Naturell auch eine andere Energie, nämlich die des Bewegungs-Naturells in diesem Fall.

---

[54] Huter, Hauptwerk.

Anhang

27 Fallbeispiele

27.1 Beispiel 1

Abb. 109 a–f:
Fallbeispiel 1.
Körperbau:
schlank, dynamisch
Naturell:
Empfindung-Bewegung.

Fallbeispiel 1

Bewegungs-Empfindungs-Naturell

Reizempfindlich und dynamisch will dieses Naturell ständig wechselnde Reize. Bei Monotonie oder Routine wird es krank. Aus jeder Reizverarbeitung wird eine Information.

Die Informationen werden zu Ideen verknüpft und machen dynamisch. Mit den Ideen werden die Menschen dynamisch angeregt.

Dieser Mann lebt das Bedürfnis seines Naturells. Kraftvoll und offen ist die Körperhaltung. Körperliches Training wie Yoga genügt seiner Aktivität nicht, die großen Hände wollen zupacken und tun es unermüdlich im bäuerlichen Betrieb.

Kopf

Der Kopf ist nicht so stark mit Merkmalen des Bewegungs-Naturells ausgebildet. Er ist fein, rund und hat mehr Formen des Empfindungs-Naturells.

Ohren

Die Ohren aber haben mit ihrer großen Knorpelgestalt und dem Abstehen vom Kopfe enorme dynamische Antriebe als seelisches Bedürfnis.

Der auffallend plastische Wangenzug des Gesichts bedeutet Kontaktfreude. Diese lebt Herr S. mit ausgeprägter Menschenliebe, Friedenswillen und Idealen, die an die Weisheit der Mystiker knüpfen.

Augen

Sehr herzlich, stets zur Güte geneigt, aber auch mit Streitlust geht er mit Menschen um. Die Augen zeigen es. Sie zeigen einen lebendigen, stets ansprechbaren Geist, der die Lebenspraxis bewältigt, aber auch transzendente Räume erobern will.

Oberkopf

Der Oberkopf, mit dem Schwerpunkt dort, wo sich das Selbstwertgefühl klärt, zeigt an, dass das Interesse am Höchsten und Mitmenschen nicht total altruistisch motiviert ist, sondern auch aus dem Bedürfnis, die eigene Persönlichkeit zu vervollkommnen und zur Geltung zu bringen.

Ein Original dieser Art ordnet sich nicht unter, aber mit einem gewissen Führungsanspruch in eine Gemeinschaft ein.
Dabei ist ihm geschickte Strategie in der Umsetzung berechenbarer Fakten behilflich. Der starke Ordnungssinn will auch den Sinn kosmischer Ordnung erfassen.

230 Fallbeispiele 27

27.2 Beispiel 2

Abb. 110 a–f:
Fallbeispiel 2.

Fallbeispiel 2

Empfindungs-Ernährungs-Naturell

Der Körperbau hat in der Mehrzahl die Merkmale des Empfindungs-Ernährungs-Naturells.

Dieser Typ ist abhängig von einer stimmigen Atmosphäre, denn er kann sich sehr schwer abgrenzen.

Die Sensibilität und Erschütterungsfähigkeit muss auf jeden Reiz besonders intensiv reagieren und ist bei Reizüberflutung sehr nervös und betroffen.

Das Ernährungs-Empfindungs-Naturell will sich verwurzeln und entwickelt sich optimal, wenn es sich mit wenigen Menschen vertraut machen und vertrauensvoll leben kann.

Gerne stellt es „Familienatmosphäre" her, sucht Kultur im Haus zu entfalten und richtet sich sein Umfeld behaglich, warm und heimelig her.

So auch Herr W. Er suchte zwar in dynamischen Phasen die anonyme Öffentlichkeit auf, aber vertiefte sich mit Menschen seiner Auswahl.

Die abgerundeten Formen geben Hinweis darauf, dass er sich ohne anzuecken, sehr liebenswürdig und verbindlich mit Menschen verhielt.

Die Körper- und Lebenshaltung war wahrnehmungsintensiv, aus dieser Fähigkeit erwuchs erfolgreiche Einlassung auf Situationen und Menschen.

Bedürfnis

Sich dynamisch auf den Weg machen und interessante Reize suchen.

Die Reizempfindlichkeit verarbeitet jeden Reiz zur Information, ein dynamischer Vorgang.

Augen

Die Augen waren meistens auf ein fernes Ziel gerichtet, aber seine Gedankenschwerpunkte, die wir mit dem Ausdrucksbereich des Denkvermögens, der Stirn, analysieren, waren praktisch.

Stirn

Es ist die typisch gerundete Stirn des praktisch philosophierenden Denkers. Die ethische Verpflichtung, der sich Herr W. unterstellt hatte (die Augen zeigen es an), lässt die Oberstirn durchlichtet beschreiben.

In den Oberstirnregionen klären sich die sozialen Absichten, Menschenliebe, Intuition und der Glaube an das Gute, dies alles ist ein deutliches Anliegen von Herrn W.

Schönheitsliebe und Sinn für Kunst kommen an der oberen Seitenstirn und an den Augen zum Ausdruck.

Nase

Die Nase zeigt seinen feinen Instinkt und psychologisches Einfühlungsvermögen. Dieses Vermögen unterstützt die praktische Verwirklichung, den Umgang und das Verständnis für den Mitmenschen.

Kopfform

Der Seitenkopf hat in den oberen Regionen den Hinweis auf die Lust, Wissen zu sammeln. Der untere Seitenkopf zeichnet Herrn W. als guten Kaufmann aus.

Selbstwertgefühl und Verehrungssinn für die höchste Instanz kommen am Oberkopf zum Ausdruck. Herr W. setzte sich gern Ideale und begeisterte sich und andere dafür.

Pathophysiognomik

Sein lebhaftes Temperament ereiferte sich über alles Unrecht in der Welt, denn die Herz-Zone zeigt ein schnell und fein erregtes Fühlen an.

Das Herz war dann auch das Gesundheitsproblem von Herrn W. Mit sensibler Aufmerksamkeit fand er aber stets seine Therapeuten und herzunterstützenden Mittel. Der Instinkt leitete ihn hier.

Kinn und Hals

Beharrliche Durchführung seiner Pläne zeigt sich in den Ausdrucksarealen Kinn und Unterkiefer.

Der Kräfte-Nachschub ist gewährleistet gewesen, Hals und Nacken zeigen das an in ihrer feinen Fülle.

28 Arbeitsblätter

Die Abbildungen 112 a–c sollen als Kopiervorlagen für Arbeitsblätter dienen und geben jeweils die idealtypische Kopfform der primären Naturelle wieder.

> Kopieren Sie die drei Vorlagen und schneiden jeweils z.B. die Nasen, den Mund ... aus. Versuchen Sie dann spielerisch, verschiedene Kombinationen der Grund-Naturelle zusammenzustellen.

a

b

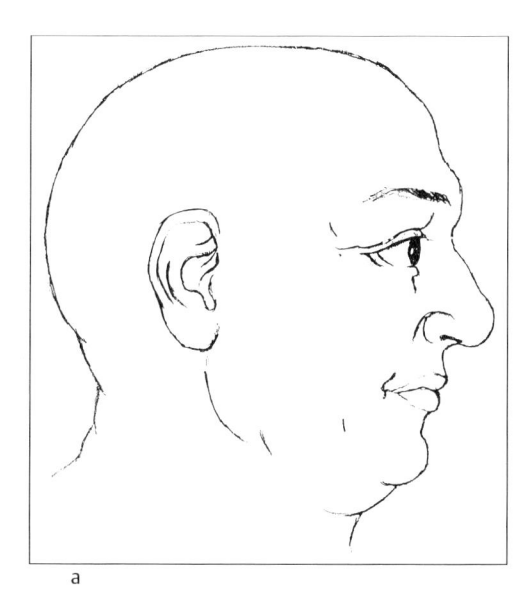

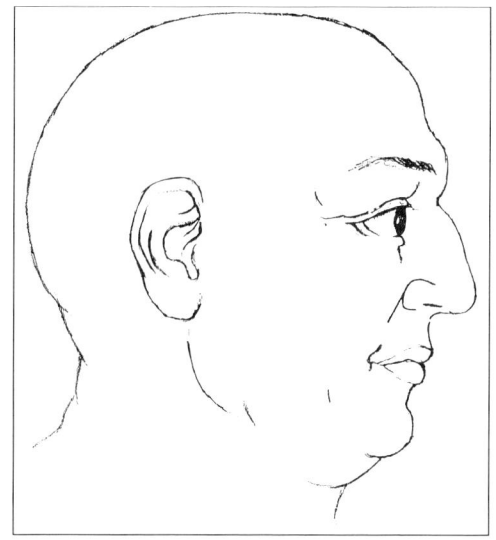

Abb. 111 a–c: Beispiel für die Nase des Ernährungs-Naturells mit Varianten.

Wenn das Individuum als Ernährungs-Naturell z.B. die Nase

- des Bewegungs-Naturells hat, deutet sich die Nase als Ausdruck des Selbstverwirklichungswillens: Dynamik. Das steht dann im Gegensatz zum Ruhebedürfnis des Körperbaus.
- des Empfindungs-Naturells hat, richtet sich der Wille zur Selbstverwirklichung immer wieder in die Bereiche des Empfindungs-Naturells.

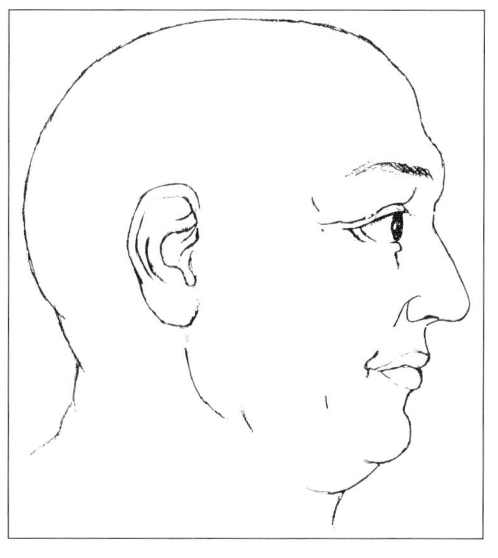

c

- Wie sieht z.B. ein Bewegungs-Naturell mit dem Mund des Ernährungs-Naturells aus?
- Was verändert sich?
- Wie ändert sich die Ausstrahlung?

Diese Variablen sind, je nachdem wie sie vorgefunden werden, in der Kombination der Möglichkeiten als der ganz individuelle Anteil gesehen.

Die Arbeitsblätter sollen Ihnen helfen, sich mit der unendlichen Vielfalt der Natur vertraut zu machen. Denn, wie eingangs schon erwähnt, die Natur orientiert sich nicht an den Merkmalsprotokollen der Physiognomen.

„Puzzeln" Sie sich die verschiedensten Möglichkeiten zusammen, und üben Sie sich damit im einfühlenden Schauen.

Viel Spaß dabei!

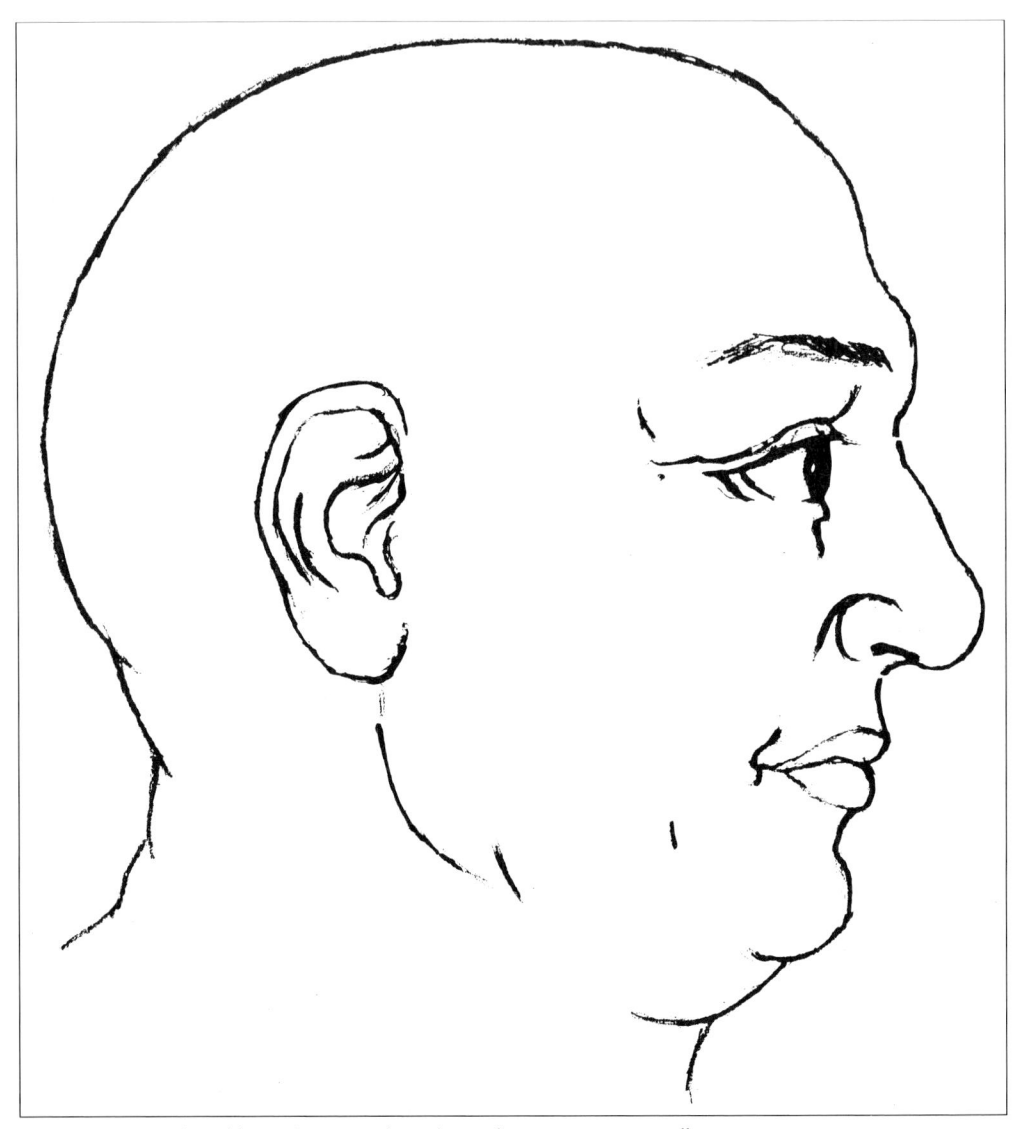

Abb. 112 a–c: Arbeitsblätter (Kopiervorlagen): Die drei primären Naturelle.
a   Ernährungs-Naturell

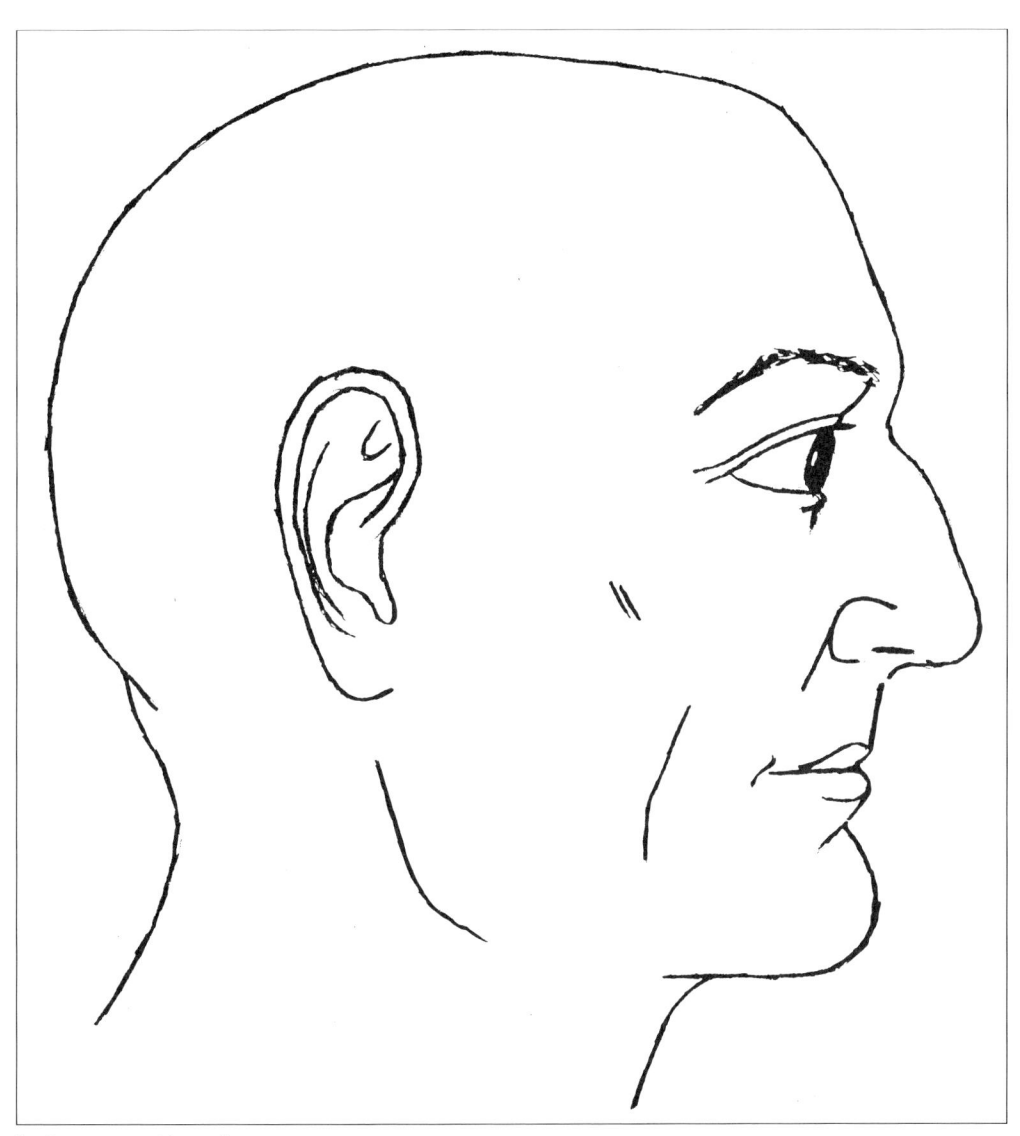

28 Arbeitsblätter **235**

b Bewegungs-Naturell

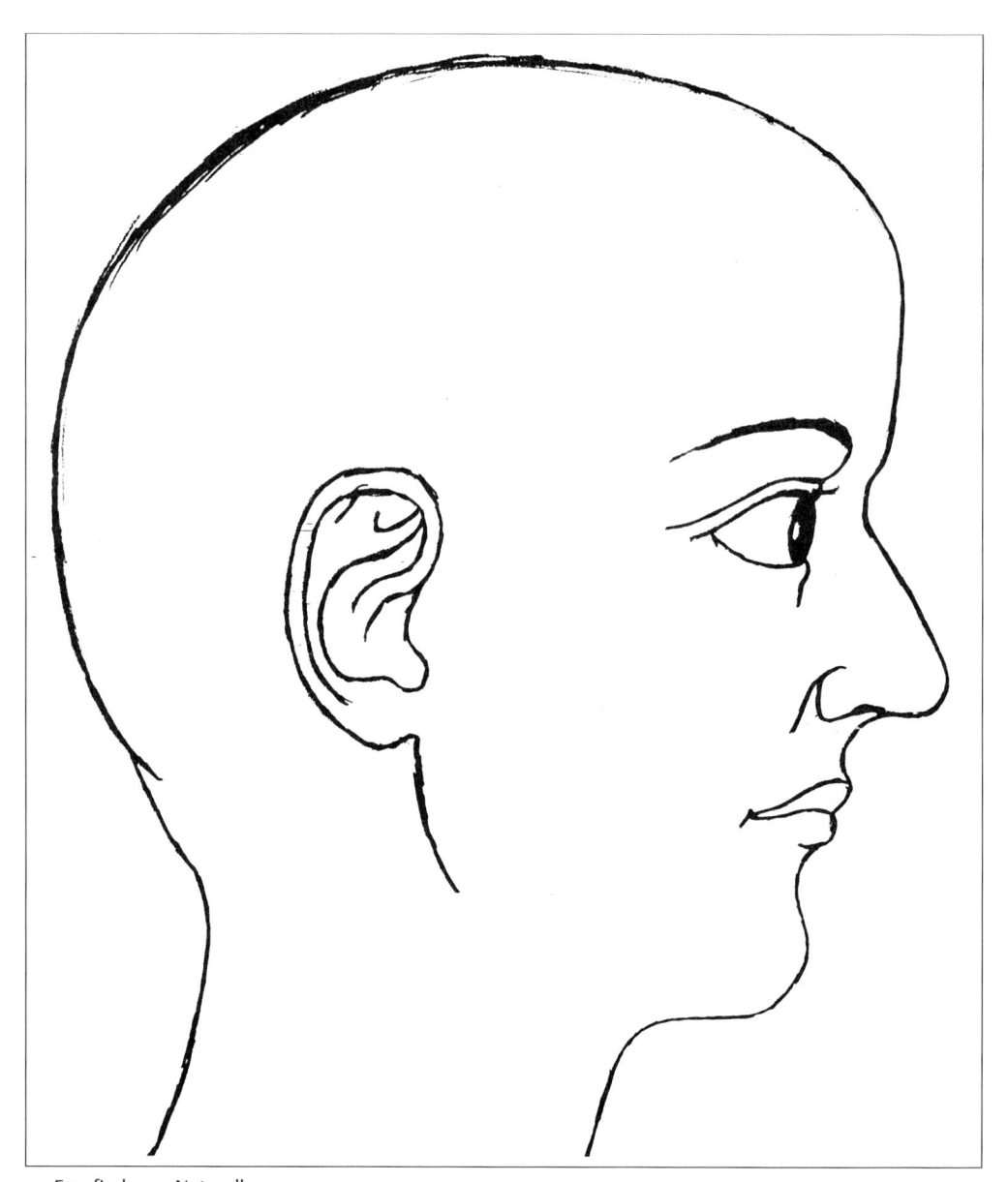

236 Arbeitsblätter 28

c   Empfindungs-Naturell

29 Biographie Carl Huters

9.10.1861

Geboren in Heinde nahe Hildesheim.

1868–1878

Mit dem Tod des Vaters, Trennung von der Mutter zur Erziehung zum Bauern. Schulzeit und Konfirmation in Oedelum.

1878–1888

Ausbildung zum Kunstmaler in Hildesheim.
Studienjahre in Berlin, Dresden, Leipzig, Studium der Philosophie und Naturwissenschaften, mit dem Schwerpunkt Anthropologie.
1884 erster öffentlicher psychologischer Vortrag. Daraus gestalten sich die Psycho-Physiognomik und die Einsichten in die Lebensenergien.

1888–1898

Nach schwerer Krankheit wird Huter aufmerksam auf die Heilwissenschaften.
1896 Heirat mit Henny Pieper und Gründung eines Sanatoriums in Detmold.
Publikationen
1. Gedichtsband: „Aus Poesie und Liebe"
2. „Medizin, Wasserkur, Diät und Diagnose"
3. „Die neueste Heilwissenschaft oder die psycho-physiologische Naturheilkunde"
4. „Die Landes-Huter vom Hilgen-Haine"
5. „Meine Stellung zur Schulmedizin"

1898–1908

Wissenschaftliche Studien (ca. 200 Entdeckungen), Kongress in Detmold mit Gründung des Huterschen Bundes.
Publikationen
1. „Das Hauptwerk"
   Menschenkenntnis durch Körper-, Lebens-, Seelen- und Gesichtsausdruckskunde, fünf Lehrbriefe
2. „Neue Ethik"
3. „Leitfaden zu meinem System"

1908–1912

Übersiedlung nach Leipzig, Gründung der drei Huter-Institute
1. Schule für Psycho-Physiognomik
2. Verlagsanstalt und Forschungsabteilung
3. Museum für naturgeschichtliche, kunstvergleichende Psychologie und Ausdruckskunde

4.12.1912

Carl Huter stirbt durch Herzversagen in Dresden.

Insgesamt wurden ihm fünf Denkmäler errichtet:

- Grabdenkmal: Tolkewitzer Friedhof in Dresden, gesetzt von Amandus Kupfer
- Grabdenkmal: Tolkewitzer Friedhof in Dresden, von den fünf Huter-Kindern
- Grabdenkmal: Tolkewitzer Friedhof in Dresden, von Elsa Frank
- Grabdenkmal: Büste in Leonberg, nach Exhumierung durch den ältesten Sohn Heinrich Huter
- Denkmal in Heinde

Inzwischen sind vier Biographien von ihm erschienen.

Das Huter-Archiv mit dem Nachlass der meisten Original-Schriften, Briefen etc. befindet sich in Schwanstetten und wird im Rahmen des Psycho-Physiognomik Verlages genutzt.

Literaturempfehlungen

Carl Huter hat zu Lebzeiten zahlreiche Schriften verfasst. Die meisten seiner Grundlagenwerke wurden vom ppv Psycho Physiognomik Verlag, Schwanstetten veröffentlicht.

- Huter, C.: Hauptwerk. Menschenkenntnis, Körperformen und Gesichtsausdruckskunde. 4. Aufl. ppv, Schwanstetten o. J.

Zur Patho-Physiognomik

- Ferronate, N.: Pathophysiognomik. Atlas der organ- und funktionsspezifischen Krankheitszeichen im Gesicht. Kürbis Verlag, CH-Uitikom Waldegg 2000.
- Raab, K.H.: Dein Gesicht, der Spiegel der Gesundheit. ppv-Verlag, Schwanstetten 1999.

Von den zahlreichen **weiterführenden** Büchern zu den anderen Themen seien an dieser Stelle nur erwähnt:

- Dychtwald, K.: Körperbewusstsein. Synthesis, Essen 1981.
- Paracelsus: Von den Geheimnissen der Natur. Weisheiten des Arztes Paracelsus. Langen-Müller, München 1990.
- Pearsall, P.: Heilung aus dem Herzen. Goldmann, München 1999.
- Tomatis, A.: Das Ohr und das Leben. Erforschung der seelischen Klangwelt. Walter, Düsseldorf 2000.
- Wilber, K.: Das holographische Weltbild. Scherz, München.

Stichwortverzeichnis

A

Abwägen 184, 190, 194, 195
Achse 73, 76–79, 124, 161, 163, 170–172, 210
–, elektrische 73, 163
Achsen, Haupt-Energie 53
Achsenanlagen, Kopf 73
Aggression 60, 102, 124, 159, 163
Antipathie 6, 12, 33, 47, 53, 56, 70, 77, 83, 101, 166
Antrieb zur Tat, feinmotorischer 138, 143, 160
Arbeitsblätter 141, 233, 234, 236
Attraktionsenergie 56–59, 62, 63, 65–67, 70, 71, 136
Auffassungsgabe 139, 189
Augen 8, 10, 15, 16, 20, 22, 24, 29, 30, 36, 38–40, 47, 51, 52, 69, 85, 86, 88, 92, 98, 101, 105, 109, 111, 121, 124, 134, 136, 138, 146, 147, 150, 151, 154, 159, 160, 163–177, 179, 181, 184, 189, 192, 198, 200, 220, 229, 231
–, -bewegungen 164, 169, 174, 225
–, -brauen 175
–, herausdrängende 174
–, offene 166, 168
–, -organentwicklung 86
–, tiefliegende 166, 174
Ausdrucksareal 7, 10, 76, 78, 97, 103, 105, 109, 110, 161, 178, 183, 194, 198, 203, 204, 216, 221, 223, 232
–, -bereich für die Gefühle 145
–, -bewegungen 89, 148
Aussage, energetische 226
Ausstrahlung 7, 16, 27, 31, 33–35, 53, 54, 56, 59, 83, 84, 87, 88, 97, 100, 101, 104, 124, 133, 162, 166, 175, 177, 205, 234

B

Bedürfnis, seelisches 12, 19, 20, 22, 24, 27–31, 40, 51, 52, 87, 116, 122, 229
Bemerken, auf das Erleben gerichtetes 201
Beobachtungsgabe 5, 63, 185, 189
Bewegungs-Empfindungs-Naturell 12, 27, 29, 34, 40, 41, 158, 214, 230
– Körperbau 29, 230
– Merkmalsprotokoll 29
Bewegungs-Ernährungs-Naturell 12, 22, 27, 30, 34, 40, 41, 54, 157
– Körperbau 30
– Merkmalsprotokoll 30
Bewegungs-Naturell 12, 16, 18, 19, 23, 29, 31, 32, 34, 40, 41, 68, 72, 83, 84, 87, 111, 116, 121, 126, 140, 141, 157, 158, 200, 214, 226, 229, 233–235
– Gesichtsform 23, 84, 233–235
– Körperbau 23
– Merkmalsprotokoll 22
Bewertungsmuster 145, 148, 151, 201

Bewusstsein 8, 52, 55, 61, 63, 69, 72, 73, 75, 76, 78, 84, 92, 101, 119, 133, 135, 136, 147, 168, 174, 178, 180, 181, 184, 190, 192, 193, 197, 198, 200–204, 208, 210, 216, 218, 220, 221
Bewusstseins-Reflektions-Zentrale 178
Biophotonen 55, 57, 58, 101, 181
Blickrichtung 86, 101, 164, 169–173, 175, 177
Blickrichtungsstudie 86
Blockade 9, 33, 70, 119, 155

C

Chaoselemente 195
Cholerik 42
Choleriker 43, 45, 214

D

Denkebenen 63, 88, 170, 172, 178, 179, 192, 195, 199
Denken 16, 18, 52, 66–68, 75, 77, 78, 88, 122, 123, 126, 133, 150, 169, 170, 172–175, 178–181, 183–187, 189, 190, 192, 195, 197–199, 215, 218–220, 223
–, ethisches 67, 175, 183, 185, 187, 191, 215, 219
–, philosophisches 67, 175, 187, 190, 195
–, praktisches 78, 133, 175, 184, 187, 189, 199
–, qualitatives 191
–, religiöses 67, 175, 181, 187
–, spekulatives 10, 185, 190
Diagnoseformen 53
Dissonanz 33, 35
Durchführungsbereitschaft 163
–, -kraft 88, 127, 145, 162
Dynamik 18, 19, 22, 26, 27, 29, 31–33, 54, 59, 83, 90, 111, 133, 135–137, 143, 178, 210, 222, 223, 233

E

Effektivität 18
Einheitsachse 73, 77
Einsatzbereitschaft 78, 145, 162
Ektoderm 15, 16, 20, 31, 216
Elektrizität 56, 57, 59–61, 63, 66–68, 72, 125, 136
Elemente 43, 55, 63
Empfindungs-Ernährungs-Naturell 27, 34, 231
Empfindungs-Naturell 12, 16, 19–21, 27–29, 31, 32, 34–36, 40, 41, 68, 72, 83, 87, 111, 140, 141, 157, 168, 200, 214, 226, 229, 233, 236
– Gesichtsform 21, 233, 236
– Körperbau 21
– Merkmalsprotokoll 20
Endoderm 15, 16, 24, 31
Energie 8, 13, 15, 18, 19, 27, 31, 33, 35, 36, 40, 42, 53–56, 58, 60, 61, 63, 65, 70–72, 76, 78, 84, 86,

92, 98, 101, 110–112, 122, 123, 125, 126, 135, 136, 140, 143, 145, 147, 149, 150, 155, 162, 165, 170, 172, 177, 178, 180, 181, 187, 190, 192, 197, 199, 200, 202, 203, 205, 211, 215, 216, 219, 223–226
–, elektrische 36, 225
–, elektromagnetische 181
–, -faktor 33, 36, 200
–, -figurationen der Moleküle 197
–, -status 56
–, Übersichten 66
Entfaltungsaspekte 76
Erfahrung, psychologische 63
Ernährungs-Empfindungs-Naturell 12, 28, 41, 53, 54, 71, 157, 214, 231
– Körperbau 28
– Merkmalsprotokoll 28
Ernährungs-Naturell 12, 16, 18, 24, 25, 30, 40, 41, 65, 68, 83, 84, 87, 111, 116, 121, 140, 141, 157, 200, 214, 233, 234
– Gesichtsform 25, 84, 233, 234
– Körperbau
– Merkmalsprotokoll 24
Ethik 5, 58, 172, 181, 183, 187, 191, 205, 212, 215, 221, 223, 237
Evolution, Kraft der 203
extravertiert 46, 47, 112, 216

F
Falten 101, 105, 139, 146, 159, 186, 224
Farbe 17–19, 33–36, 39, 70, 86, 90, 97, 118, 154, 165, 192, 193, 195, 196, 198, 223
Farbensinn 183, 189, 192, 193, 195, 198
Farblehre 33
Festigkeitsachse 76, 79, 85, 124, 126, 128, 204
Form 6, 7, 16, 18, 19, 31, 35, 36, 42, 51, 53, 54, 61, 66, 70–72, 83, 92, 103, 117, 118, 122, 123, 125, 128, 132, 134, 137, 138, 143, 159, 162, 164, 166, 168, 187, 191, 197, 202, 209, 214, 229, 231
–, -element 8, 12, 123, 128
–, -verhältnisse 52
Formen, asymmetrische 36
–, -prinzipien 13
–, -sinn 52, 88, 90, 176, 189, 192, 193, 195, 198
Freud, Sigmund 83, 154, 155, 161, 218

G
Gefühlsenergie 84, 92, 109, 132, 134, 135, 145, 146, 149, 152, 160
Gefühlskräfte 109
Geisteskräfte 109
Gelehrten-Nase 143
Gemüt 42, 84, 103, 106, 123, 132, 135, 145, 149, 150, 216, 220
Genotyp 13, 14, 58
Geschehen, physiognomisches 9
Gestik 89, 93, 225
Gesundheit 11, 26, 43, 54, 89, 93, 101, 191, 223, 226, 231, 239

Gewichtssinn 78, 128, 189, 193–195
Gleichgültigkeit 83
Goethe 4, 5, 55, 83, 168, 169, 190, 219
Gott 3, 55, 73, 89, 177, 185, 202, 204, 208, 218, 219, 220, 222
Graphologie 225, 226

H
Haare 6, 20, 22, 24, 72, 89, 98–101, 223
Haarwirbel 71, 162, 204
–, -zone 85, 123, 160, 204, 205, 208
Hals 20, 22, 24, 28–32, 38, 39, 93, 100, 105, 202, 224, 232
Hände 10, 20, 22, 24, 78, 89, 90, 93, 99, 105, 207, 208, 215, 225, 229
Handlungen 31, 93, 161, 218, 225
Harmonie 12, 33–38, 40, 53, 58, 111, 119, 166, 174, 199, 205
–, Berechnung 36
–, Lehre 12, 33
Hartmedioma 60, 61
Hauptachsen 73, 75
Haupthaar 4, 223
–, Struktur 223
Haut 8, 15, 16, 20, 22, 24, 28–30, 38–40, 47, 53, 69–72, 84, 86, 87, 89, 91, 97–105, 109, 111, 122, 135, 138, 140, 145–147, 149, 154, 164, 179, 180, 198, 200, 209, 211, 214, 220, 221, 223, 224
–, -beschreibung 47, 97, 98
–, -fläche 10, 100
–, Psychosomatik der 102
–, -qualität 91, 101, 122, 140
Helioda 47, 56–58, 61, 66–68, 72, 100, 103, 125, 136, 157, 220, 225
–, negative 47, 56, 58, 66–68, 100, 225
–, positive 47, 56, 58, 66–68, 100, 225
Hinterhaupt 20, 22, 24, 73, 75, 77–79, 88, 92, 123, 188, 202, 203, 205, 208, 209, 214, 216, 221, 225
–, Dreiteilung des 203, 204
–, mittleres 75, 78, 204, 214
–, oberes 75, 204, 205, 214, 221
–, unteres 75, 77, 203–205, 214
Hinterkopf 52, 71, 73, 76–79, 88, 91, 123, 133, 143, 160, 162, 178, 202, 203, 207, 208, 210, 212, 216, 223
holographisch 62, 192, 239
Homöopathie 53

I
Ich-Bewusstsein 180, 203, 218
Impulse 40, 54, 78, 83, 103, 112, 135, 139, 143, 147, 157, 161, 175, 189, 204, 209–211, 216, 221
Individualität 42, 59, 61, 76, 79, 109, 163, 209
Individuation 15, 60
Informationsschwingungsgehalt 56, 179
Instinkt 47, 77, 84, 92, 100, 135, 138, 143, 144, 173, 174, 179, 231
Instinktkräfte 109
Intelligenz 19, 72, 78, 112, 136, 139, 174, 178, 183, 189, 203, 208

introvertiert 46, 47, 112, 216
Intuition 73, 77, 78, 100, 174, 186, 187, 191, 219, 223, 231
Iris-Diagnose 10, 105, 177
Iris-Diagnostiker 168

J
Jung, C.G. 46, 47, 83, 112, 161, 218

K
Kampflust 163
Keimblattentwicklung 12, 14, 15, 35
Kinn 8, 16, 20, 22, 24, 28–30, 38, 39, 51, 69, 75, 76, 78, 85, 88, 91, 105, 111, 143, 145–147, 150, 154, 157, 158, 160–162, 211, 216, 232
Knochen 3, 16, 20, 22, 24, 26, 38, 70, 105, 107, 110, 111, 119, 132, 137–139, 161, 163, 190, 198
Knochenbau 20, 22, 24, 38, 39, 111
Kommunikation 15, 61, 97, 109, 110, 128, 216, 135, 137, 138, 149, 150, 175, 176, 180, 215, 216
Kommunikationsproblem 9
Kontraste 35, 195
Konzentration, geistige 73, 75, 77, 78, 86, 105, 170, 172, 174, 180, 185, 193–195, 197, 199, 219
Konzentrationsenergie 18, 56–58, 61–63, 65–68, 70–72, 78, 185, 218, 225
Kopf 3, 8, 16, 31, 32, 39, 51–53, 71, 73, 83, 87, 92, 115, 126, 140, 174, 176, 178, 179, 184, 223, 224, 229
Kopfform 20, 22, 24, 28–31, 51, 83, 84, 90, 122, 133, 202, 231, 233
Kopiervorlage 104, 233, 234
Kraft 4–6, 18, 31, 46, 53–59, 62, 65, 70–73, 76–78, 83–85, 90, 101, 110, 112, 116, 123, 126, 134–136, 138, 140, 143, 145, 147, 148, 154, 155, 159, 161, 162, 167–169, 174, 179, 186, 193, 197, 200, 202–204, 220, 222, 225
Krankheit 8, 11, 18, 42, 46, 54, 89, 92, 97–102, 105, 108, 157, 164–168, 223, 226, 237, 239
Kretschmer 46

L
Lachen 68, 151, 154
Licht- und Farbwahrnehmung 51, 86
Liebesachse 73, 75, 77, 124, 126

M
Magnetismus 19, 56, 59–61, 63, 65–68, 71, 72, 125, 136, 157, 160, 163
Mathematiksinn 52, 183, 184, 189, 192, 193, 195, 196, 198
Melancholie 42, 174
Melancholiker 43, 45, 214
Mentalität 132, 140, 142–144
Mephisto-Ohren 123
Merkmalsprotokoll 11, 12, 16, 19, 20, 22, 24, 26–31, 35, 36, 38, 39, 52, 83, 84, 87, 90–93, 111, 121, 234

Mesoderm 15, 16, 22, 31
Mimik 4, 5, 7, 8, 85, 89, 91, 93, 101, 124, 145, 148–151, 154, 157, 158, 160, 162, 166, 184, 225
Mund 8, 16, 20, 22, 24, 28, 30, 38–40, 51, 73, 84, 85, 87, 90, 91, 101, 105, 108, 124, 132, 134, 137, 145–152, 154–160, 162, 166, 176, 233, 234
–, voller 16, 147, 151
Mundwinkel 148, 151, 152, 159, 160

N
Nacken 51, 69, 77, 93, 147, 202, 204, 209, 215, 232
Nase 8, 16, 20, 22, 24, 28–30, 38, 39, 51, 54, 73, 75, 76, 84, 87, 90, 91, 99, 101, 105, 106, 109, 121, 132–145, 147, 160, 231, 233
–, mittlere 84, 135, 138
–, obere 135, 139
–, untere 135, 136, 145
Nasenentwicklung 139
–, -flügel 109, 132, 136–138
–, -form 132, 139, 140, 142, 162
–, -nebenhöhlengänge 133
–, -rücken 79, 110, 111, 132, 136–139, 143, 162
–, -schleimhaut 133
–, -spitze 54, 110, 132, 136–138
–, -steg 132, 136, 138, 147
–, -wurzel 28, 29, 51, 54, 63, 75, 78, 92, 132, 135, 136, 139, 140, 178
Nasolabialfalte 84, 90, 105, 106, 109, 137, 145, 147, 159
Naturell 12, 14–16, 19, 26, 27, 31, 33, 35, 36, 40–43, 46, 47, 53, 54, 62, 68, 71, 72, 78, 83, 87, 89, 90, 92, 93, 111, 140, 141, 143, 157, 162, 200, 221, 223, 225, 226, 228, 230, 231
–, desintegratives 12, 35
–, disharmonisches 12, 35, 36, 41
–, Energiekonstellation 40
–, harmonisches 35, 36, 40, 41
–, integratives 12, 35
–, neutrales 27
–, polares 12, 35
–, primäres 12, 16, 19, 26, 27, 140
–, sekundäres 12, 27, 31
–, tertiäres 27
Naturell-Anlage 101
–, Bestimmung 225
–, Lehre 58, 200

O
Oberflächenhaut 99, 149
Oberkopf 40, 51, 71, 73, 76, 79, 85, 89, 91, 92, 117, 119, 123, 128, 160, 162, 172, 192, 202, 205–207, 208, 216, 221–223, 229, 231
Od (Weichmedioma) 18, 56, 57, 60, 65, 68, 125, 136
Ohr 51, 52, 77, 78, 92, 116–126, 128, 129, 131, 149, 173, 209, 210, 239
–, mittleres 117, 121, 123
–, oberes 121, 122
–, unteres 121, 123
Ohr als Empfangsorgan 118, 119

Ohransatz 122, 123, 204
-, -form 119, 121, 122, 124
-, -muschel 116, 117, 131
-, -rand 116, 122, 123, 129
Ohren 8, 10, 20, 22, 24, 28–30, 38–40, 87, 92, 101, 109, 116–119, 121–129, 149, 164, 193, 210, 212, 215, 229
-, abstehende 39, 125
-, große 127
-, harte 117, 128
-, kleine 121, 127
-, Merkmalsprotokoll 121
-, schräg angesetzte 124, 125
-, ungleiche 121, 125, 126
Ökonomie 18, 19, 24, 26, 31, 32, 72, 209, 212, 214, 215
Ordnungssinn 183, 189, 192, 193, 195–197, 229
Organ-Korrespondenzen 97, 104, 106, 108
Organisationsprinzip 195

P
Patho-Physiognomik 3, 8, 89, 97, 99, 101, 104, 108, 129, 132, 136–138, 145, 146, 159, 239
Phänotyp 13, 14
Phantasie-Sinne 197
Philosophie 7, 55, 76, 135, 169, 185, 187, 190, 192, 193, 221, 237
Phlegma 42–45
Pol, sensibler 51, 75, 76, 79, 91, 216
Polarität 35, 76, 79, 116, 123, 126, 174, 203, 216, 220
Proportionsgefühl 51–53, 184, 186, 199, 202
Prozesse des Denkens 78, 179
-, geistige 78, 86, 90, 124, 136, 168, 194
Psychologen-Nase 134, 143, 144
psychosomatisch 3, 87, 102, 110, 150
Pupillenveränderungen 164, 169, 174

Q
Qualitätsprinzip 54
Quantitätsprinzip 54

R
Raumsinn 189, 192–194
Reizverarbeitungsmuster 180
Resonanz 19, 33, 40, 55, 63, 83, 86, 101, 132, 177

S
Sanguinik 42, 43, 45
Schläfe 51, 105, 131, 183, 214, 215
Schönheitssinn 198, 199
Schriftbild 226
Schüßler-Salze 53
Schwingungen, unbekannte 119
Schwingungsqualität 33, 138
Seelenkräfte 109

Seitenhaupt 88, 92, 210, 212–215, 221, 231
-, mittleres 212
-, oberes 212
-, unteres 212
Seitenkopf 20, 22, 24, 28–30, 38, 39, 202, 212, 223
Selbstbewusstsein 71, 75, 88, 110, 111, 121, 123, 138, 143, 161, 162, 202, 204–206, 208, 210, 212, 215
Selbsterkenntnis 9, 191
Selbstverwirklichung, Richtung der 90, 135, 205
Selbstverwirklichungswille 54, 76, 79, 84, 87, 90, 132, 133, 140, 233
Selbstwertgefühl 76, 79, 85, 91, 123, 160, 162, 204–208, 229, 231
Sexualität 13, 134, 135, 155, 180, 203, 220
Sinne 13, 40, 76, 79, 99, 126, 143, 149, 164, 184, 192, 194, 195, 197, 198, 222
Sinnesleistungen 100
Sinnlichkeit 87, 154, 155, 157, 159, 191
Sonnengeflecht 73, 84, 91, 92, 106, 109, 110, 134–137, 145
Spiegel der Seele 85, 88, 92, 150, 164, 166–168, 175
Spiritualität 220
Stimme 93, 119, 149, 154
Stirnform 174, 178, 197, 200
-, -region 78, 86, 88, 133, 169, 175, 179, 181, 184, 186, 187, 189–191, 194, 197, 212, 214, 219, 221, 231
Stupsnase 140–142
Symbole 161, 193, 195, 196, 216, 218
Sympathie 6, 12, 33, 40, 41, 44, 47, 53, 56, 70, 77, 83, 101, 166

T
Tätigkeitsachse 76, 124, 138
Tatbereitschaft 163
-, -einsatzbereitschaft 161
-, -durchführungsbereitschaft 85, 161, 163
-, -kraft 18, 26, 41, 131, 138, 157, 218
Temperament 3, 38, 39, 42, 43, 45, 93, 100, 112, 175, 225, 231
Tiefenschichten 101, 116, 119, 120
-, -wirkung 119
Tomatis 118, 239
Transformation 62, 73, 77, 78, 203, 222
-, Energie der 203
Transzendenz 52, 89, 121, 161, 169, 185, 187, 189, 192, 216, 218, 219
Triebe 10, 44, 77, 133, 139, 140, 155
Typ, desintegrativer 39, 41
-, dissonanter 33, 39, 46
-, harmonischer 12, 35, 38
Typ, disharmonischer 12, 35, 39
- Körperbau 39
- Merkmalsprotokoll 39
Typ, integrativer 38, 39, 41
- Körperbau 83
- Merkmalsprotokoll 83

U

Übersetzungsmuster 87, 146, 148
Überzeugungskraft 19
Unbewusste, das 76–78, 84, 100, 118, 120, 148, 161, 168, 192, 203, 204, 210, 216, 218
Unruhe 36, 125, 131, 163, 168
Untergesicht 51, 84, 109, 121, 134, 135, 154, 161
Unterkieferbogen 85, 161, 163
Unterkieferknochen 162, 145, 214
Unverwechselbarkeit, individuelle 116
Urteil 155, 185, 195
Urvertrauen 219, 220, 222

V

Vitalität 8, 12, 27, 56, 72, 83, 104, 116, 119, 121, 127, 129, 147, 151, 177, 225
Vorstellungsgabe 184, 189

W

Wägen 51, 194, 195
Wahrnehmung 10, 15, 19, 51–53, 83, 84, 87, 90, 97, 100, 101, 120, 135, 136, 143, 145, 168, 174, 175, 177, 180, 181, 197, 199, 216, 219, 221
–, sensible 52, 97

Wärme 56, 60–62, 66–68, 98, 99, 102, 157, 180, 191, 225
–, fliehende 56, 61, 62, 66–68
–, gebundene 56, 61, 62, 66–68
Weinen 154
Weisheit 172, 181, 187, 189, 191, 200, 205, 219, 221, 222, 229, 239
Willensenergie 65, 105, 128, 146, 149, 153, 157, 161
Wirbelsäule 65, 72, 111, 116, 122, 123, 129, 139, 211, 216, 224
Wirklichkeit 7, 47, 55, 91, 124, 184, 196, 201, 218
Wirksamkeit 59, 61, 62, 146, 201, 222

Z

Zahlensinn 183, 189, 193, 195, 196
Zellstrahlung 57, 104
Zunge 150, 158